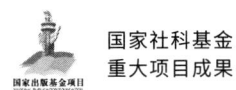

对外汉语教学语法丛书

◎**总主编** 齐沪扬

对外汉语教学参考语法研究论文集

张亚军 潘国英 ◎主编

© 2023 北京语言大学出版社，社图号 23073

图书在版编目（CIP）数据

对外汉语教学参考语法研究论文集 / 齐沪扬总主编；张亚军，潘国英主编． -- 北京：北京语言大学出版社，2023.8
（对外汉语教学语法丛书）
ISBN 978-7-5619-6295-4

Ⅰ．①对… Ⅱ．①齐… ②张… ③潘… Ⅲ．①汉语-语法-对外汉语教学-教学研究-文集 Ⅳ．①H195.3-53

中国国家版本馆 CIP 数据核字（2023）第 115755 号

对外汉语教学参考语法研究论文集
DUIWAI HANYU JIAOXUE CANKAO YUFA YANJIU LUNWENJI

排版制作：	北京光大印艺文化发展有限公司
责任印制：	周 燚
出版发行：	北京语言大学出版社
社　　址：	北京市海淀区学院路 15 号，100083
网　　址：	www.blcup.com
电子信箱：	service@blcup.com
电　　话：	编辑部　8610-82303647/3592/3395
	国内发行　8610-82303650/3591/3648
	海外发行　8610-82303365/3080/3668
	北语书店　8610-82303653
	网购咨询　8610-82303908
印　　刷：	北京联兴盛业印刷股份有限公司
版　　次：	2023 年 8 月第 1 版　印　次：2023 年 8 月第 1 次印刷
开　　本：	787 毫米 × 1092 毫米　1/16　印　张：25
字　　数：	434 千字
定　　价：	98.00 元

PRINTED IN CHINA

凡有印装质量问题，本社负责调换。售后QQ号1367565611，电话010-82303590

总　序

摆在读者面前的，是国家社科基金重大项目"对外汉语教学语法大纲研制和教学参考语法书系（多卷本）"（17ZDA307）的所有成果。这些成果包括大纲系列 4 册、书系系列 26 册、综述系列 8 册，以及选取研究过程中发表的一部分优秀学术论文集辑而成的论文集 1 册，共计 39 本著作，约 700 万字。这个项目的研制，历时 5 年有余，参加的研究人员多达 50 余人，来自全国和海外近 30 所高校。

2017 年 11 月，全国哲学社会科学工作办公室正式公布"2017 年度国家社科基金重大项目立项通知书"。2018 年 4 月 14 日，国家社科基金重大项目"对外汉语教学语法大纲研制和教学参考语法书系（多卷本）"的开题报告会举行。2019 年 8 月，2017 年度国家社科基金重大项目中期检查评估报告提交，并将于 2023 年 1 月召开课题结项鉴定会。

根据专家组意见，特别是专家组组长赵金铭教授两次谈话的意见，按照全国哲学社会科学工作办公室立项通知书上的要求，本项研究牢固树立问题意识、创新意识和精品意识，立足学术前沿，体现有限目标，突出研究重点，注重研究方法，符合学术规范。项目的执行情况、所解决的问题和最终成果如下：

大纲、书系和综述是主要的研究成果。三类不同的成果面对的读者是不一样的：大纲是给教师教学与科研使用的，同时也顾及学习汉语、研究汉语的一些国际学生；书系主要是给在一线教学的对外汉语教师看的，以解决这些教师在教学过程中的实际问题为目的；综述是对大纲和书系的补充，主要面向对外汉语教师、汉语国际教育专业研究生和本科生，以及需要进一步了解、研究相关领域的群体，为这些人继续研究相关问题提供材料和方法。三种不同的读者群体决定了三类成果的不同写法。

1. 大纲研制

大纲研制的最终成果是两套大纲：分级大纲（初级大纲和中级大纲）和分类大纲（书面语大纲和口语大纲），共 4 册。语法大纲不局限于语法知识本身，而是以学习者语言能力的培养为目标。凡是能促进学习者语言能力的语法项目都应析出为大纲的项目。语法项目的编排依据的是语法形式，使用条件式来描述细目的功能。使用条件式有利于促进语法知识转化为语言能力。

分级大纲中语法项目的等级不宜简单理解为语言本身的难度区分，更应理解为习得过程性的内在要求。以促进学习者生成语言能力为目标，支持学习者语言能力生成的语法项目都应列目，项目编排以语法结构为基础，细目的描写以促进语言能力生成为重。大纲体现习得的过程性，总体上为螺旋形呈现。

目前对外汉语教学和科研依据的都是通用语体的语法大纲，至今尚没有分语体的大纲问世，这种状况显然与发展迅速的第二语言教学事业不相适应。书面语语法大纲和口语语法大纲的研制，填补了大纲研究的空白，在今后的教学指导、教材编撰、汉语水平测试等方面，都能发挥很大的作用。

2. 书系研发

我们在全国范围内分三批次遴选和推荐了撰稿人，这些撰稿人都有长期从事对外汉语教学的经历，且本人都是语法专业背景出身。从目前情况看，学术界和教学界都需要这一类书，这套书也具有填补空白的作用。而且，这套书是开放性的，条件成熟了可以再继续做下去，达到 30 本到 50 本的规模，甚至再多一些，都是可能的。

书系的特点是：以"语法项目"作为书名，不求体系完整，成熟一本撰写一本；专业性不能太强，要考虑到书系的读者需求，他们阅读这本书的目的是为了解决教学上的问题，除了必要的理论阐述和说明之外，要尽量早一点儿切入到教学上去；提出的问题要切合教学实际，60～80 个问题，其实就是这本书的目录，有人来查，很快就能对症下药，找到自己想要的东西；提的问题要有针对性，要有实用性，针对学生的水平等级，围绕这个语法项目，把教学上可能遇到的问题按等级排序。总之，这是一套深入浅出的普及性的小册子，一定会受到广大对外汉语教师的欢迎。

3. 综述编著

按照标书要求，阶段性成果包括两套综述汇编。编著这两套综述汇编，首先是项目研制的需要，是和大纲研制、书系研发互相支撑、互相配合的；其次是近20年的综述汇编，学术界和出版界均尚无成果问世，很多研究者迫切需要这方面的资料；最后是这套综述汇编的写法与其他综述成果不同，两套综述不仅仅是"资料汇编"，里面更有很多作者的评议和引导，是"编著"类的"综述"，这类"综述"其实是不多的。这样的写法比目前在做的或者已经出版的"综述"要科学得多，实用得多。

综述分为两套：《近20年对外汉语语法教学研究》和《近20年汉语作为第二语言语法习得研究》。综述的主要读者应该是研究者，是关心该领域的研究者，作者收集的材料要尽可能齐全，作者所做的分析要有依据，作者做出的解释要能让研究者信服。两套综述都能做到对相关问题做出梳理，述评结合，突出评价的学术性、原创性和实用性，力图使读者对相关论题有一个全面的认识和深刻的思考，并为进一步的研究提供方向。

对上述这些成果的介绍只能点到为止，事实上，具体到每一本著述，都是有必要重点介绍的。好在每套书都另有主编，请读者自行阅读每套书的主编写的"序"吧。我这里还想向读者介绍的是这些著述的作者们，没有他们，这些成果难以问世。

本项课题涉及面广，研究人员多，在最初填写招标书时我们已经意识到了："本项研究工程浩大，……大纲和书系非一校之力可完成，将集中全国不同高校共同承担。"本课题前后参加研究的人员有50多人，分布在全国及海外近30所高校。如何将这些研究人员组织起来，集思广益，凝神聚力？课题组在"集全国高校之力"上，下了大力气。

原先设想由某个高校具体负责某块项目研究，但该想法在实际操作中遇到了问题。开题报告会后，课题组调整后的组织方式体现出优势来。四个研发小组的组长取代了原来子课题负责人的职位和功能，优势体现在：他们面对的是具体的项目，而不是具体的研究人员；他们针对项目选取研究人员，而不是为已有的研究人员配备研究内容；他们可以从全国高校选择自己相中的研究人员，而不需采取先满足校内再满足校外的程序和方式。人尽其才，物尽其用，效率提高，质量保证，自然是意料之中的结果。例如，书系组的20多位作者来自15所高校，综述组的作者来自12所高校。这是第一个方面。

第二个方面，就是充分利用会议的机会，将会议定位于有目标的会议、有任务的会议，让会议开出成效来。自课题立项之后，围绕着课题的研究进展，课题组已经开过多次会议。一是一年一度的"教学语法学术讨论会"，课题组所有人员都参加，至今已经开过多届：淮北（2017）、扬州（2018）、南宁（2019）、黄山（2020）等等。二是一年多次的课题专项讨论会，有需要就开。如在杭州就分别开过综述组、数据平台组、书系组的专项讨论会；在南京、上海都开过大纲组的专项讨论会；2020年7月，在腾讯会议上开过两次大纲组的专项讨论会；等等。这些会议目标明确，交流便捷，解决问题能力强，时间跨度短，是联络不同高校研究人员的好方式。

这套书的所有主编和作者都十分尽力。对外汉语教师的工作量很大，大多数人都有每周10节以上的课时量；况且，大多数人的手上还有自己的科研项目要做，还有自己指导的研究生的论文要看，还有各自的不同研究论文要写。种种忙碌和辛苦之中，要挤出这么多时间和精力，去从事另外一块研究任务，还是高标准、有要求、无报酬的研究任务，如果没有一种对对外汉语教师这个职业的由衷热爱，没有一种为对外汉语教学事业做点儿贡献的精神支撑，他们是断然不可能接受这样的研究任务的，更何况有些作者接受了两项不同的研究任务，研究强度和研究压力可想而知。因此可以这么说，这些成果渗透着作者们的辛劳，饱含着作者们的心血，每一本都是"呕心之作"，这样的赞誉是得当的。

北京语言大学出版社是这个项目的合作者和推动者。项目立项不久，出版社和课题组就有过接触。出版社前后两任社长和总编辑都向课题组表过态,希望这个课题的所有成果能在北京语言大学出版社出版,出版社愿意为课题的宣传、推广、出版尽责任,做贡献。2020年1月,课题组和出版社有过进一步的密切联系,敲定了详细的合作计划。2022年3月,出版社申报的"对外汉语教学语法丛书"成功入选2022年度国家出版基金资助项目。这些成果的出版,没有出版社的支持是做不到的。

再次感谢在漫长的研究过程中给予我们支持、帮助的所有老师和朋友。

这本论文集书名是《对外汉语教学参考语法研究论文集》。项目在研期间,项目组的参与者一共发表了100多篇学术论文,其中将近80篇是标注课题资助的,选择其中的一些编辑成本论文集。论文集原来设想是作为阶段性成果先行出版的,后来因为种种原因延误了,现在就作为整套"对外汉语教学语法丛书"的一部分,在2023年到2024年期间一并出版,在此做一说明。

谨以此作为总序。

齐沪扬

初稿于2020年7月

二稿于2022年5月

序

国内对外汉语教学界开始构建"对外汉语教学语法体系",可以从 20 世纪 50 年代初开始算起。1952—1955 年,朱德熙先生作为中国第一批派往国外任教的汉语教师,在保加利亚索菲亚大学任教期间编写的汉语教材中包含的语法点,可以看作是这个教学语法体系的一种雏形。

1958 年出版的《汉语教科书》(上、下册)确立的语法体系是对外汉语教学界公认的第一个对外汉语教学语法体系,《汉语教科书》所创立的语法系统在后来各个时期所编写的主干教材中得到了继承和发展。不仅如此,20 世纪 80 年代后产生的一些重要的考试或教学大纲也都深受《汉语教科书》语法体系的影响。其中影响最大的三个大纲分别是《汉语水平等级标准与语法等级大纲》(1996)、《高等学校外国留学生汉语言专业教学大纲》(2002)、《高等学校外国留学生汉语教学大纲(长期进修)》(2002)。

学界自 20 世纪 80 年代末至今,不断地探讨教学语法体系和大纲问题,有很多真知灼见。归纳起来有以下两点:第一,以往的研究已具有问题意识,提出许多值得学界思考的问题;第二,以往的研究已具有改革意识,现有的语法体系存在明显不足,需要改革,研制新的大纲成为学界的共识。

上述这些认识,促使我们以"对外汉语教学语法大纲研制和教学参考语法书系(多卷本)"为项目名称,申报 2017 年国家社科重大招标项目。通过近 5 年的研究,课题组最终递交的成果为:首次研发的分级大纲两部和分类大纲两部,实现了教学语法体系建构的新突破;有一定规模的教学参考语法书系,填补了基于对外汉语教学语法大纲的专著的空白;两套评述结合的综述汇编,体现了 21 世纪以来的研究动向和研究趋势。整体的研究内容将对规范对外汉语教学起到引领作用，直接推动对外汉语教学理论和教学方法的改进。

除了完成项目的上述三类最终成果之外，课题组成员还在项目研发期间，在各类语言学杂志上发表了100多篇论文，作为阶段性成果。我们选择其中极少的一部分，编辑成这本论文集。

论文集分了两个栏目："现代汉语语法本体研究"和"对外汉语教学语法研究"。

先说说"现代汉语语法本体研究"这个栏目的一些情况。

理论语法主要是对语法问题进行专门的探索和研究，揭示语言中尚未被认识或认识不够充分的语法规则，贵在创新，强调有所发现，大至方法论、语法体系的探讨和建构，小至具体理论、方法的应用，都属于理论语法的范围。理论语法和教学语法有密切联系：理论语法是编写教学语法的基础，理论语法的研究成果和发展水平直接影响或者决定了教学语法的研究和发展水平；而教学语法是对理论语法研究成果的普及、推广和应用，而且也是对理论语法的检验。"现代汉语语法本体研究"这个栏目里的15篇论文，大致上都是属于理论语法研究的范畴。其中的论文，有的讨论较宏观的理论问题，如《存现句式、处所句式与语言语序的类型特征》《陈述性"把"字句和祈使性"把"字句的分野——从"把"后NP的有定性谈起》《重动句焦点分析》《论汉语中的"有定"和"无定"》等；有的直击汉语语法研究的某个具体问题，如《"逐个"类方式词与动词情状的选择限制及认知阐释》《汉语旁格宾语的实现机制及其语法后果——以"吃食堂"为例》《承接与条件的渐进连续及"一VP_1"的多义性》等；还有部分论文源于作者在教学中的体会认识，如《意外：起始义"V上"的语用意义》《非意愿与"非VP不可"的认识情态表达》《揣测实义词"可能/或许"的句法配置及语义解释》等。这些论文的作者从事语法研究多年，论文的可读性强，值得收为一册，方便读者细读。

至于"对外汉语教学语法研究"栏目，一共收了10篇文章，总的特点是都是面对对外汉语教学的实际状况，有感而发的。对外汉语学界的很多争论都和理论背景相关，例如：如何看待句法、语义、语用之间的关系；对外汉语语法教学中，句法、语义、语用三者是同步教授还是分级教授；篇章概念是否要引入对外汉语教学；等等。进入21世纪的对外汉语教学，自觉地接受多元的语言学理论的指导，这应该成为学界的共识。10篇文章中，无论是理论层面的思考，如《基于认知语法研究的汉语教学语法体系建构》《对外汉语教学语法大纲数据平台建设》《互动语言学理论映照下对外汉语教学语法系统新构想》《汉语句式习得研究的反思与展望》等，还是具体问题的解决，如《句法—语篇界面下汉语名词前限定成分的习得研究》《副词"到底"的偏误语义地图模型研究》《"A比B+更/还/都/再+W"的习得研究》《情态构式的多义性及习得状况考察——基于13种情态构式在大纲及教材中的呈现与分布》等，都是立足于汉语的本质特征，以多元的语言理论为背景，基于大规模语料基础上的、有实证数据支持的研究。特别要说明的是，本栏目还收录了《与对外汉语教学语法体系建构相关的两个语法教学问题》《深化二语语法习得研究 助力对外汉语语法教学》两篇文章，这两篇文章分别发表在《光明日报》和《中国社会科学报》上。全国哲学社会科学规划办公室在国家社科重大项目的立项通知书中要求"重大项目课题组要采取多种有效途径加强对研究成果的宣传推介"，"通过报纸杂志、互联网等媒体以及举办学术研讨会、成果发布会等方式，宣传介绍有价值的研究成果，扩大社会影响"。在报刊上发表的这两篇文章，对课题的研究成果在一定程度上起到了扩大影响的作用，很好地实践了全国哲学社会科学规划办公室的要求。鉴于论文集中收录的文章原发表期刊及年份不一，我们在汇编过程中未做过多修改，以尽量保持文章体例原貌。

在炎热的暑假期间，再次为这本论文集的编辑、出版工作忙碌，我们是很愿意的。

是为序。

张亚军　潘国英

2022年8月

目 录

上编　现代汉语语法本体研究 / 1

"逐个"类方式词与动词情状的选择限制及认知阐释　　　　　　李铁范 / 3

"人称代词+一个NP"话题功能的产生及其对述题的制约　　　　胡建锋 / 20

存现句式、处所句式与语言语序的类型特征　　　　吴春相　杜　丹 / 36

意外：起始义"V上"的语用意义　　　　　　　　　　　　　　郭晓麟 / 57

汉语旁格宾语的实现机制及其语法后果——以"吃食堂"为例　　李劲荣 / 69

"有够×（的）"构式的形成　　　　　　　　　　　　　　　　潘国英 / 89

陈述性"把"字句和祈使性"把"字句的分野——从"把"
　　后NP的有定性谈起　　　　　　　　　　　　邵洪亮　何晓璐 / 102

非意愿与"非VP不可"的认识情态表达　　　　　　　　　　　彭利贞 / 119

揣测实义词"可能/或许"的句法配置及语义解释　　　　　　　唐依力 / 137

重动句焦点分析　　　　　　　　　　　　　　　　　　　　　钟小勇 / 152

承接与条件的渐进连续及"一 VP_1"的多义性　　　　　　　　叶　琼 / 175

时间事件和量变事件的异同　　　　　　　　　　　　　　　　崔维真 / 193

情态解读与极量语义的触发　　　　　　　　　　　　　　　　曹春静 / 206

非典型否定极性副词的语境分布及允准因素考察　　　　　　　郑玉贵 / 221

论汉语中的"有定"和"无定"　　　　　　　　　　　　　　　单宝顺 / 238

下编　对外汉语教学语法研究 / 253

与对外汉语教学语法体系建构相关的两个语法教学问题	齐沪扬	/ 255
深化二语语法习得研究　助力对外汉语语法教学	李贤卓　范　伟	/ 260
基于认知语法研究的汉语教学语法体系建构	张旺熹	/ 263
对外汉语教学语法大纲数据平台建设	张亚军	/ 272
互动语言学理论映照下对外汉语教学语法系统新构想	李先银	/ 286
汉语句式习得研究的反思与展望	李宗宏	/ 306
句法—语篇界面下汉语名词前限定成分的习得研究	曹　沸　陈佳宏	/ 319
副词"到底"的偏误语义地图模型研究	孟艳华	/ 337
"A 比 B + 更 / 还 / 都 / 再 + W"的习得研究	谭晓平	/ 354
情态构式的多义性及习得状况考察——基于 13 种情态构式在大纲及教材中的呈现与分布	范　伟	/ 369

上编
现代汉语语法本体研究

"逐个"类方式词与动词情状的选择限制及认知阐释*

李铁范

摘 要:"逐个、逐步、逐渐、逐年、逐日、逐一"等词是从次序的角度说明动作行为的方式方法,动词从情状上分为状态情状、活动情状、完成情状、结果情状、瞬间情状。"逐个"类方式词与动词情状的选择有不同的要求:与状态情状的搭配有严格的限制,搭配几乎是不自由的;与有界活动情状的搭配是较自由、宽松的,只要符合语义要求,满足韵律匹配,它就能搭配;与完成情状的搭配是自由的;与结果情状的搭配是自由的;与瞬间情状的搭配有严格的限制,搭配几乎是不自由的。这样就形成一个"逐个"类方式词与动词情状选择搭配的连续统(">"表示优先于):完成情状>结果情状>活动情状>状态情状>瞬间情状。针对这种搭配结果,本文运用认知理论进行了较为合理的解释。

关键词:方式词;动词情状;有界;无界;选择限制;认知阐释

〇、引言

方式词是只能修饰动词做状语的动词前加词,根据方式词与动词的语义关

---

* 本文原发表于《对外汉语研究》2018年第18期。

系，方式词下位语义关系可概括为"方式"类、"状态"类和"情态"类三种类型。"方式"类语义特征概括为人类在人际活动和社会活动中表现出来的人际交往方式、人际处理方式、具体动作行为方式在语言中的具体体现，可以用"以/用……方式/方法/手段"这一表述框架表示。在"方式"类方式词中，我们以"逐个、逐步、逐渐、逐年、逐日、逐一"等词（以下简称"逐个"类方式词）为代表考察与动词情状的选择限制及认知阐释。

一、动词情状和动词界性的有机结合

沈家煊（2006）指出，"'认知语法'从客观标准和主观认识结合的新'意义'出发，解决传统语法无法解释的一些现象，对词类理论也有很重要的意义。比如'椅子'一词的意义可用客观标准'四条腿、有靠背、可坐的平面'来描写，但是我们把断了一条腿的椅子也叫'椅子'，原因在于认知语法所提出的认知概念'椅子'的意义是客观标准和主观认识相结合的产物，利用这种新的意义来划分词类无疑为词类理论提供了一套新的方法"。这一思想给了我们有益启示。

纵观西方学者和中国学者对动词情状的分类，大多数按照[±静态][±持续][±完成]的语义标准，除此之外似乎少见其他分类标准。在动词时间性特征上采用[有界][无界]标准进行分类。已有研究较少把动词情状和动词界性特征结合起来。其实动词的情状和动词的界性是密切相关的两种时间特性。所以，汉语学界部分学者认识到这一点，尝试把情状分类和界性分类结合起来，从一个新的角度给动词分类，较有代表性的研究者是杨素英和税昌锡。

杨素英（2000）采用[±动态][±时限][±结果实现]语义特征取代[±动态（dynamic）][±终结（telic）][±瞬时（punctual）]语义特征，把动词分为状态动词、活动动词、有时限活动动词、有结果指向词、有结果实现词。这里的"[+时限]"和"[+结果实现]"都是有界限的，这和"结束"情状（accomplishment）、"成就"情状（achievement）的有界限相似。这样就把动词的情状类别和动词的界限类对应起来。具体分类见表1。

表 1　杨素英（2000）动相角度汉语动词分类表

动词类别	动相特点	例词
状态动词	[－动态][－时限]	爱、相信、像、住、高兴、气、恨
活动动词	[＋动态][－时限]	跑、推、按、笑、散步、爬
有时限活动动词	[＋动态][±时限]	敲、闪、眨眼、咳嗽、跳
有结果指向词	[＋动态][－结果实现]	修、造、写、打（字）、煮、喝、杀、想象
有结果实现词	[＋动态][＋结果实现]	赢、死、到、毁、忘、输

税昌锡（2005）根据动词界性特征给出动词分类，把动词分为八类，即"属性关系动词""起始动词""持续动词""活动动词""活动—事件动词""事件动词""达成动词"和"完结动词"，它们从"无界"到"有界"形成一个连续统。具体分类见表 2。

表 2　税昌锡（2005）动词界性分类表

动词界性	动词界性类型	例词
无界	属性关系动词	是、在、认为、加以、等于、属于、肯、能、应该、能够
有界	起始动词	开始、着手
	持续动词	喜欢、知道、明白、等、坐、站、挂、贴
	活动动词	劳动、工作、战斗、走、写信
	活动—事件动词	写一封信、正在写（着）封信、写好一封信、看《水浒传》、正在看（着）《水浒传》、看完《水浒传》
	事件动词	盛碗里两条鱼、洗完三件衣服、飞进来四只苍蝇、打了汉奸五个耳光
	达成动词	变成、改良、走进、收起、拉长、缩短
	完结动词	结束、完成、灭亡、受伤、爆炸、死、塌、断、倒、病、醉

前贤的研究给我们有益的启示：把动词情状和动词界限结合起来，可以把动词的时间特性进行统一解释，较好解决了两套体系的问题，简化了分析程序，是一种可以广泛适用于语法现象解释的研究方法。因为我们知道，动词"有界"与"无界"和动词情状有无自然的终结点（natural end point）以及有无向该终结点逐步接近的过程有关。即某一动词情状一旦开始，便一步一步地朝着这个自然终结点演进，抵达终结点便意味着该情状的完成，这说明动词情状和动词界限是密切联系在一起的。运用这一研究思路和方法具有良好前景。

第一，可以对动词进行新的分类，使动词研究进一步精细化。可以相信，在今后的汉语动词研究中，把动词情状分类和认知语言学的界性特征理论有机结合是一个行之有效的思路和方法，可以加深对动词特性的认识。基于此，我们在借鉴前贤研究的基础上，给出了动词情状和动词界性特征的新分类。具体见表3。

表3 现代汉语动词情状—界性分类表

动词情态类型	时间语义特征			
	[±动态]	[±持续]	[±完成]	[±有界]
状态	-	+	-	-
活动	+	+	-	-
完成	+	-	+	+
结果	+	+	+	+
瞬间	+	-	+	-

根据动词情状和动词界限，我们把动词分为状态动词、活动动词、完成动词、结果动词和瞬间动词五类，以此为基础，可以进一步深化对动词特性的认识。

第二，动词情状和动词界限有机结合，可以增强方式词和动词搭配选择限制的解释力。动词情状和动词界限理论，可以帮助我们描写并解释方式词和状态动词、活动动词、完成动词、结果动词、瞬间动词搭配的选择限制，并能从认知语言学界限理论角度给出合理解释。

二、"逐个"类方式词的语义特点

"逐个"类方式词主要包括"逐个、逐步、逐渐、逐年、逐日、逐一"六个,在《现代汉语词典》(第 7 版)中的解释如下:

逐个:一个一个地。　　逐步:一步一步地。

逐渐:渐渐。　　　　　逐年:一年一年地。

逐日:一天一天地。　　逐一:逐个。

从词典释义看,它们的意义基本相近,是一组词族词。但它们之间也有细微的差别,"逐年""逐日"更多的是从时间的角度说明行为、事物的变化。例如:

(1)正如清代末年,并不知商埠对外通商关税之逐年增添,却把此事让给外国人去管,后来遂吃了大亏。①

(2)基础设施的高速建设,投资环境的逐日改善,引起了国内外客商的注目和投资兴趣。

差别较大的是"逐步"和"逐渐"。张斌主编的《现代汉语虚词词典》中对"逐步"的解释是"用在动词前,表示行为、事物、现象的变化是一步一步的、循序渐进的",对"逐渐"的解释是"表示缓慢的变化;表示阶段性的变化"。例如:

(3)与此同时,大量新的咨询理论和方法纷纷涌现且逐步成熟,如行为主义咨询理论(如 J. Wolpe 的系统脱敏法)。

(4)教育学是在总结教育实践经验的过程中逐渐形成,并不断地发展和成熟起来。

"逐步"和"逐渐"的差别在于:"逐渐"多用于说明自然的缓慢变化,"逐步"多用于人为的有步骤的变化。例如:

(5)a.逐渐忘了这件事。②

　　b.*逐步忘了这件事。

---

① 本文语料主要来源于北京大学CCL语料库,文中一般不再注明出处。
② 例(5)、例(6)参见吕叔湘(2002)。

（6）a.逐步提高机械化的程度。

b.*逐渐提高机械化的程度。

例（5）、例（6）中"逐步"和"逐渐"不能互换，否则不合句法要求。
"逐个"和"逐一"意思基本相同，都是从个体次序的角度说明动作行为的方式方法。例如：

（7）a.对已经签约的项目，要逐个分析，跟踪服务，提高项目的履约率、到资率、开工率。

b.对已经签约的项目，要逐一分析，跟踪服务，提高项目的履约率、到资率、开工率。

例（7）中"逐个"和"逐一"互换不影响句意。

三、"逐个"类方式词与状态情状选择限制及认知阐释

3.1 状态动词的种类及其语义特征

根据前贤的研究（邓守信，1986；陈平，1988；郭锐，1993、1997；龚千炎，1995；戴耀晶，1997；杨素英，2000；税昌锡，2005；屈承熹，2006；左思民，2006、2009；金立鑫，2008），我们从动词时间情状和界性角度，把状态动词分为属性关系动词、心理动词、活动—状态动词。属性关系动词、心理动词、活动—状态动词在动词情状和界性的语义特征上表现为[－动态][＋持续][－完成][－有界]。典型的属性关系动词：有、姓、像、等于、属于、肯、能、应该、能够等。典型的心理动词：爱、恨、后悔、怀念、热爱、喜欢、同情、愁、担心、满足、羡慕、着急、尊重、想念、发愁、害怕、希望、向往、愿意、情愿、感到、感觉、期望等。典型的活动—状态动词：站、穿、挂、坐、躺、戴、拿、吊等。

在这里，需要对"活动—状态动词"进行说明。像"站、穿、挂、坐、躺、

戴、拿、吊"一类动词，在不同的情况下，可表示不同的情状，既可以表示状态情状，又可以表示活动情状。①例如：

（8）他在床上躺下来。

（9）房间床上躺着一个人。

例（8）中的"躺"，就是具体的活动动作；例（9）中的"躺"加上"着"后就变成一个静止的状态。为了保证考察的周全性，我们把这一类动词算作兼类情状，称为"活动—状态动词"。

状态动词的时间情状界性特征描述如下：状态动词具有［-动态］［+持续］［-完成］［-有界］的语义特征。具体来说，它们描写的是静态的属性、关系、状态、心理表现，而非具体的动作行为；在时间轴上是对属性、关系、状态的无延续时长的限制，表现出恒常的状态。

3.2 "逐个"类方式词与状态动词的选择限制

我们以上文的状态动词分类为框架，以北京大学 CCL 语料库为基础语料库，来考察"逐个"类方式词与状态动词的选择限制。把"逐个、逐步、逐渐、逐年、逐日、逐一"这六个词在语料库中逐一搜索，发现它们与状态动词几乎不能搭配，不能出现下面的句法形式。

（10）*逐个像　　　　*逐个想念　　　　*逐个戴

　　　*逐步属于　　　*逐步爱　　　　　*逐步躺

　　　*逐渐是　　　　*逐渐尊重　　　　*逐渐坐

　　　*逐年有　　　　*逐年担心　　　　*逐年住

　　　*逐日应该　　　*逐日恨　　　　　*逐日挂

　　　*逐一能　　　　*逐一希望　　　　*逐一站

这说明，"逐个"类方式词与状态动词的搭配有严格的限制，搭配几乎是不自由的。

但是，我们在考察中也发现了一些特殊情况，即在北京大学 CCL 语料库中，

---

① 关于此观点，李临定（1986）指出："'坐'类动词、'挂'类动词、'戴'类动词里的大多数，都是既有动态功能又有静态功能。"

有 2 例"逐渐"和"爱"搭配的情况。例如：

（11）这位伊朗少年在北京学习汉语之后，逐渐爱上了灿烂悠久的中国传统文化，后来同一名善良热情的回族姑娘成婚定居在中国。

（12）他逐渐爱上了安布洛斯的慈祥。

有 8 例"逐渐"和"喜欢"搭配的情况。例如：

（13）中国交响乐团此举是颇有眼光的。而观众一旦有了亲近艺术的机会，就会逐渐喜欢它并给予更多的关爱。

（14）走出高原前往内地旅游、参观的藏族人也越来越多。在相互交往的过程中，西藏人逐渐喜欢上了吃水产品，而精明的商人也瞄准了西藏市场。

（15）最近几年我逐渐喜欢起分号来了。分号告诉你接下去要说的句子含有某些需要补充的东西。

有 68 例"逐渐"和"有"搭配的情况。例如：

（16）暑假之后，楚楚进了小学，她不再抓人咬人踢人打人，她逐渐有了"小淑女"的味道。

（17）就这样，她学习慢慢上了路，并逐渐有了信心。

为什么会出现这种情况？是个例呢，还是句法的选择限制？在下文中我们将进行解释。

3.3 "逐个"类方式词与状态情状选择限制的认知阐释

要解释为何"逐个"类方式词与动态动词搭配有严格限制、不自由的问题，需先搞清楚"逐个"类方式词的界限特征。

3.3.1 "逐个"类方式词的界限特征

"逐个"类方式词意义较实在，前文已对其意义进行解释，从它们的意义看，"逐日""逐年"从时间层面说明动作、事物、情况的变化是以"一天一天""一年一年"的方式进行的；"逐个""逐一"说明动作行为是以"一个一个"的方式进行的；"逐步""逐渐"表示动作行为的变化是有次序的、一步一步的、阶段性的。这些"一天一天""一年一年""一个一个""一步一步""阶段性"的变化反映在语言的时间性上表现为都有一个时间的起点，也都有一个时间的终点，每一个时间的起点和终点形成了一个过程。当一个过程结束，又开始一个新的过程，这个过程又有新的起点和终点，如此往复。这些变化特点和认知上的有界特点契合。也就是说，这些"一天一天""一年一年""一个一个""一步一步""阶段性"动作行为、情况的变化显示出它们在时间上是异质的，是离散的，是可以伸缩的，也是可以重复的，每一次的过程显示出自身的不同变化。因此，在界性特征上，"逐个"类方式词"逐个、逐步、逐渐、逐年、逐日、逐一"显示出强势的有界特征。

3.3.2 "逐个"类方式词与状态动词搭配不自由的认知阐释

上文的考察显示，"逐个"类方式词与状态动词搭配不自由，几乎不能搭配，之所以出现这种状况，可以通过句法同现规律来解释。

从界性特征看，"无界具有下列特征：[-变化][-结局][+共时][+进行][+持续][-离散][+未然]。某个成分所具备的这些特征越多，其无界特征就越强，反之则越弱"①。按照这个标准，在状态动词中，属性关系动词、心理动词、活动—状态动词，从界性特征看，它们都是无界的，不过它们内部略有差异。对照标准，属性关系动词是强势无界动词，心理动词、活动—状态动词是弱势无界动词。根据句法同现规律，有界成分和无界动词当然不能同现，否则就违背了句法搭配的规律。

3.3.3 "逐渐"同"爱"搭配的认知解释

上文提到，笔者发现2例"逐渐"同"爱"搭配的情况。经过考察分析，发现"逐渐"不是同"爱"搭配，而是同"爱上了"搭配。在"爱"之后都有"上"和"了"。在"有界""无界"理论中，有一条规则："有界"和"无界"在一定条件下可以互相转化。当无界成分加上有界成分标记时，就会转化为有界。"所谓有界性成分，就是从结果、程度、状态、时间、空间、次数等方面对主要动词进行限制的成分。有界标记与中心动词构成一个直接成分，属于该类型的最多，包括体标记、结果补语、数量词、介词短语、重叠式、动量词。"②以此规则来反观"逐渐"和"爱上了"的搭配，就显得顺理成章。因为无界动词"爱"和"上"先构成动补关系，表示动作的完成，这样"爱上"就变为有界动词，"爱上"

---

① 参见陈忠（2006）。
② 石毓智（2000）提出此观点。

再加上典型的有界成分"了",就强化了"爱上了"的有界性,就使得"爱"的活动有了明确的终结点。这样,当有界的"逐渐"和有界的"爱上了"搭配时,就完全符合句法的要求。

3.3.4 "逐渐"同"喜欢"搭配的认知解释

笔者发现 8 例"逐渐"同"喜欢"搭配的情况。经过考察分析,发现"逐渐"不是同"喜欢"搭配,而是同"喜欢上""喜欢了",或者"喜欢上了""喜欢起……来了"搭配。在 8 例中,"喜欢"之后同"上"搭配的有 3 例,同"起"搭配的有 1 例,同"了"搭配的有 1 例,同"上了"搭配的有 3 例。上文我们已经分析得知,"上""起……来了""了""上了"都是典型的有界成分,无界动词加上它们之后,就转化为有界的了。所以,无界动词"喜欢"和"上""起……来了"构成动补结构,表示动作的完成,这样"喜欢"就变为有界动词,"喜欢"再加上典型的有界成分"了""上了",就强化了"喜欢上了"的有界性,就使得"喜欢"的心理状态转换为心理动作,有了明确的终结点。这样,当有界的"逐渐"和有界的"喜欢上了""喜欢上""喜欢起……来了"搭配时,就完全符合句法的要求。

3.3.5 "逐渐"同"有"搭配的认知解释

笔者发现 68 例"逐渐"同"有"搭配的情况。经过考察分析,发现"逐渐"不是同"有"搭配,而是同"有了"搭配。在 68 例中,"有"之后都是"了"。经过上文的分析,就很好解释这种现象了。因为"了"是典型的有界成分,无界动词加上"了"之后,就转化为有界了。属性关系动词"有"表示领属关系,在它的内部是同质的、不可伸缩的,仅仅显示动作行为的性质,是典型的无界动词。当"有"和"了"结合,就赋予动作一个过程,具有了时间的终结点,"有了"就变为有界动词。这样,当有界的"逐渐"和有界的"有了"搭配时,就完全符合句法的要求。

四、"逐个"类方式词与活动情状选择限制及认知阐释

4.1 活动动词的种类及其语义特征

活动情状主要指人或动物的活动过程,在动词情状和界性的语义特征上表现为[+动态][+持续][-完成][-有界],也就是说,活动情状内部是同质的,在事件活动过程中,每一个部分和整体活动的性质是相同的,它们不能被重复;在时间上只有起点,没有终点,没有限制(temporally unbounded),当然也就没有结果,因此是无界的。活动动词属于动态动词范畴,这类动词有:坐、站、立、睡、躺、住、蹲、跪、爬、挤、围、骑、守、藏、埋伏、垂、停、落、长、生、开、结、挂、放、搁、摆、贴、插、铺、吃饭、垫、挑、缠、罩、戴、穿、拿、握、工作、背、扛、飘、飞、写信、游、走、滚、跑。这类词上文已经分析过,当它们后面加"着"时,就表示动作的状态,单独运用时就表示活动状态。

但在语言生活中还存在另一种活动动词,和上文中的活动动词稍有不同,例如参观、征求、签署、处理、战斗、盘旋、蒸、烤、考察、筛选、控制、康复、拜访、清算、发布、剧增、成熟、减慢、缩小、膨大、敲、闪、眨眼、咳嗽、跳等。这类活动动词也表示人类和动物基本的活动过程,它们都表示动态变化,但是它们的活动过程有时间的起点,从人类正常的活动现实看,也有时间的终点,这样就形成了一个间隔的、离散的活动过程,因而在时间上是有界的。对此,杨素英(2000)做了分析,该文对动词情状分类时,划分了"活动动词",列举的例词是"跑、推、按、笑、散步、爬",给出的语义特征是[+动态][-时限];同时又划分"有时限活动词"一类,列举的例词是"敲、闪、眨眼、咳嗽、跳",给出的语义特征是[+动态][±时限]。可以看出,该文把"活动动词"和"有时限活动词"当作两类对待,不过从这两类词的基本特点看,前一类词"经常带'着',也可以带'了',也可以既不带'着'也不带'了'。'了'都可以换成'着'。不带'着''了'的也都可以加上'着'"。而后一类词的基本句法特点是都能加"了"。从情状的角度分类,它们都表示活动情状,因此我们在下文分析

时,放在一起考察。

4.2 "逐个"类方式词与活动情状选择限制的认知阐释

我们以北京大学CCL语料库为基础,考察"逐个"类方式词与活动情状的搭配情况。

从"逐个"类方式词与动词搭配情况看,总体来说,"逐个"类方式词与有界活动动词情状的搭配是较自由、宽松的,只要符合语义要求,满足韵律匹配,它就能搭配。

如果从严格搭配的角度考量,"逐个"类方式词对无界的活动动词的选择是有句法要求的。具体分类见表4。

表4 "逐个"类方式词对无界活动动词的搭配选择统计表

活动动词情状类型	"逐个"类方式词					
	逐个	逐步	逐渐	逐年	逐日	逐一
双音节无界活动动词	987	40 106	25 051	5922	272	2036
单音节无界活动动词	8	120	0	2	1	6

经过考察,在这少量的能和单音节无界活动动词搭配的例句中,无一例外地在单音节动词后加上了"有界成分"。例如:

(18)清河的经济发展逐步走上了良性循环的快车道,各项经济指标呈几何级数增长。

(19)乳齿逐一脱落,恒齿逐一生出来。一般人在六岁到八岁时开始换牙,十二岁到十四岁全部乳齿被恒齿所代替。

(20)怎样打底子,尚须研究,要看力量,逐年补一点,慢慢就补足了。

(21)以后逐日记了读书的进度。

例(18)中,活动动词"走"之后加上了有界成分"上了";例(19)中,动词"生"后加上趋向动词"出来",构成了动补结构;例(20)中,动词"补"

后加上有界数量成分"一点";例(21)中,动词"记"后加上有界成分"了"。这几个例句中,动词加上有界成分后,就使得整个活动事件有界化了,因此能和"逐个"类方式词搭配。

五、"逐个"类方式词与完成情状选择限制及认知阐释

完成情状主要表示事件发生,持续时间难以感知,事件导致了某些变化或结果的产生。完成情状的语义特征可表述为:[+动态][-持续][+完成][+有界]。从情状上讲,完成情状属于动态情状;从时间上讲,其事件内部有起点,有过程,动作行为结束,时间结束,属于双限结构。一旦时间结束,动作就不再持续。这类动词的构成方式多为动补结构,最常见的为"V+完""V+见""V+成"等。在动词之后加上"完""见""成"等,表示动作、事物的变化。例如看完、改善、好转、击败、跑完、驳倒、形成、变成、改良、澄清、拉长、看见、遇见、碰见、听见、缩短、说完、走完、形成、写完、放大、审定、哭完、化成、烧成、炸成、弹完、读完、走进、收起、吃完、擦完、学完等。

"逐个"类方式词和完成情状搭配自由,只要语义契合,搭配就不受限制。例如:

(22) 逐个完成　　逐个解决

　　 逐步改良　　逐步澄清

　　 逐渐形成　　逐渐缩小

　　 逐年好转　　逐年改善

　　 逐日倒下　　逐日写出

　　 逐一驳倒　　逐一形成

它们之所以能搭配自由,主要是"逐个"类方式词和完成动词在语义特征上比较和谐,"逐个"类方式词的有界特性强化了动作行为完成的过程,清晰地描述了时间的进程及时间的终止方式。所以说,语义决定搭配,搭配决定语义。

六、"逐个"类方式词与结果情状选择限制及认知阐释

所谓结果情状,主要表示事件发生、可持续,事件导致了某些变化或结果的产生。其语义特征可描述为:[＋动态][＋持续][＋完成][＋有界]。具体概述为,一个事件在整体上看是发展变化、动态进行的,在时间上有起点、有过程、有结束,一旦事件结束,马上产生结果,因此这个事件是有界事件。当事件有结果后,就会把这种结果持续保持下去,而不会改变这个结果,具有持续性的特征。例如:

(23)我在小学六年级的时候就读了《红楼梦》。

(24)他经过努力和坚持,终于爬到了山顶。

例(23)中,"读了《红楼梦》"表明从未读过《红楼梦》到读过《红楼梦》这个事件有一个过程,结果是"读了《红楼梦》",且这个结果是不能否定的。例(24)中,在爬山这个事件中,从开始爬山到最后结果是爬到了山顶,这个结果也是经过一个过程得来的,"到达山顶"就证明结果实现。

结果情状投射到语言中,主要体现在结果动词和表结果的动词短语上。例如:停止、忘记、遇到、离婚、开始、找到、丢失、消失、离开、抛弃、获得、发现、认出;盖了一座楼房、走到学校、画了一幅画、写了一封信、修了一条路、读了《红楼梦》、看一部小说、爬到山顶。

"逐个"类方式词和结果动词的搭配比较自由,只要语义相配,就能搭配。这是由它们内部的界限语义特征决定的。

七、"逐个"类方式词与瞬间情状选择限制及认知阐释

瞬间情状表示事件发生,持续时间难以感知,事件本身无变化或结果。这类

情状基本的语义特征为：[＋动态][＋瞬间][－持续][＋完成][－有界]。具体内涵是事件的变化在瞬间完成，时间的起始点和终结点合在一起，没有持续的过程，在时间上是无界的。瞬间情状投射到动词上就是由瞬间动词承担，例如灭亡、死、塌、断、倒、病、醉、垮、赢、输、破、塌、炸、毕业等。

粗看这类词，似乎和完成动词、结果动词相似，它们都属于时间变化的情状，属于动态动词，在时间上都有一个时间点，属于有界类型。但仔细分析，它们三者之间有较明显的差别，主要表现在：完成动词有明确的时间起始点和终止点，有明显的过程，时间终止，事件完成，属于动词的双限结构；结果动词也有明确的时间起始点和终止点，有明显的过程，时间终止，事件完成，也属于动词的双限结构，但一旦事件结果产生将永远存在，就会把这种结果持续下去；瞬间动词没有明确的时间起始点和终止点，时间的起始点和时间的终止点重合在一起，事件的变化、结果是在瞬间完成的，没有明显的过程，属于动词的点结构。例如：

（25）为了减少误会，他主动和小张沟通，终于把问题澄清了。

（26）昨天晚上，李璐在教室给爸爸妈妈写了一封信，告诉他们自己的近况。

（27）在同学聚会上，林一见到了多年没见的同学，一高兴，喝了好多酒，自己醉了。

例（25）中，"澄清"是经过不停沟通，有活动的过程；例（26）中，"写了一封信"表示写信事件结束，一旦完成，这个事实将持续存在；例（27）中，"醉"是在一瞬间发生的，而且"醉"这种行为不会持续，即使与时间短语一起出现，也不表示动作行为持续的时间，只表示动作行为结束后的结果状态持续的时间。

"逐个"类方式词与瞬间动词搭配受到严格限制。例如：

（28）＊逐个灭亡　　＊逐个塌了

　　　＊逐步断了　　＊逐步输

　　　＊逐渐病了　　＊逐渐毕业

　　　＊逐年垮塌　　＊逐年倒了

　　　＊逐日赢　　　＊逐日破

*逐一坍塌　　　　*逐一醉了

　　"逐个"类方式词与瞬间动词搭配不符合句法要求,这是什么原因呢?我们知道,"逐个"类方式词主要指一个事件在一定的时间内或是有次序的,或是不断的,或是缓慢的,或是时断时续地出现、发生。因此,它们明显具有数量的语义,可以说是表频率的一类词,有着较突出的"过程"语义。所以,当它们和瞬间动词搭配时,它们彼此的内部语义发生冲突,自然就不能搭配。

八、结语

　　"逐个"类方式词有"逐个、逐步、逐渐、逐年、逐日、逐一",它们的意义基本相近,是从次序的角度说明动作行为的方式方法。但它们之间也有细微的差别,"逐年""逐日"是从时间的角度说明行为、事物的变化,"逐渐"多用于说明自然的缓慢变化,"逐步"多用于人为的、有步骤的变化。

　　"逐个"类方式词与动词情状的选择有不同的要求,具体表现为以下两个方面:

　　其一,"逐个"类方式词与状态情状、瞬间情状的搭配有严格的限制,搭配几乎是不自由的。

　　其二,总体来说,"逐个"类方式词与有界活动情状、完成情状、结果情状的搭配是较自由、宽松的,只要符合语义要求,满足韵律匹配,就能搭配。如果从严格搭配的角度考量,"逐个"类方式词对无界的活动动词的选择是有句法要求的。在少量的能和单音节无界活动动词搭配的例子中,无一例外地在单音节动词后加上了"有界成分"。

　　这样就形成了一个"逐个"类方式词与动词情状选择搭配的连续统(">"表示优先于):完成情状>结果情状>活动情状>状态情状>瞬间情状。

参考文献

陈平（1988）论现代汉语时间系统的三元结构，《中国语文》第6期。
陈忠（2006）《认知语言学研究》，济南：山东教育出版社。
戴耀晶（1997）《现代汉语时体系统研究》，杭州：浙江教育出版社。
邓守信（1986）汉语动词的时间结构，载第一届国际汉语教学讨论会组织委员会编《第一届国际汉语教学讨论会论文选》，北京：北京语言学院出版社。
龚千炎（1995）《汉语的时相时制时态》，北京：商务印书馆。
郭锐（1993）汉语动词的过程结构，《中国语文》第6期。
郭锐（1997）过程和非过程：汉语谓词性成分的两种外在时间类型，《中国语文》第3期。
金立鑫（2008）试论行为类型、情状类型及其与体的关系，《语言教学与研究》第4期。
李临定（1986）《现代汉语句型》，北京：商务印书馆。
吕叔湘主编（2002）《现代汉语八百词》（增订本），北京：商务印书馆。
屈承熹（2006）《汉语篇章语法》，潘文国等译，北京：北京语言大学出版社。
沈家煊（2006）《认知与汉语语法研究》，北京：商务印书馆。
石毓智（2000）《语法的认知语义基础》，南昌：江西教育出版社。
税昌锡（2005）动词界性分类试说，《暨南学报》（哲学社会科学版）第3期。
杨素英（2000）当代动貌理论与汉语，载中国语文杂志社编《语法研究和探索》（九），北京：商务印书馆。
张斌主编（2001）《现代汉语虚词词典》，北京：商务印书馆。
中国社会科学院语言研究所词典编辑室编（2016）《现代汉语词典》（第7版），北京：商务印书馆。
左思民（2006）普通话动词的"动相"结构与体标记的焦点选择，第十四次现代汉语语法学术讨论会论文。
左思民（2009）动词的动相分类，《华东师范大学学报》（哲学社会科学版）第1期。

"人称代词 + 一个 NP"话题功能的产生及其对述题的制约*

胡建锋

摘 要：表达过程中，将一个信息表达为背景信息称作背景化，提高一个语言成分的指称性是汉语背景化的方式之一。"人称代词 + 一个 NP"在语篇中主要表达背景信息，同时其篇章功能也发生变化，独立性变弱，依赖性变强，一般有后续句。当后续句是属性谓语时，它成为话题。结构中的 NP 在句中标示言者视角，具有量级的特点，对述题内容进行制约，一般表达反预期信息。

关键词：人称代词 + 一个 NP；背景信息；话题；视角；制约

〇、引言

本文所讨论的"人称代词 + 一个 NP"中的代词主要是单数人称代词"你""我""他（她）""人家"等，对于这一用法，目前研究比较集中的一个方面是关于其指称功能的。这些讨论，基本上都认为"人称代词 + 一个 NP"是同质的，但在具体用法中，我们发现，"人称代词 + 一个 NP"在篇章中性质可能有所不同。例如：

---

* 本文原为《汉语篇章信息配置方式研究》（中国社会科学出版社，2020年）第十章中的一节。

（1）家珍那天晚上走了十多里夜路回到了我家。她一个孤身女人，又怀着七个多月的有庆，一路上到处都是狗吠，下过一场大雨的路又坑坑洼洼。①

（2）我们当老人的客气，不好意思说，你一个大男人，怎么不说？

（3）刘凯设身处地地为她想想，倒也是，人家在上班，你一个公安就在身边，换了谁受得了？

例（1）中，后一分句中有副词"又"，这种用法的"又"是连接谓词性成分的（刘探宙、张伯江，2014），所以"她一个孤身女人"能加"是"，说成"她是一个孤身女人"；例（2）中，"你一个大男人"可以说成"你是一个大男人"或者"你这个大男人"；例（3）中，可以说"你这个公安"，但不能说"你是一个公安"。所以以上3例中的"人称代词+一个NP"的性质有所不同。例（1）的是一个小句，与后句是并列关系；例（2）的用法中既可以加上"是"，理解为偏正关系的偏句，也可以看作话题；例（3）中"你一个公安"中间不能加上"是"，只能看作一个话题。

关于"人称代词+一个NP"的话题功能如何产生，目前还没有学者进行具体的研究。本文将从篇章的角度出发，讨论"人称代词+一个NP"的背景化功能，以及如何成为话题，最后讨论其对述题的制约功能。

一、背景化与"人称代词+一个NP"的篇章功能

1.1 背景信息与背景化

在叙事语篇中，构成事件主线、直接描述事件进展的信息属于前景信息。围绕事件主干进行铺排、衬托或评价的信息属于背景信息。交际中言者出于表达的需要，会使用一些方式凸显某一信息，将其前景化。如屈承熹（2006）在讨论词缀的篇章功能时，认为"了、起来、过、在、着"中，"完成体标记'了'充当前景信息的能力最强"。同时语言中也有将一个信息表达为背景信息的方式，比

---

① 本文语料主要来源于北京大学CCL语料库，文中一般不再注明出处。

如屈承熹（2006）提出四种从属结构（背景化结构）：关系小句、名词化结构、连词、"非限定"动词形式。方梅（2008）指出，汉语的主语零形回指也是背景化操作的一种手段。例如：

（4）病了，他舍不得钱去买药，自己硬挺着。[转引自方梅（2008）]

例（4）中的"病了"表达背景信息，主要是因为如果后续的句子不出现，就不能明确"病了"的指称对象；而张斌（1998）指出，"有指称，不一定有陈述；有陈述，必定有指称"。因为"病了"不能独立传递完整的信息，所以不具有独立性，不能单独使用，只能是背景信息。不过背景化的方法是多层面的，下文将从指称性强弱角度讨论。

1.2 指称性强弱与语言成分的独立性

朱德熙（2010）指出："在汉语中，一种成分（谓词性成分）可以有多种功能（陈述和指称）。"即谓词性成分也可以具有指称功能。同时，汉语中存在体词性谓语句，即体词性成分也可能既有指称功能，也有陈述功能。但与谓词性成分相比，体词性成分的陈述性强弱也有区别，且陈述性和指称性的强弱影响其篇章功能，如张斌（2000）指出："常见的句子，大都既有指称，又有陈述。一个句子如果只出现指称，提供的信息量显然不够，通常由语境（包括上下文）加以补充。"这里"由语境加以补充"可以理解为只出现指称的表达是不自足的，其不能在没有语境的情况下使用。由此可看出不同语言成分的篇章功能差异：陈述性强的语言成分独立性强，指称性强的语言成分独立性弱。如图1所示。

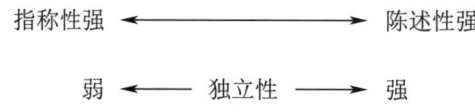

图 1　语言成分指称性、陈述性强弱与独立性对应情况

从前景和背景的角度看，独立性强的语言成分易于表达前景信息，独立性弱的易于表达背景信息。增强语言成分的陈述性可以是前景化的一个手段，反之，增强语言成分的指称性则可能是背景化的手段。比如在汉语中经常提到的体词性谓语句，虽然从句法的角度看是独立的，但从篇章的角度看，与一般的谓词性谓

语句相比，其陈述性要弱一些，在语篇中常常充当背景信息。我们以"今天星期"为关键词在北京大学 CCL 语料库中查找相关例句，剔除"忘了今天星期天"这样在宾语位置的用法，单独做小句的共 25 例，其中问答句 6 例，作为背景信息引出前景信息的 18 例，只有 1 例的用法似乎不是很明确：

（5）她每逢一三五来，今天星期二。

例（5）出现于对话中，可以明确推断出言者隐含的意思是：（她）可能不来。从这个角度理解，"今天星期二"仍提供背景信息。这个表达必须有语境，所以可以看作是一个非自足用法。由此可以看出，虽然如"今天星期（几）"这样的句子在句法上似乎是独立的，进入篇章却有一定的局限性。我们考察了其他的一些体词性谓语句的用法，总体来看都使用受限或对语境有一定的要求。由此可见，指称性与背景信息关联比较密切。

1.3 "人称代词 + 一个 NP"的背景化功能

1.3.1 "人称代词 + 是 + 一个 NP"和"人称代词 + 一个 NP"的篇章功能差异

刘探宙、张伯江（2014）将本文讨论的"人称代词 + 一个 NP"格式看作"同位同指组合"，同时又指出，"汉语的同位同指组合的前项与后项之间总是能加'是'"。王红旗（2015）则认为，"'是'字句所表达的词汇意义和语法意义与名词谓语句完全相同，其中'是'的作用只是把做主语、谓语的体词性成分组织起来"。由此看来，整个结构表达的意义与"人称代词 + 一个 NP"加不加"是"似乎没有关系。但如果从篇章角度考察，却是有区别的。

第一，"人称代词 + 是 + 一个 NP"可以单独使用。例如：

（6）在西方人眼里，他是一个"没有名贵房车和游艇的大商家"。

例（6）中，"他是一个'没有名贵房车和游艇的大商家'"是一个单用的独立小句，"人称代词 + 一个 NP"没有这种用法。

第二，"人称代词 + 是 + 一个 NP"与"人称代词 + 一个 NP"在两个小句中的功能存在着差异。当"人称代词 + 是 + 一个 NP"是两个（或多个）小句中的一个小句时，可以有多种功能。Foley & Van Valin（1984）根据"依附"和"内嵌"两个基本参项,把两个小句之间的关系分为等立、主次、从属三种。一般把具有独立性的句子(等立句或主句)看作自立小句,依附于其他小句的(次句或从属句)叫依附小句。"人称代词+是+一个NP"既可以是自立小句,也可以是依附小句。例如:

(7)<u>我是一个有进取心的青年</u>,很想多渠道地了解老一辈的无产阶级革命家的光辉业绩。

(8)读罢之后,她禁不住笑起来了,心想:"这是情书啊!爱上了我真是奇怪,<u>不过,他是一个可爱的学生,好男子</u>……"

(9)或许,他在今后很长一段时间里依然辨认不出自己,<u>因为他是一个并不全然属于自己的"社会人"</u>。

陈满华(2010)指出,"作为句法单位,不同类型的小句有不同的句法属性,有的小句具有独立性,承载的是前景信息;有的小句具有依附性,承载的是背景信息"。例(7)中,"我是一个有进取心的青年"是主次小句的前一小句,是次句;例(8)中,"他是一个可爱的学生,好男子"前有"不过",是主次小句的后一小句,是主句。从位置角度看,例(9)中,"他是一个并不全然属于自己的'社会人'"前有关联词"因为",是次句,但是后置到了主句后面。

而"人称代词+一个NP"一般只能用在前一小句,而且与后续小句的关系有一定的限制。例如:

(10)他一个排级干部,又比你成熟那么多,干出那样的事来,当然该承担主要责任。

(11)我一个寡妇,但也是要脸的人啊,这不是家里实在是没有钱嘛!

(12)致庸笑道:"刘寨主,这话该我先问你!你都吓住我了,你一个山大王,也看得懂《庄子》?"

上面几例中,"人称代词+一个NP"都有后续小句。例(10)中,后一小句中有"又",表示"他一个排级干部"和"比你成熟那么多"是等立关系;例(11)中,后续句中出现的"但"表明前面部分是一个小句,而且是次句;例(12)中,"你一个山大王"后续句是一个反问句,也是其主句。

同时我们还观察到,"人称代词+一个NP"虽然可以与后续句是等立关系,但是这一用法也有一定的限制。例如：

（13）他一个卖花盆的，又不脏，又没有气味，污染，他污染什么啦？

（14）她看了钟离春一眼："不行，她一个女人，又是王后，怎可承担如此危险之事。"

（15）林小枫一下子站了起来，几乎是与宋建平脸贴着脸，"我能怎么着你？我一个小老百姓，你一个堂堂大医院大科的副主任，我能怎么着你？"

例（13）中，"他一个卖花盆的"与"又不脏，又没有气味"是等立关系，但它们组合后与后续句"他污染什么啦"是主次关系，几个小句共同充当次句；例（14）中，"她一个女人"与"（她）是王后"是等立关系，是"怎可承担如此危险之事"的次句；例（15）中，"我一个小老百姓""你一个堂堂大医院大科的副主任"这两个"人称代词＋一个NP"的用法也是等立关系，共同做"我能怎么着你"的次句。

从上述分析可以看出，无论哪种情况，"人称代词＋一个NP"都不能单独使用，位置都是限定的。与其他小句共用时，都直接或间接做次句，不可能后置为具有补充功能的小句。所以从篇章功能角度看，有"是"的句子独立性强，可以是独立小句，也可以是主句、等立句和次句，可以是自足的；无"是"的句子依赖性强，不能单独使用，也失去了做自立小句的功能，只能做次句或有条件做等立小句，是不自足的。它们之间的功能区别见表1：

表1 "人称代词＋是＋一个NP"与"人称代词＋一个NP"篇章功能对比表

形式	功能			
	独立小句	两个（或以上）小句		
		主句	等立句	次句
人称代词＋是＋一个NP	＋	＋	＋	＋
人称代词＋一个NP	－	－	±①	＋

1.3.2 "是"的有无与"人称代词＋一个NP"的背景化功能

那么在表达过程中，"是"的出现与否和什么有关呢？我们认为与传递NP

---

① "±"表示"人称代词＋一个NP"是有条件充当等立句的，即几个等立小句共同做次句。

这个信息的目的有关。言者根据表达的需要，选择"是"出现与否，如果 NP 是一个要凸显的信息，是前景信息，那么"是"必须出现。例如：

（16）陈玉英一听惊得从板凳上站了起来，"什么，你是一个外国人？"

例（16）中，"什么"表明"（你是）外国人"对陈玉英来说是一个没想到的新信息，信息量很大，是前景信息，这里的"是"必须出现。而"是"不出现的用法，即使是保持陈述性功能，其凸显度也有所变化。例如：

（17）a. 我是一个工人家庭出身的孩子，没有进过高等学府，能担当得起秘书工作吗？

　　　b. 我一个工人家庭出身的孩子，没有进过高等学府，能担当得起秘书工作吗？

以上两个句子表达的意思，有细微的区别，"工人家庭出身"这个信息，在例（17）a 中的凸显度更高，可以是新信息，也可以是言者希望凸显的已知信息，这个句子可以在"是"前加"只""就"等，说成"我只/就是一个工人家庭出身的孩子"；而在例（17）b 中一般是已知或激活度较低的信息，"一个"的前面不能加上"只""就"等增加凸显度的成分①。

有的时候，新信息进入"人称代词＋一个 NP"后，凸显度也会降低。例如：

（18）此时已入夏，我一个没有结婚的女孩子，怎好住在家里见亲戚朋友？

（19）信中说："我一个小学教师，呼天不应，叫地不灵，只好大胆地冒昧地写信来北京告御状……"

例（18）中，"没有结婚"是听者未知的信息；例（19）是陌生人信中的话，所以读者也不知道"（对方是）小学教师"这个信息，但在例句中表达为背景信息。由此可以看出，"是"的有无，与言者使用"NP"的目的有关，当 NP 凸显度较高的时候，一般用"是"；而凸显度较低，即将这个信息表达为背景信息的时候，则常常选择"是"不出现的用法。虽然从句法上看，这类用法仍然可以看

---

① 我们查找了语料，"人称代词＋一个 NP"中可以有加入"只""就"的用法。如："要不是你那聪佩的才智双全，决难受你这等傲气，因为，你只一个晚辈。""妈妈在 10 多天后才打电话给我，我还因为自己的事挂电话，我就一个不孝子啊。"它们分别是补充原因和做主句，明显与我们讨论的做背景信息的"人称代词＋一个 NP"的功能有差异，前例中可以出现"因为"，后例中可以出现语气词"啊"。

作是一个名词性成分充当谓语的主谓结构,但在篇章功能方面,只能表达背景信息。"人称代词+是+一个NP"与"人称代词+一个NP"的篇章功能差异如图2所示:

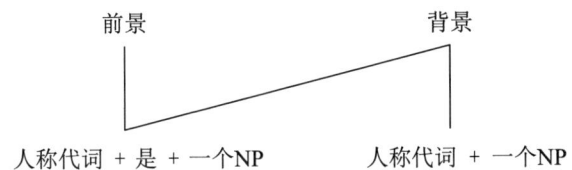

图2 "人称代词+是+一个NP"与"人称代词+一个NP"的语篇功能差异

二、"人称代词+一个NP"成为话题及其对述题的制约功能

2.1 属性谓语与"人称代词+一个NP"话题功能的产生

"人称代词+一个NP"的背景化功能,使其具有了位置固定、凸显度低等特点,这为其成为话题提供了条件。当后续谓语类型符合述题的要求,"人称代词+一个NP"就成了话题。

Carlson(1977)将谓语分为"阶段性谓语(stage-level predicate)"和"个体性谓语(individual-level predicate)",前者具有现实性,后者具有非现实性或常态性,刘丹青(2018)分别把它们意译为"事件谓语"和"属性谓语"。"人称代词+一个NP"后常常出现属性谓语。例如:

(20)那人说:我一个养蜂的能有多少钱?

(21)现在大学生一拨一拨的,我一个老头子去凑什么热闹啊,看门扫地还差不多。

(22)那些夜晚他想,老伴不在了,可不要发生那种事情,他一个老人待在小院里可受不住那一下啊。

例(20)~(22)中,"人称代词+一个NP"后面的谓语部分都不表示已经发生的事件,如例(20)表达的不是"我没有钱",而是"我不可能有多少钱";例(21)表达的不是"我没去凑什么热闹",而是"我不应该去凑热闹";例(22)中前有"他想",表明"待在小院里可受不住那一下"也不是真实发生的事件。所以这些谓语都不是事件谓语,而是属性谓语。刘丹青(2018)指出,"话题结构跟属性谓语是无标记匹配,属性谓语从自身性质上就要求跟有话题性的主体论元组合"。所以上面3例中,"我一个养蜂的""我一个老头子""他一个老人"都可以看作话题。作为话题的"人称代词+一个NP",一般不能再加上"是",如上面几例在具体语境中,不能加上"是"说成"我是一个养蜂的""我是一个老头子",尤其是例(22),"他一个老人"是老人自己的想法,不能说成"他是一个老人"。虽然例(20)、例(21)在静态的语境中似乎可以加"是",但在真实语境中如果加上"是",表意有所变化。而且经过考察,我们发现有43.6%的"人称代词+一个NP"后没有明显停顿(以书面语中没有标点符号为判断标准),也表明言者在心理上可能已经不再将其看作一个小句,而是句子的一个组成部分。

另外还有一个证据是,有时"人称代词+一个NP"前面可以出现主观性话语标记"你说"等。例如:

(23)<u>你说</u>我一个20岁的大学生用他80岁的老头提醒吗?我还是硬邦邦地一口拒绝。

(24)可是有时候会被认出来,有的一起踢球的大学生还会找我签名,<u>你说</u>我一个职业球员沦落到这份儿上,心里真不是滋味呀。

"你说""我说"等在句首的时候常常可以是一个话题标记,"人称代词+一个NP"前有时可以出现这个标记。如例(23)中,"你说"引出的是一个说明性的内容,即"(我一个20岁的大学生)用不着一个80岁的老头提醒";例(24)中,"你说"引出的是一个评价性的内容,即"我现在的处境实在不如人意"。

2.2 "一个NP"对述题的制约功能

2.2.1 "NP"表示言者视角

王灿龙(2019)提到,在"人称代词+一个NP"用法中,"一个NP"既不是句法的需要,也不是语义的必然要求。例如:

（25）a. 我一个老教授哪受得了这种气，明明好的，你说不好。[转引自李劲荣（2013）]

b. 我哪受得了这种气，明明好的，你说不好。[转引自王灿龙（2019）]

王灿龙（2019）认为："孤立地看这些句子，即使这些信息（即句子中的NP，本文作者注）不明示，整个的表达仍然句法自足，语义自恰、完整。"如例（25）b。那么这个NP作为话题的一个部分，主要功能是什么呢？李劲荣（2013）认为这类组合的"谓语具有评价性质，围绕主语发表评论"，"探究相关当事人的责任"；李广瑜、陈一（2016）认为是针对当事人展开评议、质疑、推测或询问等。这些都主要讨论后续句的表达功能，所以王灿龙（2019）专门讨论了"一个NP"的功能，并认为"它的使用旨在突出、强化相关命题内容的理据性，从而更为鲜明地增强整个语言表达的说服力和可信度"。即认为如例（25）a中"一个老教授"的功能在于使后续成分"哪受得了这种气"更加合理可信。不过从考察情况看，我们发现还存在后面相关命题不出现的用法。例如：

（26）菖蒲摇头说："你单枪匹马，我怎么放心？还是结伴而行。"

"你挂了花，行走不便，反倒累赘了我。"

"可是，你一个孤身女子……"

（27）呼国庆说："小谢，千错万错都是我的错。可你为什么要辞职呢？你一个单身女子……"

（28）"呕，二弟，别说了，怕人！你跑就跑得了，可别这么办哪！于你没好处，于他们没好处。我呢，你得为我想想吧！我一个妇道人家……"

例（26）中，虽然后面的成分没有出现，听者却明白言者说的是"一个孤身女子在外不方便，我不放心"的意思；例（27）中，从"一个单身女子"能推断出意思是劝对方"不要辞职"；例（28）中，听者（二弟廉仲）想揭发别人，言者（大嫂）劝他别这么做，所以"我一个妇道人家"的意思是"你可以跑，（但）我没有出路"。上面几例中，"人称代词+一个NP"的后续句都没有出现，但在具体语境中，听者却能够明白言者的意思，说明NP有提示后续句意义的功能。只有这样，即使后续句不出现，听者也可能推断出来。下面结合语境进行考察，进一步讨论"人称代词+一个NP"作为话题的功能。

我们观察到,"人称代词+一个NP"提供背景信息时,"因为""只要""虽然"等标示前后句语义关系的词语都不能出现,如例(20)一般不能说"因为我一个养蜂的,能有多少钱?",这说明"人称代词+一个NP"背景化的目的不在于凸显因果、条件等关系。其成为话题后,与后续句之间一般也不凸显这些关系,那"一个NP"的功能是什么呢?

唐翠菊(2005)指出:"当宾语为新信息时,以'是(一)个NP'的格式居多。"所以"是一个NP"中NP一般是新信息或激活的信息,也是整个句子的信息中心。成为话题以后,"人称代词+一个NP"从一个小句降级为句内成分,整个结构的信息地位自然下降,NP不再是小句的信息中心,但仍然是这个结构的中心。据我们观察,"一个"凸显其后成分具有对比性(具体在下文中讨论),体现在口语中,NP常常重读,表明它是话题的中心,后面的述题内容必须与其相关。从使用情况看,这一相关体现在对述题的制约作用,即言者从人称拥有的诸多属性中选择一个NP作为言者视角,陈述与语境中关联信息相关的内容。例如:

(29)"喂,香港青年,你真想到我们公司打工吗?"这个女人凝视着双手抱头的李嘉诚,问道:"你不知道我们招聘的工人都要吃苦吗?你一个学生怎么能够受得了呢?"

例(29)中,语境中的相关信息是"李嘉诚应聘到公司打工","这个女人"是面试人,她在李嘉诚拥有的诸多属性如"男人""青年""学生""香港人"等中选择"学生"作为NP,是将"学生"这个身份与"这份工作"关联起来,因为这份工作太苦了,一般学生做不了,所以选择"学生"身份是要说明她认为李嘉诚不适合做这份工作,述题是从NP的视角围绕相关信息展开的。有的时候,言者认为人称所拥有的不同属性相对于语境中关联信息是同一个视角的,也可以同时出现。例如:

(30)刘黑七一愣,再次狂笑起来:"你……哈哈,你<u>一个财主,一个东家,一位巨商</u>,每日只会挖空心思算计别人的银子,也敢自称是替天行道的英雄?"

例(30)中,"财主""东家""巨商"虽然是不同的身份属性,但这些身份与"每日只会挖空心思算计别人的银子"的做法是相称的,即在视角上是同向的。它们同时出现,强化说对方不配"自称是替天行道的英雄"。还有的用法,

"人称"不出现，只出现"一个 NP"。例如：

（31）李铁笑笑说："怎么？<u>一个姑娘家</u>，领着妇女们跑跑步、唱唱歌啥的倒挺不错，当个演员也够格，可是，当政委，唉！"

（32）有人劝她，<u>一个女人</u>为学校房子在外面吃这么大苦，何苦呢？

在这类用法中，由于在具体的语境中，所讨论的对象是言听双方都清楚的，上面两例中的"你"都没有出现，句中的"姑娘家"和"女人"都提示言者视角，例（31）表示"姑娘家当政委不合适"，例（32）表示"作为女人不必为房子吃这么大苦"。

2.2.2 进入"一个 NP"位置的 NP 的特点

"人称代词+一个 NP"具有标示视角的功能，通过总结能进入结构的 NP 的特点，可以有更加清晰的认识，我们发现它们都具有语用量级的特点。所谓语用量级，是根据信息量程度或语力程度（semantic strength）构成的有序集合（姜望琪，2003）。比如：一道数学题目，高中生做出来的可能性大，"做出来了"提供的信息量小；小学生做出来的可能性小，"做出来了"提供的信息量大；初中生居中。它们之间在"水平高低"维度构成一个量级序列：高中生＞初中生＞小学生。相对的做出某道题目的信息量为：高中生＜初中生＜小学生。

具体到本文讨论的对象，进入 NP 位置的名词或体词性结构的类别，主要是头衔类、职业类和性质类。以上三类使用时有一个共同的特点，即在上下文或语境中常常可以找到对比项，而且与对比项之间在某一方面存在着量的差异。例如：

权力大小＜办事员，科长，局长＞　　水平高低＜学士，硕士，博士＞
收入多少＜临时工，工人，企业家＞　　关系远近＜陌生人，朋友，父母＞

这四个集合中，在"权力大小"方面，办事员＜科长＜局长；在"水平高低"方面，学士＜硕士＜博士；在"收入多少"方面，临时工＜工人＜企业家；在"关系远近"方面，陌生人＜朋友＜父母。它们都构成了量级序列。正因为如此，从它们量级方面的差异，也可以推断出它们的使用情况，如："他一个办事员，哪能做得了这个主？""我一个学士，哪里能提出这么高级的问题？""你一个临时工，怎么买得起房子？"等等。

当然，同样的 NP 在不同的语境中，对比项可能不同。例如：

（33）拜托，<u>纵横帮里清一色全是男的，你一个女人家怎么冒充他们的人？</u>

（34）萧峰又是好气，又是好笑，说道："你一个小女孩儿，懂得什么？<u>难道我想不到的事，你反而想到了？</u>"

（35）<u>你们</u>不行，我一个妇道人家，更不行，还是你想想办法吧。

上面3例中，NP都是"女人"，但例（33）的语境提供的对比项是"男人"，表达的意思是：在清一色男人的帮会里，女人家冒充他们的人比男人冒充要难。例（34）的对比项是"我"，表达的意思是：我是成人，我想不到的，你更想不到。例（35）的对比项是"你们"，表达的意思是：你们比我办法多，你们没办法，我更没办法。所以，虽然NP"女人家""小女孩儿""妇道人家"意义相近，但由于表达的意思有差异，选择的词语也有差异。①

2.3 "NP"对述题的制约功能

经过考察，可以发现NP所表示视角的一致性，体现在对述题内容的制约上，即述题的内容，必须体现NP所代表的人的属性等特点，与语境关联信息不相匹配。主要有三种情况：

第一，言者认为对比项不可以具有所关联信息的特点，具有NP属性的人在这方面低于对比项，就更不可以具有这方面属性。例如：

（36）就连马占胜这样的精能人都说垮就垮了台，他一个不识字的农村干部又有多少能耐呢？

（37）你想想，要是她那可怜的碎了心的老父亲都打动不了她，我一个陌生人能行吗？

例（36）中，关联信息是对"他"有期待，希望他能把事做成，但通常认为在"做好这份工作"方面的量级为：（精能人）马占胜＞（不识字的）他。该句表达的意思是：马占胜不行，他更不行。例（37）中，关联的信息为希望"我"能劝劝"她"，但在能否打动她方面的一般量级为：老父亲＞陌生人。所以，老父亲打动不了，"我"是一个陌生人，应该更不行。这类用法一般是递进关系。

---

① 王灿龙（2019）也举"一个群众演员"的例子，详细讨论了在不同的情况下，对比项不同，表达的意义也可能有差异。

第二，言者认为即使对比项可以具有关联信息的特点，但具有 NP 属性的人在这方面低于对比项，不可以具有这个特点。其表达的意思可以理解为：就算（即使）对比项可以，具有 NP 属性的人称也不可以。例如：

（38）后来堂兄被官府抓住了，我去探监，堂兄对我说："听着老妹，这个世界太不公平，我偷是为了打抱不平。你一个姑娘家，就别偷了，回家找二伯，相中一个差不多的就嫁人吧。"

（39）他先把小宝抱回他写作业的桌子，轻轻拍着他的脸说："没出息，妈妈是女人，她可以哭，你一个大男人，怎么能哭呢？"

例（38）关联的信息为"我"经常偷东西，而堂兄觉得在"能否偷"方面，男人＞姑娘家，所以该句表达的意思是：就算我能偷，你也不能偷。例（39）关联的信息为小宝哭了，"他"认为在能否哭方面，女人＞男人，该句表达的意思是：虽然妈妈哭了，但是你是大男人，不能哭。这种情况一般是让步关系或转折关系。

第三，"NP"的显性对比项没有出现，直接否定关联信息。例如：

（40）事后，几位同事问我："你一个教书匠，掏那么多钱订党报干吗？"

（41）说来惭愧，我一个堂堂须眉男子，居然不擅饮酒。

例（40）关联的信息为"教书匠"自费订了党报，言者认为"教书匠没必要订"，是否定听者的做法；例（41）关联的信息为"男子应该擅长饮酒"，但实际上"我"不能喝酒。两种用法都是实际情况与关联信息相反。

以上三种情况，都表示与对比项相比，具有 NP 属性的人不应该具有语境中关联信息的特点。如果把关联的信息看作预期信息，那么这类述题都表达与预期不一致的信息，可以看作表达基于语用量级的反预期信息。基于此，李文浩（2016）指出的"人称代词＋一个 NP"常"出现于反预期语境"，就体现了 NP 对述题内容的制约功能。

三、余论

本文从篇章角度探讨了"人称代词＋一个 NP"成为话题的过程和条件，本文认为背景化为其提供了基础，属性谓语的出现为其提供了条件。因为"一个 NP"似乎不是语义、句法上的必要成分，本文结合语境讨论，证明其功能主要在于提示言者视角，表明言者的主观态度，即具有 NP 属性与语境中的相关信息不相匹配，表达反预期信息。关于"人称代词 + 一个 NP"，还有一类用法也需要关注，即"人称代词"是虚指的。例如：

（42）你大老板系的高档腰带还说得过去，我一个大学生，我花爹妈钱。一个月就那么四五百块钱。

（43）第三种表现呢就是悍勇，勇敢是为将必备的素质，你一个将军要不能打仗，不勇敢见敌就跑，那就坏了。

例（42）是金正昆演讲中的一段话，其中"我一个大学生"是假设的对象，自然不是指实际的"我"；例（43）也是报告中的一段话，其中"你"不是指听者，而是指任何一个将军。以上用法中的人称都是虚指的，这一类用法多用于演讲或报告等，听者不止一个人，表示一种非现实的情况，不与具体语境关联。这种情况下"人称代词 + 一个 NP"常常不表示反预期信息。这种用法是如何产生的，需要进一步关注。

参考文献

陈满华（2010）由背景化触发的非反指零形主语小句，《中国语文》第 5 期。
方梅（2008）由背景化触发的两种句法结构：主语零形反指和描写性关系从句，《中国语文》第 4 期。
姜望琪（2003）《当代语用学》，北京：北京大学出版社。
李广瑜、陈一（2016）关于同位性"人称代词$_单$ + 一个 NP"的指称性质、语用功能，《中国语文》第 4 期。
李劲荣（2013）汉语里的另一种类指成分：兼论汉语类指成分的语用功能，《中国语文》第 3 期。
李文浩（2016）也谈同位复指式"人称代词 + 一个 NP"的指称性质和语用功能，《中国语文》第 4 期。
刘丹青（2002）汉语类指成分的语义属性和句法属性，《中国语文》第 5 期。
刘丹青（2018）制约话题结构的诸参项：谓语类型、判断类型及指称和角色，《当代语言学》

第 1 期。

刘探宙、张伯江（2014）现代汉语同位同指组合的性质，《中国语文》第 3 期。

屈承熹（2006）《汉语篇章语法》，潘文国等译，北京：北京语言大学出版社。

唐翠菊（2005）"是"字句宾语中"（一）个"的隐现问题，《世界汉语教学》第 2 期。

王灿龙（2019）句子中的降级说明成分"一个 NP"的语用功能，《语言教学与研究》第 2 期。

王红旗（2015）体词性成分指称性的强弱，《语言科学》第 1 期。

张斌（1998）《汉语语法学》，上海：上海教育出版社。

张斌（2000）谈谈句子的信息量，《湖南广播电视大学学报》第 3 期。

朱德熙（2010）《语法分析讲稿》，北京：商务印书馆。

Carlson, G. N. (1977) *Reference to Kinds in English*. University of Massachusetts Amherst.

Foley, W. A., & Van Valin, R. D. (1984) *Functional Syntax and Universal Grammar*. Cambridge: Cambridge University Press.

Tomlin, R. S. (1985) Foreground-background information and the syntax of subordination. *Text-Interdisciplinary Journal for the Study of Discourse*, 5(1-2): 85-122.

存现句式、处所句式与语言语序的类型特征*

吴春相　杜丹

摘　要： 本文尝试把语言类型学与构式语法相结合，对50多种语言中的存现句式与处所句式进行调查分析，试图归纳存现句式与处所句式的主要类型特征，并利用"可别度领前原则""语义靠近原则"结合语言语序类型特征，探寻存现句式与处所句式的语序形成机制，进而寻求存现句式与处所句式之间的蕴含共性以及形成蕴含共性的动因。

关键词： 存现句式；处所句式；语序；蕴含共性

〇、引言

类型学研究发现存现句式与处所句式有着密不可分的关系，Freeze（1992）根据定指性效应（Definiteness Effect）详细分析解释了存现句式与处所句式之间的差异，认为当存现主体为有生名词时属于处所句式，当存现主体为无生名词时属于存现句式；根据对Toqabaqita语中处所句式、存现句式与领属句式之间的关系调查研究，Lichtenberk（2008）发现存现主体（T）与处所短语（L）在

---

* 本文原发表于《汉语学习》2020年第2期，题目为《存现句式、处所句式与语序的类型特征》。

处所句式、存现句式中语序相反，定指性效应是造成以上语序相反的主要原因；Bentley et al.（2013）在跨语言中也进一步论证了定指性效应是造成 T 与 L 在存现句式与处所句式语序相反的主要原因；Creissels（2014）对 256 种语言的存现句式进行了跨语言调查研究，把存现句式总结为 7 种类型，同时根据 T 与 L 的语序关系认为处所句式与存现句式是互为倒置句式。以上研究只介绍了存现句式与处所句式之间的关系，且多数研究仅发现存现句式与处所句式语序相反这一种关系。

国内对汉语存现句式的研究多集中在移项、论元结构、动词的非宾格性、名词词组的句法位置和赋格问题（顾阳，1997；杨素英，1999；赵彦春，2001；唐玉柱，2005；隋娜、王广成，2009；董成如，2011；叶狂、潘海华，2017），另外也涉及了存现动词的分类与概念结构（史金波，1984；白碧波，1991；余成林，2011；黄成龙，2000、2013、2014）。存现句式与处所句式之间的关系则少有研究。

李思旭（2019）发现，构式语法与语言类型学相结合便于寻求构式共性（universal constructions）。本文试图从类型学视角探寻存现句与处所句之间的构式关系，认为除了存现句式与处所句式中 T 与 L 语序相反之外还有其他四种关系，进而在此基础之上探寻其蕴含共性及其动因。

一、存现句式与处所句式语序相反的语言类型特征

一般情况下，存现句式与处所句式成分一致，都是由 L、动词（V）以及 T 组成，只是存现主体与处所短语的语序有所不同。在大多数语言中存现句式与处所句式语序相反，同时这种相反句式为存现句式与处所句式的基本语序类型，且这种相反语序类型与语言语序关系密切[①]。

[①] 本文提到五种存现句式与处所句式的语序类型，其中第一种相反句式是最基本、稳定且使用频率最高的一种，由此把这种相反句式称为存现句式与处所句式的基本语序类型。语言语序类型是指 Greenberg（1963）将世界语言划分为 SVO、SOV、VSO、VOS、OSV、OVS 六种语序类型。

1.1 基本语序类型

存现句式与处所句式语序类型相反是跨语言中的普遍现象，且句式语序类型与语言语序关系密切。根据 Freeze（1992）对存现句式与处所句式基本语序类型的调查研究，本文也对此进行了跨语言调查研究，将存现句式与处所句式基本语序类型归纳总结为表 1。

表 1 存现句式与处所句式基本语序类型

语言样本	存现句式语序类型	处所句式语序类型	语言语序类型
汉语	L V T	T V L	SVO
俄语	L V T	T V L	SVO
法语	L V T	T V L	SVO
芬兰语	L V T	T V L	SVO
斯瓦希里语	L V T	T V L	SVO
隆达语	L V T	T V L	SVO
卢旺达语	L V T	T V L	SVO
加泰罗尼亚语	L V T	T V L	SVO
匈牙利语	L V T	T V L	SVO
德语	L V T	L V T	SVO
藏语	L T V	T L V	SOV
印地语	L T V	T L V	SOV
波斯语	L T V	T L V	SOV
Mayo	L T V	T L V	SOV
土耳其语	L T V	T L V	SOV
日语	L T V	T L V	SOV
韩语	L T V	T L V	SOV
白语	L V T	T V L	SOV
苏格兰盖立语	V T L	V T L	VSO
巴勒斯坦阿拉伯语	V T L	T V L	VSO
尤卡坦语	V T L	T V L	VOS
赛德克语	V T L	V L T	VOS
帕劳语	V T L	V L T	VOS
查莫罗语	V T L	V L T	VOS（VSO）
塔加拉族语	V T L	V L T	VSO（VOS）
*	*	*	OSV
*	*	*	OVS

本文调查的语言中没有涉及 OSV 与 OVS 语序的样本（表1用"*"标记），因为这两种语序的语言非常少，基本不会影响本文观点的可靠性。在表1中，除了 SOV 语序中的白语、SVO 语序中的德语的存现句式和处所句式的语序类型，以上 SVO 语序和 SOV 语序中的存现句式和处所句式都具有一致性，两种句式语序相反。其中白语属于汉藏语系藏缅语族彝语支。徐琳、赵衍荪（1984）研究发现，白语具有两种语言语序类型，第一种与汉语相同，采用 SVO 语序，第二种和彝语支语言相同，采用 SOV 或 OSV 语序，两种语序可以并存并用。但是在语言接触的条件下，受汉语影响，白语在语法方面产生了明显的变化，由此白语的存现句式和处所句式语序与一般 SVO 语言语序一致。德语在主句只有一个动词时可视为 SVO 语序，但是在主句有两个以上的动词或者是从句时为 SOV 语序，可称为动词第二顺位。也就是说，其他动词则依照该语言常用的语序排列，如 SVO 语言动词放在主事和受事之间，而 SOV 语言动词位于受事之后。动词第二顺位语言（V2 语言）可以分成两种主要的类型：CP-V2 语言只允许主要子句的动词移动，IP-V2 语言则要求从属子句的动词也要移动。在 CP-V2 语言的从属子句中，本来动词应该要移位到第二顺位，但是因为 C 的位置已经被关系代名词占据了，从属子句的动词便不移动。德语存现句式与处所句式受动词第二顺位影响，形成 LTV 语序类型。

另外，在 V 当头语言 VSO 和 VOS 中，S 和 O 的语序自由，难以区分 VSO 和 VOS，通常可概括成 V 当头语言（V-initial languages）。V 当头语言中的存现句式语序一致，而处所句式受到语言语序的影响存在 VTL 和 VLT 两种情况，但是排除巴勒斯坦阿拉伯语以及尤卡坦语这两种语言，处所句式的基本语序为 TVL。根据 Freeze（1992）调查研究发现，巴勒斯坦阿拉伯语与尤卡坦语中存现句式与领属句式语序都是 VTL 且使用相同的动词，当主语为有生［+ human］名词时，表达领属句式，当主语为无生［- human］名词时，表达存现句式；以上两个句式使用的介词也不同，存现句式选择"on"而领属句式选择"to"标记存现主体；而由于话题化的原因，处所句式选择 TVL 语序类型。

另外从表1可以看出，存现句式比处所句式更整齐，即使在 V 句首的语言中，存现句式也是 T 居前，靠近核心。而在处所句式中，TL 同时居后，就不稳定,这种不稳定现象与句式动词和论元之间的紧密度以及定指度有关。动词作为结构核心在论元上选择 L 为内论元,但是另一方面受到 T 为存在主体作为已知信息、话题信息或焦点信息的影响,也需要前置,这两个动因互相制约进而造成结构的不稳定。

1.2 语序动因

1.2.1 定指性效应

排除白语、德语、巴勒斯坦阿拉伯语以及尤卡坦语等语言中存现句式与处所句式语序,根据表 1 可知存现句式与处所句式的语序与语言语序紧密相关,存现动词的位置与 V 一致,只是 S 位置上的成分有所变化,在存现句式中 L 位于主语位置,而在处所句式中 T 位于主语位置。我们认为,定指性效应(Definiteness Effect)是促使 T 移位的主要原因:如果 T 是定指名词,T 便处于句中主语 S 的位置,此时属于处所句式;如果 T 是不定指名词,L 便处于句中主语 S 的位置,此时属于存现句式。因此定指性效应是造成存现句式与处所句式语序不同的主要原因。例如:

(1)汉语(SVO;自拟)

    a. 那两本书在桌子上。

    b. 桌子上有两本书。

    c.* 桌子上有那两本书。

(2)土耳其语(SOV;Creissels,2014)

    a. Otel   şehir-de(-dir)

       otel.NOM   town-LOC(-be)

       The hotel is in the town.

    b. Bu   şehir-de   bir   otel   var

       DEM   town-LOC   one   Hotel.NOM   Exist

       Here is a hotel in this town.

(3)苏格兰盖立语(VSO;Freeze,1992)

    a. Tha   a'   mhin   anns   a'   phoit

| | COP | D | Oatmeal | in | D | pot |

The oatmeal is in the pot.

b. Tha　　　　min　　　　anns　　　a'　　　phoit

| | COP | | oatmeal | in | D | pot |

There is oatmeal in the pot.

（4）帕劳语（VOS；Freeze，1992）

a. ŋ-ŋar　　　　　a　　　　　sers-ek　　　　a　　　bills

3SG-COP.P　　NP　　　　garden-my　　　NP　　dog

The dog is in my garden.

b.ŋ-ŋar-ŋii　　　　　　a　　　　bills　　er　　a　　sers-ek

3SG-COP.P-it(p)　　　NP　　　dog　　　P　　NP　　garden-my

There is a dog in my garden.

根据"指别性领前原则"（陆丙甫，2018），居前的 S 往往是有定且变化少的事物，居后的 S 往往是不定且多变的事物。居前的状态比较稳定，居后的通常受到动作、行为作用后本身状态发生变化，人类的认知倾向于以稳定的事物为话题引导出多变的，往往也就是新的信息。因此定指性效应会造成 T 在存现句式与处所句式句法语序的移位，如汉语、土耳其语、苏格兰盖立语、帕劳语等。另外，在劳古多罗方言中，定指性不同时，句式不会发生变化，只是选择的存现动词不同，当存现主语 S 为定指名词时，选择系动词"be"作为存现动词，当存现主语 S 为不定指名词时，选择领属动词"have"作为存现动词。例如：

（5）劳古多罗方言（SVO；Bentley et al.，2013）

a. Bi　　sun　　　sas　　　piseddas

PF　　be.3PL　DEF　　　girls

There are the girls.

b. B'　at　　　　　　　medas　　piseddas

PF　have.3SG　　　　many　　　girls

There are many girls.

1.2.2 话题化

在跨语言中，定指性效应是区别存现句式与处所句式的主要标准，如汉语、英语、德语、芬兰语、土耳其语等。但是在班图语系中，多数语言的存现句式与处所句式则是通过话题化进行区别的，其名词都有不同的分类，每个名词都归属于一个类别，有些语言中的名词最多有 20 种类别（Salzmann，2011）。因此存现句式与处所句式发生构式转换时，话题信息或焦点信息也随之改变，但是动词附着词缀始终与话题保持一致。例如：

（6）齐切瓦语（Salzmann，2011）

  a. A-leodô-wo   a-na-bwé-á   ku-mu-dzi
    2-visitor-2those   2-RECPST-come-IND   17-3-village
    Those visitors came to the village.

  b. Ku-mu-dzi   ku-na-bwé-á   a-leodô-wo
    17-3-village   17-RECPST-come-IND   2-visitor-2those
    To the village came those visitors.

（7）Luyia（Salzmann，2011）

  a. aBa-xasi   Ba-tsiits-aanga   Ha-mu-chema
    2-women   2-go-TNS/ASP   16-3-river
    The women go near the river.

  b. Ha-mu-chela   ha-tsii-Buungwa-ho   neende   aBa-xasi
    16-3-river   16-go-PASS.TNS/ASP-LOC   by   2-women
    Near the river is gone by the women.

  c. Omu-chela   Ku-tsii-Buungwa-ho   neede   aBa-xasi
    3-river   3-go-PASS.TNS/ASP-LOC   by   2-women
    The river is gone near by the women.

在例（6）、例（7）中，句首位置成分随话题的改变也发生变化，同时动词的附加词缀同话题的名词类别一致，以上类型特征可称为话题化（Salzmann，2011）。由于句中话题的改变，存现句式与处所句式语序会发生变化，由此句式中的 T 与 L 语序随之发生改变。在韩语中，定指性效应也会使存现句式转换为处所句式，如例（8）。当存现句式转化为处所句式时，T 与 L 的语序随之发生变化，同时话题标记"-nuen/-eun"会依附在存现主体后，如例（9）。

（8）韩语①

  a. Yeogi-e chaeg-i issada

   here-LOC book-NOM exist

   There is a book here.

  b. Geu chaeg-eun yeogi issda

   that book-TOP here-LOC exist

   That book is here.

（9）韩语

  a. I teuleog-e-neun sae enjin-i -issda

   This truck-LOC-TOP new engine-NOM exist

   There is a new engine in this truck.

  b. Sae enjin-eun teuleo-e issda

   new engine-TOP truck-LOC exist

   As for the new engine, it is located in/on this truck.

二、存现句式与处所句式语序一致的语言类型特征

以上内容讨论了跨语言中存现句式与处所句式语序相反的语言类型，并分析解释了定指性效应与话题化是造成以上现象的主要原因。本文进一步调查发现，在一些语言中 T 与 L 定指性不同时，仍然处于相同的句法位置，即存现句式与处所句式采用同一种语序类型结构。例如：

---

① 本文韩语例句均由上海外国语大学博士研究生冯铮同学提供。

（10）威尔士语（Creissels, 2014）

  a. Mae   'r   car   yma.

    is   the-D   car.NOM   here.LOC

  The car is here.

  b. Mae   car   yma

    is   car.NOM   here.LOC

  There is a car here.

在俄语中，一般可以通过否定形式、格标记以及一致性来区分存现句式与处所句式，但是当缺失否定形式时，由于语序的自由以及定冠词的缺失就很难区分存现句式与处所句式，因此就有可能将存现句式与处所句式判定为同一句式（Creissels, 2014）。例如：

（11）俄语（Creissels, 2014）

  a. V   gorode   byl   doktor

    in   town.PREP   be.PST.SG.M   doctor.NOM

  There was a doctor in town./ The doctor was in town.

  b. Doktor   byl   v   gorode

    doctor   be.PST.SG.M   in   town.PREP

  The doctor was in town.

（12）俄语（Freeze, 1992）

  a. na   stole   byla   kniga

    on   table.LOC   COP   book.NOM

  There was a book on the table.

  b. u   menja   byla   sestra

    at   1SG.GEN   COP   sister.NOM

  I have a sister.

在班图语系中，一些语言的处所句式与存现句式的语序都是 LVT，但是语义并不表示存现义而是表示处所义。这种现象正是由话题化引起的，Salzmann（2011）把这种语言现象称为共现存现句。例如：

（13）西斯瓦提语（Salzmann，2011）

  a. Le-si-kolwe si-to-fundza Ba-ntfa-ba-in-knosi

   DEM-7-school 7-FUT-read   2-children-POSS-9-king

   The king's children will study at this school.

  b. Le-ti tin-dlu ti-hlala ba-ntfu la-ba-dzala

   DEM-10 10-house 10-stay 2-people REL-2-old

   Elderly people live in these houses.

撒丁语、尤卡坦语等语言中存现句式与处所句式语序不受定指性效应限制，两种句式语序一致。撒丁语的存现句式使用领有动词"at"，而处所句式使用系动词"sun"，如例（14）；尤卡坦语的存现句式与处所句式语序一致，动词也相同且都使用系动词"yaan"，如例（15）。

（14）撒丁语（Silvio Cruschina，2015）

  a. B'at   tres pitzinas

   PF-have.3SG three girls

   There are three girls.

  b. Bi sun sas pitzinnas

   PF be.3PL the girls

   The girls are there.

（15）尤卡坦语（Freeze，1992）

  a. yaan huntul ciimin ti? yukataan

   COP one   horse   P Yucatan

   There is a horse in Yucatan.

  b. yaan huntul ciimin ti? in-paapa

   COP one   horse   P my-father

   My father has a/one horse.

根据以上研究，本文将存现句式与处所句式相同的语序类型总结为表2。

表 2　相同句式的语序类型

语言语序	语言样本	存现句式/处所句式
SVO	俄语	L V T
SVO	西斯瓦提语	L V T
SVO	撒丁语	P V T L
VSO/VOS	尤卡坦语	V T L
VSO	威尔士语	V T L

根据表 2，在 SVO 语言中多为 LVT 句式，L 前置于 T，在 V 字语言中多为 VTL 句式。本文认为，这是"语义靠近原则"与"可别度领前原则"作用的结果。由于符合"语义靠近原则"且违背了"可别度领前原则"，SVO 语言中多为 LVT 句式，L 前置于 T；V 字语言中多为 VTL 句式，是由"语义靠近原则"与"可别度领前原则"共同作用产生的。

三、存现句式与处所句式同一句式的语言类型特征

在一些语言中存现句式与处所句式使用同一种结构，Wang & Xu（2013）发现特鲁迈语、Mangarayi 与 Rossel 等语言中可用同一种句式表示存现义与处所义，其中存现主体不受定指性效应的影响，可以是定指性名词也可以是不定指性名词，只是读音根据语境中的定指或不定指有所不同。例如：

（16）特鲁迈语（Guirardello-Damian，2007）

Pike-n　　　　　ka-in　　　　　Yaw　　　　　chi
House-LOC　　　FOC/TENS　　Human being　　COP
There are people in the house./The people are in the house.

（17）Mangarayi（Dryer，2007）

mawuj　　　　　ja-Ø-ni　　　　biyaŋgin　　　na-boŋgan
food　　　　　　3-3SG-COP　　inside　　　　LOC-box

There's food in the box./The food is in the box.

(18) Rossel (Levinson, 2006)

Noko	u	mênê	mbwêmê
Bush/inland area	its	inside	pig
a	m:ii	té	
3SG/D/PL/HAB.CONT	move/inhabit	SM.PL.PROX(INSTRANS)	

There are pigs in the forest./The pigs are in the forest.

在 Toqabaqita 语中存现句式、处所句式以及领属句式也采用同一种句式。Toqabaqita 语是 SVO 语序类型，且存现句式与处所句式的基本语序为 TVL。其中姿势状态词"teo"（lie, lie down）与"qono"（sit, sit down）在 Toqabaqita 语中也可充当存现动词，此时存现句式与处所句式的句法结构以及语序相同（Lichtenberk, 2008）。例如：

(19) Toqabaqita (Lichtenberk, 2008)

a.
Teqe	wanc	qe	teo	qi	faar-a	tarake
one	man	3SG.NFUT	lie	LOC	3SG.NFUT	truck

There is a man lying under the truck.

b.
Kafa	qoe	kai	teo	ba-n=i	sa-mu	nena
comb	2SG	3SG.IPFV	lie	LIM-3SG.PERS=LOC		
ADJC-2SG.PERS	there					

Your comb is (lying) just there, by you.

在一些没有指示性的语言中，存现句式与处所句式采用一种句式，如 Mandinka 语。其实 Mandinka 语没有专门的存现动词，"N + bé-LOC"构成处所句式，但是在一定语境下根据语义可充当存现句式，处所句式中的焦点标记"le"是区别两种句式的关键。例如：

(20) Mandinka (Creissels, 2014)

a.
Wul-óo	be	yír-ôo	kóto
dog-D	LCOP	tree-D	under

The dog is under the tree./ There is a dog under the tree.

b. Wul-óo   le   be   yír-ôo   kóto
   dog-D   FOC   LCOP   tree-D   under

There is a dog under the tree./ It is the dog that is under the tree.

c. Wul-óo   be   yír-ôo   le   kóto
   dog-D   LCOP   tree-D   FOC   under

The dog is under the tree./ It is under the tree that the dog is.

由上可知，存现句式与处所句式采用同一句式，且存现句式、处所句式的语序与语言语序一致，T 对应 S、L 对应 O、LCOP 对应 V。但是在特鲁迈语与 Rossel 语中存现句式与处所句式语序为 LTV。调查发现，特鲁迈语属于施通格语言，当面对及物动词与不及物动词时，语序类型会有一定的差异，主要存在四种语序类型：SV、SVB、AOV、AOVB。因此，当出现二价论元时动词置后，相应的处所句式中动词位置与其一致并形成 LTV 语序类型。其存现句式、处所句式语序的类型特征如表 3。

表 3　同一句式的语序类型

语言语序	语言样本	存现句式／处所句式语序类型
SVO	特鲁迈语	L T V
SVO	Rossel	L T V
SVO	Mangarayi	T V L
SVO	Toqabaqita	T V L
SVO	Mandinka	T V L

由表 3 可知，除了特鲁迈语与 Rossel 语存现句式、处所句式语序都是 LTV，其他语言的存现句式与处所句式的语序类型都是 TVL，且都发生在 SVO 语言语序中。本文认为，这是"可别度领前原则"与"语义靠近原则"共同作用的结果。T 比 L 的定指性要强，因此 T 居于 L 前，同时 T 与 L 又位于 V 两侧，符合"语义靠近原则"。

四、L在存现句式与处所句式中的语言类型特征

泰语存在两种存现句式：一种是 LVT，另一种与处所句式相同即 TVL。汉语"有"字存现句式为"L V（有）T"，而泰语"有"字存现句式有两种类型且都是表达某处有某人或某物：$mi:^2$（有）+T+V+L，L+$mi:^2$（有）+T+V。例如：

（21）泰语[①]

a. nai² ro:ŋ¹ʔa:¹ha:n² mi:² tu:³ bɛ:p² si:²pra²tu:¹ ʔju:² hnɯŋ²hlän⁵

    in   restaurant   have   cabinet   style   four doors   Tense   one

b. mi:² tu:³ bɛ:p² si:²pra²tu:¹ ʔju:² nai² ro:ŋ¹ʔa:¹ha:n² hnɯŋ²hlän⁵

    have   cabinet   style   four doors   stay   in   restaurant   one

There is a cabinet with four doors in the restaurant.

（22）泰语

a. tʰi:³ni:³ mi:² dek²pʰu:³hjiŋ⁵ ta:¹tɕʰan⁴dia:w¹ ʔju:² hnɯŋ² kʰon¹

    here   have   little girl   single-fold eyelid   Cont.   one

b. mi:² dek²pʰu:³hjiŋ⁵ ta:¹tɕʰan⁴dia:w¹ ʔju:² tʰi:³ni:³ hnɯŋ² kʰon¹

    have   little girl   single-fold eyelid   in   here   one

There is a little girl with single-fold eyelid.

[①] 本文泰语例句均由上海外国语大学泰国籍博士研究生郑天漫和李玉洁同学提供。

（23）泰语

a. nai²ba:n³ sia:w²hwaŋ⁵ mi:² kau³ʔi:³ sa:m⁵kʰa:⁵ ʔju:² hnɯŋ²tua:¹

at home   little Wang   have   chair   three legs   Cont.   one

b. mi:² kau³ʔi:³ sa:m⁵kʰa:⁵ ʔju:² nai²ba:n³ sia:w²hwaŋ⁵ hnɯŋ²tua:¹

have   chair   three legs   stay   at home   little Wang   one

There is a chair with three legs at little Wang's home.

L 位置可前可后，构成两种存现句式："LV（有）T" 以及 "V（有）TL"。主要是因为 "有" 字引导存现句才造成这一特殊的现象，如同汉语 "有" 字存现句。进一步调查研究发现，泰语存现句式中无论静态持续动词还是动态动词，都可以使用 "mi:²……V + ju:⁵" 表存在义。同时 L 在表静态或动态持续义的存现句式中可以居前，也可居后，构成两种语序类型："LTV" 与 "TVL"。其中 TVL 是由话题化形成的，强调处于某处的某物。例如：

（24）泰语

a. ʔbon² tha⁵non¹ mi:² rot⁸ thi:tsɔ:t⁹ ju:⁵ nɯŋ⁵ khan⁴

on   road   have   car   park   Cont.   one   CL.

There was a car parked on the road.

b. rot⁸ nɯŋ⁵ khan⁴ thi:tsɔ:t⁹ ju:⁵ ʔbon² tha⁵non¹

car   one   CL.   park   tense   on   road

A car was parked on the road.

（25）泰语

a. ʔbon² tha⁵non¹ mi:² knon² wiŋ³ ju:⁵ nɯŋ⁵ nɯŋ⁵

on   road   have   man   run   Cont.   one   CL.

There is a man running on the road.

	b. knon²	nɯŋ⁵	nɯŋ⁵	kam²laŋ²	wiŋ³	ju:⁵	ʔbon²	tha⁵non¹
	man	one	CL.	now	run	Cont.	on	road

A man is running on the road.

南亚语系越南语中的 L 在表静态或动态持续义存现句式中也是既可居前也可居后，构成两种语序类型："LTV" 与 "TVL"。本文认为，TVL 语序类型是由定指性效应造成的，T 的定指性程度高于 L，由此语序前置；当强调某物处于某处时，L 为句式的话题或焦点，由此形成 LTV 语序类型。

五、只有处所句式的语言类型特征

Creissels（2014）研究发现，Kokota、Palula、Pana、Sango、Semelai、Tadaksahak、Tiv 以及 Wa 等语言中没有专门的存现句式，同时 L 也不是强制性。L 的缺失触发了对位置的预测，表达存在于未指定的位置。在以上语言中，L 在处所句式中不是必要成分，当 T 位于具体位置时，句式中会使用 L 表示具体地点；当句式中没有表明具体处所位置时，一般使用 "there" 表示 T 所处位置。

Kokota 语属于 VSO 语序类型，当出现 L 时，其对应的处所句式只有 VTL 这一种语序类型。根据例（26）可知，在进行话题化强调主语时，句中 S 才会前置，如例（26）a；在一般情况下，不论句中是否出现主语，其语序类型都是 VL，且 L 不是处所句式中的必要成分。当 T 位于具体位置时，句式中会选用 L 表示具体地点，如例（26）b、例（27）a、例（28）a；当句式中没有表明具体处所位置时，一般使用 "there" 表示 T 所处位置，如例（26）c、例（27）b、例（28）b。具体如下：

（26）Kokota（https://en.wikipedia.org/wiki）

	a. tito	tomoko	n-e	au=re	zelu
	three	war.canoe	RL-3SG	exist=thoseN	PNLOC

Three war canoes are at Zelu.

b. au   bla   n-a-ke=u   [goveo]   banesokeo

   exist   LMT   RL-IEXCS-PF=vbe.thus   PNLOC   PNLOC

   I was living in [Goveo] Banesokeo.

c. gu   g-au-gu   rasalo   e=u

   be.thus   NT-exist-CNT   PNLOC   3SG=be.thus

   Like that, living on Russell.

(27) Bobo（https://en.wikipedia.org/wiki）

  a. Yàlāló   tī   sɔnón   mà

    bird   LCOP   tree   on

    There is a bird on the tree.

  b. Kpín   tí   yɛ

    wine   LCOP   there

    There is wine.

(28) Tigemxo（https://en.wikipedia.org/wiki）

  a. ŋɔ   ye   ga   Kuntoolo

    DEM   PL   COP   Kuntoolo

    They are in Kuntoolo.

  b. Ala   ga   gɔ

    God   COP   there

    God exists./God is there.

(29) Tadaksahak（Christiansen-Bolli，2010）

  a. ceed(í)   á=f-keeni   gánda   ka

    spoon   3SG=IMPERF-lie   earth   LOC

    The/a spoon lies on the ground.

  b. ary-én   i=báara

    water-PL   3P=exist

    There is water.

Tadaksahak 语中的处所句式与存现句式一致，同时由"N+báara"构成，其中动词还包括 keedí 以及 keení，但 L 也不是处所句式中的必要成分，由此可知并没有专门的存现句式。当 T 位于具体位置时，句式中会使用 L 表示具体地点；当句式中没有表明具体处所位置时，L 可以不出现并选用动词 báara，如例（29）。Tadaksahak 语中处所句式与存现句式的类型特征如表 4。

表 4　Tadaksahak 语中处所句式（Christiansen-Bolli，2010）

N + báara	'be'
N + báara + L	'be in'
N + keedí + L	'be (high) on'
N + keení + L + ka	'lie on'

根据以上研究，本文将只有处所句式的语言语序类型总结如表 5。根据表 5 可知，在只有处所句式的语言中 T、L、V 分别对应 S、O、V，这再次证明了定指性效应对存现句式与处所句式的影响。当 T 的定指性、可别度都高于 L 并仅存在处所句式时 T 前置于 L。这种只有处所句式的语言仅发生在 SVO、VSO 语序中且处所句式语序类型特征为 T 前置于 L。本文认为以上现象是"可别度领前原则"与"语义靠近原则"共同作用的结果。

表 5　只有处所句式的语序类型

语言语序	语言样本	处所句式
VSO	Kokota	V T L
VSO	Wa	V T L
SVO	Semelai	T V L
SVO	Sango	T V L
SVO	Tadaksahak	T V L
SVO	Bobo	T V L
SVO	Tigemxo	T V L
SVO	Palula	T V L
SVO	Pana	T V L
SVO	Tiv	T V L

六、结语

本文对存现句式与处所句式之间的构式关系进行了跨语言类型学研究，对50多种语言的存现句式与处所句式进行了分析，归纳出了五种主要类型特征：存现句式与处所句式语序相反、存现句式与处所句式语序一致、没有存现句式只有处所句式、L在存现句式与处所句式中可前可后、存现句式与处所句式使用同一句式。根据"可别度领前原则""语义靠近原则"以及语言语序类型特征，本文对存现句与处所句转化构式的语序形成机制进行了分析解释，认为定指性效应、话题化是造成存现句式与处所句式语序不同的主要原因。同时根据以上五种存现句式与处所句式之间的关系，发现不存在只有存现句式没有处所句式的语言，由此本文提出了一条蕴含共性：处所句式蕴含存现句式。

陆丙甫（2004）提出了"可别度领前原则"，根据该文可知"可别度"与"定指性"或"指称性"很接近，可以说是广义的指称性，它把某些在语序分布上跟指称性表现相似的因素概括在一起。首先，信息的新旧对立跟指称性的高低对立以及在分布上的表现相似。其次，指称性也跟生命度在分布上密切相关，指称性大的成分和生命度高的成分分布基本相同，而且往往也有共同的形态表现。

美国语言类型学家Whaley（1996）提出了生命度等级序列：第一/二人称＞第三人称＞专有名词/亲属称谓＞指人名词语＞动物名词语＞非动物名词语。根据生命度等级序列可知，生命度越高，可别度或指别性就会越强，在句法分布上就会越早出现。根据以上跨语言调查发现，定指性效应和话题化是区别处所句式与存现句式的主要句法手段，因此在T与L之间，T的生命度、可别度或指别性就会远远高于L，T便会很容易前置于L，进而在处所句式与存现句式之间，处所句式是基本句式，也是人类语言中最容易选择的句式。以上进一步论证了处所句式蕴含存现句式。另外跨语言调查发现，存现句式除了LTV处所短语编码形式，还有另外一种借助形式代词的编码形式PVTL（P，Proform），结合Freeze（1992）对存现句式编码类型的调查研究，语言语序与形式代词存现句式编码类型总结为表6。

表 6　语言语序与形式代词存现句式编码类型

语言语序	语言样本	存现句形式代词编码语序
SVO	德语	p COP T L
SVO	加泰罗尼亚语	e p COP T L
SVO	法语	D p COP T L
VOS	帕劳语	COP p T L
VSO	巴勒斯坦阿拉伯语	COP p T L

根据生成语法扩展投射原则（Extended Projection Principle, EPP），形式代词编码存现句式就是以处所句式为基本句式生成的。潘海华、韩景泉（2006）认为，EPP 体现了述谓结构的深层语义要求，即述谓结构中的谓词必须获得饱和，这样，形式代词在句中的作用就在于满足 EPP 的要求，即所有的句子必须有主语完全是出于结构上的要求；作为填充词，形式代词编码的功能就是为了填充述谓结构的主语位置，以免结构上出现缺项。由此，根据以上"可别度领前原则"、生命度等级以及形式代词编码的形成进一步证明了处所句式蕴含存现句式这一蕴含共性。

参考文献

白碧波（1991）哈尼语存在动词初探，《民族语文》第 5 期。
董成如（2011）汉语存现句中动词非宾格性的压制解释，《现代外语》第 1 期。
顾阳（1997）关于存现结构的理论探讨，《现代外语》第 3 期。
黄成龙（2000）羌语的存在动词，《民族语文》第 4 期。
黄成龙（2013）藏缅语存在类动词的概念结构，《民族语文》第 2 期。
黄成龙（2014）藏语与喜马拉雅语言中存在类动词的概念结构，《语言科学》第 5 期。
李思旭（2019）处所转换构式的语言类型学研究，《外国语》（上海外国语大学学报）第 1 期。
陆丙甫（2004）作为一条语言共性的"距离—标记对应律"，《中国语文》第 1 期。
陆丙甫（2018）《核心推导语法》（第二版），上海：上海教育出版社。
潘海华、韩景泉（2006）虚词 there 的句法地位及相关理论问题，《当代语言学》第 1 期。
史金波（1984）西夏语的存在动词，《语言研究》第 1 期。

隋娜、王广成（2009）汉语存现句中动词的非宾格性，《现代外语》第 3 期。

唐玉柱（2005）存现动词的非宾格性假设，《重庆大学学报》（社会科学版）第 4 期。

徐琳、赵衍荪（1984）《白语简志》，北京：民族出版社。

杨成丰（2014）汉泰语存现句对比研究：兼论泰国学生汉语存现句习得偏误，广西民族大学硕士学位论文。

杨素英（1999）从非宾格动词现象看语义与句法结构之间的关系，《当代语言学》第 1 期。

叶狂、潘海华（2017）从分裂作格现象看汉语句法的混合性，《外语教学与研究》第 4 期。

余成林（2011）藏缅语"有/在"类存在动词研究，《民族语文》第 3 期。

赵彦春（2001）Burzio 内论元说证伪，《现代外语》第 2 期。

Bentley, D., Ciconte, F. M., & Cruschina, S. (2013) Existential constructions in crosslinguistic perspective. *Italian Journal of Linguistics*, *25*(1): 15-43.

Chomsky, N. (1986) *Knowledge of Language: Its Nature, Origin, and Use*. Greenwood Publishing Group.

Christiansen-Bolli, R. (2010) *A Grammar of Tadaksahak a Northern Songhay Language of Mali*. Leiden University.

Creissels, D. (2014) Existential predication in typological perspective. *Ms., Université Lyon*.

Cruschina, S. (2015) Patterns of variation in existential constructions. *Isogloss*, *1*(1): 0033-65.

Dryer, M. (2007) Clause types. In T. Shopen (ed.), *Language Typology and Syntactic Description* (pp. 224-275). Cambridge: Cambridge University Press.

Freeze, R. (1992) Existentials and other locatives. *Language*, *68*(3): 553-595.

Greenberg, J. H. (1963) Some universals of grammar with particular reference to the order of meaningful elements. In J. H. Greenberg (ed.), *Universals of Language* (pp. 73-113). Cambridge, MA: The MIT Press.

Guirardello-Damian, R. (2007) Locative construction and positionals in Trumai. *Linguistics, 45*(5-6): 917–953.

Levinson, S. (2006) The language of space in Yélî Dnye. In S. Levinson & D. Wilkins (eds.), *Grammars of Space: Explorations in Cognitive Diversity* (Language, Culture and Cognition, pp. 157-205). Cambridge: Cambridge University Press.

Lichtenberk, F. (2008) *A Grammar of Toqabaqita*. Berlin, New York: De Gruyter Mouton.

Salzmann, M. (2011) Towards a typology of locative inversion–Bantu, perhaps Chinese and English–but beyond?. *Language and Linguistics Compass*, *5*(4): 169-189.

Wang, Y., & Xu, J. (2013) A systemic typology of existential and possessive constructions. *Functions of Language*, *20*(1): 1-30.

Whaley, L. J. (1996) *Introduction to Typology: The Unity and Diversity of Language*. SAGE publications.

意外：起始义"V上"的语用意义*

郭晓麟

摘　要： 现代汉语起始义可以通过多种手段表达，比如"V上、V开、V起来、开始V"。这些不同的起始义标记之间存在着语用差异。本文认为"V上"的核心语用意义为"意外"，意外之义使结构获得了评论性和否定性特点，从而又间接影响到结构的分布和句法特征。

关键词： "V上"；语用意义；意外；评论；否定

〇、引言

现代汉语中"V上"①除了趋向义、结果义，还可以表达起始义。例如：

（1）那天领完了工资，在饭馆喝了半斤老白干，出了饭馆一上马路他就<u>唱上</u>了，前后左右围了好几十人。（相声《马路红》）

除了"V上"，起始义还可以通过其他语法及词汇手段表达，如"V开、V起来②、开始V"。例如：

（2）（剧务点不着灯笼）田副团长演穆仁智，他灵机一动，在幕后<u>唱开</u>了："讨租，讨租——快给我灯笼。……"（杨昭仁《中国兄弟连》）

（3）队长心明眼亮，喊了一声："刘川，你怎么不唱？"

---

* 本文原发表于《汉语学习》2018年第4期。
① 本文中的"V"指谓词，不限于动词。
② 本文中的"V起来"暂不包括"起、起……来"。

刘川这才强打精神，出声地<u>唱起来</u>了。（海岩《阳光像花一样绽放》）

（4）这位流浪艺人……每到一处，就是把帽子放在地上，<u>开始唱歌</u>，听凭人们放下小钱。（毕淑敏《七种游戏》）

有关此类标记，学界虽已有相当多的研究成果，但着力较多的是"起来"，对"上、开、开始"的研究则相对较少。而专门针对其差异性的研究，仅散见于几部著作和硕士学位论文，研究角度多限于分布和动词类别的对比。不同标记表达特点的厘清，无论对于理论语法界还是教学语法界都是无法回避的问题。

一般认为，体的表达包含诸多的语用因素。有关这种观点，学界已多有论述，比如 Hopper（1982）指出，"体的概念从根本上讲不是一个狭义的语义概念，而是一个话语—语用概念"；陈前瑞（2008）认为"对于汉语这种不具有强制性体貌标记的语言来说，话语或语用的因素更值得研究"；左思民（1997）认为，"有时候，所谓的体的语法意义其实是语用性质的意义"。体标记的语用考察不仅限于汉语的研究，曲卫国（1994）把英语现在完成体看成是"语用推理的触发器"。

沿着上述思路，我们相信，不同起始义表达手段之间存在着语用差异。我们有志于厘清此类标记的语用功能。我们认为，每一个起始标记都具备一个典型语用特征，其他的种种差异性表现都与此相关。我们将在系列文章中逐一进行确定，以此达到区别的目的。本文的主要研究对象是"V 上"。

"V 上"使用频率非常低，我们全面检索了北京大学 CCL 语料库和北京语言大学口语语料库近 1000 万字的当代文学及当代口语语料，转写了 11 部电视剧的相关语料[①]，共得到 244 条"V 上"用例，加上所收集的 4 条日常对话用例，共计 248 例。本文以这些用例作为研究基础。文中对比所用的 294 条"V 开"用例出自 1000 万字的当代语料；336 条"V 起来"用例以及 246 条"开始 V"用例则出自 140 万字的王朔小说语料。为节省篇幅，本文不再对例句注明出处。

---

① 包括《我爱我家》《武林外传》《女不强大天不容》《欢乐颂》《我爱男保姆》《再见，老婆大人》《好先生》《嫁个老公过日子》《小别离》《老公们的私房钱》《守护丽人》。

一、"V 上"的分布特点

"V 上"的使用频率非常低。比如在王朔小说语料中,"上、开、起来、开始"四种标记出现的例数分别为 11、8、336、246。"V 上"平均 10 万字不足 1 例,与"起来、开始"相差悬殊。不过在 31.6 万字的相声语料中,四类例数变为 40、3、36、3,其中"V 上"又成为使用频率最高的,平均 1 万字出现 1.3 例。同一结构在不同属性语料中使用频率存在如此大的差异,让我们对其语用特点产生了极大的兴趣。

1.1 语体分布及信息表达特点

"V 上"具有较强的对话语体倾向。"上、开、起来、开始"四种标记用于对话语体的比例分别为:61.7%、10.2%、9.8%、16.3%。"V 上"远超其他三类。

在叙述语体中,"V 上"更多地用于背景信息的表达。例如:

(5)工棚里,建国爹已跟包工头<u>套上了近乎</u>,边给那人递烟边说:"这位大哥,俺儿,你多给照应着点儿。"满脸的讨好和谦卑。

"递烟—说"表达连续的具体动作,传达前景信息;"套近乎"则是对该系列动作的评论性内容,是背景信息。"上、开、起来、开始"四种标记用于背景信息表达的比例分别为:76.8%、34.8%、51.2%、50.0%。相对而言,其他三个标记更常表达前景信息。例如:

(6)她头晕站不住,倒在了床上,安静了一会儿,睁开眼,见我还站在一旁,便<u>骂开</u>:"……"

(7)于观注视着赵尧舜,<u>笑起来</u>:"……"

(8)大家坐定,码好牌,立好规矩,<u>开始玩</u>。

1.2 谓词类型

能出现在"上"前的谓词包括这样一些语义类型。A. 身体活动类:瞪、唱、吃、比画、喝、跳等。B. 言说类:说、嚷、喊、念、问等。C. 自然现象类:刮

（风）、下（雨）等。D. 心理活动类：犯疑惑、生气、怀疑、盼等。E. 性质类：忙、拧巴、死心眼、气急败坏等。F. 社会行为类：谈（恋爱）、做（检讨）、交（朋友）、混等。其中 A~C 三类谓词所表达的行为状态是直观可感的，共有 83 例；D~F 三类谓词则是非直观性的①，共 165 例。后者比例较高。

按照郭锐（1993）对过程结构类型的考察，248 个谓词中有 247 个是双限谓词，1 个前限谓词，不存在无限结构、后限结构和点结构类型。按照 Vendler（1957）的情状类型，"上"前谓词基本为活动类和状态类，有一例达成类，不存在完结类。这与很多研究的看法是一致的："上"前谓词应具有过程性。

二、"V 上"的"意外"之义

语料考察发现，"V 上"普遍包含意外义，248 例中有 241 例含意外义。所谓意外，是指事实出乎言者的预期。这种预期可以是基于个体心理期望形成的，也可以是基于社会规范形成的。前者如言者希望对方休息，而对方"又干上活了"，该行为使言者感到意外；后者比如情侣在大街上就"搂抱上了"，则是因违反社会规范而使言者感到意外。语料中前者多于后者，比例是 181∶60。例如：

（9）（张大民和张二民吵架）母亲说怎么了怎么又招上了！

（10）净听说小秘傍大款，这回你一大老爷们也傍上大款啦！

2.1 意外性的体现

意外性可以体现在动作行为本身（172 例），也可以体现在不同概念成分上，如主体、时间、速度、场所、对象及相关结果等（69 例）。例如：

（11）你还真绝上食了是吧！（意外行为）

（12）团长还没赶我走呢，你就赶上了？（意外主体）

（13）你这儿还没起床，他那儿唱上了。（意外时间）

---

① 我们把 F 类谓词归为非直观类，是因为此类谓词所表达的概念结构往往是一个较为复杂的框架性事件，其感知过程需要激活言谈双方已有的认知模型。

（14）啃，刚来几天呀，就给政委拍上啦？（意外速度）

（15）（甄好辞职在自家店里帮忙）顾客：你怎么在家忙上了？（意外场所）

（16）玩玩机枪、冲锋枪也就罢了，怎么他娘的炮也玩上了？（意外对象）

（17）姑娘本来梳大辫子，但一缝上活儿，吃上这碗饭，姑娘也得梳上疙瘩髻。（意外结果）

2.2 意外义的验证

情态副词"居然、竟然"表达"事态的发展出乎说话人意料之外"（杉村博文，1998），可以作为检验句子意外义的标准。例（11）~（17）中，除了例（17）要考虑位置问题，其他都可以在"V上"前加上"居然、竟然"而基本不改变句义，如"你还居然真绝上食了、你居然就赶上了、他那儿居然唱上了……"。

共现副词也可以验证意外义的存在。172 例"V上"前带有如下副词：就、又、还、也、都、已、倒、却、可、还是（其中"就、又"分别占 59、50 例）。这些副词大多可以表达情况的意外出现。例如：

（18）今儿咱们是严肃地探讨问题，冯老师还没开讲，你怎么就捧上了？

（19）最近，好像是《北京晚报》说张艺谋出任了一个模特大赛的评委，保不齐他哪天又玩上服装了，也弄个张艺谋的名牌系列。

三、"V上"的评论性

对主体行为意外性的指出，其实就是对其性质的认定过程。这也就决定了结构具有较强的评论性特点。评论性与意外性的关联比较直接：意料中的行为一般很难引起人们的特别关注，而意外的出现则很容易招致关注，并引发人们对其性质或相关事件的猜测与判断。语料中共有 224 例带有评论性。比如例（20），爸爸将奶奶的言语定性为"八卦"。

（20）奶奶：那林佳一她到底是你跟谁的孩子呀？

爸爸：妈，您怎么也<u>八卦上</u>了？

3.1 评论的表达

评论有直接和间接两种表达方式，实现的途径也有差异：

直接评论："上"前谓词不表达具体可感的动作行为，而是对性质的直接认定。共 71 例。这包括两类：一是对行为性质的主观认定，多为 DE 两类谓词，如例（20）的"八卦"、例（21）的"黑"；二是对相关事件的主观推测，谓词为 F 类，这种推测也是为主体行为寻找合理解释的过程，如例（22）的"谈恋爱、过日子"，是由一男一女床铺相连的意外场景推测出的相关事件。

（21）（唐元豹对着枣树练功夫，李大妈质问）我说元豹，你干吗老跟它过不去？见天一顿毒打。……打你<u>黑上</u>它，它就没结过枣儿，净招腻虫了。

（22）方圆看看高纯的床铺，又歪头看看隔壁金葵的床铺，笑着疑问："你们现在是异性合租啊还是<u>谈上恋爱</u>了？"见两人不语，方圆故作惊奇："哟，不是都一块<u>过上日子</u>了吧！孤男寡女这也够快……"

间接评论：谓词表达具体可感的动作行为，通过对所含意外因素的指出，间接传达评论内容。共 153 例。谓词多为 A～C 三类。此类评论的编码和解码都需要通过推导进行。推导的渠道有二：一是通过不同性质行为的对比进行，例（23）刚才"挺横"，现在"结巴上了"，就意味着心虚；二是通过与已有认知模型的比对进行，例（19）作为导演而"玩上服装"，就是不务正业，例（24）起名字"跟几何图形干上了"，证明其不专业。有时上下文出现直接评论内容，"V上"就成为定性的证据，如例（25）"好开会"是评论，"吃着饭就开上会"是证据。

（23）小米：（无助）我……

小六：（咄咄逼人）我我我，你刚才不挺横的吗？现在怎么<u>结巴上</u>了？

（24）和平：啊，我给这孩子起的名字，咱老大叫圆圆，这就得叫方方啊！

贾志国：行，都跟几何图形<u>干上</u>了，明儿再拣一个来叫三角。

（25）春喜好开会，常常在大食堂吃着饭就和大家<u>开上会</u>了。

3.2 评论性的句法表现

评论与陈述相对。陈述是对主体行为的直接传达，目的在于叙事，具有[－主观][＋过程][＋时间]的特征；评论是对主体行为性质的讨论，具有[＋主观][－过程][－时间]的特征。与叙事相比，评论性内容多是抽象的、泛时空的。表现在句法上，除了谓词的非直观性（见本文1.2），还有宾论元的非个体性、状语的非描写性等特点。

3.2.1 宾论元的非个体性

"V上"宾论元常用于辅助确定性质或属性，而非指称具体事物，因此单指形式较少，无指、通指相对较多，如例（26）、例（27）。无指、通指的共通之处是非个体性以及重内涵而不重外延。有研究认为，名词成分的通指属性决定于非事件性的谓语（即属性谓语）、一般性而非个体性的命题陈述（刘丹青，2002；张伯江，2005）。其中，"非事件性谓语、一般性命题"涵盖了评论性结构。

（26）"法式洋葱汤呢？"马丹问。小菲心想，<u>她做上管家婆了</u>。

（27）参加公安工作不到两年，<u>她就搞上了311这种货真价实的大案</u>。

相比而言，"V开"评论性弱，其宾语指称类型就有所不同。我们对二者及物性动词宾论元（不含零形式）的指称类型进行了对比："V上"单指类为34.0%、无指和通指类占66.0%；而"V开"单指类占60.0%，无指和通指类为40.0%。比如例（28）a"V开"的宾论元就是单指形式。

（28）a. 春平瞥了一眼他手中的《精神病学》："怎么<u>看开这个</u>了？"

而如果改用"V上"结构表达，典型形式则应该是：

b. ……"怎么<u>看上这种书</u>了？"

3.2.2 状语的非描写性

细节越多，对事件的表达就越具体。描写性状语可以提供细节，使事件的表达具体化。"V上"带描写性状语的只有13例，仅占5.2%。而"V开、V起来"则分别有115、143例，占39.1%和42.6%。例如：

（29）听见没有，吧嗒一口菜，滋哇一口酒的这是又<u>喝上</u>了。

（30）陈玉英笨手笨脚地<u>切开了黄瓜丝</u>。

（31）赵航宇呜呜咽咽地抽泣起来。

其实"V上"带状语的情况并不少，248例中有221例带状语，占89.0%（而"V开、V起来"只有77.0%和59.0%带状语），只不过大多由情态副词充当，提供言者的主观态度信息，而非事件的细节。

这些句法特征传递出来的信息是："V上"是对于事件的抽象表达，也就是低及物化表达。这可以解释"V上"背景信息表达的特点，也可以解释前人研究中发现的一些问题，如"V上"不能出现在"把"字句、"被"字句、受事主语句中（宋文辉，2007；常娜，2015），其原因就是结构的低及物性与这些句式高及物性之间的矛盾（Hopper & Thompson，1980；张旺熹，2005；张伯江，2009）。

张伯江（2005）认为，低及物性特征是日常对话的常态，语言是人们用以表达态度、传达情感的主要工具，而不是主要用来叙述事件的。叙述语体与对话语体存在着"过程性"和"评论性"的对立。张文的观点很好地帮助我们将"V上"的评论性与对话语体的语体倾向性联系起来。

四、"V上"的否定性

"V上"表现出极强的否定性，比如例（32）、例（33）。否定性与意外性直接相关：意料中的行为通常符合预期，因而一般都是正向积极的，不会引发言者的负面情绪；而意外行为则常会因某些方面的不恰当性，招致言者的否定与不满。可以说，否定性是由意外性所引发的。①

（32）说你胖还就喘上了。

（33）他还立上什么遗嘱了，立了也没用！

前贤对否定性也多有论述，比如刘月华（1998）认为，"'V上'表达说话人对新出现的动作或状态持不以为然的态度，即认为该动作或状态是不值得肯定或不受欢迎的"。语料中202例明确体现出否定性，占81.5%。而其他三类体现

---

① 杉村博文（2006）认为，被动句的"负面事件"义是由"意外事件"扩张出来的一种引申义，证明"否定性"与"意外性"之间具有较为普遍的关联。

否定性的比例都比"V 上"低很多，22.0% 的"V 开"、2.0% 的"V 起来"以及 6.6% 的"开始 V"具有否定性。

否定的常常是意外的，当然意外的并不必然是否定的，可以是无所谓好坏，甚至是意外之喜。语料中意外而非否定的有 39 例。例如：

（34）牛鲜花看了看众人，笑吟吟地说："嚄，大伙积极性很高啊，这就<u>练上了</u>？"

4.1 否定性与谓词的性质

"V 上"的否定性无疑与谓词的性质和意义有一定的关联。根据语义内容和色彩，我们把 202 个谓词三分：一、谓词本身带有贬义色彩，如"卖老、拍马屁、套近乎"等，共 22 例；二、谓词表达负面行为状态，如"哭、骂、报复"等，共 69 例；三、谓词本身不带有负面色彩，如"干活、玩、唱"等，共 111 例。

第一类谓词本身的贬义就可以体现言者的否定态度，否定性并不完全依赖结构。比如"搞破鞋、撒泼"在不同标记前都具有否定性。例如：

（35）史屯的人都笑嘻嘻地交头接耳，说铜脑和葡萄<u>搞上破鞋</u>了。

（36）"他们的小孩儿是人，咱们的小孩儿不是人？"赵世芬放声<u>撒开泼</u>了。

第二类谓词表达负面行为，但其本身并不必然带来否定性。比较例（37）与例（38），"训上了"体现出言者不满，而"训开了"否定义并不明显。结构对于否定义的浮现起到决定作用。

（37）建国他那个爹啊，在我们科里张张罗罗吆三喝四，后来干脆冲着我们护士长就<u>训上了</u>！

（38）当入伍通知书发下来的时候，方玮的母亲才知道。她……指着方玮的鼻子就<u>训开了</u>：你个小没良心的……只要我还有一口气，你就别想去当兵。

第三类谓词本身没有否定义，否定性同样由结构赋予。比如例（39）、例（40），其中听话人的对抗性或辩解性反应也验证了对方的否定态度。

（39）（大嘴跟秀才抢桌子用）秀才："嘿嘿，嘿嘿，来来来，我让给你。坐这儿，坐这儿。大嘴也<u>用上书桌</u>了！"大嘴："照你的意思我只能用灶台是吧？"

（40）（曲筱绡等不及樊胜美，开始吃早饭）樊：你都吃上啦？

　　　　曲：我还以为你不来了呢。

除了听话人的反应，共现情态副词（如"也、都"）、上下文的负面评论性成分（如"岂有此理、不知好歹"）也可以验证否定性的存在。例如：

（41）最近你们这个戏我也看了，怎么让你演上丑旦了？我看见演员有你名字，专门请秘书订了票，一看把我气死了，岂有此理！

（42）你看你看，我全心为你，你在这还气急败坏上了！你不知好歹呀！

另外，"V 上"所在小句的语气类型非常集中，反问句及感叹句［如例（41）、例（39）及例（42）］在对话语体中比例高达 80.0%。"V 上"与反问、感叹语气相结合，表达强烈的否定义。①

4.2 "V 上"的言语功能

"V 上"在对话中体现出三种主要言语功能：指斥、戏谑、叹惜，分别如例（43）～（45）。在 127 例含否定性的对话语体用例中，三种功能分别出现 43、49、35 例。这三种言语功能都与否定性有关。"指斥"是对于对方行为的直接否定，根据否定性的强弱可分为：质疑、指责、斥责。"戏谑"是通过否定对方行为，达到开玩笑、讽刺、挖苦的目的。"叹惜"则是通过否定其行为，达到让对方纠偏的目的。根据纠偏目的性的强弱可分为：感慨、抱怨、劝说。例（43）～（45）的功能小类分别是斥责、开玩笑、感慨。

（43）这句话惹恼了秀芹，她猛地站起来冲和尚喊道："团长还没赶我走呢，你就赶上了？我又没找你来，要你多嘴？"

（44）陈大妈：你，你们家和平，她，她她她她……

　　　　志国：您瞧您怎么开上拖拉机了，和平她怎么了？

（45）你看你刚下火车怎么就忙上了。我来我来吧。

相声语料中"V 上"使用频率明显高于其他类型语料，其原因就是相声特有的幽默诙谐的语言特点与"V 上"的语用特点相符合。相声的幽默多来自对人物

---

① 有关"意外"与反问、感叹之间的紧密关联关系，可参看陈振宇、杜克华（2015）。

负面行为的讽刺挖苦、对人物不当行为的针砭，所要达到的正是"戏谑"的目的。例如：

（46）（爱占便宜的人为避免买票，上电车后挤到里边）等车一开呀，他在里边<u>喊上啦</u>："卖票的！我买四张！"……最可气的是吃完饭含漱口水。他是早不漱，晚不漱，多咱伙计把账单儿往桌上一放，他<u>漱上口啦</u>，嘴里含着水冲这三位比画："嗯……嗯……嗯……"

五、结语

根据相关文献较为一致的结论以及我们的观察，"上"的起始义从结果义虚化而来。由结果义向时体义演变的情况并不罕见，不过，结果通常被认为与完成相关。结果义向完成义的演化很常见也很容易理解（比如"了$_1$"），但向起始义的演化似乎不太好理解。

"V+结果"通常表达实现心理预期目标（张旺熹，1999）。当结果出现，也就是预期目标达成的时候，人们对于事件的关注一般来说也就随之结束。这也是完成义形成的心理机制。如果该结果是与预期目标相反的，人们的关注点就会从结果是否实现，转移到该结果所带来的影响，即所引发的新状态。这时"V上"作为关键节点，既标志了前一状态的结束，同时也标志了后一状态的开始，为起始义的出现提供了可能。"V上"起始义的产生源于行为结果的意外性所引发的对后续状态的关注。在演变的过程中，"意外"义起到了关键作用。

"上"表达新状态的意外之始，意外义使结构获得了评论性和否定性特点，从而又间接影响到结构的分布和句法特征。

参考文献

常娜（2015）体貌义构式"V上了"研究，《汉语学习》第3期。
陈前瑞（2008）《汉语体貌研究的类型学视野》，北京：商务印书馆。

陈振宇、杜克华（2015）意外范畴：关于感叹、疑问、否定之间的语用迁移的研究，《当代修辞学》第 5 期。

郭锐（1993）汉语动词的过程结构，《中国语文》第 6 期。

刘丹青（2002）汉语类指成分的语义属性和句法属性，《中国语文》第 5 期。

刘月华主编（1998）《趋向补语通释》，北京：北京语言文化大学出版社。

曲卫国（1994）论现在完成体的语用含义，《外国语》（上海外国语大学学报）第 2 期。

杉村博文（1998）论现代汉语表"难事实现"的被动句，《世界汉语教学》第 4 期。

杉村博文（2006）汉语的被动概念，载邢福义主编《汉语被动表述问题研究新拓展》，武汉：华中师范大学出版社。

宋文辉（2007）《现代汉语动结式的认知研究》，北京：北京大学出版社。

张伯江（2005）功能语法与汉语研究，《语言科学》第 6 期。

张伯江（2009）《从施受关系到句式语义》，北京：商务印书馆。

张旺熹（1999）《汉语特殊句法的语义研究》，北京：北京语言文化大学出版社。

张旺熹（2005）《对外汉语研究与评论》，北京：教育科学出版社。

左思民（1997）现代汉语的"体"概念，《上海师范大学学报》（哲学社会科学版）第 2 期。

Hopper, P. J., & Thompson, S. A. (1980) Transitivity in grammar and discourse. *Language*, *56*(2): 251-299.

Hopper, P. J. (1982) Aspect between discourse and grammar: An introductory essay for the volume. In Paul J. Hopper (ed.), *Tense-Aspect: Between Semantics & Pragmatics* (pp. 3-18). Amsterdam, Philadelphia: John Benjamins.

Vendler, Z. (1957) Verbs and times. *The Philosophical Review*, *66*(2): 143-160. Also in Z. Vendler (1967) *Linguistics in Philosophy*. Ithaca, New York: Cornell University Press.

汉语旁格宾语的实现机制及其语法后果——以"吃食堂"为例[*]

李劲荣

摘　要：本文立足于构式的及物性视角，以处所宾语为例讨论旁格成分做宾语现象。本文的主要观点是：动词的作用在于指示事件图景，处所成分做宾语是由构式决定的，构式的及物性特征要求其宾语成分必须凸显。这能证明宾语的性质是处所宾语而非受事宾语，也能证明构式的意义是如何浮现出来的，因为有一系列句法语义特征作为依据。该构式在于确认某种行为方式，表示的是特殊"现象"而非具体"事例"。

关键词：旁格宾语；实现机制；语法后果；构式及物性；现象

○、引言

汉语学界早就注意到了一种现象，就是汉语的动词除了带受事宾语外，还能带非受事宾语，如"写黑板、吃大碗、陪床、打主力、听耳机、哭鼻子"等。邢福义（1991）称这种非受事宾语为非常规宾语。陈平（1994）借鉴原型施事和原型受事的语义特征讨论了句子成分和语义成分的配位关系，指出非受事成分存在

---

[*] 本文原发表于《语言教学与研究》2019年第6期。

做宾语的可能性，即须带有一定程度的受动性。

此后，学界对非受事成分如何实现为宾语进行了重点讨论。归结起来，主要有三种做法：一是句法配位。袁毓林（1998）从论元的配位观出发，认为外围格成分占据宾语位置需要经过述题化这一句法操作并使之成为信息焦点。二是转换生成。Lin（2001）认为旁格成分做宾语是由轻动词选择，而不是由主要动词选择。熊仲儒（2005、2009）进一步指出，主要动词的作用在于指示事件图景，论元的实现由功能范畴决定，即旁格成分做宾语受制于功能范畴选择。孙天琦（2009）运用施用结构来解释旁格宾语的生成机制，施用是一种典型的增加论元数目的操作手段，把非核心成分提升为核心成分。三是认知转喻。任鹰（2000）、王占华（2000）、张云秋（2004）、胡勇（2016）等持这种看法，认为像"吃食堂"这类结构的生成机制是转喻，其中的"食堂"转指"食堂的饭"，两者处于"容器—内容"这一认知框架模式中，因而转喻得以实现，且"食堂"仍充当受事宾语。

本文拟从另一个角度出发，运用构式及物性观念来讨论非受事成分如何实现为宾语这一问题，即及物性不仅是动词的特征，更是构式的特征，构式决定了非受事成分做宾语。其实，构式语法学者已逐渐倾向于接受此看法，比如吴义诚、李艳芝（2014）就指出及物性是整个句子结构的整体属性，是一种构式现象，宾语与其看作是动词的宾语，还不如看作是构式的宾语。不过，构式学派尚未深入涉及非受事成分实现为宾语的具体机制。

本文研究的主要内容是：（一）旁格成分做宾语要受到哪些条件的限制？（二）旁格成分做宾语后对句法结构产生了什么样的语法后果？为什么会产生这样的语法后果？（三）与之相关的问题是，宾语为何种语法性质？构式表达什么样的语法意义？本文的目的在于揭示句法结构内部各构成成分之间在及物性特征上的有机整体性。

为行文方便，本文将由非受事成分充当的宾语统称为旁格宾语。

一、旁格宾语的实现机制

从世界语言范围看，除汉语外，实际上还有不少语言中的旁格成分也能做宾语。这说明，语言中的动宾关系并不是非得严格基于逻辑语义关系，以往仅根据动词的特征来区分及物、不及物以及及何物等做法会遇到不少挑战。

基于以上情况，本文借鉴构式语法思想来看待及物性观念，认为及物性不仅是动词的特征，更是构式的特征，动词能不能带宾语以及带什么样的宾语主要由构式决定，动词的作用就是将参与事件的相关图景指示出来。

1.1 动词指示事件图景

说及物性由构式决定并不意味着就否认了动词在其中的作用，相反，动词的作用依然重要，因为抛开动词而谈及物性犹如无源之水，动词是一切及物性特征的基础。从构式的角度看，动词的作用就在于指示出具体的事件图景。

关于动词的这一作用，卢英顺（2005、2008）、熊仲儒（2005、2009）分别都有论述，卢文说"动词激活认知图景"，熊文说"动词指示事件图景"，观点基本一致。本文采纳卢英顺、熊仲儒二位先生的看法，同时进一步区分事件图景和认知域两个概念，以说明二者在语义构建过程中所起的不同作用。具体情况如下。

就及物动词而言，既有动作的发出者，又有动作的接受者，同时还有伴随动作发生的相关要素，如时间、处所、方式、工具、目标、对象等。尽管这些要素被划分为动词的不同语义角色，如施事、受事为核心格，其他为外围格，但它们都处在动作进行的图景中，因具体动词不同而略有差别。例如：

"吃"——谁吃、吃什么、什么时间吃、什么地方吃、用什么吃

"考"——谁考、考什么、什么时间考、什么地方考

动词"吃""考"的认知图景中都能激发施事、受事、对象、时间、处所等语义角色，不同的是，工具要素通常处在"吃"的认知图景中，但在"考"之外。

就非作格动词而言，有动作的发出者，没有动作的接受者，有动作发生的时间、处所、方式、工具、目标等，没有动作的对象等。可能相关的要素也同样因具体动词不同而有差别。例如：

"睡"——谁睡、什么时间睡、睡哪儿、用什么方式睡

"哭"——谁哭、什么时间哭、为什么哭

动词"睡""哭"都可以激发发出者、时间等语义角色，区别在于"睡"可以激发处所格，而"哭"能激发原因格。

非宾格动词较为独特，它表示的是某种结果状态，所以事件图景中只有与该结果状态相关的客体、时间、处所等，而不可能有动作的发出者、方式、工具、目标等。例如：

"死"——死了什么、什么时间死的、哪儿死的

"沉"——沉了什么、什么时间沉的、哪儿沉的

动词"死""沉"都能激发客体、时间、处所等语义角色。

这里要区分事件图景和认知域两个概念。事件图景是就相关语义角色而言，认知域是指进入事件图景中的语义角色，其各具体成分与动作之间具有一定的关联性，关联性大的在域内，关联性小的在域外。因此，特别需要注意的是，事件图景中的各具体要素都处在与动词相关的认知域内。例如"吃"的事件图景，详见表1。

表1 "吃"的事件图景

类别	认知域内	认知域外
处所角色	家里、食堂、馆子	厨房、教室、路边、房间
工具角色	碗、筷子、刀叉	盘子、手
来源角色	工资、父母、公款、救济	同学、抢劫
方式角色	气氛、开心	—

对于"吃"而言，处所角色处在其事件图景中，但不是每一个具体的处所都在其认知域内，"吃"与"家里、食堂、馆子"等处所角色的关联度高，与"厨

房、教室、路边、房间"等处所成分的关联度低。这就是为什么"厨房"虽然也提供饭,但却不能说"吃厨房",因为"厨房"并不在"吃"的认知域内。

另外,也存在这样的情况,就是某一语义角色在此图景中凸显而在彼图景中不凸显。比如时间角色在动词"吃"的事件图景中并不凸显因而不涉及其认知域,但在动词"睡"的事件图景中就很凸显并进入其认知域。"睡"的事件图景详见表2。

表2 "睡"的事件图景

类别	认知域内	认知域外
时间角色	晚上、白天	上课时、看电影时
处所角色	床上、地板、沙发、马路、车上	海上、草原上
方式角色	侧身	—

我们可以说"你睡白天,我睡晚上",但不能说"你吃白天,我吃晚上"。

1.2 动词带宾语由构式决定

卢英顺(2005)指出了动词的作用在于激活认知图景,但在具体的事件结构中动词带什么样的宾语,卢文认为还需要借助相关理论进行解释;吴义诚、李艳芝(2014)明确了构式决定动词带宾语,但尚未涉及具体的内在机制。

1.2.1 及物性的构式观念

传统上一直把及物性看成是动词的特征,所以将动词分为及物动词和不及物动词两类。Hopper & Thompson(1980)突破动词的限制,将及物性看成是句子的特征,即句子的及物性有高低之分。本文拟将及物性特征与构式观念结合起来,把及物性看成是构式的特征。

一个句子,其表达的意义一般可以直接从其组成成分中推导出来,而构式则相反,其表达的意义不能简单从组成成分中推导出来。原因在于句子关注局部意义,即各组成成分之间都要有理据可言,而构式关注整体意义,某些成分之间并不要求很强的理据性。因此,句子形式常常是复杂多样的,而构式则一贯性地表现为简约。

构式的形式有多种，本文讨论的及物性构式是指带有宾语的构式，句法上表现为"主—动—宾"结构。

及物动词有动作的发出者，动作的发出者理所当然做句法主语，剩下的问题就是构式对宾语的选择，到底是选择受事做宾语还是选择其他语义格做宾语？

同样，非作格动词的动作发出者充当句法主语，它虽然没有动作的接受者，但并不意味着不存在句法宾语，因为这由构式决定。那么，选择何种语义格做宾语呢？

不同的是非宾格动词，由于它只有内论元并占据了宾语位置，所以就不存在宾语选择问题，构式的功用就是要为其选择一个语义格充当主语。这种情况不在本文的讨论范围内。

1.2.2 宾语的信息凸显

说宾语由构式决定，是否就意味着进入认知域中的成分都能做宾语？也不是。菲尔墨格语法的二期理论（任鹰，2005）特别强调"透视域"，认为格角色要成为句子的核心成分需要通过"透视域"的选择，"透视域"是句子所描述的事件场景中受到注意的部分。这就是说，根据场景的不同，任何语义格都有可能成为受到注意的部分。于是就出现像"吃米饭、吃食堂、吃公款"中多种语义格充当宾语的表达形式。例如：

（1）而按医院规定，不管你多大岁数，未婚就不给房，就只能住单身宿舍，两人一间，没有火。没有火就意味着只能<u>吃食堂</u>，食堂的饭吃一顿两顿可以，一天两天可以，长年累月天天顿顿地吃，人的味蕾都会吃麻木了。（王海鸰《中国式离婚》）

（2）事后才知道，这出"三角债"完全是有计划、有预谋的圈套。主办单位的某经理与那家服装公司的某副经理，原来都是插队在贵州的知青，以后又各自经商，成了商场上的"战友"。这次，他们联手以主办方的名义"吃"下了上海参展单位的积压货，并于第2个月以9折价抛掉，后又把汇拢的资金，以3分"高利息"放出，最终私分了这笔货款，但在形式上造成了"三角债"的假象。这种里应外合<u>吃公款</u>的现象，已成了目前某些人借"三角债"名义，进行经济犯罪的一个主要特点。（林觉《"三角债"新内幕》）

所以，认知域中的语义格并不一定都能通过"透视域"而成为句子的核心成分。比如宾语，根据句子的信息结构由旧到新的安排原则，宾语通常为新信息并做句法焦点，因此进入透视域的语义格中的凸显成分才能做宾语。虽然处所格可以做宾语，但我们一般不说"吃家里"，而说"吃食堂、吃馆子"，这是因为人通常是在家里吃饭，"家里"是吃饭的常规处所，不作为新信息，而"食堂、馆子"等不是人们吃饭的常规处所，容易作为新信息被凸显。不过，如果有特殊表达需要，也能做宾语，比如"你吃食堂，我吃家里"，因为对比而成为焦点。

非作格动词虽然只有动作的主体，但构式同样可以为其提供宾语，前提是这个充当宾语的成分必须具备作为新信息的焦点特征。例如：

（3）在房间里睡觉——*睡房间

　　在沙发上睡觉——睡沙发

　　在地板上睡觉——睡地板

（4）在公路上走路——*走公路

　　在小路上走路——走小路

　　在人行道上走路——走人行道

（5）在跑道上跑步——*跑跑道

　　在操场上跑步——跑操场

　　在山路上跑步——跑山路

"房间、沙发、地板"都在动词"睡"的认知域内，但"房间"不能做宾语，原因就是它作为"睡"的常规处所而不能提供新信息，"沙发、地板"因不是"睡"的常规处所而具备了做宾语的可能。同样，"公路"和"跑道"都不能为"走"和"跑"提供新信息，因而也不能做宾语。

当然，旁格成分进入"透视域"成为凸显成分并做宾语还有一个前提，即动词原有宾语所传递的信息量少，信息价值不大。例如：

　在食堂吃饭——吃食堂

　在馆子吃饭——吃馆子

但当动词的原有宾语信息价值大时，旁格成分是难以取得宾语位置的。例如：

在食堂吃大鱼大肉——*吃食堂

在馆子吃残羹冷炙——*吃馆子

因为，"饭"是"吃"的默认成分，不言自明，可以说是无信息价值，这就给信息价值大的成分提供了取而代之的便利。① 而"大鱼大肉、残羹冷炙"等的信息价值大，就不可能被其他成分所替代。

除及物动词外，一些非作格动词的情况也是这样。比如上面提到的"睡、走、跑"等，其实它们也有宾语，分别为"觉、路、步"，但这些只是同源宾语，也无信息价值可言，因此易被其他成分取代。

1.3 "前松后紧"的节律促动

如上所述，旁格成分一旦作为事件场景中受到注意的部分，那么，它就有可能在构式及物性的作用下取代受事成分而成为句子的宾语，从而满足宾语作为信息焦点的语用需求。陆丙甫（2004）指出，汉语中之所以存在大量的非典型宾语，原因之一就是作为受事和自然焦点集合的宾语，在汉语中焦点性更强。

但是，在句法形式上，旁格成分做状语和做宾语时的表现并不相同，做状语时须由介词引导，做宾语时介词必须隐匿。例如：

他在食堂吃饭——*他食堂吃饭——*他吃在食堂——他吃食堂

他用毛笔写字——*他毛笔写字——*他写用毛笔——他写毛笔

究其原因，这与短语内部词语之间在节律上的松紧度有关。已有研究表明，在动词短语中，相关成分（也可以看作是论元成分）跟核心动词结合关系的松紧取决于位置的前后。比起后置论元，前置论元与核心动词的节律关系较松散，常常需要更多表示它跟核心动词之间语义关系的形态标志。这就是动词短语结构关系"前松后紧"的节律原则。这一原则不仅体现在汉语中，在其他语言中也得到了印证。具体可参看吴为善（2010）和陆丙甫、应学凤（2013）。

旁格成分位于动词前时，由于跟动词的节律较为松散，为了表示它跟动词之

---

① 施春宏（2018）称之为"影子论元"，即这种论元的语义内容少，话语凸显度也低，所以常可省略。

间存在语义关系，就需要借助形态标志，如介词；而当它位于动词后时，由于跟动词的节律较为紧密，于是就不需要借助形态标志来表示它跟动词之间的语义关系了。特别是做宾语时，动宾之间紧密性和整体性高于状中、主谓等其他结构，更不需要形态来标示了，甚至不允许。因此，当旁格成分做宾语时，原本标明其与动词之间语义关系的介词一律不出现。

二、旁格做宾语的语法后果

2.1 句法、语义后果

旁格成分做宾语要受到构式的制约，只有在信息结构中凸显的成分才具有可能。当旁格成分实现了宾语功能后，对语法结构会产生一系列的句法、语义后果，这种后果在已有的研究中也曾提及过（任鹰，2000；孙天琦，2009；孙天琦、李亚非，2010；胡勇，2016）。归结起来，主要表现在以下方面：

2.1.1 动词的动作性减弱

动词主要为单音节，双音节动词较难适应。[①] 例如：

他在食堂食用午餐——*他在食用食堂

动作性强的单音节动词也难以适应。例如：

他在食堂啃馒头——*他啃食堂

动词后不能添加"了/着"等体标记成分。例如：

他在食堂吃了/着饭——*他吃了/着食堂

动词前不能加描摹性状语。例如：

他在食堂大口大口地吃饭——*他大口大口地吃食堂

动词前不能加时间副词，只能加频率副词。例如：

---

① 骆健飞（2017）统计了单、双音节动词分别与五类旁格宾语搭配的数量情况。在"$V_单+O_旁$"中，空间/处所宾语占54%；而在"$V_双+O_旁$"中，空间/处所宾语只占15%。这说明，动词带处所宾语结构中，单音节动词占绝对优势。王丽娟（2018）进一步证明了两种形式在句法生成机制和语体韵律实现机制方面的不同。

他正在／刚才／将要在食堂吃饭——*他正在／刚才／将要吃食堂

他常常／偶尔／天天在食堂吃饭——他常常／偶尔／天天吃食堂

主要为单音节且不能是强动作性，表明动词是处在基本层次范畴的动词；不能加"了／着"等体标记，说明动词并不表示是否进行或完成的动作①；不能被描摹性状语修饰，也不能被时间副词限制，表明动作并不是现场发生的瞬间性行为。这些都反映出，动词在句中并不表具体动作，而是表某种抽象的行为。

2.1.2 逻辑宾语隐退

当旁格成分占据宾语的位置时，如果是及物动词，那么逻辑宾语不能再出现在动词之后，只能以话题形式出现。例如：

我在食堂吃中饭——*我吃食堂中饭——中饭我吃食堂

我用正针织毛衣——*我织正针毛衣——毛衣我织正针

我用油漆刷城墙——*我刷油漆城墙——城墙我刷油漆

如果是非作格动词，其同源宾语也不能出现，同时，同源宾语还不能作为话题。例如：

在沙发上睡觉——*睡觉沙发——睡沙发——*觉睡沙发

在人行道上走路——*走路人行道——走人行道——*路走人行道

逻辑宾语隐退，表明动作失去了对象，也就意味着动词的动作性不产生效力。

2.1.3 旁格宾语无个体性

不能受名量词修饰，但可受动量词修饰。例如：

*他吃一个食堂——他吃一次食堂

不能加描写性定语。例如：

吃饭店——*吃豪华的饭店　　*吃干净的食堂——吃干净的水果

写毛笔——*写崭新的毛笔　　*写漂亮的钢笔——写漂亮的字

不能被直接提取。例如：

他吃父母——*他吃的是父母——*他吃的父母

---

① 虽然可以添加体标记"过"，但"过"只表示以往经历，并不关注当前发生的具体事件。

他抄卡片——*他抄的是卡片——*他抄的卡片

不能被直接提问。例如：

他吃父母——*他吃什么——他靠什么吃

他抄卡片——*他抄什么——他用什么抄

不能被描写性定语修饰，也不能被直接提取或直接提问，说明宾语名词不具有个体性特征；不能受名量词修饰而只能受动量词修饰，说明宾语名词是一个无指性成分。

2.1.4 旁格宾语不受影响

一般情况下旁格宾语结构不能变换为受事主语句。例如：

吃饭——饭吃了　　　　吃食堂——*食堂吃了

洗碗——碗洗了　　　　洗冷水——*冷水洗了

旁格宾语结构不能变换为"把"字句。例如：

吃饭——把饭吃了　　　吃食堂——*把食堂吃了

洗碗——把碗洗了　　　洗冷水——*把冷水洗了

不能做受事句的主语，也不能做"把"字句的宾语，表明旁格成分虽然做了宾语，但并不受影响，因而不是典型的宾语。

2.2 后果产生的原因

当旁格替代受事格占据宾语位置（动词为及物动词）或旁格直接占据宾语位置（动词为非作格动词）后，结构产生了上述句法、语义后果。我们认为，后果产生的原因就是及物性的构式特征。

Hopper & Thompson（1980）提出了广义的及物性观念，认为及物性不是句子中某一两个成分之间的关系，而是句子的整体性质，它包括十个语法特征，分别对应于句子中各构成要素。句子的及物性高低取决于所具备特征的多寡。具备越多特征的句子，其及物性就越高；反之，及物性就越低。具体如下：

主语：［±施动性］

谓语：［±动作］［±完成］［±瞬时］［±可控］［±肯定］

宾语：［±受动性］［±个体性］

句子：[±2个参与者][±直陈语气]

应该说，这十个特征是衡量句子及物性高低的可靠标准，汉语学界运用此理论已有不少成功的研究，如王惠（1997）、张伯江（2009）等。

不过，我们想进一步探究的是这十个特征之间的相互作用，即某一特征的变化会对其他特征产生什么影响。是对所有其他特征产生影响还是对部分其他特征产生影响？这些特征之间的内在联系性如何？这就要从构式的角度出发进行研究。

根据广义的及物性观念，一个高及物性的句子基本上涵盖了上述十个语法特征，归结起来就是：句子包含两个参与者、主语的强施动性、谓语的强动作性和宾语的强受影响性。如果从宾语的性质看，受事宾语有受影响性，所以，只有宾语是受事的句子才可能具有高及物性，才有可能涵盖这十个语法特征。

但现在，宾语是由旁格成分充当，不具有受影响性，这对结构中的其他成分产生了什么样的影响呢？

从上面的分析可以看到，旁格成分挤掉受事做宾语使得动词失去了动作性、完成性、瞬时性等特征，而动词的动作性、完成性和瞬时性等是决定宾语受影响的关键因素。由此可以看出，动词和宾语之间的关系与这几个特征密切相关。

因此，旁格成分做宾语可以看作是一种去及物化（detransitivisation）的句法手段，也就是使动词失去了动作性、完成性和瞬时性。①

三、宾语的性质和结构的意义

3.1 宾语的性质

上一节中结构表现出来的句法、语义特征可以证明，旁格成分做宾语只能是旁格宾语，而不是受事宾语。"吃食堂"就是如此，是由处所充当宾语形成的一种处所宾语结构。

---

① 吴义诚、李艳芝（2014）提出了及物性的构式特征这一思想，但主要指成分做宾语由构式决定这个方面，而没有提及宾语性质的改变会对其他成分产生什么样的影响。

如果把它看成是受事宾语，就会与结构的特征相抵牾。首先就是它不能被个体化，不能进入"把/被"字句，而这些却是受事宾语的典型特征；其次，由旁格成分做宾语的句子，动词的动作性弱，又不具备完结性，这也不符合受事宾语句的特性。

胡勇（2016）认为在"吃NP"构式中，NP的处所义和转喻而来的受事义都起作用，但处所义永远是背景信息，受事义永远是前景信息，并列举了一些实例来证明构式凸显的是受事义。现抄录几例如下：

（6）他说他见我每次回去都不见胖，担心<u>吃食堂</u>搞垮了身体……（《人民日报》）

（7）他生活简朴，只有工作必需的几套衣服，到北京后十几年一直过集体生活，与爱人、小孩各自在机关、学校<u>吃食堂</u>。（《人民日报》）

（8）每个家庭都摆脱不了家务，你可以不要孩子，省去生育之劳累，可你不能天天不开伙去<u>吃食堂</u>。（《人民日报》）

胡勇（2016）认为"吃食堂"在这些例句中都是凸显吃的内容，比如只有吃的内容才会搞垮身体，才能看出生活简朴。不过，我们的看法恰好相反，虽然确实是吃的内容会搞垮身体，但吃的是什么内容才会搞垮身体呢？如果不凸显处所义，所吃的具体内容是体现不出来的。正因为凸显了处所义，才使"吃食堂"在一定语境中表现出饮食质量不高（搞垮了身体）、过集体生活和不做家务等言外义。

已有不少研究注意到了宾语细化的问题（陆俭明、郭锐，1998；任鹰，2000；孙天琦，2009；唐依力、齐沪扬，2010；任俊舒、吴炳章、吴明会，2014；胡勇，2016），这些研究的基本观点是，旁格成分做宾语时只能加限制性定语，不能加描写性定语。例如：

吃食堂——吃学生食堂/吃单位食堂

吃食堂——*吃干净的食堂/*吃便宜的食堂

胡勇（2016）从信息结构对这一观点做出解释，认为旁格宾语的信息量高，是信息焦点，描写性成分一般表示新信息而常作为句子焦点，这样两者产生冲突，从而削弱了结构的合法性。应该说这是个不错的解释角度，但与胡文自身的论证有冲突，因为胡文认为"吃食堂"类结构凸显的是吃的内容而不是吃的处所。

我们可以换一个角度解释，即有指成分才能受描写性定语修饰。如前所述，旁格成分做宾语后表现为非个体性和不受影响性，这些是无指成分的语义特征，而无指成分是不能受描写性定语修饰的。

另外，限制性定语更是处所宾语得以凸显的进一步证明。如胡勇（2016）中的例句：

（9）她念及晓晴和苒青不会做饭，也没时间做，更舍不得出去吃，便经常带她们俩去吃学校的食堂。（百合《哭泣的色彩》）

（10）几位单身来五河工作的领导干部，不住宾馆、招待所，住在自己的办公室里，吃自办的小食堂。（《人民日报》）

3.2 结构的意义

句法成分按照一定的句法规则组合成一定的句法结构，且结构中的成分可依据聚合特征进行无限制地替换，这样的结构是基础结构时，表达的是基础意义，即结构意义由构成成分的意义组合而成。但当句法成分突破句法组合规则形成句法结构时，这样的结构其构成成分的替换就要受到限制，结构意义也不是由构成成分简单相加而成。后一种情况用现在的术语来说就是构式。

言语表达者突破句法规则是一种语用上的"明示"行为，即要明确表达说话者的话语意图，于是结构的意义就明显带上了说话者的主观色彩，即结构浮现出新的意义。

"在食堂吃饭"是一个基础结构，结构的意义就是成分相加，表示处所发生的事件，即客观叙述某一个具体事实。而当处所成分居于宾语位置时，句法表现为"吃食堂"，这是受到语用驱动而产生的后果，作为构式，它的意义就不是成分的简单相加了。"吃食堂"并不表示在食堂吃饭，不是指处所发生的事件，而是主观表达某一种行为方式。两种结构表达两种不同的意义，这跟结构内部成分之间的松紧度有关。根据前文 1.3 节的分析，处所做宾语时与动词之间的关系更为紧密，甚至形成了一个不可分割的整体。既然成了一个整体，这就为其浮现出新的意义奠定了基础。正是因为"吃食堂"表示的是行为方式，所以在特定的语境中还可以包含更为丰富的意义蕴涵，比如可以表示"生活条件艰苦""没时间做饭""图方便""乐于过集体生活""廉洁自律"等意义。例如：

（11）我爷爷是一位标准的中国农民，为了自家烟囱里的那一炷炊烟，在土地上劳作了一生，最后是在那个"墟里上孤烟"的吃食堂的年代里去世的。(《人民日报》)

（12）他们几乎没有午休的时间，饿了，抓上一把饭票，到《人民日报》的大院里去吃食堂，吃完了，工作也就又开始了。(1994年报刊精选)

（13）考虑到宿舍离教室近，住宿可以吃食堂，节省时间，还可以过集体生活，结交一些一起生活的朋友，女儿对学校提供的住宿机会还是挺动心的。(土一族《从普通女孩到银行家》)

（14）"吃食堂。"队长挥着手说。"村里办了食堂，砸了锅谁都用不着在家做饭啦，省出力气往共产主义跑，饿了只要抬抬腿往食堂门槛里放，鱼啊肉啊撑死你们。"(余华《活着》)

（15）富春同志生活简朴，关心同志。富春同志基本上每天一日三餐都吃食堂，饭菜十分简单。(《人民日报》)

"吃食堂"作为一种行为方式，在那"墟里上孤烟"的年代凸显出生活的艰辛，在"几乎没有午休时间"的日子里凸显出工作的忙碌，在只有住宿才能实现的情况下凸显方便省事，在高喊奔向共产主义的大环境中凸显对集体生活的向往，在成为国家领导人的日常生活习惯时凸显出作风的廉洁。

胡勇（2016）认为"吃NP"的浮现意义就是"（在NP）吃NP的饭"，并且处所义永远只做背景信息，受事义永远是前景信息。倘若如此，那么构式在以上例句中浮现出的意义从何而来呢？我们认为正是处所成分得到凸显才使构式整合出"吃饭的行为方式"这一新的意义来，因为被凸显才使成分得到更多关注，相关意义也因此得以浮现。这就是为什么把食堂的饭打回办公室吃仍叫吃食堂，而把家里的饭带到食堂去吃却不能叫吃食堂的原因。另外，这也符合结构成分突破句法规则制约的语用目的，因为突破规则就是要能被凸显。

四、现象与事例

杉村博文(2006)指出,讨论汉语的述宾结构应该区分"现象"和"事例",与其他语言相比,汉语更倾向于采用 VN 形式给"现象"取名,且 V 和 N 虽然在形式上是述宾关系,但在语义上并不一定是述宾关系,因为只要成分具有象征性,就可以充当 V 和 N。比如对"人在阳光下吸收光和热"这一现象而言,"晒"和"太阳"是两个最具象征性的要素,因而用"晒太阳"表示;同理,"陪床"也是对"留在病房照料病人"这一现象的概括。该文也提到了"吃食堂"这类情况,且根据该文,若硬要把"食堂"分析成受事宾语,可能会遇到不少问题。

我们赞同杉村先生的观点,把"吃食堂"这类结构看作是一种"现象",根据本文前面的分析,这种看法是有充分理据的。这在句法、语义特点和篇章表征上有具体表现。

4.1 句法、语义特点

首先,与长时成分共现而不与短时成分共现,如不说"我吃了一会儿 / 几个小时食堂""我刚才吃食堂",但可以说"我吃了一辈子 / 几年食堂""我常常 / 一年三百六十五天吃食堂"。其次,动词不表示具体动作,如不能说"我正吃着食堂""我已经吃了食堂"。再次,宾语不能提前,也不能个体化,如不说"饭我吃食堂""我吃一个食堂"。这些都符合"现象"作为常态的特性。

据此,我们可以把"在食堂吃饭"分析成"事例",因为其句法、语义特点与"吃食堂"大相径庭,比如我们可以说"我在食堂吃了一会儿饭""我已经在食堂吃过饭了""饭我已经在食堂吃过了",这些都符合"事例"表示临时、具体的意义。

这样,我们可以对两种结构的意义加以归纳。

"在食堂吃饭"强调在某处所发生的事件。某一处所可能发生多个事件,甚至是在某一处所任何事件都可能发生;同样,某一事件也可能在任何处所发生。所以,可以说:

在食堂吃饭　　　在食堂喝水　　　在食堂洗碗

在食堂打球	在食堂打架	在食堂打牌
在食堂吃饭	在饭店吃饭	在家里吃饭
在厨房吃饭	在寝室吃饭	在阳台吃饭

甚至还可以说"在路边吃饭、在门口吃饭、在车上吃饭"等。

"吃食堂"强调动作关联的处所。动作不可能和任何处所关联，某一动作与其所关联的处所处在一种理想的认知模式中，符合人们的认知常识，所以只能说"吃食堂、吃饭店、吃家里"，而不能说"吃厨房、吃寝室、吃阳台"，更不能说"吃路边、吃门口、吃车上"等。因为强调的是动作而不是事件关联的处所，所以"吃饭食堂"不成立。也正因为动作与处所的经常性关联，两者的组合才容易产生新的意义。

宾语细化也是一个旁证。前期研究都已注意到了这一点，但对宾语细化后能否成立有分歧。胡勇（2016）从信息结构角度加以分析并认为，"吃干净的食堂、吃豪华的餐厅"等不成立是因为处所成分在句末是自然焦点且信息量高，而组合式定中结构因自身具有述谓性常成为句子焦点，这样焦点冲突而使结构不合法；"吃教工食堂、吃勺园七号楼餐厅"等成立是因为粘合式定中结构在意念上是一个整体，两者之间不存在焦点竞争关系。

如果着眼于宾语的性质，我们宁愿这么认为，是宾语的语义属性（受事还是处所）而不是语用属性（焦点还是非焦点）决定了结构能否成立。"吃干净的食堂、吃豪华的餐厅"等不成立是因为"食堂、餐厅"是处所，而"干净、豪华"指内容（即饭菜卫生干净或质量档次高），两相矛盾；"吃教工食堂、吃勺园七号楼餐厅"中的宾语仅指处所，"教工、勺园七号楼"分别从外延上限定"食堂、餐厅"的范围。

4.2 篇章表征

篇章表征也能说明两者的差别。"在食堂吃饭"可以表示具体事例。例如：

（16）鲍远昌说："若说现在正当班的甲班四个人，那倒是可以排除嫌疑的。那个何家声案发时在车间食堂打饭，见到他的人多着哩，我当时在食堂吃晚饭，也好算一个证人。"（魏肇权《原子弹部件失窃始末》）

（17）那天中午在食堂吃饭的时候，恰好旁边桌子上坐着一个女孩子，眉清目秀的，一个人在那里低头吃饭。(木云《我的大学》)

例（16）、例（17）中都有表示特定时间点的成分"当时"和"那天中午"，倘若采用"吃食堂"这一结构，句子就难以合法，如"我当时在吃食堂""那天中午在吃食堂的时候"不成立。

"吃食堂"则只能表示特殊现象。例如：

（18）我问她："你在家里不和爸爸妈妈一起吃饭吗？"她摇摇头说："不，我一个人吃食堂。爸爸吃爸爸的，妈妈吃妈妈的。爸爸忙，有时要我和他一起吃顿饭就写张条子给我，约好时间，才能一道用餐。妈妈也是这样。还是你们这样好，整天在一起……"(水静《我眼中的江青》)

（19）蔡德惠偶尔也被人拉到米线铺里去吃一碗焖鸡米线，但这样的时候很少。他每天只是吃食堂。吃煮芸豆和"魔芋豆腐"。四年都是这样。(汪曾祺《日规》)

例（18）中，爸爸妈妈平时都很忙，没时间在家里做饭，也没时间和"我"一起吃饭，"我"常常一个人在食堂吃。例（19）中，"吃食堂"是他四年来"每天"的生活状况，但"偶尔"去外面吃时，不说"吃饭店"，而说"到米线铺里去吃一碗焖鸡米线"。这是"现象"不同于"事例"的有力证明。

五、余论

本文开头部分提到，生成观和认知观都讨论过旁格成分做宾语的实现机制，前者认为是由轻动词或功能范畴选择，后者认为是通过转喻实现的。两种观点都有较强的理论自洽性和事实解释力，不过，有些现象还需要进一步澄清。

如果说旁格做宾语是由轻动词或功能范畴选择，那么，至少要解决以下三个问题：

第一，是否所有的旁格成分都可以做宾语？

他在食堂吃饭——他吃食堂

他在家里吃饭——*他吃家里

在"吃"所指示的事件图景中,轻动词或功能范畴可以选择处所做宾语,但并不是事件中的任何处所成分都可以被选择做宾语。

第二,到底有多少轻动词?是否每个旁格成分都有相应的轻动词?

吃食堂——AT

吃父母——? BY

吃情调——?

如果说,由于轻动词 AT 的存在决定了处所成分"食堂"做宾语的话,那么,表来源的"父母"做宾语是否由轻动词 BY 选择?而表环境的"情调"又是由哪个轻动词选择来做宾语的呢?何况,汉语中充当宾语的语义成分丰富多样。

第三,会产生什么样的句法、语义后果?

他吃食堂——他吃一次食堂——*他吃一个食堂

他吃食堂——他常常吃食堂——*他刚才吃食堂

句法单位改变职能后会对相应的句法结构产生什么样的语法后果,这是任何语法理论都需要面对且需要解决的问题。

如果说旁格做宾语是通过"转喻"实现的,那么也要面对以下问题:

第一,如何处理"吃家里"和"吃厨房"不能成立?从认知角度看,"家里"和"饭"、"厨房"和"饭"也属于原型的"容器—内容"框架,如"家里的饭"和"厨房的饭",按理转喻也容易实现。

第二,如何解释结构表达的浮现意义。转喻观认为"食堂"在"吃食堂"中做受事宾语,凸显的是"食堂的饭"。倘若如此,那么"饭菜质量差"这一主观情感意义又是怎样浮现出来的呢?因为受事宾语"饭"是无论如何也浮现不出来的。

本文从构式及物观出发可以避免上述不足,可以对以上问题做出一定程度的解释,具体不再赘述。当然,构式及物观在针对旁格成分做宾语时是否具有普遍的解释力,还有待更多语言事实的检验。

参考文献

陈平（1994）试论汉语中三种句子成分与语义成分的配位原则，《中国语文》第 3 期。
胡勇（2016）"吃食堂"的认知功能分析，《世界汉语教学》第 3 期。
卢英顺（2005）认知图景与句法、语义成分，《复旦学报》（社会科学版）第 3 期。
卢英顺（2008）关于认知图景的几个问题，《语言科学》第 6 期。
陆丙甫（2004）汉语语序的总体特点及其功能解释，载中国社会科学院语言研究所《中国语文》编辑部编《庆祝〈中国语文〉创刊 50 周年学术论文集》，北京：商务印书馆。
陆丙甫、应学凤（2013）节律和形态里的前后不对称，《中国语文》第 5 期。
陆俭明、郭锐（1998）汉语语法研究所面临的挑战，《世界汉语教学》第 4 期。
骆健飞（2017）论单双音节动词带宾的句法差异及其语体特征，《语言教学与研究》第 1 期。
任俊舒、吴炳章、吴明会（2014）例示与细化：以"吃食堂"为例，《世界汉语教学》第 2 期。
任鹰（2000）"吃食堂"与语法转喻，《中国社会科学院研究生院学报》第 3 期。
任鹰（2005）《现代汉语非受事宾语句研究》，北京：社会科学文献出版社。
杉村博文（2006）"VN"形式里的"现象"和"事例"，《汉语学报》第 1 期。
施春宏（2018）影子论元的句法效应及其认知解释，《汉语学习》第 1 期。
孙天琦（2009）谈汉语中旁格成分作宾语现象，《汉语学习》第 3 期。
孙天琦、李亚非（2010）汉语非核心论元允准结构初探，《中国语文》第 1 期。
唐依力、齐沪扬（2010）非常规关系下的动词带处所名词现象考察，《汉语学习》第 5 期。
王惠（1997）从及物性系统看现代汉语的句式，载北京大学中文系《语言学论丛》编委会编《语言学论丛》（第 19 辑），北京：商务印书馆。
王丽娟（2018）汉语旁格述宾结构的语体鉴定及其语法机制，《语言教学与研究》第 6 期。
王占华（2000）"吃食堂"的认知考察，《语言教学与研究》第 2 期。
吴为善（2010）认识论和语言观的思考：系统、信息、同构，载潘悟云主编《东方语言学》（第 7 辑），上海：上海教育出版社。
吴义诚、李艳芝（2014）语言及物性的构式研究，《外国语》（上海外国语大学学报）第 3 期。
邢福义（1991）汉语里宾语代入现象之观察，《世界汉语教学》第 2 期。
熊仲儒（2005）论元的句法实现，《外国语》（上海外国语大学学报）第 2 期。
熊仲儒（2009）论元与谓词的语义关系，《外国语》（上海外国语大学学报）第 5 期。
袁毓林（1998）《汉语动词的配价研究》，南昌：江西教育出版社。
张伯江（2009）《从施受关系到句式语义》，北京：商务印书馆。
张云秋（2004）《现代汉语受事宾语句研究》，上海：学林出版社。
Hopper, P. J., & Thompson, S. A. (1980) Transitivity in grammar and discourse. *Language*, 56(2): 251-299.
Lin, T. H. (2001) *Light Verb Syntax and the Theory of Phrase Structure*. Doctoral dissertation, University of California, Irvine.

"有够×（的）"构式的形成*

潘国英

摘　要：构式"有够×（的）"表现为对×程度高的一种明确和肯定，带有说话者强烈的主观评价色彩。其中×以形容词居多，也可以是动词、名词和区别词等。"有够×（的）"是南方方言"有VP/A"句式的北上渗透，该构式的形成和两个要素有关：一是×范围的扩大，二是"有够"结合的渐趋紧密。

关键词：有够×（的）；有VP/A；够×的

〇、引言

现代汉语中，动词"有"表示"领有、具有""存在""达到一定的数量或某种程度"等语义，后面常常带名词性宾语，如"我有一本书""院子里有一棵树""井有五米深"，动词"有"不能和动词或形容词组合。

但是近年来，网络上和人们的日常口语中流行着"有够×（的）"这样的构式。例如：

（1）这跨年夜电影真是<u>有够浪漫</u>。①

（2）恢复运动第一天，腿<u>有够肥的</u>。

（3）作者可真是<u>有够恶意的</u>，出来挨打。

---

* 本文原发表于《对外汉语研究》2020年第22期。

① 本文关于构式"有够×（的）"的语料来自网络，以新浪微博为主，部分语料来源于北京大学CCL语料库，不一一注明出处。

（4）希望我妈知道我真的<u>有够爱她</u>。

这一构式常常出现在表示评价的陈述句或感叹句中，表现为对×程度高的一种明确和肯定，带有说话者强烈的主观评价色彩。其中×以形容词居多，也可以是动词或动词短语、名词和区别词等。为了进一步突出确定性，还经常在"有"前再加语气副词"真是""真的"等。

现代汉语中的"够×（的）"也是用程度副词"够"修饰×表示程度高。但比较下面两个句子，我们可以看到"有够×（的）"和"够×（的）"在语用上的差别。例如：

（5）今天把新买的手机给弄丢了，真是<u>够倒霉的</u>。

（6）今天把新买的手机给弄丢了，真是<u>有够倒霉的</u>。

例（6）中，"真是有够倒霉的"表达了说话人明确强调的无比懊恼之情，体现了说话人对弄丢新手机这件事情强烈的主观反应。与之相比，"真是够倒霉的"也表现说话人的懊恼之情，但主观的强调和明确意味要弱很多。

正是因为"有够×（的）"这一构式成功满足了人们明确表达自己主观评价和情感的需要，加上×的自由度大，因此它在网络上、年轻人族群中越来越流行，使用频率逐渐超过常规表达式"够×（的）"。

汉语学界对这一现象还未见有专题的研究。本文拟在检索和分析网络语料及语料库语料的基础上，探究"有够×（的）"构式的句法特点，并分析这种构式是如何形成的。

一、"有够×（的）"中×的类型

根据句法性质，"有够×（的）"中×的类型可分为以下四种：

其一，×是形容词。例如：

（7）这个旅行团真的<u>有够奇妙</u>，一群陌生的人从尴尬到互开玩笑，本来他们只是你生命中的过客，却因为这样一个契机成了值得挂念的朋友。

（8）潘晓婷这个"台球天后"好笑程度真的<u>有够高</u>，被三个嘉宾吐槽还不带重样的。

（9）关于《极限挑战》那个神秘的微信群，一群大男人真的<u>有够腻歪的</u>。

（10）雀魂掉线<u>有够厉害</u>，已经开启掉线自动和牌和掉线躺一位成就了。

（11）从 2012 年 12 月 21 日至今，过的也是<u>有够恍恍惚惚的</u>，回头看看，好像没得到什么，却一直在丢失着。

（12）嘿，还真是<u>有够稀里糊涂的</u>！自己总是有想做却永远都做不了的一筐子事，想法从来都只是在脑子里游走，却怎么也走不出来。

形容词是进入这一构式的最典型的词类，数量多，自由度大，既不受音节的限制，也不受感情色彩、语体色彩的限制。

其二，X 是名词。例如：

（13）我以为我已经<u>有够话痨</u>了，但没想到有些博主比我还要话痨，发布的内容长达几万条，想说是因为有观众互动所以说得比较勤快吗？

（14）作者可真是<u>有够恶意的</u>，出来挨打。

（15）真<u>有够道德警察的</u>。

（16）这粉丝也是<u>有够白莲花</u>，正主再好也要让你们自己搞黑了。

其三，X 是动词或动词短语。例如：

（17）支付宝这个小程序也太有意思了吧，<u>有够催眠的</u>了。

（18）好不容易睡着又被吵醒，真是<u>有够讨厌声音尖还大的女生讲话</u>了，咋能那么吵呢？我就纳了闷了。

（19）可能我没心吧，不 care 其他，也不操心，现实就<u>有够我操心</u>了。

（20）我搭讪的方式真的<u>有够像个猥琐大叔</u>了。

（21）其中又有一派女明星跟杰尼龟真的<u>有够相似</u>！

（22）我还是会为很多时刻的自己感到羞愧，该死，这真的<u>有够折磨人</u>。

（23）真的是<u>有够讨厌下雨天</u>。

（24）这世界真是<u>有够让人失望的</u>。

其四，X 是区别词。例如：

（25）今年 Kith 的联名无论是数量还是质量都<u>有够重量级的</u>，年终 Kith 又揭晓一项全新联名企划。

（26）很好奇这部墨西哥电影是怎么杀入北美票房成为黑马的，拍摄方面<u>有够</u><u>初级的</u>，剧情方面结局有点小意外小感动，能成功估计是墨裔美国人太多了吧！

（27）老弟给我包的粽子，<u>有够袖珍的</u>，美其名曰：吃得少，就吃个小的……

二、"有够×（的）"是南方方言的渗透

2.1 南方方言"有VP/A"句式

粤、闽、客等南方方言中有一种普通话所没有的"有VP"句，即在动词前面加一个"有"字。例如：

（28）我<u>有</u>去过北京。（广州话）

（29）池里<u>有</u>养蜀头鱼。（池塘里有养鱼。）（福州话）

关于方言中"有"前置于谓词构成的"有"字句的用法，学术界有不同的看法。代表性的观点主要有四种："助词说"，认为"有"为完成体标记，如黄伯荣（1996），詹伯慧（2002），陈前瑞、王继红（2010）；"能愿动词说"，表示肯定或强调一种情况的存在，如李如龙（1986），丁健纯（2008）；"真谓宾动词说"，如郑敏惠（2008）；"副词说"，认为"有"用在动词和形容词前面时做副词是古代汉语语法的遗存，如陈泽平（1998），严奇辉（2008）。

有些南方方言中还有"有A"句式，即"有+形容词"。"有"放在形容词前面构成的"有A"句式在各南方方言中的分布并不普遍。根据陈前瑞、王继红（2010）的研究，现代南方方言中仅闽台闽方言以及与闽台闽方言密切联系的南部吴语温州话和部分客家话（含惠州话）保留"有+形容词"的"有"字句用法。例如：

（30）这双鞋<u>有</u>水。（这双鞋漂亮。）

（31）汝看，即柑花<u>有</u>红！（你看，这朵花红吧！）

（32）即个囝仔<u>有</u>可爱！（这个孩子可爱吧！）

郑懿德（1985）也曾指出，"有+形容词"的肯定陈述句一般是后续句而不

是始发句,并对后面的形容词起强调或申辩作用。例如:

（33）汝大概无食饱。（你大概没吃饱吧。）

　　<u>有饱</u>。（饱了。）

（34）伊有无癫？（他疯癫吗？）

　　<u>有癫</u>。（是疯癫。）

由此可见,"有A"中的"有"应该是对性状的一种肯定和强调。

2.2 部分南方方言的"有够A"句式

"有够A"应该是由表示程度高的"够A"前面加上"有"形成,加强了形容词所表现的性状的程度。部分南方方言中有这样的表达形式,如郑懿德（1985）指出福州方言中有下面的例子:

（35）者花栽<u>有够深</u>。（这花种得够深了。）

（36）只双鞋<u>有够长</u>。（这双鞋够长。）

（37）只出戏演<u>有够好</u>。（这出戏演得相当好。）

（38）只碗菜煮<u>有够咸</u>。（这碗菜煮得太咸了。）

（39）只隻侬<u>有够利害</u>。（这个人太厉害了。）

（40）只碗菜<u>有无够咸</u>？（这碗菜够咸吗？）

（41）只碗菜<u>有够咸无</u>？（这碗菜够咸吗？）

刁晏斌（2012）对比港澳台地区以及内地（大陆）地区"有+VP"的使用情况及其表现,指出台湾地区"有+VP"形式其中一个独特之处是:VP为形容词。该文认为:"闽南话中'有—无'经常先用程度副词'够'对形容词进行加强,然后再加'有'来确认或强调,而为了进一步突出其严重性或确定性,还经常在'有'前再加语气副词。这样的用例比较多见。"

根据我们的考察,南方方言中的"有够A"形式也仅限于形容词和心理动词,这和程度副词"够"只能修饰形容词和心理动词一致。丁健纯（2008）的研究也提供了一个很好的佐证。丁文指出湘潭话的"有"在跟部分形容词和心理动词共现表示确认状态时,必须在"有"和形容词及心理动词前加上"好"或"蛮",构成"有+好（蛮）+形容词或心理动词"。例如:

（42）他为人<u>有好古板</u>。（他为人很古板。）

（43）她<u>有好恨</u>我。（她很恨我。）

这说明湘潭话是将"有+好（蛮）+形容词"和"有+好（蛮）+心理动词"看作一类，两者具有共同的句法语义特点。而"有+动态谓词"表示确认某种属性时，则不需要"好"或"蛮"。例如：

（44）秋天来哒，树叶子到处都<u>有捡</u>。（秋天来了，到处都有树叶捡。）[①]

这里湘潭话里的"好"应该和我们所讨论的"够"是一样的。这也说明，在部分南方方言中，"有够A"中的"够"仅仅是一个修饰形容词或心理动词的程度副词，它和前面的"有"并没有直接关系，如果从结构层次上来说，"有"和"够A"是两个直接成分，"够"和它后面的形容词是第二层次的两个直接成分。也就是说，南方方言中的"有够A"并没有形成构式。

2.3 南方方言"有"字句的北上渗透

经济发展带来的人口融合、文化交流势必会带来普通话和方言的互相影响。20世纪90年代中期以来，随着中国南北方人口融合度的增强，南方方言的一些语法现象逐渐渗透到普通话中，这其中就包括"有VP"句式。此外，也有很多内地（大陆）南方籍及港澳台作家的文学作品中自然会存在着方言的痕迹，那么这些文学作品的传播自然也促使着某些和普通话不一样的语法被人们熟悉和接受。有学者对此做过专门的调查，如蔡瑱做过对上海高校学生使用"有VP"情况的调查，指出"普通话南下扩张"与"南方方言北上渗透"现象并存，双方的制衡使大家对"有+VP"句持"基本接受"态度（蔡瑱，2009）。张丽华调查了北京、山东和宁夏三地高校中"土生土长"的当地大学生，以了解"有+VP"句在北方方言区的接受度与使用情况（张丽华，2012）。

随着在口语中的广泛接受和使用，"有+VP"结构逐渐进入现代汉语普通话并有泛化的趋势。不过，人们对"有+VP"结构的使用主要限于口语，如出现在社交媒体、电视访谈、综艺类节目以及某些影视作品中。例如：

[①] 例（42）～（44）引自丁健纯（2008）。

（45）听说你自己攒钱买了把小提琴，今天<u>有带</u>过来吗？①

（46）他一共<u>有列了 22 项</u>，22 项中有多少是假的呢？

（47）当时公证处的人<u>有问</u>你吗？说你父亲有没有再婚的情况？

公开发行的报纸杂志上一般也限于南方地域的报刊，如《南方都市报》：

（48）昨日下午，负责此案的网监大队姜姓警官对南都记者称，因为伍娟不懂程序，所以先告诉了外宣办，她本人之后<u>有到公安机关报案</u>。

综合来看，"有 + VP" 在正式庄重的场合仍较少出现，在书面语中出现的频率要明显低于在口语中出现的频率。

书面语中，也很少见到"有够×"句式。我们搜索北京大学 CCL 语料库发现，仅有的几例也是出自中国港台作家的作品或是由港台作家翻译的作品。例如：

（49）"上次送你一棵茶树苗，真<u>有够笨</u>！现在，就算扯平了。怎么样？"②

（50）你看到了吗，卡拉蒙？他真是<u>有够强壮</u>！我以前从来没有遇过食人魔耶！

（51）我们在水面上看起来<u>有够明显的</u>！

和"有 + VP"一样，"有够×（的）"也是南方方言北上渗透的结果，但是由于其出现时间较晚，所以目前仅限于在网络上或是年轻人的口语中大量使用。根据我们对 2009 年全年微博的搜索和统计，未见一例"有够×（的）"。2010 年开始出现"有够×（的）"，但使用量很少，全年仅出现 4 例，其中 3 例均显示博主所在地为广东，1 例为新加坡，这说明"有够×（的）"的兴起确实是从南方方言开始的。2011 年之后，"有够×（的）"的用例开始显著增多，尽管广东、福建等地的用例数量占比很大，但全国其他地域尤其是北方地区也都出现了"有够×（的）"句式的使用。通过随机选取 2019 年 9 月 15 日 0 点到 24 点代表典型北方地域的北京市和黑龙江省的微博进行统计，得到的结果是：北京地区出现"有够×（的）"的微博 30 条，黑龙江省出现"有够×（的）"的微博 11 条。这从一定程度上反映出，"有够×（的）"已经由南方方言往北方渗透。

---

① 例（45）出自《神州大舞台》节目；例（46）出自《新闻1+1》节目；例（47）出自《今日说法》节目。
② 例（49）出自琼瑶的《青青河边草》；例（50）、例（51）分别出自马格丽特•魏丝、崔西•西克曼著、朱学恒翻译的《龙枪传奇》《龙枪编年史》。

三、构式"有够×(的)"形成的两个要素

"有够×(的)"在形成之初是受南方方言"有够A"的影响,由"够×(的)"前加"有"构成的。但是随着高频率的使用,"有够×(的)"在句法和功能上发生变化,不再是"有"和"够×(的)"的简单叠加,而是成了一个功能更强大、结构更紧密的构式。那么构式"有够×(的)"是如何形成的呢?我们认为应该和两个要素有关:一是×范围的扩大,二是"有够"结合的渐趋紧密。

3.1 ×范围的扩大

3.1.1 "够×(的)"中×的范围

"够×(的)"中×的范围要分"够×的"和"够×"两种情况来讨论,因为两者的句法特点是不同的。也就是说,后面有没有"的",句法功能和语义是有区别的。"够×"的×仅限于形容词和少量名词,如"够帅""够爷们",×不能是动词和区别词。但是加上"的"以后,×则可以扩大到形容词、名词、动词、区别词等。

最常见的是形容词,"够×的"和"够×"中的×都可以是形容词,但是两者还是有不同的条件限制的。

《现代汉语八百词》(增订本)列出"够"的副词词条有二:一是"修饰形容词,表示达到一定标准,形容词只能是积极意义的,不能是相应的反义词";二是"修饰形容词,表示程度很高,形容词可以是积极意义的,也可以是消极意义的,句尾多加'的'或'了'"。

"够×"中的×只能限于主观上认为具有积极意义的褒义词语,常常表达说话人的赞美之情。例如:

(52)够厉害　　够大胆　　够帅　　够爽　　够爷们　　够兄弟

消极意义的贬义词语则不能和"够"单独组合,如不能说"够胆小""够磨叽""够难看""够无聊"等。但是,加上"的"以后,"够×的"中的×就不

受语义色彩的影响。例如：

（53）够厉害的　　够大胆的　　够帅的　　够爽的　　够爷们的

　　　够胆小的　　够磨叽的　　够难看的　　够无聊的　　够倒霉的

不管是积极意义还是消极意义，构式"够×的"表示的都是程度高的意思。

其次是名词。副词"够"修饰名词或名词短语，其原理和前人研究颇多的副名结构"很江南、很女人"之类一样。"够"具有[＋程度量]的语义特征，名词受其影响，指称义减弱、性状义增强，具备形容词特性。如"够朋友、够哥们儿、够绅士、够'堂·吉诃德'"等，通常要后附"的"形成"够N的"。例如：

（54）不用说舞台上有人载歌载舞，就像咱们今天到这里安闲地散散步，也<u>够诗意的</u>啦！

（55）小家伙看到这儿微笑了一下——真<u>够哥们儿</u>，卡尔松只愿意带他，而不是其他人！

（56）这只小蜘蛛可真<u>够"堂·吉诃德"的</u>了。

再其次是区别词和动词或动词性短语。必须要后附"的"。例如：

（57）我震惊了！香港岛竟然比厦门岛还小？印象里厦门岛已经<u>够袖珍的</u>了。

（58）"迷你"见面会，真的是<u>够迷你的</u>！

（59）仙人掌，其针刺也<u>够不饶人的</u>，掌状叶片却还是饱含液汁，偶尔开出的花朵也是娇美嫩弱。

（60）字画"超值拍卖"之类，也<u>够令人费解的</u>。

从语义上来看，"够×的"比"够×"表现的程度稍弱。即使"够×的"中的×是褒义词，也含有赞美之情，但因为加了语气词"的"，其语气程度也略微委婉，程度弱于"够×"。如"够帅"就要比"够帅的"程度高。

3.1.2 "有够×（的）"中×的范围

如果说"够×（的）"中×的范围是深受"的"的制约和影响的话，那么当"够×（的）"和"有"组合成"有够×（的）"以后，×的范围却大大扩大，也不再受"的"的制约，变得自由而丰富。

"有够×（的）"中的×可以是名词、动词或动词短语、形容词和区别词等

（这在第一部分已有详细讨论），而且数量上也更多。其中"的"的有无是非强制性的，对构式中 × 的范围并没有影响。如上文我们提到过，动词或动词短语只能进入"够 × 的"而不能进入"够 ×"，如例（60）"够令人费解的"，不能说"够令人费解"。但动词或动词短语进入"有够 × 的"和"有够 ×"却都可以，且非常自由，如例（17）～（24）。即使是同一个动词，后面有没有"的"也是自由的。例如：

（61）这届网友真的<u>有够操心</u>。

（62）我真是<u>有够操心</u>的，看完《小欢喜》因为方一凡家的处境着急得睡不着觉。

"有够 ×（的）"中的 × 还不受语义色彩的制约。上文分析过消极意义的形容词不能进入"够 ×"，但它们进入"有够 ×"却很自由。例如：

（63）这一个个义愤填膺说自己脱粉还要回头踩一脚的，真的<u>有够无耻</u>。

（64）改个名还搞什么审核，微博真的<u>有够麻烦</u>，而且要两天审核。

可见，和"够 ×（的）"相比，"有够 ×（的）"的 × 在语法类型和语义类型上都大大扩大了范围，这使得"有够 ×（的）"不再仅仅是"有"和"够 ×（的）"的简单叠加，而是成了一个新的结构，具备了新的功能，这是形成构式的一个要素。

3.2 "有够"结合的渐趋紧密

"够 ×（的）"前面加上"有"，表示对 × 程度高的一种确认和肯定。所以，最初的结构是"有 + 够 ×（的）"，随着这一结构形式的高频使用，其内部结构日趋紧密，尤其表现为"有够"的结合日趋紧密，"有 + 够 ×（的）"有慢慢变化为"有够 + ×（的）"的趋向，这可以从以下两个方面得到印证。

3.2.1 否定形式

南方方言中的"有 VP/A"中"有"的词性一直有争议。林晶鸿（2013）认为，福建莆田方言中的"有"不是助动词，而是一个与否定副词"无"相对的表示肯定意义的副词，理由是"莆田方言中的大部分助动词能够出现在'× 不 ×'的格式中，而'有'的否定形式是'无'，只能构成'有无'这样的格式。其次，助动词作为动词的一个小类，通常以前置否定词构成其否定形式，如'不要''不肯'，而'有'的否定形式是一个独立的否定副词'无'，并不以前置否定词构成'无有'这样的否定形式"。例如：

（65）你<u>有</u>无食饱？（你吃没吃饱？）

（66）蜀冥伊<u>有</u>去，我<u>无</u>去。（昨天他去了，我没有去。）

（67）头先<u>无</u>遘雨，只瞒<u>有</u>遘雨。（刚才没下雨，现在下着雨。）

而闽台闽方言中"有够A"的否定形式也是改"有"为"无"，即"无够A"。例如：

（68）只碗菜有无够咸？（这碗菜够咸吗？）<u>有够咸</u>。

（69）只碗菜有够咸无？（这碗菜够咸吗？）<u>无够咸</u>。

这说明，闽台闽方言中的"有"和后面的"够A"是分离的，构成状中结构，它们之间的结合并不紧密。但是，现代流行语中的"有够×（的）"其否定形式是"有够+没/不×（的）"。"有够"紧密结合，动词和形容词前面加否定词"不"。例如：

（70）2019的上半年真的是<u>有够不美好</u>，所以下半年你可要好好对我。

（71）想过这种戏剧性的东西会在我的生活中上演，感觉自己真的<u>有够不听话不孝顺的</u>，事情毫无预兆地砸开，头蒙蒙地挨着，无力感油然而生。

（72）外表光鲜亮丽，<u>有够不像冰糖葫芦的</u>，决定交给小曾吃完。

（73）这个灯<u>有够不配合的</u>。

（74）不能了，不能了，真是太自闭了，这种感觉<u>有够不好受的</u>。

（75）跟我们冰晶猪猪这样的美女说"乱拉屎"，真是<u>有够不礼貌</u>！

（76）策划一直在试探玩家底线，这点来说就<u>有够不尊重玩家的</u>。

名词前面加否定词"没"。例如：

（77）霍顿竟然没有上台合影？？连领奖台都不站？？？真的是<u>有够没风度的</u>。

（78）我打心底里觉得这么拿麦真是<u>有够没水准的</u>。

（79）我觉得吵这个<u>有够没意义的</u>。

（80）爆粗口，真的是<u>有够没教养</u>了，明星偶像不应该是要起到好的榜样作用才对？！！

上述闽台闽方言中的"有够A"和流行构式"有够×（的）"不同的否定形式让我们关注到句类的问题。试比较下面的句子：

（81）a. 他有够聪明吗？

b. 不，他不够聪明。/* 不，他有够不聪明。

（82）他真是有够不聪明的。

问答句中，回答是否定的话，否定形式是"不够×"，陈述句中"有够×"的否定形式是"有够不×"。这是因为两种句类中的"有够×"实则是同形异构。疑问句中"有够×"的内部构成是"有+够×"，即"他+有+够聪明+吗"，否定回答是"不，他不够聪明"；流行构式"有够×"出现的句类为非后续的陈述句或感叹句，表达说话人主观强烈的评价义，其内部构成是"有够+×"，即"他+真是+有够+聪明的"，否定形式是"他+真是+有够+不聪明的"。再者，"他真是有够不聪明的"和"他真是不够聪明"在语义和表达上有明显的不同：前者"不聪明"的程度高，情感强烈；后者"不聪明"的程度较低，表达上也委婉很多。

3.2.2 "有够"结合的渐趋紧密

因为"有够"的空间相邻关系和高频使用，韵律的驱动导致说话时常常把"有够"合成一个双音单位，从而使"有够"的结合渐趋紧密。

语言事实中还不乏"真够不×"这样的表述，如"今天真够不理智的"，"不"也是在"够"的后面，但我们不能因此说"真"和"够"紧密结合了。韵律驱动也常常把"真够"合成一个双音单位，但"真"和"够"在结构上其实是分离的，"真"修饰的是"够不理智的"。因为我们常常可以插入其他成分将"真"和"够"分离。例如：

（83）今天真是够不理智的。

（84）今天真的够不理智的。

（85）今天真他妈的够不理智的。

但如果是构式"有够不理智的"，"有"和"够"之间就不能插入其他任何成分。上述论证说明，在"有够×（的）"这一构式中，"有够"的结合已日趋紧密,其语法意义表现为对 × 程度高的一种明确和肯定,带有强烈的主观评价意义。这是构式"有够×(的)"形成的另一个要素。

四、结语

综上所述,构式"有够×(的)"是南方方言"有 VP/A"句式的北上渗透,但又与南方方言的"有 VP/A"句式有很大的不同。该构式的形成与两个要素有关:一是 × 范围的扩大,使得"有够×(的)"不再仅仅是"有"和"够×(的)"的简单叠加,而是形成了新的结构和功能;二是空间相邻关系和高频使用,使得"有够"的结合渐趋紧密,从而也促进了"有够×(的)"整个结构内部关系的紧密。

参考文献

蔡瑱(2009)上海高校学生"有+VP"句使用情况调查分析,《语言教学与研究》第 6 期。
陈前瑞、王继红(2010)南方方言"有"字句的多功能性分析,《语言教学与研究》第 4 期。
陈泽平(1998)《福州方言研究》,福州:福建人民出版社。
刁晏斌(2012)两岸四地"有+VP"形式考察,载北京师范大学文学院主办《励耘学刊》(总第 15 辑)(语言卷),北京:学苑出版社。
丁健纯(2008)湘潭话中的"有"字句,《湘南学院学报》第 6 期。
黄伯荣主编(1996)《汉语方言语法类编》,青岛:青岛出版社。
李如龙(1986)闽南话的"有"和"无",《福建师范大学学报》(哲学社会科学版)第 2 期。
林晶鸿(2013)莆田方言"有+AP/VP"中的"有",华东师范大学硕士学位论文。
吕叔湘主编(2013)《现代汉语八百词》(增订本),北京:商务印书馆。
严奇辉(2008)莆仙方言中"有"和"无"的用法,《莆田学院学报》第 1 期。
詹伯慧主编(2002)《广东粤方言概要》,广州:暨南大学出版社。
张丽华(2012)京鲁宁高校学生"有+VP"句使用情况调查分析,《山东理工大学学报》(社会科学版)第 3 期。
郑敏惠(2008)福州方言与普通话"有+V"格式之差异,《福建教育学院学报》第 7 期。
郑懿德(1985)福州方言的"有"字句,《方言》第 4 期。

陈述性"把"字句和祈使性"把"字句的分野
——从"把"后 NP 的有定性谈起*

邵洪亮　何晓璐

摘　要：关于"把"字句中"把"后 NP 的有定性问题在学界争论已久且尚无定论。本文着眼于句子的交际功能，将"把"字句分为陈述性"把"字句和祈使性"把"字句两类。考察发现，二者在"把"后 NP 的有定性上存在明显差异：陈述性"把"字句强调已然的处置结果，重在叙事，与有定 NP 和无定 NP 均可兼容；而祈使性"把"字句强调未然的处置目的，重在施为，只能与有定 NP 兼容，不能与无定 NP 兼容。此外，两类"把"字句的"把"后 NP 还存在其他方面的一些细微区别。

关键词：祈使句；陈述句；"把"字句；"把"后 NP；NP 的有定性

○、引言

有关"把"字句中"把"后 NP 的有定性问题在学界一直存在着争议，从

---

* 本文原发表于《新疆大学学报》（哲学·人文社会科学版）2021 年第 1 期。

"绝对有定说"到"倾向有定说"再到"取消有定说",莫衷一是。[①] 相关学说在适用范围和解释力上都存在一些限制,也有一些无法自圆其说的所谓"特例"。我们认为,说明"把"后 NP 的有定性特征是十分有必要的,但更主要的是应该解释一些所谓的"特例"背后存在的理据和适用条件。

考虑到句子是最小的交际单位,我们着眼于句子的交际功能(用途),将"把"字句与特定句类结合起来,分化出不同交际功能的"把"字句类型,再根据"把"后 NP 的表现形式和上下文语境,对其有定性特征进行描写,从而归纳出有定成分和无定成分在不同类型"把"字句中的分布规律,进而再参考其他方面的差异,说明根据不同的交际功能分化"把"字句的必要性。

一般根据句子的交际功能,将句子分为陈述句、疑问句、祈使句和感叹句四类。[②] 但事实上,这四类句子的交际功能是互有交叉而非截然分立的。比如"你帮我把空调打开好吗?",是用疑问的方式表达委婉的祈使;"儿子刚把电视机屏打碎啦!",是用强烈的感叹语气陈述一个事实。相对而言,陈述和祈使之间的功能分野是明显的,前者的目的主要是叙事,后者的目的是施为,且在"把"字句中,陈述句和祈使句占据绝大多数,因此我们将"把"字分为陈述性"把"字句和祈使性"把"字句两类,而将个别疑问句和感叹句根据它们表现出来的叙事或祈使功能暂且归入陈述性"把"字句和祈使性"把"字句。

本文所有语料均来源于北京大学 CCL 语料库。

一、两类"把"字句中"把"后NP的有定性特征

1.1 "把"后位置对典型无定 NP 的允准情况

陈平曾经从名词性成分的词汇形式上入手,把汉语中的各种表现形式归并为以下七组:

---

① 参见朱庆祥《互动视角下"把"字句宾语有定性类型研究》,载方梅、曹秀玲主编《互动语言学与汉语研究》(第 2 辑),北京:社会科学文献出版社,2018 年。
② 参见吕叔湘主编《现代汉语八百词》(增订本),北京:商务印书馆,2013 年。

A 组　　　人称代词

B 组　　　专有名词

C 组　　　"这/那" +（量词）+ 名词

D 组　　　光杆普通名词（bare noun）

E 组　　　数词 +（量词）+ 名词

F 组　　　"一" +（量词）+ 名词

G 组　　　量词 + 名词 [①]

在这七组格式中，"自 C 组而上居于上端的三组格式一般只用来表现定指成分，自 F 组而下居于下端的两组格式一般只用来表现不定指成分，位于中端的 D 组和 E 组则表现出相当大的灵活性"[②]。

我们从北京大学 CCL 语料库中随机选取了陈述性"把"字句和祈使性"把"字句用例各 2000 条。考察发现，"把"字句中"把"后 NP 的表现形式非常丰富。除了上文所列的七组表现形式外，还有各种称谓词语、名词 + 列举助词"什么的"、定中结构、疑问代词"什么"和"谁"等形式。所有这些名词性成分的有定性特征在陈述性"把"字句和祈使性"把"字句中表现出较大的差别。简单来说，在陈述性"把"字句中，"把"后 NP 有定或者无定均可；在祈使性"把"字句中，"把"后 NP 必须是有定的。

F 组"'一' +（量词）+ 名词"和 G 组"量词 + 名词"是典型的无定 NP 的表现形式，二者在陈述性"把"字句和祈使性"把"字句中的分布呈现出截然对立的情况。

先看 F 组，据考察，它们无一例外地只出现在陈述性"把"字句中，不会出现在祈使性"把"字句中。例如：

（1）祥子慢慢的把人和厂的事打听明白：刘四爷把一部分车卖出去，剩下的全倒给了西城有名的一家车主。（老舍《骆驼祥子》）

例（1）中的"一部分车"是数量短语，其中的数词"一"已有所虚化，计数功能大为弱化，语音上是轻读的，将其删去后并不会影响句子的语义表达，因

[①] 参见陈平《释汉语中与名词性成分相关的四组概念》，《中国语文》，1987年第2期。

[②] 同注释①。

而属 F 组表现形式，是典型的无定 NP。

再看 G 组，它们几乎也都出现在陈述性"把"字句中。例如：

（2）大家都不出声，只有一个青年的壮士把根洋蜡插在铁壶的嘴上，细细的看着一张地图。（老舍《蜕》）

例（2）中，"根洋蜡"前省略了数词"一"，因为汉语的表达中能省略的数词只能是"一"，当然也完全可以认为此处的"一"因计数功能弱化而被省略，因而"根洋蜡"也属典型的无定 NP。

不过，单从表层形式上来看，我们也发现了此类 NP 出现在祈使性"把"字句中的例外。例如：

（3）……"不瞒老爷子说，我连地方也寻妥了，就在南京东路同一条街上，一百二十五巷里——"……首先是万年青电影公司董事长盛公出的主意，盛公说："杨胖子，你出面，我在幕后支持你，把个酒馆子开起来，日后咱们也有个地方走动走动。"……"凭良心说，俺开这个酒馆子，一半也是为了这几个小亡命……"（白先勇《孽子》）

例（3）中，前文对"个酒馆子"的相关信息进行了详细的说明，后文又再次对其进行了回指，因此"个酒馆子"是已知信息，听说双方都明白其具体所指，此处应该是省略了指示代词"这"的指量短语，即"把个酒馆子"就是"把这个酒馆子"。这种省略当属动态句中的语境省略，只有在语境中才符合语感，而不能孤立来看。如果前文未交代开酒馆的事，单独一句"你把个酒馆开起来"，其可接受度是很低的。因此，例（3）表层上是"量词＋名词"的形式，其实仍是有定 NP，并非无定 NP，与例（2）的"量词＋名词"形式存在本质区别。张谊生曾认为"把个"句中的"个"可分化为量词和助词两类：量词"个"用于计量，助词"个"用于限定；助词"个"常可用指示代词"这、那"替换，量词"个"大都不行；量词"个"之后的 NP 大都不定指，而助词"个"之后的 NP 大多是定指的。使用助词"个"的目的是加强对该特定人或物的指别作用，使之专门化、特指化，从而达到凸显该致使对象的表达效果。[1] 从张谊生的这个观点来

---

[1] 参见张谊生《现代汉语"把＋个＋NP＋VC"句式探微》，《汉语学报》，2005年第3期。张谊生《近代汉语"把个"句研究》，《语言研究》，2005年第3期。

分析，例（3）中的"个酒馆子"也应为定指的，因为其中的"个"可用指示代词"这"替换，从性质上来说应属于指别性或限定性的助词。

由此可见，这样的例外并不影响我们的结论，即典型的无定 NP 只出现在陈述性"把"字句中，而不能出现在祈使性"把"字句中。

1.2 其他类 NP 在"把"后位置的有定性表现

1.2.1 疑问代词"什么"和"谁"

陈述性"把"字句和祈使性"把"字句中"把"后 NP 还可由疑问代词"什么"和"谁"充当，此时它们不表示疑问，而表示任指、特指或虚指。

当表示任指或特指时，"什么"和"谁"可自由出现在陈述性"把"字句和祈使性"把"字句中。其中，"把"后"什么"更多表示任指，"用在'都、也'前，表示在所说范围内无例外"[①]；"谁"更多用于"谁……谁……"对举的格式中，前一个表任指，后一个用于"把"后表特指，与前一个所指相同，表示满足条件的那个人。不管是任指还是特指，二者所指范围确定，故都是有定的。例如：

（4）"两辆车一天进上三毛钱，不够吃的！赁出一辆，我自己拉一辆，凑合了！"祥子说得很慢，可是很自然；听说买车，他把什么都忘了。（老舍《骆驼祥子》）

（5）"……早八点半，先给你们摆，六大碗，俩七寸，四个便碟，一个锅子；对得起你们！都穿上大褂，谁短撅撅的进来把谁踢出去！……"（老舍《骆驼祥子》）

当表示虚指时，"什么"和"谁"指代无法确定或无法明确说出的人或事物，是无定成分。据考察，此时它们只能出现在陈述性"把"字句中。例如：

（6）她给祥子钱，教他出去买菜。买回来，她嘱咐他把什么该剥了皮，把什么该洗一洗。（老舍《骆驼祥子》）

（7）伊太太没等马威说话，梗着脖子说："中国人都爱吃肥的！"跟着一手用叉子按着牛肉，一手用刀切；嘴唇咧着一点，一条眉毛往上挑着，好象要把谁

---

① 参见吕叔湘主编《现代汉语八百词》（增订本），北京：商务印书馆，2013年。

杀了的神气。(老舍《二马》)

例(6)中,上下文并未明确交代"祥子"买菜的具体信息,"什么"也就无法指明具体的某种菜,是虚指成分、无定成分;例(7)中的"谁"指称的是不能肯定的某个人,同样也是虚指成分、无定成分。

"什么"和"谁"表示虚指意义时"常用于认识领域(epistemic domain),表示说话人对事件的推测、概率(可能性)、确信等的主观认识。因此,一般需要否定性语境或非真实性(non-veridicality)语境来帮衬"[①],比如,例(7)中语气副词"好象(像)"的出现即表明"要把谁杀了"只是对伊太太神态的一种比拟,而非真实事件,由此也佐证了此处的"谁"表虚指,是无定成分。

1.2.2 光杆普通名词

从数量上来看,两类"把"字句中的"把"后 NP 都是以光杆普通名词占绝对优势(详见表2)。"类指以光杆 NP 的形式存在于一切名词性单位中,其他指称义的 NP 都可以看作是其他指称标记加一个类指 NP,……光杆 NP 假如表达类指以外的指称义,则理解为其他指称标记的省略或零形式标记。"[②] 也就是说,光杆普通名词单独使用时可以表示类指义,但在一定的语境下也可以理解成类指以外的指称义。我们考察真实"把"字句语料发现,绝大部分光杆普通名词或者在上下文中有相应的背景信息和回指信息,或者与"把"字句主语存在不可分离的领属关系,因此都可以在交际语境中加以辨识,与某个特定的事物对应起来,故属于有定成分。例如:

(8)她刚推开家门时,就听到了母亲的一声惊叫:"把门关上。"她吓了一跳,赶紧关上门。(余华《一九八六年》)

(9)他也准知道太太必定不拦着他,她愿意他打扮得漂亮,把青春挂在外面,如同新汽车的金漆的商标。(老舍《创造病》)

例(8)中,上文交代了与"门"有关的信息,下文再次对其进行回指,"门"是有定成分;例(9)中,"青春"指"他"的"青春",有明确的领有者,也是有定的。

对于少量无法直接在语境中辨识的光杆普通名词,我们可以采用添加指称

---

① 参见袁毓林、刘彬《疑问代词"谁"的虚指和否定意义的形成机制》,《语言科学》,2017年第2期。
② 参见刘丹青《汉语类指成分的语义属性和句法属性》,《中国语文》,2002年第5期。

标记（如指示代词"这/那"、人称代词、数量短语等）的方式来检验其有定性，因为当光杆普通名词与其他指称标记配合使用时，就不再表示类指义，而是表示其他类别的指称义。试比较：

（10）"你想在我跟前争气，就不要把男人看在眼里搁在心里。你拿他们当心肝肺，他们就拿你当猪大肠。"（严歌苓《一个女人的史诗》）

（11）……敬礼，敬礼是这样的，两个鞋后跟用力相碰，身子笔直，双目注视，把右手放在眉毛旁边。（老舍《民主世界》）

例（10）中，光杆名词"男人"之前可以添加指示代词"这/那（些）"或人称代词"他们"，句子的语义真值不会受到任何影响，而后文中人称代词"他们"的出现也表明光杆名词之前是存在其他指称标记的，只是在句法上省略了或表现为零形式，故此处的"男人"并不表示类指义，其所指是明确的，是有定成分。例（11）中，光杆名词"右手"之前无法添加任何其他的指称标记，证明它是典型的光杆名词，表示类指义，因而是无定的。

我们发现，光杆名词在句中表示类指义而属于无定 NP 的情况，只出现在类似例（11）这样的非现实类陈述性"把"字句中，句子只是针对认定概念发表议论，并不涉及具体事件，"把"后 NP "不是现实的物质实体（physical entity），而是说话人心中的概念实体（conceptual entity）"①，故无法定指化。而祈使性"把"字句中的光杆名词在上下文中有相应的背景信息和回指信息，或者与"把"字句主语存在不可分离的领属关系，即使少量无法直接在语境中辨识的光杆普通名词，也可以补足、添加有定的指称标记而不影响其基本语义，因而都是有定成分。

1.2.3 定中结构

"把"后 NP 如果是定中结构，其修饰语主要有领属性定语、同一性定语、描写性定语和限制性定语四类。

"领属性定语具有强烈的定指性质，带有这类定语的名词性成分一般做定指理解。"②因此，"把"后 NP 如果是"领属性定语＋NP"结构，那么都是有定成分。

---

① 参见张伯江《论"把"字句的句式语义》，《语言研究》，2000年第1期。
② 参见陈平《释汉语中与名词性成分相关的四组概念》，《中国语文》，1987年第2期。

真实语料中，陈述性"把"字句中的领属性定语主要是人称代词和专有名词，祈使性"把"字句中的领属性定语几乎都由人称代词充当。例如：

（12）可是，他们在颤抖中还希望：敌人只杀鸡犬，而把他们的宝贵，只能生一次死一次的生命留下。（老舍《火葬》）

（13）"梅若鸿！你不要太没良心！你对芊芊吼叫有什么用？你画不好，是你自己没本领！把你的一腔怨气，满怀怒火去对子默发作！不要对芊芊发作！"（琼瑶《水云间》）

"同一性定语+NP"中互为指称的两个成分至少有一个是定指的成分（包括人称代词、"这/那+量+名"、称谓词语、专有名词等），故它们都是有定成分。例如：

（14）你说我冤不冤？你不参加劳动，也不让小俊参加劳动，把我一个人当成老牛，忙不过来的时候去央告人家别人帮忙。（赵树理《三里湾》）

（15）晚上，方太太在低头愁思半晌之后，对方罗兰说："罗兰，明天风声再不好，只有把芳华这孩子先送到姨母家里去了。"（茅盾《蚀》）

"描写性定语/限制性定语+NP"在句中则不一定都是有定成分。在祈使性"把"字句中，所有的"描写性定语/限制性定语+NP"结构都可根据语境添加出相应的人称代词或指示代词，故都属于有定成分。而在陈述性"把"字句中，大多数"描写性定语/限制性定语+NP"中的NP与"把"字句主语存在领属关系，或在语境中有相关背景信息，因而也是有定成分，但也有一些是无定成分，尤其是当定语或中心语本身为数量名结构时。例如：

（16）有一次他把一个清道夫的水瓢抢过来替他往街心洒水，被巡警打了几拳，而且后来听说那个清道夫也被免了职。（老舍《老张的哲学》）

（17）"叫我老李，别先生先生的！"李子荣笑着说。他已经把货架子的一部分收拾干净了，也洗了脸，黄脸蛋上光润了许多。（老舍《二马》）

例（16）中，"把"后NP的定语"一个清道夫"是一个数量名结构，例（17）中，"把"后NP的中心语是一个数量名结构。

上述四类定中结构在陈述性"把"字句和祈使性"把"字句中的使用情况见表1。

表 1 "把"后 NP 不同类型定中结构的使用频率

类别	领属性定语+NP	同一性定语+NP	描写性定语+NP	限制性定语+NP
陈述性"把"字句	104/19.77%	8/1.52%	308（+20）/58.56%（+3.80%）	81（+5）/15.40%（+0.95%）
祈使性"把"字句	297/54.60%	18/3.31%	191/35.11%	38/7.00%

（注："/"之前的数字为用例数，之后的数字为所占比例，下同。表中括号内的数字分别代表同类型定中结构中无定成分出现的用例和所占比例。）

根据表 1 可知，陈述性"把"字句中的定中结构多为有定成分，但也存在少数无定成分，而祈使性"把"字句中的偏正结构均为有定成分。

1.2.4 数词（+量词）+名词

我们将"数词（+量词）+名词"（即数量短语做定语的情况）单独进行了考察。与光杆普通名词和定中结构一样，"数词（+量词）+名词"的有定性特征也相对模糊、灵活性较大。一般情况下，用于"把"字句中的"数词（+量词）+名词"都能在上下文中找到相关的背景信息，确定其具体所指，因而是有定的，祈使性"把"字句和大多数的陈述性"把"字句都属于此类。例如：

（18）小草受不了了，她掩面痛哭着，夺门而去。绍文追在她后面，……她一叠连声的说："真不好意思，冤枉她了！怎么办？怎么办？快把两个孩子找回来！我去厨房，给他们做豆沙锅饼吃！"（琼瑶《青青河边草》）

（19）他没有杀二狗的意思，但是怕二狗再苏醒过来，去控告他，他把两只手一齐捏在二狗的脖子上。（老舍《火葬》）

例（18）中，"两个孩子"指的是上文中的"小草"和"绍文"，因而是有定的；例（19）中，"把"后的数量名结构"两只手"与主语"他"存在领属关系，可以看作是"他的两只手"的省略形式，因而可以确定其有定性。

但是，陈述性"把"字句中的"数词（+量词）+名词"也有一些是无法确定所指的无定成分。例如：

（20）他听明白了，梦莲喜爱丁一山。把十根小棒锤放在磕膝上，腿上微动着，他听明白了她的话。（老舍《火葬》）

（21）"王德！过来劝！""不！我等打接应呢！"王德拿着一碗冷水，把几

粒仁丹往师母嘴里灌。(老舍《老张的哲学》)

例(20)、例(21)中的数量名结构,都不能在语境中找到相关的背景信息,无法确定其具体所指,是无定成分。

综上,有定性特征具有较大灵活性的NP,当它们出现在陈述性"把"字句中时,其有定性需根据具体语境确定,可能有定,也可能无定,而当它们出现在祈使性"把"字句中时,它们无一例外地均为有定成分。经考察,上述这些NP在陈述性"把"字句中可能会出现既无背景信息,又不被已知信息回指的情况,因此不具有"话题连续性(topic continuity)"[1],属于"偶现(incidental或trivial)新成分"[2][3],故这些NP宜认定为无定成分。

1.3 无定NP只现于陈述性"把"字句

"把"后NP的表现形式十分丰富,表2是我们对陈述性"把"字句和祈使性"把"字句中"把"后NP的表现形式和有定性特征的统计。

表2 "把"后NP的有定性特征

类别	人称代词(有定)	专有名词(有定)	这/那(+量词)+名词(有定)	疑问代词"什么"和"谁"		光杆普通名词		定中结构		数词(+量词)+名词		"一"(+量词)+名词(无定)	量词+名词(无定)
				有定	无定	有定	无定	有定	无定	有定	无定		
陈述性"把"字句	177/8.85%	185/9.25%	102/5.10%	2/0.10%	3/0.15%	914/45.70%	15/0.75%	501/25.05%	25/1.25%	61/3.05%	6/0.30%	8/0.40%	1/0.05%
祈使性"把"字句	381/19.05%	144/7.20%	215/10.75%	1/0.05%	—	706/35.30%	—	544/27.20%	—	9/0.45%	—	—	—

需要说明的是,我们将称谓词语和人名暂时归入了专有名词,因为它们在具

---

[1] 参见Givón, T. Introduction. In Givón (ed.), *Topic Continuity in Discourse: A Quantitative Cross-Language Study*. Amsterdam, Philadelphia: John Benjamins, 1983.

[2] 参见Chafe, W. *Discourse, Consciousness, and Time: The Flow and Displacement of Conscious Experience in Speaking and Writing*. Chicago: University of Chicago Press, 1994.

[3] 参见陶红印、张伯江《无定式把字句在近、现代汉语中的地位问题及其理论意义》,《中国语文》,2000年第5期。

体的语境中跟专有名词一样具有单一性，在"把"字句中都属于有定成分，将"名词+列举助词'什么的'"归入光杆普通名词，其中的名词指的是单项式指物名词，而"单项式+'什么的'则用于突显举例，意谓其他的次要事物就不一一指明了"①，即其功能主要是强调、突显结构中的名词性成分，而非列举。例如：

（22）他把花儿堆在墙角儿，浇上了两罐子水，然后到厨房把铁锹花铲全搬运出来。……种完了花，他把铁锹什么的都送回原地方去，就手儿拿了一筒水，浇了一个过儿。（老舍《二马》）

例（22）中，前文其实已经交代过相关信息，此处"铁锹什么的"主要的并不是用于列举，而是为了强调"铁锹"。因此，"名词+列举助词'什么的'"其有定性相当于一个光杆普通名词，需要依赖语境才能做判断。

根据表2可知，陈述性"把"字句中"把"后NP以有定成分为主，但无定成分亦可，而祈使性"把"字句中"把"后NP必须是有定的。这与二者的交际功能是密切相关的。使用陈述性"把"字句的目的主要是叙事，强调已然的处置结果，处置的动作一般不是由听话人执行的，因此，尽管陈述性"把"字句中的"把"后位置以有定NP占绝对优势，但它可以允准无定NP进入，而使用祈使性"把"字句的目的主要是施为，强调未然的处置目的，希望别人付诸行动，因而"对处置对象的有定性要求更高，处置对象必须是听说双方共知的特定事物，否则听话人会因对象不定而无法进行处置动作"②。因此，祈使性"把"字句中的"把"后NP只能是有定的，不能是无定的。这一方面证明了"把"后NP具有强烈的有定倾向，另一方面也进一步明确区分句子功能讨论"把"后NP有定性特征的必要性。

二、两类"把"字句中"把"后NP的其他微殊

事实上，陈述性"把"字句和祈使性"把"字句中"把"后NP除了在有定

---

① 参见张谊生《现代汉语列举助词探微》，《语言教学与研究》，2001年第6期。
② 参见储泽祥《事物首现与无定式把字句的存在理据》，《语言研究》，2010年第4期。

性上存在差异外，二者之间还存在其他一些细微的差异。

2.1 人称代词

首先，第三人称代词是陈述性"把"字句和祈使性"把"字句中的"把"后 NP 最为常见的人称代词。除此之外，陈述性"把"字句中"把"后 NP 为第一人称代词和第二人称代词的也较为常见，且各自的使用频率相对均衡，而祈使性"把"字句中除第三人称代词外，大部分为第一人称代词，其他类别的人称代词都较少使用。

其次，从反身代词"自己"的使用情况来看，其在陈述性"把"字句中的使用频率远远高于在祈使性"把"字句中的使用频率，且大部分回指第三人称代词，而祈使性"把"字句中"自己"的使用频率较低，且只回指第二人称代词。例如：

（23）可是，不大一会儿，他心中又平静起来，把自己从迷途上找回来。（老舍《不说谎的人》）

（24）倩云说："可是，你才二十四岁，难道就这样一辈子在钟家过下去？你还是个少女，你懂不懂？不必把自己弄得灰头土脸的！……"（琼瑶《聚散两依依》）

例（23）为陈述性"把"字句，反身代词"自己"回指第三人称代词"他"；例（24）为祈使性"把"字句，"自己"回指第二人称代词"你"。

人称代词的具体使用情况见表3（表格中括号内的数字是反身代词"自己"在"把"字句中的使用频率，我们已根据反身代词在语境中回指的人称代词将其归入相应的类别中）。

表3 "把"后人称代词的使用情况

类别	第一人称代词	第二人称代词	第三人称代词	人家	别人
陈述性"把"字句	20（+1）/10.99%（+0.55%）	12/6.59%	129（+19）/70.88%（+10.44%）	—	1/0.55%
祈使性"把"字句	91/23.88%	10（+7）/2.62%（+1.84%）	271/71.13%	2/0.53%	—

2.2 "的"字结构

用作名词的"的"字结构可归入光杆普通名词。[①] 陈述性"把"字句和祈使性"把"字句中的"把"后 NP 都可以是"的"字结构。这些"的"字结构都是有定成分，但仍存在细微差别：陈述性"把"字句中的"的"字结构既可指人，又可代物，而祈使性"把"字句中"的"字结构主要代物。例如：

（25）"好，咱们要菜，"武端说着把跑堂的叫过来，点了三四样菜……（老舍《赵子曰》）

（26）说着，我煞有介事地送上菜单："先生，准备好要点菜了？""把最好的都拿来！"菲力神气十足，活像个暴发户。"先生，最好的都卖完了。"（朱邦复《巴西狂欢节》）

例（25）为陈述性"把"字句，"的"字结构指"跑堂的人"；例（26）为祈使性"把"字句，"的"字结构指"最好的菜"。

"的"字结构在陈述性"把"字句和祈使性"把"字句中的具体使用情况见表4。

表4 "把"后"的"字结构的使用情况

类别	指人	代物
陈述性"把"字句	4/36.36%	7/63.64%
祈使性"把"字句	1/6.67%	14/93.33%

2.3 这/那+量词+名词

从形式上看，除了常用的基本式外，"这/那+量词+名词"在陈述性"把"字句中还多以扩展形式出现，在祈使性"把"字句中则多以省略形式出现，而省略式又以"这/那+量词"（如"这些""这个"等）或"这/那+名词"（如"这话""那钱"等）两类形式为常，同时还可单独使用指示代词"这/那"，或者使

[①] 参见陈平《释汉语中与名词性成分相关的四组概念》，《中国语文》，1987年第2期。

用省略指示代词"这/那"的形式，如例（3）中的"个酒馆子"。陈述句中的扩展式是在中心名词之前添加多音节的修饰成分对其进行限定，祈使句中的扩展式常是添加单音节形容词。例如：

（27）雄纠纠的大兵，枪上插着惯喝人血的刺刀，野兽似的把这座惨淡破碎的大学堂团团围住，好象只有他们这群东西敢立在那里！（老舍《赵子曰》）

（28）他停在一位高个中年人的跟前，吩咐道："喂，你把那杆新锄放外面一点！"（冯德英《迎春花》）

"这/那+量词+名词"在陈述性"把"字句和祈使性"把"字句中的具体使用情况见表5。

表5 "把"后"这/那+量+名"结构的使用情况

类别	基本式	扩展式	省略式
陈述性"把"字句	59/58.42%	32/31.68%	10/9.90%
祈使性"把"字句	115/53.49%	28/13.02%	72/33.49%

显然，陈述性"把"字句中"这/那+量词+名词"结构的句法形式总体来看要比祈使性"把"字句中的复杂。这也与陈述句、祈使句二者不同的交际功能和交互性有关。陈述性"把"字句是一种单向的叙事句，既可用于书面的非实时交互语体中，也可用于口头的实时交互语体中，其形式复杂与否并不会对交际的顺利进行产生太多的影响。祈使性"把"字句的功能是以言行事，需要别人付诸行动，多用于口头的实时交互语体中，因而其语言形式力求简单精练，否则可能会使听话人无法听清指令，从而影响交际的顺利进行。

三、余论

本文主要从"把"后NP的有定性特征入手，讨论了陈述性"把"字句和祈使性"把"字句之间的分野。陈述性"把"字句强调已然的处置结果，重在叙事，因此，尽管陈述性"把"字句中的"把"后位置以有定 NP 占绝对优势，但它可以允准无定 NP 进入，而祈使性"把"字句强调未然的处置目的，重在施为，因而祈使性"把"字句中的"把"后 NP 只能是有定 NP，不能是无定 NP。这一方面证明了"把"后 NP 具有强烈的有定倾向，另一方面也进一步明确分句类讨论"把"后 NP 有定性特征的必要性。除了有定性特征存在明显分野之外，本文还讨论了陈述性"把"字句和祈使性"把"字句中"把"后 NP 存在的其他一些细微区别。

此外，陈述性"把"字句和祈使性"把"字句在句子主语和语气成分等方面也存在明显的区别。从主语看，最明显、最主要的差异是：陈述性"把"字句的主语不限于指人 NP，而祈使性"把"字句的主语只能是指人 NP，且仅限于第一人称代词的复数形式"我们""咱（们）"、第二人称代词"你""您""你们"以及听话人的姓名。语气成分主要涉及语气副词和句末语气词两类，两类"把"字句在语气成分使用上的差异主要体现在两个方面：一是用频差异，语气成分在祈使性"把"字句中的用频远高于其在陈述性"把"字句中的用频；二是功能差异，突出表现在句末语气词的使用上。例如：

（29）"何必把你那令人惋惜处暴露得无余呢？"我真这样的又可怜起他来。（丁玲《莎菲女士的日记》）

（30）他没想到虎妞还有这么一招。把长脸往下一拉呢，自然这的确是个主意，可是祥子不是那样的人。（老舍《骆驼祥子》）

"呢"在祈使性"把"字句中表深究语气，与表反问的语气副词"何不""何必"等配合使用，具有加强反问语气的作用，而在陈述性"把"字句中"呢"不表深究，表确认语气。

陈述性"把"字句和祈使性"把"字句之间的分野，与陈述句、祈使句这两类句子的不同交际功能是息息相关的。"事实上，由于交际功能的不同，陈述句和祈使句在形式上的分野是非常明显的。"[①]陈述性"把"字句和祈使性"把"字句之间的分野只是其中的一部分。还有其他方面的形式差异值得进一步挖掘。比

---

① 参见齐沪扬、邵洪亮《交流性语言和非交流性语言》，《语言教学与研究》，2020年第3期。

如以下三组副词（含副词性短语）：

A 组：渐渐、丝毫、顿时、必定

B 组：慢点儿、千万、快点儿、必须/务必

C 组：慢慢、万万、马上/立刻、一定

A、B、C 三组之间的用法差别都可以从句子的交际功能（句类）的角度加以说明。其中，A 组"渐渐""丝毫""顿时""必定"等只能用于陈述句，B 组"慢点儿""千万""快点儿""必须/务必"等只能用于祈使句，C 组"慢慢""万万""马上/立刻""一定"等既可用于陈述句，又可用于祈使句。

又比如，我们一般将"V 出来 NP""V 出 NP 来""VNP 出来"这三组格式（不限于"出来"这个复合趋向补语）看作是同义格式。但事实上，"V 出来 NP"格式只能用于陈述句（他拿出来一张相片），不能用于祈使句（*你拿出来一张相片），而与之同义的"V 出 NP 来""VNP 出来"既可以用于陈述句（他拿出一张相片来/他拿了一张相片出来），也可以用于祈使句（你拿出一张相片来/你拿一张相片出来）。上述这些差别因论文篇幅所限不再一一展开，我们将另文详细讨论。

我们还可以从互动性的角度来看待陈述句与祈使句的差别。祈使句用于口头的实时交互语体，具有较强互动性，陈述句既可用于书面的非实时交互语体，也可用于口头的实时交互语体，其在不同语体中的互动性具有强弱之分。这为解释一些悬而未决的语言现象提供了一个新的视角。

参考文献

陈平（1987）释汉语中与名词性成分相关的四组概念，《中国语文》第 2 期。
储泽祥（2010）事物首现与无定式把字句的存在理据，《语言研究》第 4 期。
刘丹青（2002）汉语类指成分的语义属性和句法属性，《中国语文》第 5 期。
吕叔湘主编（2013）《现代汉语八百词》（增订本），北京：商务印书馆。
齐沪扬、邵洪亮（2020）交流性语言和非交流性语言，《语言教学与研究》第 3 期。
陶红印、张伯江（2000）无定式把字句在近、现代汉语中的地位问题及其理论意义，《中国语文》第 5 期。

袁毓林、刘彬（2017）疑问代词"谁"的虚指和否定意义的形成机制，《语言科学》第 2 期。

张伯江（2000）论"把"字句的句式语义，《语言研究》第 1 期。

张谊生（2001）现代汉语列举助词探微，《语言教学与研究》第 6 期。

张谊生（2005a）现代汉语"把＋个＋NP＋VC"句式探微，《汉语学报》第 3 期。

张谊生（2005b）近代汉语"把个"句研究，《语言研究》第 3 期。

朱庆祥（2018）互动视角下"把"字句宾语有定性类型研究，载方梅、曹秀玲主编《互动语言学与汉语研究》（第 2 辑），北京：社会科学文献出版社。

Givón, T. (1983) Introduction. In Givón (ed.), *Topic Continuity in Discourse: A Quantitative Cross-Language Study* (pp. 1-41). Amsterdam, Philadelphia: John Benjamins.

Chafe, W. (1994) *Discourse, Consciousness, and Time: The Flow and Displacement of Conscious Experience in Speaking and Writing*. Chicago: University of Chicago Press.

非意愿与"非 VP 不可"的认识情态表达*

彭利贞

摘 要：汉语高频出现的情态构式"非 VP 不可"可表达三种情态：动力情态［必欲］、道义情态［必要］和认识情态［必然］。要得到认识情态［必然］解释，需要特定的句法条件：（1）构式中的动词短语的静态情状；（2）动词是非自主动词而且又具有非意愿特征时；（3）当构式中的事件表现出消极的社会评价意义时；（4）"把"字句表现的处置意义为消极意义时；（5）当句子表现出被动、遭受等与意愿有矛盾的意义时；（6）当构式中的事件是现实事件，而人的意愿之力无法再对这类事件施加任何影响时；（7）当句子的主语具有无生特征而与意愿无关时。这些句法条件都可以从［+意愿］与［-意愿］的对立做出统一的解释：当"非 VP 不可"构式处于［-意愿］的句法环境时，该构式一般会得出认识情态［必然］的解释，否则，就可能得到根情态的解释。

关键词："非 VP 不可"；情态；构式；认识情态

○、引言

"非 VP 不可"是现代汉语使用频率很高的情态构式，它有丰富的表义功能。"非 VP 不可"是"非……不……"构式中的带有代表性的凝固构式，可以看作

---

* 本文原发表于《华文教学与研究》2020年第3期。

是"非……不……"的代表。

邵敬敏（1988b）、张谊生（1992）、朱志平（1995）、黄永健（1995）、董金明（2000）、程晓明（2001）、李卫中（2002）、杨玉玲（2002）等对情态构式"非VP不可"表达的意义进行了分析和归纳，并对这个构式表达的意义进行了分类。综合起来，对这一构式的认识主要有："非VP不可"格式用"非"否定"VP"，再用"不可"指出"没有这种动作、行为、事物是不行的或不可能的"；"非VP不可"常有"不是好的结果"等言外之意；"不可"脱落的用法已经渐趋普遍，这时"非"独自承担"必须"之类的意义；"非VP不可"是一种以双重否定表示强调的格式，强调的重点在"非"字后的第一个语言成分。

程晓明（2001）把"非VP不可"构式的意义归纳为下面几点：（1）事态发展将一定会这样；（2）表示客观情况逼迫，不得不如此；（3）表示完成某事所需的必要条件；（4）表示强烈的愿望或不可动摇的决心。

张谊生（1992）的归纳比较简明，我们可以把张文归纳的三种意义称为"必欲""必要""必然"。杨玉玲（2002）对张文归纳的这三种意义做了进一步的解释性阐述：（1）不可动摇的主观愿望，即强调主观要求的不可更改和主观决心的不可动摇；（2）必然发生的推测结果，即指推测结果不可避免，必然发生；（3）必不可少的客观要求，即指强调从道理上、情理上看，客观上必须这样做或者做某事必须有某人或某物才行。

王灿龙（2008）就"非VP不可"的表达视角区别出当事人视角（agent-oriented)和言者视角（speaker-oriented)，并进一步区分出三种语义，即"当事人意愿""言者意愿"和"言者推断"，可对应于张谊生（1992）、杨玉玲（2002）的［必欲］（主体意愿）、［必要］（言者发言的道义）和［必然］（言者的必然性推断）。王灿龙（2008）认为："凡是表示言者意愿的，一般都能用'一定''必须'等来改写；凡是表示言者推断的，一般都能用'肯定''会'等来改写；凡是表示当事人意愿的，一般都能用'一定要''愿意''坚持'等来改写。"

我们把"非VP不可"看作是一种凝固化的情态构式，而且它与多义情态动词（Palmer，1979、1986、2001；彭利贞，2007）一样，是一个多义的情态构式，它可以表达认识情态［必然］、道义情态［必要］和动力情态［意愿］，不过这种意愿是极度强烈的意愿，可以叫作［必欲］。

已有的文献关注这个构式表达的不同意义，但对表达不同意义时所出现的句法环境较少论及。虽然正如王灿龙（2008）所说，"视角"这种语用因素对"非VP不可"的表义有直接的影响，但是在语言系统内部，语言符号本身的一些特征还是能在一定程度上决定"非VP不可"的语义表达。

"非VP不可"在表达不同的情态意义时，对句法环境有特定的要求，"非VP不可"构式在表达动力情态和道义情态时，要求其中的动词或句子表达的事件带有"意愿"（［+意愿］）特征，而它表达认识情态时，则要求其中的动词或句子表达的事件具有"非意愿"（［-意愿］）特征。

我们拟考察"非VP不可"构式在表达认识情态时的特殊句法要求，给出"非VP不可"表达认识情态的句法条件，并从［+意愿］与［-意愿］的对立角度来解释这些句法条件。

一、情状的静态特征

在动词的情状分类（Vendler，1967；戴耀晶，1997）中，动态与静态是一对非常重要的概念。动态情状内部是异质的，静态情状内部是均质的。

具有静态情状的谓词表达的事件，因为事件的内部均质性，人们的意愿之力，一般对它无可奈何，或者说，具有静态情状特征的谓词表达的事件，人们也很难用意愿之力去改变它。表现在"非VP不可"情态构式的情态解释上则是当"非VP不可"中的主要谓词是静态谓词时，"非VP不可"一般会得出认识情态的解释。例如：

（1）广告专贴在公共厕所里，非糟不可。（老舍《开市大吉》）

（2）民主只能逐步地发展，不能搬用西方的那一套，要搬那一套，非乱不可。（《邓小平文选》第三卷）

（3）假使这个海是人海，诗人非耳聋头痛不可。（钱钟书《一个偏见》）

（4）他觉得高第这一声呼叫极有价值，否则他又非僵在那儿不可。（老舍《四世同堂》）

这些例句中，"非 VP 不可"中的谓词都是具有静态情状特征的动词或形容词，这些谓词都表达一个静态事件，"非 VP 不可"在这些句子中都表达对这些静态事件在将来的假设情境中必然出现的推断。

值得注意的是，具有静态情状特征的谓词在一定的句法环境中会获得动态意义，比如例（5）中的"破"本来是静态的，但是后跟宾语时，可作"使动"理解（彭利贞，1993、1995），这时，谓词"破"则带上了动态特征，并因此带上意愿特征，而"非 VP 不可"构式也就要做道义情态［必要］的解释，如例（5）a。

（5）a. 看来，非破堤不可。（汪曾祺《岁寒三友》）
　　　b. 看来，堤非破不可。

对比一下相应的例（5）b，可以看得更清楚。例（5）b 的"破"是静态的，所以在这个句子中，"非 VP 不可"仍然有认识情态［必然］的解释。

这种"自动"与"使动"上的对立，表现在意愿上，"自动"更容易出现无意愿的情形，而"使动"则一般表现为有意愿。在谓词表现为无意愿的情况下，"非 VP 不可"就会有［必然］的解释。

二、动词的非自主特征

2.1 ［自主］与［意愿］

动词的［＋自主］与［－自主］是一对重要的语义特征。马庆株（1988）曾讨论过自主动词与非自主动词出现在助动词之后时对助动词的选择问题。马庆株（1988）认为，出现在"肯""值得"之后的是自主动词，非自主动词不能出现在"肯""值得"之后。该文还认为，自主动词和非自主动词出现在"可以、会、能"之后时，这几个助动词的意思会受后面的动词的影响，后面的动词是自主动词时，前面的"可以、会、能"既可以表示有可能，又可以表示有能力，而后面的动词是非自主动词时，这些助动词就只表示可能。除了"可以"这一根情态（root modality）（Coates，1983）动词外，马庆株（1988）的分析是完全正确的。

非自主动词不能出现在"肯"之后，原因在于"肯"表达的动力情态［意愿］与非自主动词的［-自主］语义成分在语义结构上出现了矛盾，即"肯"是［+意愿］的，而非自主动词却是［-意愿］的。

"会、能"之后跟非自主动词，"会、能"解释为认识情态［可能］，是因为"会、能"解释为动力情态［能力］、道义情态［义务］［许可］时，也要求其后的动词能接受主体的［意愿］，非自主动词表现为［-意愿］，也存在概念结构上的矛盾。

"可以"并不能表达与"会、能"一样的表示主观推断或推测的"可能"性。马庆株（1988）的举例中，"可以"在"可以忘"中应该解释为道义情态［许可］，在"可以懂""可以考上"中应该解释为［能力］，说的是有某种客观的［条件］"懂"和"考上"。"可以病死"这种组合的合法性可疑，即使存在，"可以"也只能解释为［许可］，与"可以忘"一样，一般多以否定形式"不可以病死""不可以忘"出现。马庆株（1988）的举例显示，典型的非自主动词"塌"可以与"会"组合，但不能与"能"和"可以"组合。看起来"能"与"可以"的表现一样，其实不然。"能"在满足语气条件（比如疑问语气）的情况下，是可以有"能塌吗？"这种组合的，而"可以"不管在何种情形之下，很难出现"可以塌"这种组合。

也就是说，从"可以"与非自主动词组合的实际来看，非自主动词有时候也可以让与之组合的情态动词得出非认识情态，如马庆株（1988）的"考上"：

能考上　　　应该考上　　　要考上　　　得（děi）考上
必须考上　　可以考上
想考上

这些组合表明，非自主的"考上"与多义情态动词同现，"能"表示［能力］，"应该"表示［义务］，"要"表示［必要］，"得（děi）"表示［必要］，都是非认识情态。"考上"与"必须""可以"的组合表明，这个非自主动词还可以与只表根情态的情态动词同现。出现这种组合是因为"考上"可以与表示主动［意愿］

的"想"同现,也就是说,"考上"虽然具有[-自主]的特征,但也有[+意愿]的语义特征。正是"考上"的这种[+意愿]特征,使得它与情态动词组合时,情态动词可以表达非认识情态意义。

在解释动词的自主性特征对情态表达式的情态表达的影响时,意愿性比自主性更具有权重。或者说,意愿性高于自主性。换句话说,有[+自主]特征的动词,蕴含了[+意愿],但具有[+意愿]特征的动词或动词短语,却不一定非有[+自主]特征不可,因为[-自主]动词也可以是[+意愿]的。比如,"考上"和"考砸"都是非自主的,但前者是[+意愿]的,后者是[-意愿]的,在与情态成分结合时,情态成分的情态解释就呈现另一种局面。

能考砸(吗)　　?应该考砸　　要考砸　　得(děi)考砸
*必须考砸　　?可以考砸
*想考砸

在出现的与多义情态动词的组合中,多义情态动词解释为认识情态,一般不与只表根情态的情态动词同现。在一般的情境中,不存在"想考砸"的组合,证明"考砸"与[+意愿]相斥,也就是说,非自主动词短语是[-意愿]的。"考上"与"考砸"在"非VP不可"中让该情态构式得出的情态解释与前面的分析具有平行性。

"非考上不可"一般解释为道义情态[必要],有时也可以解释为认识情态[必然]。"非考砸不可"一般解释为认识情态[必然]。

所以,下面的分析不但要考虑动词成分的[自主]特征对"非VP不可"情态解释的影响,还得考虑动词性成分的[意愿]特征。出现在"非VP不可"中的非自主动词或动词短语可以分成如下几个小类来说明。

2.2 非自主隐现动词或动词短语

有些非自主动词表示某种现象的出现或消失。例如:

(6)这小妖精一来,非出事不可。(谌容《献上一束夜来香》)

(7)两人推推搡搡地抢起左轮枪来,要不是小陈发现得及时并不由分说缴了他们的械,那天晚上非出人命不可。(都梁《亮剑》)

（8）再说性别差异有一千个、一万个存在、绵延的理由，却找不到一个、半个让它"消失"的根据，为什么下个世纪它非要"消失"不可呢?（《人民日报》）

例（6）～（8）中，"非VP不可"构式中的VP或表示"出现"，或表示"消失"，具有非自主特征，句子中的情态构式"非VP不可"表达认识情态［**必然**］。

2.3 非自主变化动词

有些动词或动词短语表示变化，这种变化是非自主的。例如：

（9）幸亏田雨当时在家，她用水浇灭了火，不然非酿成火灾不可。（都梁《亮剑》）

（10）所以说，我说再弄下去我非成精神病不可。（王朔《玩儿的就是心跳》）

（11）我看小刘你危险啊，你非变成资产阶级不可！"（刘林《瞎老胡》）

例（9）～（11）中，"非VP不可"构式中的"成、变成"是非自主的变化动词，句子中的"非VP不可"构式也都表达认识情态［**必然**］。

2.4 非自主行为动词

有些行为是非自主的，用非自主行为动词。例如：

（12）你不知道，今年要是鸦雀无声的过去，他老人家非病一场不可！（老舍《四世同堂》）

（13）叫妹妹看见，她非生气不可。（老舍《小坡的生日》）

（14）往前迈一大步，那支高而碍事的鼻子非碰在老太太的小汗伞上不可。（老舍《二马》）

（15）杨妈深知这一层，如若午睡起床不喝"醒茶"，金老爷子非犯半天儿糊涂不可。（陈建功《皇城根》）

（16）我把各国使节全杀了，晋国非闹外交危机不可，到时候你们哭都来不及。（冯向光《三晋春秋》）

例（12）～（16）中，"非VP不可"构式中的动词或动词短语都表示一种非自主的动作、行为或状态，"得（病）、发疯、后悔、乱撞、闹肚子、闹外交危机、生气、摔跟斗"等词语也是这样。因为这些动词的非自主特征，这些"非VP不可"构式都得到了认识情态［必然］的解读。

2.5 非自主结果动词

有些非自主动词，还具有［结果］的情状特征，即这些动词表示的状态一出现，就表现为某种结果。"非VP不可"中出现这种典型的非自主动词时，这个情态构式也一般会呈现为认识情态［必然］。例如：

（17）工厂再这样办下去非垮不可！（刘春昭《我的故事》）

（18）作家找作家，非崩不可。（王扶《中彩》）

（19）可是，要是唱的人没有这一门嘴皮子上的功夫，那就八成儿非砸不可。（老舍《鼓书艺人》）

（20）买件衣服，扣子都得重新钉，否则非得掉不可。（《人民日报》）

（21）她去了非死不可！（老舍《二马》）

（22）你不当书记大赵庄非乱套不可。（蒋子龙《燕赵悲歌》）

这类结果动词我们还找到"败、迟到、垮、垮台、漏底、失败、塌、完蛋"等。以上分析表明，无［意愿］特征的非自主动词进入"非VP不可"构式时，会使该情态构式得出认识情态［必然］意义。

三、消极事件

有些事件在一般的语境中具有［负向］或者［－积极］义，即在一般的社会环境中、语言的使用也没有调侃之类的特殊目的时，它们被认为是不好的，是应该尽量避免的。这类事件，从人们的意愿上说，自然与意愿在概念结构上存在矛盾。也就是说，这类事件都可以认为具有［－意愿］特征。当"非VP不可"中出现这类事件时，这个情态构式一般取认识情态［必然］的解释。例如：

（23）要是潜伏哨兵手里有枝可以连发射击的冲锋枪，那特工队非吃大亏不可。（都梁《亮剑》）

（24）决不能按照书里讲的操作，否则，非赔钱不可。(《人民日报》)

（25）连赔偿带手续费，他非破产不可！(老舍《二马》)

（26）现在到农村去，谁要是凭衣帽断定人家的身份，非上当不可。(蒋子龙《燕赵悲歌》)

例（23）～（26）中，"吃亏、赔钱、破产、上当"等动词表达的事件，都是人们在一般的语境不想出现、尽可能避免发生的。很显然，人们不会有意去促成这些事件的发生，即这些动词都可以认为具有［-意愿］特征。所以，在一般的情况下，当"非VP不可"中的动词或动词短语表达的事件具有［-积极］或［负向］义时，这个情态构式一般都会得到认识情态的解释。

其实，前文讨论的"非VP不可"中的非自主动词，很多也可以纳入［+负向］或［-积极］这个语义范畴中。下面是我们在语料中找到的一些这类VP：

板半天脸、暴跳如雷、打起来、斗、堵塞交通、犯错误、搞独裁、进精神病院、骂大街、骂人、抹脖子、闹、闹大（事情）、闹事、弄错、拍着桌子骂、判死刑、破财、屈才、去杀人放火、杀你的头、上吊、生我的气、失眠、捅死几个人、泻肚子、心脏停搏、张冠李戴、找你算账、抓瞎、走过场、自杀

这些动词或动词短语表达的事件都是消极的，也是一般人无意为之的，而这些动词或动词短语进入"非VP不可"构式时，该构式也都会有认识情态［必然］的解释。

四、"把"字句

"把"字句的核心意义是"处置"，具有典型的动态特征。"把"字句因为要对"把"的宾语进行"处置"，所以典型的"把"字句的动词一般都具有［自主］特征。但是，处置的结果对一般的人们来说可能是积极的，也可能是消极的。当处置的结果具有积极意义时，"非VP不可"构式做道义情态或动力情态的解释；反之，当处置的结果具有消极意义时，"非VP不可"构式则会有认识情态意义。"非把车修好"一般是［必欲］或［必要］，而"非把车修坏"则一般是［必然］。

下面是一些处置结果意义呈现 [－积极] 或 [负向] 意义的"把"字构式在"非 VP 不可"构式中的例子：

（27）他不礼貌，你也来个毫不客气，这样，非把矛盾激化不可。（李春波《劝导说服的艺术》）

（28）它只会咬，不会放，非把你的手指咬断不可。（高建群《大顺店》）

（29）这一枪要是戳中了，非把父亲戳个透心凉不可。（高建群《大顺店》）

（30）幸亏没穿鞋，不然非把鞋底跑个大窟窿不可！（老舍《小坡的生日》）

（31）只有等着星星出来才敢往回游，要是天气变坏，就得在石头上过一夜，非把我冷出病来不可！（王小波《绿毛水怪》）

"把矛盾激化、把你的手指咬断、把父亲戳个透心凉、把鞋底跑出个大窟窿、把我冷出病来"等，都是处置的结果不合人们的意愿，这些句子中的"非 VP 不可"都解释为认识情态 [必然]。下面是其他的一些能够出现在"非 VP 不可"中且 VP 为处置结果不如意的"把"字构式：

把灰灰拉死、把会闹散、把老本赔光、把你造成艾滋病、把事办砸、把他乐死、把他压"黄"、把胃吐出来、把我推入沟壑、把药柜子翻个个儿

处置的结果不如意，有时候与说话人的视角有关。比如，在下面的句子中，"敌人杀我们"，"把"字构式的处置结果自然是具有负向的，从而也是非意愿的，"非 VP 不可"有 [必然] 义，如例（32）a。但是，换一个视角，"我们杀敌人"，"非 VP 不可"情态解释就不会有 [必然] 义，而会取 [必要] 或 [必欲] 义，即例（32）b。

（32）a. 我想起小蝎的话："敌人非把我们杀尽不可！"（老舍《猫城记》）

　　　b. 我想起小蝎的话："我们非把敌人杀尽不可！"

处置结果的如意与否，跟句子中说话人的视角有密切的关系。

五、被动

从主语跟"非 VP 不可"中的谓词的语义关系来说，在主语为受事时，主语

与动词处于被动的关系之中。这种关系，有时在句法表层上表现为被动句，可以找到被动词句的典型标记"被、叫、让、给"等；有时谓词短语有[遭受]的语义特征，其中包含有动词"挨、遭、受"等，从这些动词或谓词性语素中也可以识别"被动"义；有时这种"被动"义在句法表层上无法识别，但从主语的受事角色可以看出这种"被动"意义。

主语处于被动地位，对事件无法施以控制之力，也无从对事件施加意愿之力，也是一种[-意愿]，即主体无意愿实施这种事件。一般认为，现代汉语典型的被动句都有让主语受损的隐含意义，而这种隐含意义与此处所谓的[-意愿]在概念结构上是吻合的，即让自己受损的事件，一般的人当然无意愿去施行。

5.1 被动句

有些句子的"被动"是由典型的被动句表现出来的。例如：

（33）她的功课，已经越来越跟不上了，她知道这样下去，她非得被淘汰不可。（百合《哭泣的色彩》）

（34）那小子回身抄起一根大木棒就来劈我，吓得我拼命往外跑，他还紧追不放，要不是把门的老罗头过来拦着，我非给他劈死不可呀。（徐坤《白话》）

（35）又一看老方的神气：哼，不跟着他上古洞，今儿个晚上非叫他给解剖了不可！（老舍《旅行》）

（36）我们的好事非让您弄坏不可。（邹志安《哦，小公马》）

例（33）～（36）都是句法形式上可以得到识别的被动句，被动标记介词"被、给、叫、让"或者引出了施事，或者施事隐去。这里的"非VP不可"构式表示句子的"受事必然被施行某种行为""受事主语必然有某种不好的遭遇"的意义，它表达的情态是认识情态[必然]。下面是一些别的用例：

非被小舅摔散了架不可、非给噎住不可、非叫敌人兜着脖子打倒不可、非叫小娟给蹬了不可、非得让日本人给灌醉了不可、我家非全给弄死不可

5.2 被动意义的动词短语

有时候，句子的被动意义不是由典型的被动句表现出来，但可以从"非VP

不可"构式中动词的语义成分上看出其中的被动意义。例如：

（37）厂长，算了吧，你这话要是让工人听了，非得挨揍不可。（谈歌《大厂》）

（38）这人真缺德，日后非遭报应不可。（搜狐微博）

（39）假若钱少爷和日本人冲突，那就非也被捕不可。（老舍《四世同堂》）

例（37）～（39）中，"挨、遭、被"等成分有被动意义的标记作用。这些句子中的"非VP不可"构式也都表示句子的主语［必然］会有某种被动的遭遇。

5.3 意念被动句

有的句子的被动意义从句法或词汇的形式上无法得到识别，但分析句子的语义结构，可以知道这些句子都是语义上的受事主语句，也就是说，这些句子都是意念上的被动句。例如：

（40）现在当然不能去见金老爷子啦，这副模样，非骂出来不可，没准儿还得挨他两拐杖呢。（陈建功《皇城根》）

（41）我告诉你，假若他们老占据着这座城，慢慢的那些短腿的医生会成群的往咱们这里灌，我就非饿死不可！（老舍《四世同堂》）

（42）他要知道这表只花了他不到二十块，非气出病来不可。（季宇《县长朱四与高田事件》）

（43）不行，你这样非冻出病不可。（高昫《七个大学生》）

（44）光有路条也不行，还得有老婆和孩子，若是我一个人非扣住不可。（张正隆《雪白血红》）

例（40）～（44）都是意念上的被动句。动作和行为的发出，不是出于主语自身的意愿动力，而是由于某种外力的强迫。这些句子被动意义的存在，可以通过添加表示被动的介词得到证明。

下面的句子也是意念被动句，虽然并不一定能补出被动标记：

（45）我的老命非断送在她的手里不可！（老舍《火葬》）

总之，不管是何种形式表达的被动意义，都使"非VP不可"构式表达认识情态［必然］意义。其原因主要是，被动意义与［意愿］在概念结构上是一对矛盾体。从被动意义推导出来的［-意愿］，是导致"非VP不可"构式得到认识情态［必然］意义解释的内在原因。

5.4 遭受义构式

下面的句子虽然不是被动句，但是"V你（量NP）"构式却有让"你"遭受某种不幸的语用意义，因为这种构式表达的其实是一种"威胁"。所以，如果"非VP不可"中出现这类构式，"非VP不可"也会得到认识情态［必然］的解释。例如：

（46）谁要是和他打交道，非粘你一层皮不可！（张植信《道德书简》）

（47）讲不出理，那就算是犯到他手里了，非撸你个茄子皮色不可。（张正隆《雪白血红》）

（48）他的拳头松开了，胳膊放下了，哼了一声说："不看我爸爸的面子，非揍你一顿不可！"（浩然《弯弯的月亮》）

（49）办案人员也有逆反心理，说情的人越多越说明你有问题，非查你狗日的不可。（张欣《婚姻相对论》）

例（46）～（49）中，"非VP不可"构式中的动词应该说都是有［意愿］的。但是这个意愿与说话人和听话人无关，而来自第三方，对说话人，特别是对听话人来说，这种事件是被第三方意愿强迫的结果。对说话的双方，特别是听话人"你"来说，是被迫遭受的反意愿事件，这也是这种构式具有"威胁"的语用意义的原因。

六、现实事件

"非VP不可"中的VP为动词短语时，动词短语有时可带上时体标记。

我们发现，"了"可出现在这种动词短语中，与跟情态动词同现时的情形（彭利贞，2007）一样，出现在此处的"了"有两种情形，一种是标记现实体的"了$_1$"（戴耀晶，1997），一种是标记动作结果的"了$_3$"（马希文，1983）。而这两种"了"与"非VP不可"的情态解释大致也有相应的对应:"了₁"时,"非VP不可"得到[必然]的认识情态解释;"了₃"时,"非VP不可"则会得到[必欲]的动词情态或[必要]的道义情态解释。

"非VP不可"中的VP出现"了₁"时,因为"了₁"标记了一个现实事件,人们无法再改变这种事件,意愿之力对这类事件不能再施加影响。这时,"非VP不可"得到认识情态[必然]的解释,说话人认为动词结构表达的现实事件具有发生的必然性。

值得注意的是,这种"非VP不可"中的动词短语表达的事件,虽然以"了"标定为现实事件,但在现实世界中并未真正发生。从这种角度看,"非VP不可"表达认识情态[必然]时,带有反事实(counterfactual)的性质。因为这类心理空间的现实事件与现实世界没有必然的对应,所以,表现在时间指向上,这类现实事件可以指向绝对时的将来,也可以指向非将来,还可能是泛时的。下列句子中"非VP不可"构式中的现实事件的时间指向将来:

(50)你这一穿中国衣裳,唱中国曲,她非喜欢坏了不可!(老舍《二马》)

(51)张大哥要是一盘问我,我非说了不可,非说了不可!(老舍《离婚》)

(52)失去伪装,这个世界非乱了不可。(刘恒《白涡》)

(53)这样下去非成了书呆子不可。(鲁健骥主编《初级汉语课本》)

(54)再喝,非醉了不可。(卢晓逸等编《初级口语》)

(55)再这样"一等战备"下去我精神非得垮了不可。(张欣《梧桐梧桐》)

例(50)~(55)中,"非VP不可"的VP表示的事件,从时间指向看,指向的是将来,也就是说,以说话时间为参照,在说话时间之前,事件没有成为现实。说话人通过假设,推断在某种假设的条件下,某事件在将来时间中[必然]发生。

下列句子中"非VP不可"构式中事件的时间指向可以看成是非将来,即在说话时间或说话时间之前,事件已经成为现实:

(56)那个时候你要有了马列主义,我刘伯承就该倒霉了,非捉了俘虏不可。(权延赤《领袖泪》)

(57)她特意沏的马先生给的茶叶,要不是看着这点茶叶上面,她非炸了不可。(老舍《二马》)

（58）我要是不带走他，他也没命了，非给打烂了不可。（冯骥才《一百个人的十年》）

（59）换了旁的县官，非打断了你的双腿不可。（张健声等《评书聊斋志异》）

从语境因素可以知道，例（56）～（59）说的都是发生在过去的事件。说话人是在对过去的事件进行回想。实际上，"非VP不可"中VP所表达的事件在现实世界中并未真正发生，说话人是在假定的与过去相反的条件下推断。在这种假定的条件下，某事件的发生具有[必然]性。从这种角度上看，这些句子也都具有反事实的性质。

还有一种情形是，与时间没有直接的关系。说话人认为在某种假设的条件下，不管在哪种场合，"非VP不可"中VP所表达的事件都必然发生。从时间指向的角度考虑，这些事件则是泛时的，带有一种习惯事件的性质。例如：

（60）火候不到便揭锅，非把饭做夹生了不可。（李春波《劝导说服的艺术》）

彭利贞（2007）认为，"了"不同变体与多义情态动词同现，会要求与表达某种特定情态的情态成分与之同现。比如：现实体"了$_1$"要求与表达认识情态的情态成分同现；"了$_2$"与情态成分同现时，指向情态，表示情态的出现或变化，"了$_2$"与多义情态动词同现时，有一种强烈的倾向，即它要求与之同现的情态动词表达根情态；"了$_3$"附加在动词之后，起着表示动作结果的作用，"V了$_3$"相当于一个动结式，"了$_3$"不与"了$_1$"或"了$_2$"交叉重合时，要求与之同现的情态成分表达根情态。在这一点上，"了"的变体对情态构式"非VP不可"的情态解释的影响和对多义情态动词情态解释的影响是一致的。

前文例句中的"了"都是标记现实体的"了$_1$"，而这些"非VP不可"构式都表达认识情态[必然]，下面的"非VP不可"构式中的"了"都是表示结果补语意义的"了$_3$"，而这些情态构式"非VP不可"一般都得到动力情态[意愿]（[必欲]）的解释。

下列句子中的"非VP不可"构式表达动力情态绝对[意愿]，即[必欲]：

（61）你还撕，等你半夜睡着了，我非给你倒了不可。（曹乃谦《铜瓢铁瓢瓮上挂》）

（62）不，我非吃了不可，我得回家睡觉去。（曹禺《日出》）

（63）他想着她，同时恨自己，着急而又后悔："非忘了她不可！"（老舍《二马》）

（64）他没想到他父亲就那么软弱，没胆气，非要把铺子卖了不可！（老舍《二马》）

例（61）～（64）中，"非 VP 不可"构式中的动词"倒、吃、忘、卖"都有所谓的[取除义]（邵敬敏，1988a；袁毓林，1993），附加在其后的"了"都是"了₃"，表示动作的结果。而这些"非 VP 不可"构式都表达动力情态意义[必欲]。

下面两句中"非 VP 不可"构式中的"了"虽然是"了₃"，但与"了₁"的体意义有重合之处，所以，这两例中的"非 VP 不可"构式也会有认识情态[必然]的解释。

（65）要不是看在那一大帮土匪的面子上，我刚才非毙了你不可。（刘林《瞎老胡》）

（66）拜托，她那个性子，非剪了我不可。（张欣《掘金时代》）

七、主语的无生特征

"非 VP 不可"构式的主语如果具有[－有生]特征，该情态构式也可能获得认识情态的解释。例如：

（67）可以预料，它非分裂不可。（《人民日报》）

（68）那是，芽儿既已长出，花是非开不可了。（老舍《创造病》）

（69）近几年苹果越来越多，不创造条件均衡上市，苹果非烂在果农手中不可。（《人民日报》）

（70）下午非下雨不可。（李德津、李更新主编《现代汉语教程》）

例（67）～（70）的主语都具有[－有生]的语义特征。无生命的事物，一般认为与意志、意愿等有生命体所具有的特征无关。也就是说，这些句子由于其主语的无生命特征，句子中的"非 VP 不可"构式获得了[必然]的解释。

八、小结

本文讨论了情态构式"非 VP 不可"表达认识情态的句法环境，并以［＋意愿］与［－意愿］的对立对这些句法环境做了统一解释：当"非 VP 不可"构式处于［－意愿］的句法环境时，该构式一般会得出认识情态［必然］的解释，否则，就可能得到根情态的解释。

"非 VP 不可"构式在下列条件下一般表达认识情态［必然］：当构式中的动词具有静态的情状特征时；当构式中的动词是非自主动词而且又具有非意愿特征时；当构式中的事件表现出消极的社会评价意义时；当"把"字句表现的处置意义为消极意义时；当句子表现出被动、遭受等与意愿有矛盾的意义时；当构式中的事件是现实事件，而人的意愿之力无法再对这类事件施加任何影响时；当句子的主语具有无生特征而与意愿无关时。

这些句法条件的关键还在于，当"非 VP 不可"构式中的事件表现出无意愿或非意愿特征时，该构式就会表达认识情态［必然］。

参考文献

程晓明（2001）关于"非……不可"，《语文建设》第 1 期。
戴耀晶（1997）《现代汉语时体系统研究》，杭州：浙江教育出版社。
董金明（2000）"非……不（可）……"句式小议，《中学语文教学参考》第 6 期。
黄永健（1995）"非……不……"句式初探，《深圳大学学报》（人文社会科学版）第 3 期。
李卫中（2002）析"非 A 不 B"固定格式，《黄冈师范学院学报》第 5 期。
马庆株（1988）自主动词和非自主动词，载《中国语言学报》编委会编《中国语言学报》（第 3 期），北京：商务印书馆。
马希文（1983）关于动词"了"的弱化形式 /·lou/，载《中国语言学报》编委会编《中国语言学报》（第 1 期），北京：商务印书馆。
彭利贞（1993）论使宾动词，《杭州大学学报》（哲学社会科学版）第 2 期。
彭利贞（1995）说使宾动词句的相关句式，《杭州大学学报》（哲学社会科学版）第 1 期。
彭利贞（2007）《现代汉语情态研究》，北京：中国社会科学出版社。
邵敬敏（1988a）形式与意义四论，载中国语文杂志社编《语法研究和探索》（四），北京：北京大学出版社。

邵敬敏（1988b）"非 X 不 Y"及其变式,《中国语文天地》第 1 期。

王灿龙（2008）"非 VP 不可"句式中"不可"的隐现：兼谈"非"的虚化,《中国语文》第 2 期。

杨玉玲（2002）"非 × 不可"句式的语义类型及其语用教学,《汉语学习》第 1 期。

袁毓林（1993）《现代汉语祈使句研究》,北京：北京大学出版社。

张谊生（1992）"非 x 不 y"及其相关句式,《徐州师范学院学报》（哲学社会科学版）第 2 期。

朱志平（1995）非……不可,《学汉语》第 4 期。

Coates, J. (1983) *The Semantics of the Modal Auxiliaries.* London & Canberra: Croom Helm.

Palmer, F. (1979) *Modality and the English Modals.* New York: Longman.

Palmer, F. (1986) *Mood and Modality* (1st ed.). Cambridge: Cambridge University Press.

Palmer, F. (2001) *Mood and Modality* (2nd ed., Cambridge Textbooks in Linguistics). Cambridge: Cambridge University Press.

Vendler, Z. (1967) *Linguistic and Philosophy.* Ithaca: Cornell University Press.

揣测实义词"可能/或许"的句法配置及语义解释*

唐依力

摘　要：揣测（或"猜测"）属于一种主观认知情态范畴，在人类语言中大量存在。作为现代汉语揣测范畴中最为典型的两个实义词，"可能"和"或许"有着不同的句法分布位置，语义上也呈现出各自的特征。"可能""或许"与不同类动词组合造成结构能否自足的原因与动作动词和状态动词的小类有关；在疑问句和对推测的否定句中，"可能"可以名物化，"或许"不可以；"可能"具有程度等级特征，"或许"无程度等级特征；只有数量结构或有数序列特征的名词才能直接与"可能""或许"组合。

关键词：揣测；可能；或许；句法配置；语义解释

〇、引言

揣测（或"猜测"）属于一种主观认知情态范畴，在人类语言中大量存在。每种语言都有数量不等的词汇形式甚至某些语法形态表达这一范畴。汉语普通话主要通过实义词汇形式和虚义语气词来表达。实义词汇形式如：好像、大概、可

---

* 本文原发表于《新疆大学学报》（哲学·人文社会科学版）2022年第2期。

能、或许、也许、恐怕、估计、貌似、大约、大致、差不多、应该、约莫、估计、没准、搞不好、仿佛、估量、兴许等。虚义语气词主要是"吧"。

学界对表揣测的实义词的研究主要有以下几个角度：一是对该类词句法、语义、语用上的整体分析。盛丽春考察了表揣测的"大概""也许"和"恐怕"在语义、语用方面的异同。① 王爱华对"大概""也许"在语法化、语义、句法及语用等方面的异同进行了较为全面的探讨。② 二是对该类词来源的探讨。朱冠明认为现代汉语的情态动词"可能"，表示说话人主观的判断与推测，是知识情态类情态动词。现代汉语的"可能"来源于唐五代至宋代开始出现的疑问副词"可"与"能"的连用结构。③ 胡静书认为现代汉语中表示推测的副词"可能"并非来自汉语史上的"可能"，而是在清末时期由留日学者从日译西方文献中引进汉语的外来词。④ 三是该类词词汇化和语法化的研究。董秀芳对"可能""恐怕"等的词汇化过程进行了梳理。⑤ 罗耀华、李向农专门考察了"或许"一词，认为"或"和"许"先各自完成语法化，借助词汇双音化，以副词连用方式，"或许"演变为表揣测的双音节副词，并且进一步语法化，由副词演变为连词。⑥ 四是该类词的主观性与主观化的分析。罗耀华、刘云讨论了现代汉语中17个包括"大概""或许"在内的揣测类语气副词，认为这些揣测类语气副词以其灵活的视角，表达主观情感和认知情态来凸显主观性，并且通过命题功能向言谈功能的转变、客观意义向主观意义的转变等手段实现主观化。⑦

但是，这些实义词内部成员之间在表义功能和句法分布上存在诸多差异。这些差异背后，是否有更深层的语义限制呢？已有的研究成果并未解决这个问题。我们觉得有必要对其进行细致的描写和刻画，展现其句法和功能上的分布特征。

金立鑫曾指出："语言学中对语言现象的描写，其目的是试图将语言现象背

---

① 参见盛丽春《"大概"、"也许"和"恐怕"的语义、语用分析》，《汉语学习》，2008年第1期。
② 参见王爱华《副词"大概"、"也许"的比较研究》，武汉：华中师范大学硕士学位论文，2012年。
③ 参见朱冠明《情态动词"该"的来源：附论"可能"》，载浙江大学汉语史研究中心编《汉语史学报》（第6辑），上海：上海教育出版社，2006年。
④ 参见胡静书《推测副词"可能"的来源》，《语言研究》，2014年第3期。
⑤ 参见董秀芳《词汇化：汉语双音词的衍生和发展》（修订本），北京：商务印书馆，2011年。
⑥ 参见罗耀华、李向农《揣测副词"或许"的词汇化与语法化》，《古汉语研究》，2015年第3期。
⑦ 参见罗耀华、刘云《揣测类语气副词主观性与主观化》，《语言研究》，2008年第3期。

后的潜在规则显示出来,而显示这些规则的途径是通过剔除无关因素保留相关因素后对语言现象的分类性排列得到的。"①本文采用这一方法,选取了揣测范畴中最为典型的两个实义词"可能"和"或许"进行描写,将"可能"和"或许"置于不同的句法分布位置进行考察,揭示这两个词的分布特征,抽象二者句法分布的规则,然后在此基础上尝试进行理论解释。

一、可能／或许＋谓词

普通话表达情态范畴的手段中,实义词汇形式主要分布在句子核心谓语成分之前,语气词分布在句末,但根据王珏的观点,句末语气词本身也存在内外层级序列。②本小节描写"可能"和"或许"在核心谓语成分之前的分布特征。普通话中句子的核心谓语主要由动词和形容词充当。因此,本小节的描写也主要针对动词和形容词之前的句法位置。

1.1 可能／或许＋动词

金立鑫、杜家俊曾指出,语言分析中需要使用"最简结构","因为最简结构最'干净',没有其他成分的干扰,最容易观察到'起作用的因素',因此也最容易抽象出观察对象的本质特征"。③据此,我们将"可能"与自主不及物动词、非自主不及物动词或状态动词、及物动作动词和动结式及物动词进行组合,得到以下四类结构:

(1) a. 张三可能／或许来(了)。④
　　b. 张三可能／或许走(了)。

---

① 参见金立鑫《语言研究方法导论》,上海:上海外语教育出版社,2007年。
② 参见王珏《语气词句末选用式及其系统研究》,《当代修辞学》,2017年第4期。
③ 金立鑫、杜家俊提出的"最简结构"有两类:A.由观察对象为必要成分构成的最小且自足的结构;B.将A所定义的"最简结构"中原有的观察对象删除后得到的结构。二者的差别一般体现观察对象的功能和意义。如果B不合法,则A为原始最简结构。参见金立鑫、杜家俊《"就"与"才"主观量对比研究》,《语言科学》,2014年第2期。
④ 本文语料如未特别注明出处,均为自拟且经过多人验证。

（2）a. 张三可能/或许死*（了）。

　　b. 张三可能/或许睡*（了）。

（3）a. 张三可能/或许打（了）。

　　b. 张三可能/或许写（了）。

（4）a. 张三可能/或许打死*（了）。

　　b. 张三可能/或许写完*（了）。

例（1）～（4）中，例（1）、例（3）可用可不用实现体标记"了"，例（2）、例（4）必须使用体标记，否则结构无法自足。除了实现体标记"了"或者"过"之外，还可以选择能够表达未实现体的相关标记，如"会"等。

金立鑫、陆丙甫主张在对比分析时，只允许其中一个最小的参数与比较对象形成对立，以此来寻求变量和结果直接的必然联系。① 根据这一对比分析原则，我们可以确定，例（1）～（4）中，例（1）、例（2）都包含不及物动词，但其内部并不一致。例（1）的"来""走"表动作义，例（2）的"死""睡"表状态义。例（3）、例（4）都包含及物动词，其中例（3）的"打""写"表动作义，例（4）是动结式及物动词，表状态义。例（2）、例（4）必须使用体标记的共同特征表状态。因此，可以假设体标记是状态动词构成句子的必要条件。

从以上例句中也可以看出，"可能"与"或许"作为谓词的修饰成分时，它们在句法分布上完全相同。我们是否可以提出这样一条规则："可能""或许"与不同类动词组合造成结构能否自足的原因与动词是否及物无关，但与动作动词和状态动词的小类有关？采用删除法测试上面的结构，我们得到同样的结果：

（5）a. 张三来（了）。

　　b. 张三走（了）。

（6）a. 张三死*（了）。

　　b. 张三睡*（了）。

（7）a. 张三打（了）。

　　b. 张三写（了）。

（8）a. 张三打死*（了）。

---

① 参见金立鑫、陆丙甫《语法描写的逻辑形式》，《语言科学》，2010年第1期。

b. 张三写完*（了）。

以上删除操作明确显示，凡状态类动词必须使用体标记，而动作类动词自由。因此，我们提出"假设1"："可能""或许"并不是以上句子是否自足的决定性因素，即带"可能""或许"的句子是否自足与动词是否及物无关，也与动词的动作性或状态性无关。构成句子自足的主要因素与状态动词和动作动词是否需要体标记相关。

另有一类心理动词似乎与上文的例句不平行：

（9）a.*张三可能／或许恨（了）。

b.*张三可能／或许爱（了）。

c.*张三可能／或许惦记（了）。

（10）a.张三可能／或许恨李四。

b.张三可能／或许爱李四。

c.张三可能／或许惦记李四。

实际上，例（9）、例（10）的差别与"可能／或许"无关，而与不同的心理动词的句法属性有关。有些心理动词是强制性带宾语的，如指望、主张、轻视等，有些心理动词是非强制性带宾语的，如听从、尊敬、重视等。例（9）、例（10）的心理动词强制性要求粘宾，宾语若不出现是非法的。但下面的心理动词无需宾语可以自足成句：

（11）a.张三（可能）喜欢（了）。

b.张三（可能）相信（了）。

c.张三（可能）赞成（了）。

因此，以上句法配置是否自足同样与"可能／或许"无关。

1.2 可能／或许＋形容词

请看下列例句：

（12）a.可能／或许黑*（了）。

b.可能／或许热*（了）。

c.可能／或许凉*（了）。

（13）a. 可能／或许＊（很）黑。

　　　b. 可能／或许＊（很）热。

　　　c. 可能／或许＊（很）凉。

（14）a.＊可能／或许红艳艳。

　　　b.＊可能／或许黑乎乎。

　　　c.＊可能／或许火辣辣。

（15）a. 可能／或许红艳艳＊（的）。

　　　b. 可能／或许黑乎乎＊（的）。

　　　c. 可能／或许火辣辣＊（的）。

以上例句能否自足，与形容词本身是否能自足成句的句法特征没有关系。凡不能单独自足成句的，加上"可能"或者"或许"也同样不能自足成句。以形容词"黑"为例：

（16）a.＊天黑。

　　　b. 天很黑。

　　　c. 天黑了。

　　　d. 天很黑了。

（17）a.＊天可能／或许黑。

　　　b. 天可能／或许很黑。

　　　c. 天可能／或许黑了。

　　　d. 天可能／或许很黑了。

（18）a.＊晚上6点天就可能黑乎乎。

　　　b. 晚上6点天就可能／或许黑乎乎了。

　　　c. 晚上6点天就可能／或许黑乎乎的。

例（16）和例（17）、例（18）构成对比，说明这些例句是否能自足成句，与是否有"可能"或者"或许"无关。凡是单纯性质形容词若要独立成句，或者后面加上实现体标记"了"，或者前面加上程度副词。句尾"了"和程度副词是构成这类句子合格的必要析取条件。这也是部分学者认为这类形容词的程度副词并非真正表达程度，而是某种句法形态的证据。因为形容词的原式单音节形式如

"黑""好"等做谓语，一般都述谓性不足，用程度副词或者体标记"了"可以补足或增强其述谓性和现实性。如果是状态形容词，则需要在句尾加语气词"了"或者"的"。

1.3 "可能/或许"在疑问句和否定句中的句法条件

前面两小节讨论的是"可能/或许"与其他谓词组配成句的句法条件。通过以上描写可以看到，不仅"可能"与"或许"之间在以上句法环境下无差异，而且这些句子是否能够独立成句，也与"可能"和"或许"无关。但下面的句法组配并非如此，当"可能"与"或许"作为助动词时，它们的句法差异与语义差异明显表现出来。请看下例：

（19）——a. 张三来不来？

——b. 张三可能来。

c. 张三或许来。

d. 张三可能不来。

e. 张三或许不来。

以上例句显示，"可能"和"或许"都可以出现在肯定的陈述句中，也都可以出现在推测否定的句子中，即推测某一事件或某种状态的不出现或不显现，如例（19）d、例（19）e所示。再如：

（20）张三可能来吗？

（21）*张三或许来吗？

（22）张三明天可能不可能来？

（23）*张三明天或许不或许来？

"可能"可以出现在疑问句中，但"或许"不可以。再看下面的例句：

（24）张三明天不可能来。

（25）*张三明天不或许来。

如果是对某种推测进行否定，即否定某种可能性或表示某种可能性不存在，只能用"可能"而不能用"或许"。推测这一模态范畴至少在汉语中可以名物化，作为一种对象加以评判，这时似乎只有"可能"可以名物化，而"或许"不允许。例如：

（26）根本没这个可能。

（27）*根本没这个或许。

（28）可能性

（29）*或许性

以上考察的是"可能"与"或许"前置于谓词的句法配置，从上面的描写来看，"可能"与"或许"在修饰动词以及状态形容词方面没有差异，句法分布基本相同。但在疑问句和对推测的否定句中，在名物化方面，二者的差异明显表现出来。

二、副词 + 可能 / 或许

我们把与"可能/或许"可能存在组合关系的副词大致分成4组：

第一组：程度副词——很、非常、更

第二组：范围副词/重复副词——也、都、还、只、又

第三组：否定副词——不、没

第四组：频率副词——一般

以程度副词"很"为例，"很"与"可能/或许"的组合有两种情况，一是很可能［×］，二是可能［很×］。后者"可能"与"很"之间属于跨层结构，不属于我们的考察范围，而前者结构中的"很"和"可能"位于同一个结构层次。因此，本节分别考察这四组副词在"副词+可能/或许"组合中的异同。

2.1 很（非常、更）+ 可能 / 或许

以下分布对立：

（30）a. 张三很可能来了。

b. 张三很可能吃了。

c. 张三很可能写完了。

（31）a.*张三很或许来了。

b.*张三很或许吃了。

c.*张三很或许写完了。

（32）a.张三非常可能恨李四。

b.张三非常可能爱李四。

c.张三非常可能惦记李四。

（33）a.*张三非常或许恨李四。

b.*张三非常或许爱李四。

c.*张三非常或许惦记李四。

（34）a.那边更可能黑*（了）。

b.那边更可能热*（了）。

c.那边更可能凉*（了）。

（35）a.*那边更或许黑（了）。

b.*那边更或许热（了）。

c.*那边更或许凉（了）。

以上对立非常明显，"可能"可以接受任何程度副词的修饰，而"或许"不能。①为此我们提出"假设2"："可能"具有程度特征，与程度兼容，"或许"不具有程度特征，排斥程度范畴。

2.2 也（都、还、只、又）+可能/或许

（36）a.也可能成为包袱。

b.都可能成为包袱。

c.还可能成为包袱。

d.只可能成为包袱。

e.又可能成为包袱。

（37）a.*也或许成为包袱。

---

① 我们在北京大学CCL语料库中检索不到"很或许""非常或许""更或许"，但通过百度搜索引擎可以检索到少量的"更或许"。以此可推知，"更"和"或许"的搭配应该是网络上出现的新用法，属于当代汉语的用法，通常用在"或许……或许……更或许……"的排比句中。

b.＊都或许成为包袱。

c.＊还或许成为包袱。

d.＊只或许成为包袱。

e.？又或许成为包袱。

根据我们的语感，例（36）中这一组副词与"可能"搭配是可以成立的，但例（37）中这一组副词与"或许"的搭配则十分别扭。为了验证我们的语感，我们将这一组副词与"可能"和"或许"的搭配，在北京大学 CCL 语料库中进行检索，结果见表1：

表1 "可能""或许"与"也、都、还、只、又"搭配的使用频率

揣测实义词	副词				
	也	都	还	只	又
可能	4740	2066	1821	231	239
或许	83	1	0	1	12

虽然我们并未限定语料总量，但表1数据的对比还是很明显的，"也、都、还、只、又"与"可能"的组合远远多于与"或许"的组合。总体倾向是这五个副词一定是优先选择"可能"而排斥"或许"。这种句法使用频率上的明显差异如何解释？

可以假设，副词"也、都、还、只、又"具有量度上的趋势强度特征，它们在量度上的趋势强度可以通过音调的长短重轻得到表现。这相当于冯胜利所说的强调重音（lexical focal stress）①，即音调越长或越重的，强度越高；音调越短或越轻的，强度越低。副词或形容词在音调上的这种属性应该是世界语言的共性之一。

上文中的"假设2"假设"可能"有程度属性而"或许"没有程度属性。现在，我们将"程度"扩展到"量度"的大小或高低范畴。由于"也、都、还、只、又"可用来表达强度的高低，又由于它们与"可能"的组合频率比较高，而

---

① 参见冯胜利《汉语的韵律、词法与句法》，北京：北京大学出版社，2009年。

与"或许"的组合频率低,因此可以假设"或许"缺乏强度阶梯特征,更倾向"是非"二值。如下分布可以证明(见表2):

表2 "可能是""或许是"与"最"等程度副词的组合分布

A组	B组
最可能是	*最或许是
非常可能是	*非常或许是
很可能是	*很或许是
不太可能是	*不太或许是
可能是,可能不是	或许是,或许不是

由此可以提出"假设3":"可能"具有程度等级特征,为多等级形式;"或许"无程度等级特征,倾向于"是非"二值形式。

这样,以上讨论的这组副词与"可能"和谐匹配,与"或许"匹配不和谐。

2.3 不(没)+可能/或许

先看下列对立:

(38) a. 张三不可能去。

b.*张三不或许去。

(39) a. 张三没可能去。

b.*张三没或许去。

为什么"可能"能够接受"不、没"的限定而"或许"不能呢?要回答这个问题,我们需要回到模态逻辑上去(见图1)。

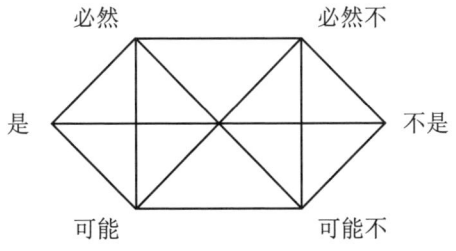

图1 模态逻辑方阵

在模态逻辑中，至少有三个判断强度：或然、实然、必然。在模态逻辑方阵中，"可能"处在最低等级。但它可以通过附加具有认知程度性质的副词这一句法手段进行更细致的强度区分（例如"不太可能、很可能、非常可能"）。

詹斯·奥尔伍德、拉斯·冈纳尔·安德森、奥斯坦·达尔曾指出，在模态逻辑中，"可能"和"必然"是处于强度等级上的两个极端的模态算子，它们之间存在强度上的强弱逻辑关系。[①] 强度最高的是"必然"和"必然不"，强度最低的是"可能"和"可能不"。它们之间有一个中间层次"是"和"不是"。这种认知上的强度等级在"或许"中不存在。我们在上文指出过，"或许"倾向于"是非"二值逻辑，没有强度等级特征。因此，汉语中与"或许"相对应的逻辑只有"或许+肯定"和"或许+否定"。由于"或许"不存在模态逻辑上的强度等级，因此也就没有等级上的其他逻辑表达形式，同时也没有"肯定+或许"和"否定+或许"的表达式。

本小节的结论是，"可能"处于模态逻辑方阵的强度等级低端，其前后肯定否定的逻辑表达都能在逻辑方阵中得到定位，或对应于某一特定的另一逻辑表达式。由于"可能"所具有的强度等级特征，它前后还可以通过添加强度或程度等级性的副词对其强度或程度进行细化，而"或许"是一个肯定否定二值逻辑表达式，只有"或许+肯定/否定"的逻辑表达，缺乏强度等级上的"肯定/否定+或许"的逻辑表达，因此它也无法添加强度或程度副词进行强度细化。

2.4 一般+可能/或许

"一般"与"可能""或许"组合的情况不多见。检索北京大学 CCL 语料库，只得到六个"一般可能"的例子，并且其中一例的"可能"是名词。而"一般或许"的检索结果为零。下面是经过删减的北京大学 CCL 语料库的用例：

（40）弟弟爱人一般可能叫名字吧。

（41）吃一道菜换一副刀叉，一般可能会用三副叉子。

这两个例句中的"可能"换成"或许"都不合适。"一般"与"可能"组合

---

① 詹斯·奥尔伍德、拉斯·冈纳尔·安德森、奥斯坦·达尔《语言学中的逻辑》，王维贤、李先焜、蔡希杰译，北京：北京大学出版社，2009年。

虽不多，但"一般"与"或许"的组合几乎为零。这是为什么？

还是我们前面所说的"强度等级"特征在起作用。前面讨论过，"可能"具有强度等级特征，而"或许"没有。现在回过来看"一般"，作为表"通常""往往"义的频率副词，"一般"也是一个量度或强度等级序列中的点位。如果是从低到高，那么"一般"在汉语中通常处在中间位段。例如常见的等级序列为：

……＞偶尔＞有时＞一般＞总是＞……

这一等级序列是对"可能"强度的进一步细化，即在"可能"中细化出"偶尔可能""有时可能""一般可能"，但似乎排斥"总是可能"，因为"总是"的等级最强，甚至超过"最可能"，因此语义上无法接受。由于等级序列性副词可以对"可能"进行强度细化，因此它们之间可以兼容，否则在语义上会产生不兼容现象，如"一般或许"。本文所列举的"很或许""非常或许"等不合格的例句，也可以印证这一假设。

三、可能/或许 + 名词

"可能/或许"作为副词，典型的句法配置是与谓词组合，但它们也能自由地与一部分名词组合。汉语中"可能/或许"可以与哪些名词构成自足的句法结构呢？下面通过三组例子来展示：

A组：

（42）a.* 可能桌子。

　　　b.* 或许桌子。

（43）a.* 可能水。

　　　b.* 或许水。

A组的结构如果要成立的话，需要增加适当的动词，动词是这类结构自足的必要条件。

B组：

（44）a.? 可能张三。

　　　　b.？或许张三。

　　这类结构似乎可以成立，动词似乎不是必需的。我们或许可以将这类结构看作动词被省略的形式。换句话说，这类结构的动词省略是被允许的。而下面一组例句，则完全可以看成是副词直接修饰名词的句子，没有必要看成是动词省略的形式，它们是完全自足的结构。

　　C组：

（45）a. 可能明天。

　　　　b. 或许明天。

（46）a. 可能下周。

　　　　b. 或许下周。

（47）a. 可能38度。

　　　　b. 或许38度。

（48）a. 可能五个。

　　　　b. 或许五个。

　　C组例句与前两组例句的差别在于名词的类别。只有数量结构或有数序列特征的名词才能与"可能/或许"组合。其内在理据与它们的表义功能相关，"可能/或许"的主要功能是限定于在某一特定序列范畴内做出或然性判定。不具备序列特征的普通名词无法满足"可能"与"或许"的要求，因而句法上阻止其与"可能"和"或许"组配。这一点与"名词+了"可以构成自足的句法结构的内在机制相同。在满足该条件的前提下，"可能"与"或许"可以无条件替换，句法上无差别。

四、结论

　　根据"可能/或许"的不同句法配置，可以得出二者在语义上的特征：（1）"可能/或许"与不同类动词组合造成结构能否自足的原因与动词是否及物无关，但与动作动词和状态动词的小类有关。（2）在疑问句和对推测的否定句中，"可能"

可以名物化，"或许"不可以。(3)"可能"具有程度等级特征，为多等级形式；"或许"无程度等级特征，倾向于"是非"二值形式。(4)数量结构或有数序列特征的名词才能直接与"可能/或许"组合。

参考文献

董秀芳（2011）《词汇化：汉语双音词的衍生和发展》（修订本），北京：商务印书馆。
冯胜利（2009）《汉语的韵律、词法与句法》，北京：北京大学出版社。
胡静书（2014）推测副词"可能"的来源，《语言研究》第3期。
金立鑫（2007）《语言研究方法导论》，上海：上海外语教育出版社。
金立鑫、杜家俊（2014）"就"与"才"主观量对比研究，《语言科学》第2期。
金立鑫、陆丙甫（2010）语法描写的逻辑形式，《语言科学》第1期。
罗耀华、李向农（2015）揣测副词"或许"的词汇化与语法化，《古汉语研究》第3期。
罗耀华、刘云（2008）揣测类语气副词主观性与主观化，《语言研究》第3期。
盛丽春（2008）"大概"、"也许"和"恐怕"的语义、语用分析，《汉语学习》第1期。
王爱华（2012）副词"大概"、"也许"的比较研究，华中师范大学硕士学位论文。
王珏（2017）语气词句末迭用式及其系统研究，《当代修辞学》第4期。
詹斯·奥尔伍德、拉斯·冈纳尔·安德森、奥斯坦·达尔（2009）《语言学中的逻辑》，王维贤、李先焜、蔡希杰译，北京：北京大学出版社。
朱冠明（2006）情态动词"该"的来源：附论"可能"，载浙江大学汉语史研究中心编《汉语史学报》（第6辑），上海：上海教育出版社。

重动句焦点分析*

钟小勇

摘 要：重动句的焦点是重动句研究争论最多的问题之一，学界至少有五种观点，主要原因在于缺乏更合理、更全面、更具可操作性的方法或手段。在以往研究的基础上，本文概括出七种判断焦点的方法，并以626个重动句实际用例为研究对象进行研究，分析显示重动句VP_2焦点性显著高于VP_1焦点性，VP_2比VP_1更倾向于做焦点。根据VP_2和VP_1焦点性差异，重动句有三种成分可做焦点，VP_2是常规焦点，VP_1VP_2和VP_1是非常规焦点。此外，多焦点（双焦点）是一种标记性非常强的现象，重动句不是双焦点结构。

关键词：重动句；焦点；焦点域；多焦点

一、研究概况

重动句可形式化为"SVOVC"（"SV_1OV_2C"）或"SVP_1VP_2"[①]，重动句的焦点[②]是重动句研究的重要内容，也是颇有争议的话题，概括起来有五种观点。第

---

* 本文原发表于《语言科学》2020年第2期。
① 相比较而言，"SVP_1VP_2"更具概括性，如"熬夜熬红了眼睛"属于"SVP_1VP_2"（具体来说是"$SV_1O_1V_2CO_2$"），而不是"SVOVC"，不过这类重动句较少，而且有些CO_2可看作省略了"得"的情态补语（朱德熙，1982），所以用最常见的形式"SVOVC"来概括也是合适的。
② 相关文献使用的术语不完全一致，如有"焦点""语义焦点""话语焦点""信息焦点""语意重心""核心"等，但它们都跟说话者重点强调的内容有关，故本文用"焦点"来统称，引述时遵照原文。"焦点"有不同的含义和类别，这跟学科、学派、语种或角度（语义、语音、句法语用）等都有关（徐烈炯，2017；Erteschik-Shir，2007）。

一种观点认为，重动句的焦点是 VP_2，如项开喜（1997）认为，在重动句式中，VP_2 是整个句子的核心成分、语义焦点、语义中心或信息焦点，VP_1 为 VP_2 提供一个常量参照。第二种观点认为，补语是焦点，如戴耀晶（1998）认为，在重动句中，补语比宾语更具有充当句子焦点的资格。第三种观点认为，重动句的焦点一般在 VP_2，特定情况下，VP_1 也能成为焦点，说明 VP_2 的原因、方式等，这以聂仁发（2001）为代表。第四种观点认为，重动句宾语和补语都是表义重点，重动句是个双语义焦点句，很难说是动宾结构重要还是动补结构重要，这以王灿龙（1999）为代表。第五种观点认为，VP_1、VP_2 都是焦点，如赵新（2002）认为，重动句动宾结构（VP_1）和动补结构（VP_2）都是语义重心，前者叙述动作行为，后者对此进行描述或说明，两者缺一不可。再如张静（2004）认为，主题 VO、述题 VC 都是说话者的话语焦点，都是要强调的焦点信息，重动句是双焦点的信息结构。

这五种观点中，前三种观点可概括为单焦点说，后两种观点可概括为双焦点说。两者内部差异，主要跟着眼点于焦点还是焦点域（focus domain）有关。焦点域是句子中表达焦点的句法域，它是短语范畴（Lambrecht，1994）。本文认为，重动句 VP_2 是焦点域，焦点域中可包含非焦点成分。从线性序列来看，V_2 是对 V_1 的重复，因而不是焦点，补语或补语后的宾语才可能是焦点。VP_1 则可能是焦点，也可能是焦点域，如果是焦点域，则 V_1 或 O 是焦点。一般来说，明确了焦点，就比较容易确定焦点域，反之亦然，正因如此，有些文献并不注重焦点或焦点域的区别，如刘维群（1986）认为，重动句着意强调的是补语，语意重心落在 V_2C 上；孙红玲（2005）也认为，VP_2 是句子的语义重心，补语是语义焦点。因此，有关重动句焦点的最大分歧是单双焦点的问题，认为是单焦点的，主要依据"焦点在尾""单一焦点原则"等语用规则[①]，但这些规则比较笼统，而且它主要是针对自然焦点而言的（陆丙甫，2004）；而认为是双焦点的，主要依据是 VP_1、VP_2 缺一不可，同等重要，对此，孙红玲（2005）已提出批评，认为这

---

① 项开喜（1997）认为重动句 VP_2 是语义焦点，并从以下几方面分析：（1）表时体的标记（"了"等）只能出现在 VP_2 中；（2）充当 VP_1 中动词宾语的名词性成分一般只能是无标记形式；（3）VP_1 是无界的，VP_2 是有界的。笔者认为，这三个方面跟焦点有关，但不是判断焦点的主要依据。

将"信息足量"与"信息地位"等同起来。由此可见，要探讨重动句的焦点，还需要寻求更合理、更具可操作性的手段或方法。

二、重动句的焦点

2.1 判断焦点的方法

有关焦点的判断手段或方法，不少文献都有所涉及（张伯江、方梅，1996；徐杰，2001；袁毓林，2003；刘探宙，2008；陆俭明，2017），但往往偏重于某个或某些方面。Cheng（1983）较全面地探讨了汉语有关焦点的表示法（focus devices），认为汉语有关焦点的表示法主要有七种：（1）非焦点成分的省略；（2）非焦点成分的话题化；（3）非焦点成分的重复；（4）并列结构；（5）将焦点包含在"是"字谓语中；（6）将焦点包含在由模态成分引导的谓语中；（7）疑问结构。这些句型结构使语意重点更容易得到认定。此外，不少文献认为汉语否定的中心是焦点（吕叔湘，1985；钱敏汝，1990；张伯江、方梅，1996；李宝伦、潘海华，2005）。现综合以上观点，并结合重动句特点，概括出判断重动句焦点的七种方法[①]：

（1）可不可以省略？不可省略的倾向于是焦点。

（2）可不可以话题化？不可话题化的倾向于是焦点。

（3）是否为重复成分？非重复成分倾向于是焦点。

（4）是否为并列成分？并列成分倾向于是焦点。

[①] 之所以选取这七种方法，是因为它们跟句型结构有关，可进行句法操作或分析，而其他一些方法或者比较笼统，或者与焦点关系不够密切，或者存在争论，或者不适合分析，而未选取。如有些文献根据音系（重音）来判断焦点，但这种手段不具有普遍性，而且两者关系存在争论（Xu，2004；Erteschik-Shir，2007），汉语重音和焦点的关系更是复杂（Xu，2004；赵建军、杨晓虹、杨玉芳等，2012），因而这里不将重音作为判断汉语焦点的手段，此外，本文探讨的是书面语料，不涉及重音。再如有些文献探讨了焦点和成分内嵌程度的联系（Cinque，1993；Xu，2004；玄玥，2007），不过内嵌程度跟重音有关，而这里主要考察的是书面语料，所以不考虑。这里也未考虑模态成分与焦点的关系，因为笔者语料中只发现一例（您大概<u>想我想的梦里到过这儿</u>）。

（5）是否为"是"作用的对象？"是"作用的对象倾向于是焦点。

（6）是否为疑问中心？疑问中心倾向于是焦点。

（7）是否为否定中心？否定中心倾向于是焦点。

"不可省略""不可话题化""否定中心"等可看作成为焦点的条件（可称为"焦点条件"），显然，某个成分越满足焦点条件，其焦点性就越强，就越倾向于是焦点，因此这里将焦点看作是由多个焦点条件合成的（composite），满足某个或某些条件并不意味着它一定是焦点。[①]

本文将采用这些方法，以重动句实际用例为对象，探讨重动句是 VP_1 焦点性更强，还是 VP_2 焦点性更强，进而判断重动句的焦点。之所以选取焦点域（VP_1、VP_2）进行探讨，主要是因为短语才可能进行相应句法操作。如果结果显示 VP_1 是焦点，则 V、O 或 VO（VP_1）可能是焦点，如果 VP_2 是焦点，则 C、O 或 CO 可能是焦点。为便于称说，下文一般直接称 VP_1 或 VP_2 为焦点。笔者将采用 PASW Statistics 18 软件进行数据统计、分析。

2.2 语料

本文探讨的重动句是典型重动句，满足以下条件：（1）VP_1、VP_2 构成直接成分，且中间不带其他成分；（2）VP_1 是动宾结构，宾语是名词性成分；（3）VP_2 带补语。笔者从小说、新闻、剧本、访谈等中收集到 626 例典型重动句，下面即以此为考察对象，结论也由此得出。

2.3 具体分析

2.3.1 可不可以省略？

可否省略不仅要考虑句法上的合格性，还要考虑语义、语用是否适切，是否适切主要看是否与原句表意一致。只有省略后句法上合格，而且语义、语用适切才算是可以省略，否则不可省略。[②]

[①] 这与 Hopper & Thompson（1980）将及物性（transitivity）看作是由十个参数合成的类似。
[②] 这些限定或说明是笔者为了使焦点判断更具可操作性，同时结合重动句实际情况确定的，其他手段也是如此。

有些重动句的 VP_1 可省略，VP_2 不可省略。例如：

（1）谁让你给我挣钱了？你还少说这个！咱俩谁<u>花钱花得多</u>？（王朔《无人喝彩》）

　　a. 谁让你给我挣钱了？你还少说这个！咱俩谁<u>花得多</u>？

　　b. #谁让你给我挣钱了？你还少说这个！咱俩谁<u>花钱</u>？

VP_1"花钱"可省略，主要是因为前文出现"挣钱"，VP_2"花得多"指的就是"花钱花得多"，VP_2 不可以省略，省略后语意与原句不一致。语料中，这类重动句共 288 例，占 46.0%。

有些重动句 VP_1 不可省略，VP_2 也不可省略。例如：

（2）大概是<u>当亡国奴当惯了</u>，所以拿挨杀当作理应如此的事。（老舍《哀启》）

　　a. ? 大概是<u>当惯了</u>，所以拿挨杀当作理应如此的事。

　　b. #大概是<u>当亡国奴</u>，所以拿挨杀当作理应如此的事。

VP_1"当亡国奴"不能省略，因为 VP_2"当惯了"较难理解成"当亡国奴当惯了"。VP_2 也不能省略，省略后与原句表意不一。语料中，这类重动句有 336 例，占 53.7%。

有些重动句 VP_1 可省略，VP_2 也可省略（不是指同时省略）。例如：

（3）王琦瑶看着他说：头上都吃出白头发来了。他就说：这怎么是吃出来的呢？<u>分明是想一个人想出来的</u>。（王安忆《长恨歌》）

　　a. 这怎么是吃出来的呢？分明是（因为）想一个人。

　　b. 这怎么是吃出来的呢？分明是想出来的。

语料中，这类重动句有 2 例，占 0.3%。语料中未见 VP_1 不可省略而 VP_2 可省略的。语料中，VP_2 不可省略的 624 例，VP_1 不可省略的 336 例，显然 VP_2 比 VP_1 更不倾向于省略，更倾向于是焦点。

2.3.2 可不可以话题化？

话题化是让某个本来处于句中位置的成分移到句首 S/S′ 位置，成为话语平面上的话题或次话题。从形式上看，话题跟后边的说明部分之间可以有一个明显的停顿，话题后面可以有"呢、吧、啊（及其语境变体）"等语气词

（袁毓林，1996）。一般来说，重动句的 VP_1 可以话题化[①]，VP_2 不能话题化。比较：

(4) a. 他说那个古事儿说得清楚。

b. 他比较哇，说那个古事儿啊，他说得清楚。（北京大学 CCL 语料库）

c.# 说得清楚，他说那个古事儿。

(5) a. 我读书读不懂。

b. 她说："读书我读不懂，读你我还读不懂吗？"（阎真《活着之上》）

c.# 读不懂，我读书。

例（4）b、例（5）b 是重动句 VP_1 话题化的实际用例，前者 VP_1 后有话题标记语气词"啊"，后者 VP_1 后有人称代词。[②]例（4）c、例（5）c 如果看作两个小句，接受性会好一点儿，但 VP_2 不宜看作话题。

当然，并非所有重动句 VP_1 都可以话题化。例如：

(6) 只说得人人鼓掌、个个叫好。吃不饱就在大家鼓掌鼓得起劲的时候，悄悄溜走了。（赵树理《锻炼锻炼》）

a.* 吃不饱就在大家鼓掌呢，鼓得起劲的时候，悄悄溜走了。

b.* 吃不饱就在大家鼓得起劲，鼓掌的时候，悄悄溜走了。

例（6）重动句充当关系从句，VP_1"鼓掌"不宜话题化。重动句 VP_1 不可话题化主要是其做宾语从句或关系从句的情况，或者 VP_1 前有"是"等情况。

语料中，重动句 VP_2 不可话题化的 626 例，VP_1 不可话题化的 55 例，显然 VP_2 比 VP_1 更不倾向于话题化，更倾向于是焦点。

2.3.3 是否为重复成分？

是否重复与是否可省略有一定关系，但两者并非完全一致，重复的可能不能省略，可省略的并非一定是重复的。例如：

[①] 不少文献认为重动句的 VP_1 就是话题（刘丹青、徐烈炯，1998；曹逢甫，2005），这里认为 VP_1 还可进一步话题化。

[②] 正是因为重动句 VP_1、VP_2 之间可以插入副词、主语等，赵元任（1979）认为 VP_1 与 VP_2 之间的关系看作主谓比看作连动好，而该书认为主语、谓语当作话题和说明来看待比较合适。由此看出，该书也是将 VP_1 看作话题。不仅如此，此例还可进一步话题化："读书，我读不懂。"

（7）a. 你说这些东西能做什么？<u>烧火烧不着</u>；<u>沤粪沤不烂</u>。（赵树理《三里湾》）

b. 你说这些东西能做什么？<u>烧不着</u>；<u>沤不烂</u>。

例（7）两个重动句的VP₁不是对前文的重复，但可省略。

本文做出如下界定：如果重动句的VP₁、VP₂是对上文十个小句内某个成分的完全重复（同形或同义），则可认为VP₁或VP₂是重复。例如：

（8）<u>三十多天</u>下来，北京的大街小巷，旮旮旯旯，凡是贼易去的地方，刘跃进全熟了。<u>找贼找了三十多天</u>，这贼也没找着。（刘震云《我叫刘跃进》）

例（8）中，重动句补语"三十多天"是对前文"三十多天"的直接重复。重动句VP₂为重复成分主要是在并列结构中，如例（11）、例（12）。

语料中，VP₂为非重复成分的615例，VP₁为非重复成分的536例，VP₂比VP₁更倾向于是非重复成分（$\chi^2_{(1)}$=5.422，p=0.020<0.05），VP₂比VP₁更倾向于是焦点。

2.3.4 是否为并列成分？

这里所说的"并列成分"是指并列结构中非重复的成分。并列结构包括两类（Cheng, 1983）：一类是谓语真值和焦点都不同，两个句子指的是同一类事，如"我度假的地方<u>在毛伊岛</u>，不是<u>在别的地方</u>"；另一类既涉及焦点，也涉及对比，如"<u>他要吃面</u>，<u>我要吃饭</u>"。并列结构中，重复成分不是焦点。

重动句也可以构成并列结构。例如：

（9）这些人说不定在"四人帮"那阵儿<u>整你整得最凶</u>，现在又<u>拍你拍得最响</u>，一帮小人！（海岩《便衣警察》）

（10）他觉着，要是说<u>买她买得不对</u>，那么卖了她就更亏心了。（老舍《鼓书艺人》）

例（9）是重动句之间并列，例（10）是重动句与非重动句（假设复句）并列，显然，两例重动句的VP₁、VP₂都是并列成分。

下列画线重动句也可看作并列结构：

（11）我想现在单单把李如珍叔伯们那些人弄得几个来放到咱们村里，他们就活不了：<u>讹人讹不了</u>，<u>哄人哄不了</u>，<u>打人打不了</u>，放债没人使，卖土没人吸，

放赌没人赌，串门没人要，说话没人理，他们怎么能活下去？（赵树理《李家庄的变迁》）

（12）不过，这个榜样是蛮横的，<u>动嘴动不过人家就动手</u>，<u>动手动不过人家就动棍子</u>，<u>动棍子动不过人家就动刀子</u>。（毕飞宇《平原》）

例（11）是三个重动句并列，它们又与五个非重动句并列，它们的 VP_1 是并列成分，为非重复成分，VP_2 不是并列成分，为重复成分。例（12）中，三个重动句做三个假设复句的前一分句，这三个重动句也构成并列结构，第一个重动句"动嘴动不过人家" VP_1、VP_2 都是并列成分，后面两个重动句 VP_1、VP_2 都是非并列成分。

语料中，共有 28 例重动句与重动句或与非重动句构成并列结构，其中 VP_1 为并列成分的 26 例，非并列成分的 2 例，VP_2 为并列成分的 23 例，非并列成分的 5 例。虽然 VP_1 为并列成分的比例（92.9%）比 VP_2 为并列成分的比例（82.1%）高，但两者在是否为并列成分上并不存在显著倾向性（Fisher 的精确检验 $p=0.422>0.05$）。因此，从并列成分角度看，VP_1 与 VP_2 焦点性不存在显著倾向性。

2.3.5 是否为"是"作用的对象？

这里不考虑"是"前出现副词或连词（如"就是""分明是"）等情况。

语料中，"是"出现在重动句 VP_1 前的有 12 例，主要有三种类型，第一类，"是"作用于 VP_2。例如：

（13）他想，这是怎么了？<u>是练功练走火了</u>？！（李佩甫《羊的门》）

　　a.# 他想，这是怎么了？是练功了？！

　　b. 他想，这是怎么了？是练走火了？！

例（13）中，VP_1 为旧信息[①]，可省略。此类重动句有 4 例，占 33.4%。

第二类，"是"作用于 VP_1VP_2。例如：

（14）慕瑾问，<u>知她是洗衣服洗多了</u>，所以扭了腰。（张爱玲《十八春》）

---

① 本文信息状态（新信息、旧信息）的界定主要依据 Chafe（1976），旧信息是说话当时说话者认为已在听话者意识（consciousness）中的知识，而新信息是说话者认为正引入听话者意识中的知识。Chafe（1987）所说的"可及"（accessible）信息这里归入旧信息。

例（14）中，VP_1、VP_2都是新信息。此类重动句有7例，占58.3%。

第三类，"是"作用于VP_1。例如：

(15) 爷爷说，这叫花疯，<u>是想男人想疯的</u>。（刘醒龙《威风凛凛》）

    a. 爷爷说，这叫花疯，是（因为）<u>想男人</u>。

    b.? 爷爷说，这叫花疯，是<u>想疯的</u>。

例（15）中，VP_1是新信息，VP_2是旧信息，VP_2主要出于句法需要，一定条件下可省略，如例（15）a。此类重动句有1例，占8.3%。

实际语料中，"是"可置于VP_2前。例如：

(16) 二伯出事<u>是出在秋天</u>。（海岩《河流如血》）

显然，例（16）中，"是"作用的对象是VP_2。

在相同的语料范围内，"是"置于VP_2前的有19例，这与"是"置于VP_1前的用例（12个）不存在显著差异（$\chi^2_{(1)}=1.581$，p=0.209＞0.05），但如果考虑"是"的作用对象，则"是"作用于VP_2的用例（30个）显著多于"是"作用于VP_1（"是"也同时作用于VP_2）的用例（8个）（$\chi^2_{(1)}=12.737$，p＜0.001），因此，VP_2比VP_1更倾向于成为"是"的作用对象，更倾向于是焦点。

2.3.6 是否为疑问中心？

重动句的疑问范围可以是VP_1VP_2。例如：

(17) 你的信写去才个把月，人家在外国的战场上，回信没那么快！<u>你想念他想念得急吗</u>？（柳青《创业史》）

    a.# 你想念他吗？

    b. 你想念得急吗？

(18) 说怪也不怪，<u>咬别人咬得着吗</u>？谁不想扩大自己的空间？（阎真《沧浪之水》）

    a.# 咬别人吗？

    b.# 咬得着吗？

例（17）中，VP_1是旧信息，可以删去，疑问中心是VP_2。例（18）中，VP_1、VP_2都是新信息，两者都不宜删去，疑问中心是VP_1VP_2。

有些重动句补语采用疑问形式。例如：

（19）聚宝说："这些说起来话长，咱们回去再谈吧，你们先告我说<u>斗王光祖斗得怎么样</u>？"（赵树理《刘二和与王继圣》）

（20）鲁豫：那个时候您多长时间画一幅漫画？<u>催稿催得厉害不厉害</u>？（《鲁豫有约》）

显然，例（19）、例（20）重动句疑问中心都是VP_2。这类重动句有7例。

语料中，有1例VP_1中出现疑问代词的：

（21）你们有100多万人，<u>打谁打不赢</u>？（都梁《亮剑》）

但"谁"并不是表疑问，而是表示任指[①]，此例疑问中心是VP_1VP_2。

语料中共有30例疑问句，VP_2全为疑问中心，VP_1为疑问中心（VP_2也是疑问中心）的12例，VP_2比VP_1更倾向于是疑问中心，更倾向于是焦点。

2.3.7 是否为否定中心？

这里重点考察以下三种形式：（1）S否VP_1VP_2；（2）SVP_1V否C；（3）SVP_1V得否C，其中"否"是指否定词。这些形式的重动句都是典型重动句，语料中这三种形式的重动句共134例。下面看其否定中心。

第一，为"S否VP_1VP_2"形式的。例如：

（22）刚才我跟你说的那些话，你可得为我保密，千万<u>别传话传到我父母耳朵里</u>，要不我没法做人了。（王朔《我是你爸爸》）

  a.# 别传话

  b. 别传到我父母耳朵里

例（22）b与原句意思一致，"别"的否定中心是VP_2。这类形式的重动句共4例，占3.0%。

第二，为"SVP_1V否C"形式的。例如：

（23）元豹手捧书贴着脸，深情地说："每当我<u>看书看不下去</u>的时候，就想起东方——齐洛瓦！"（王朔《千万别把我当人》）

例（23）中，VP_1可以删去，否定中心是C或VC。这类形式的重动句有111例，占82.8%。

[①] 笔者在北京大学CCL语料库中搜索到3例疑问代词表疑问的，其中1例是例（30），3例均源自翻译作品。

第三，为"SVP₁V 得否 C"形式的。例如：

（24）他觉着，要是说买她买得不对，那么卖了她就更亏心了。（老舍《鼓书艺人》）

例（24）中，否定中心显然是 C。这类形式的重动句共 19 例，占 14.2%。

因此，三种形式的重动句的否定中心都是 VP₂ 或 C，VP₂ 比 VP₁ 更倾向于是焦点。

语料中，否定词还可置于 VP₁ 和 VP₂ 之间。例如：

（25）常昊：很好，说话不说太满，这样反而能更长久。（《鲁豫有约》）

例（25）中，"不"作用于 VP₂ 或 C，而且 VP₁ 也可以删去，这类重动句有 27 例。

由此可见，否定词倾向于出现在 VP₂ 前或 VP₂ 内部，而且即使否定词置于 VP₁ 前，其否定中心也是 VP₂，因此，重动句的否定中心是 VP₂，VP₂ 比 VP₁ 更倾向于是焦点。

上面我们基于具体语料，采用七种方法探讨了重动句是 VP₁ 更倾向于做焦点，还是 VP₂ 更倾向于做焦点，其中有六种方法显示 VP₂ 比 VP₁ 更倾向于是焦点，有一种方法（是否为并列成分）倾向性不明显。据此可推断，重动句 VP₂ 倾向于是焦点。

2.4 统计分析

下面以 626 例重动句为对象，一一比较 VP₁、VP₂ 满足焦点条件的情况，满足一个条件，则得 1 分，不满足条件，得 0 分，然后比较 VP₁、VP₂ 为焦点的得分（可称为"焦点得分"）情况，如果 VP₁ 焦点得分高于 VP₂，则显示 VP₁ 焦点性高于 VP₂，我们就说 VP₁ 是焦点，反之亦然。而且两者焦点得分差距越大，其焦点性差异就越大。

首先看 VP₁ 和 VP₂ 各个焦点得分段的例数和占比情况，见表 1。

表 1　重动句 VP_1、VP_2 焦点得分段比较

焦点得分段	VP_1		VP_2	
	例数	占比	例数	占比
0	70	11.2%	0	0
1	209	33.4%	2	0.3%
2	293	46.8%	3	0.5%
3	49	7.8%	531	84.8%
4	5	0.8%	85	13.6%
5	0	0	5	0.8%

由表 1 可知，重动句 VP_1 焦点得分主要是 1 分和 2 分的，两者占了 80.2%。重动句 VP_2 焦点得分主要是 3 分的，占了 84.8%。此外，重动句 VP_1 有 0 分的，但没有 5 分的，而 VP_2 刚好相反，没有 0 分的，有 5 分的。由此看出，相比较而言，重动句 VP_2 焦点得分高于 VP_1，重动句 VP_2 焦点性高于 VP_1，VP_2 倾向于是焦点。不过，VP_1 也有 4 分的，VP_2 也有 2 分的，这又体现 VP_1 和 VP_2 焦点性的多样性和复杂性。

统计还显示，重动句 VP_1 平均焦点得分为 1.54 分，而 VP_2 平均焦点得分为 3.14 分，后者显著高于前者（$t=-43.677$，$p<0.001$），这也显示，重动句 VP_2 焦点性比 VP_1 高，VP_2 倾向于做焦点。

三、重动句的焦点结构

3.1 重动句 VP_2、VP_1 焦点得分差

重动句 VP_2 的焦点得分减去 VP_1 的焦点得分，即为两者焦点得分差，具体见表 2。

表 2　重动句 VP_2、VP_1 焦点得分差

VP_2、VP_1 焦点得分差	例数	占比
4	4	0.6%
3	91	14.5%
2	223	35.6%
1	274	43.8%
0	32	5.1%
−2	1	0.2%
−3	1	0.2%

由表 2 可知，VP_2、VP_1 焦点得分差大于 0 的（VP_2 是焦点）有 624 例，占 99.6%，而 VP_2、VP_1 焦点得分差小于 0 的（VP_1 是焦点）只有 2 例，只占 0.4%。由此看出，实际用例中，VP_2 为焦点的占绝大多数。由表 2 也可知，VP_2、VP_1 焦点得分差为 1 的用例最多，占 43.8%。这显示，不少重动句 VP_2、VP_1 焦点性差异并不十分明显，大概正因如此，有的文献认为重动句是双焦点结构。

3.2　重动句 VP_2、VP_1 焦点性一致

表 2 还显示，VP_2、VP_1 焦点得分差等于 0 的有 32 例，这表明两者焦点性一致，这是否意味着它们都是焦点呢？这类重动句可分两类，第一类如：

（26）"谁呀？你们那儿谁是英雄？" // "多啦，比如说，老潘。" // "哎哟，"铁军说，"老潘他爸爸是吸毒吸死的，他苦大仇深，你又何苦来的？"（海岩《玉观音》）

　　a.？老潘他爸爸是吸死的。/ # 老潘他爸爸是吸毒。
　　b.* 老潘他爸爸是吸毒啊，吸死的。/* 老潘他爸爸是吸死，吸毒的。
　　c. 老潘他爸爸是吸毒。/ 老潘他爸爸是（吸毒）吸死的。

例（26）中，VP_1 和 VP_2 倾向于是焦点的条件一样[①]：不可省略例（26）a，

---

① 例（26）a、例（26）c 采用的方法不同，结果也不同。

不可话题化例（26）b，非重复成分，"是"作用的对象例（26）c，因而都得4分，它是 VP_1VP_2 做焦点，可以看作广焦点（broad focus，Lambrecht，1994）。这类重动句 VP_1VP_2 前有"是"或"副词/连词+是"等成分，而且 VP_1、VP_2 都是新信息。语料中，这类重动句共14例，占43.7%。

第二类如：

（27）高大谢了顶的光头反射着阳光，矮瘦身子转向粮客了。粮客把<u>摸算盘珠子摸得很灵活</u>的手，伸到凉帽底下去了。（柳青《创业史》）

  a.？粮客把<u>摸得很灵活</u>的手 /# 粮客把<u>摸算盘珠子</u>的手

  b.？？粮客把<u>摸算盘珠子</u>啊，<u>摸得很灵活</u>的手 /* 粮客把<u>摸得很灵活</u>啊，<u>摸算盘珠子</u>的手

例（27）中，重动句 VP_1 和 VP_2 倾向于是焦点的条件一样：不可省略例（27）a，不可话题化例（27）b，非重复成分，因而都得3分。这类重动句是 VP_2 做焦点，如果 VP_1 是新信息，则可看作是调整的预设。① 这类重动句一般做定语从句或宾语从句等。语料中，这类重动句共18例，占56.3%。

由此可知，当重动句 VP_2、VP_1 焦点得分差等于0（即两者焦点性一致）时，或者 VP_1VP_2 是焦点，或者 VP_2 是焦点。

3.3 重动句 VP_1 为焦点

重动句 VP_1 也可以做焦点，主要有三类，第一类是 VP_1VP_2 前有焦点标记"是"且 VP_1 为新信息，VP_2 为旧信息，这类重动句语料中只有1例，聂仁发（2001）也举过1例②，现补足语境再举例如下：

（28）姚长庚躺在炕上，闭着眼慢慢问："你的眼怎么瞎的？"老婆说："莫非说你不知道，还用问！还不<u>是哭你那两个儿子哭瞎</u>了！"（杨朔《三千里江山》）

例（28）中，重动句 VP_1 倾向于是焦点的条件有：不可省略、不可话题化、

---

① Lewis（1979）指出："假如在t时间说了某句话，它需要预设P才能被接受，又假如t时间前没有P，那么——一定条件下以及受到一定的限制——预设P在t时间自动产生。"这里将P看作是调整的预设。

② 聂仁发（2001）认为重动句"他们从四方坪、星沙走路走到世界之窗"，其中 VP_1 也是焦点，因为"走到"已含"走路"之意，此句目的在于突出"走路"这一方式，因而"走路"是焦点。按照上文方法，此例重动句 VP_1 为焦点的条件是：非重复成分，得1分；VP_2 为焦点的条件是：不可省略，不可话题化，非重复成分，得3分；VP_2VP_1 得分差为2，因而 VP_2 为焦点。

不是重复成分，得 3 分；VP₂ 倾向于是焦点条件有：不可省略、不可话题化，得 2 分。VP₁ 比 VP₂ 多 1 分，因此，VP₁ 是焦点。

第二类是重动句与重动句或与其他句式构成并列结构，且 VP₁ 是新信息，VP₂ 是旧信息。例如：

（29）他就说：这怎么是吃出来的呢？<u>分明是想一个人想出来的</u>。（王安忆《长恨歌》）

例（29）中，重动句 VP₁ 倾向于是焦点的条件有：不可省略、不可话题化、不是重复成分、并列成分，共得 4 分；VP₂ 倾向于是焦点条件有：不可话题化，得 1 分。VP₁ 比 VP₂ 多 3 分，因此，VP₁ 是焦点。这类重动句，语料中也只此一例。

第三类是 VP₁ 含有表疑问的疑问代词。例如：

（30）三个人嘻嘻哈哈，阿超远远的看，忍不住也跑过来了。"你们<u>说什么说得这么开心</u>？也说给我听一听！"云飞笑着说："从过去，到未来，说不完的故事，说不完的梦！"（琼瑶《苍天有泪》）

　　　　a. 你们说什么？/# 你们说得这么开心？

　　　　b. # 你们说什么啊，说得这么开心？/# 你们说得这么开心啊，说什么？

例（30）中，重动句 VP₁ 倾向于是焦点的条件有：不可省略例（30）a、不可话题化例（30）b、不是重复成分、疑问中心，共得 4 分；VP₂ 倾向于是焦点的条件有：不可话题化，共得 1 分。VP₁ 比 VP₂ 多 3 分，因此，VP₁ 是焦点。

不过值得注意的是，以上三类重动句 VP₁ 虽然为焦点，它们仍具有一定的预设性。例如：

（28'）（你的眼怎么瞎的？）还不是哭你那两个儿子哭瞎的！

　　　　>> 哭了你那两个儿子

（29'）（这怎么是吃出来的呢？）分明想一个人想出来的。

　　　　>> 想了一个人

（30'）你们说什么说得这么开心？

　　　　>> 你们在说什么

不过，当重动句 VP_1 既是预设，又是焦点时，其主要表现是焦点，因为焦点的效力强于预设，在一定条件下，预设是可取消的。而决定焦点的语境信息一旦确定，一般就已成事实，不容否定。比较：

（28″）A：你的眼怎么瞎的？

　　　　B：还不是哭你那两个儿子哭瞎的！

　　　　A_1：你骗人，你根本就没关心过我的儿子。

　　　　A_2：#你骗人，你根本就没瞎。

（30″）A：（三个人嘻嘻哈哈，阿超问）你们说什么说得这么开心？

　　　　B_1：我们没说什么啊。

　　　　B_2：#我们没很开心啊。

例（28″）中，A_1 取消预设"哭你那两个儿子"，对话照样很自然，而 A_2 对语境中的"瞎"予以否定，显然问话者的 A 与 A_2 前后矛盾了。例（30″）中，B_1 也是取消预设"你们在说什么"，对话很自然，而 B_2 对语境中的"嘻嘻哈哈"予以否定，如果对话要成立的话，那答话者 B_2 就是在骗人。

总之，虽然以上三类重动句 VP_1 具有一定的预设性，但它主要体现焦点性。

3.4 重动句的焦点结构

由上面的分析可知，重动句 VP_1VP_2 的焦点有三类：（1）VP_1VP_2 是焦点；（2）VP_1 是焦点；（3）VP_2 是焦点。各类使用条件及出现频率见表3。

表3　重动句各类焦点使用条件及出现频率

类别	使用条件	例数	占比
VP_2 是焦点	一般情况	610	97.4%
VP_1VP_2 是焦点	VP_1VP_2 前有"是"，VP_1、VP_2 都是新信息	14	2.2%
VP_1 是焦点	ⅰ.VP_1 前有"是"，VP_1 是新信息，VP_2 是旧信息	1	0.2%
	ⅱ.构成并列结构，VP_1 是新信息，VP_2 是旧信息	1	0.2%
	ⅲ.VP_1 表疑问，是新信息，VP_2 是旧信息	0	0

由表3可知，VP_1VP_2为焦点和VP_1为焦点的使用受限制，出现频率低，为非典型的；而VP_2为焦点的几乎不受限制，出现频率高，为典型的。VP_1VP_2和VP_1是非常规焦点，VP_2是常规焦点。

由表3还可知，重动句的焦点还和VP_1、VP_2的信息状态密切相关，VP_1、VP_2的信息状态还会影响省略、话题化、并列成分、重复成分、"是"的作用对象等的操作或判断，正因如此，有些文献认为焦点表现新信息（徐烈炯，2017）。但本文认为，焦点和新信息不能等同，焦点一般是新信息，但新信息不一定是焦点，焦点的判断需要综合句法、语义、语用等多种因素。

因此，重动句的焦点结构可做如下简要表示：

a. VP_1VP_2是焦点：【(S)[VP_1VP_2]$_F$】①

b. VP_1是焦点：【(S)[[VP_1]$_F$[VP_2]$_P$]】

c. VP_2是焦点：【(S)[[VP_1]$_P$[VP_2]$_F$]】

由此可见，重动句的焦点结构颇为复杂。

四、重动句是不是双焦点？

上文分析显示重动句VP_1和VP_2都可以做焦点，那重动句是不是双焦点呢？

王灿龙（1999）、赵新（2002）、张静（2004）都认为重动句是双焦点结构，理由是，重动句VP_1、VP_2是完整的整体，"不可或缺"，因而两个都很重要。对此，孙红玲（2005）提出了批评，认为"不可或缺"说的是"信息足量"而不是"信息地位"，这种批评很到位。上面分析也显示重动句是单焦点，不是双焦点。除此之外，本文认为，文献中所谓的"多焦点"或"双焦点"②具有特定的含义，或者跟特定的形式联系，是一种标记性极强的现象。

---

① 各符号的意思如下：F指焦点成分，P指预设成分。

② 学界用的"多焦点"包括而且大部分指的就是"双焦点"，所以下文用"多焦点"统称。

4.1 文献中的"多焦点"

据笔者掌握的资料，文献中所说的"多焦点"主要有四类：（1）指多疑问（Stoyanova，2008；Kabagema-Bilan et al.，2011）；（2）指含有多个对比焦点（Cheng，1983；Kabagema-Bilan et al.，2011）；（3）指由多个焦点算子或焦点标记联系多个焦点（Krifka，1992；Kiss，1998；Beck & Vasishth，2009）；（4）指含有两个重音成分（Culicover & Rochemont，1983）。各举一例如下：

（31）<u>谁</u>烧<u>什么</u>汤？（Kabagema-Bilan et al.，2011）

（32）（Perhaps <u>Sally</u> made the <u>salad</u>, but）<u>Ronald</u> made the <u>hamburgers</u>.（Chafe，1976）

（33）<u>Csakkétfilmetláttakcsak Hárman</u>. 'It was only two films that only three persons saw.'（Kiss，1998）

（34）A：What happened？//B：My <u>stereo</u> just <u>short-circuited</u>.（Culicover & Rochemont，1983）

由此看出，文献中的"多焦点"总是跟特定的形式或标记（疑问代词、重音、焦点标记、焦点敏感算子等）相联系。此外，学界对"多焦点"也有不同看法或解释（Lambrecht，1994；沈园，2005；Erteschik-Shir，2007）。

4.2 重动句不是双焦点

由于汉语重音和焦点的关系比较复杂，这里不探讨第四类"多焦点"。下面看第一类，VP_1、VP_2 都表疑问。例如：

（35）？你吃<u>什么</u>吃得<u>怎么样</u>？

显然，例（35）不太自然，实际语料中也未找到这类重动句。从跨语言的角度，这类多疑问的多焦点现象并不具普遍性（Stoyanova，2008）。而且，它的使用要受各种限制（沈园，2005；Erteschik-Shir，2007），此外，这些焦点往往在语音表现或受强调程度上存在差异，如 Kabagema-Bilan et al.（2011）通过语音实验发现，汉语这类多焦点中的第二个焦点才具有语音 F0 效应，这与单焦点一致。徐杰（2001）也指出，多疑问中不同的焦点受到的强调程度不同，一般是第一个焦点受强调的程度高。

不仅如此，语料中宾语为疑问成分的也只有 1 例，只占 0.2%，而且不表疑问。因此，本文认为，重动句 VP_1、VP_2 都表疑问的极受限制。

第二类，VP_1、VP_2 都是对比焦点。例如：

（36）"把我的床拆下来。别让妈睡箱子了，让妈睡我的单人床吧！"//"<u>妈睡箱子睡舒服了</u>，<u>睡别的睡不惯了</u>。"（刘恒《贫嘴张大民的幸福生活》）

例（36）中，两个重动句构成并列，照一般理解，它们的 VP_1、VP_2 都是对比焦点。但正如 Cheng（1983）所说，各个对比焦点有主次之分。Kabagema-Bilan et al.（2011）通过语音实验发现，第二个对比焦点才具有语音 F0 效应，这与单焦点一致。如果采用上文判断焦点的方法，"妈睡箱子睡舒服了" VP_1 为焦点的得分是 1（并列成分），VP_2 为焦点的得分是 4（不可省略、不可话题化、并列成分、非重复成分）。"睡别的睡不惯了" VP_1 为焦点的得分是 3（不可省略、并列成分、非重复成分），VP_2 为焦点的得分是 5（不可省略、不可话题化、并列成分、非重复成分、否定中心）。两例都是 VP_2 的焦点性强于 VP_1，因而，仍然是 VP_2 为焦点。

第三类，VP_1、VP_2 出现焦点敏感成分。例如：

（37）把式样子，<u>连</u><u>走</u>路都<u>走</u>不好，横七竖八，胳膊和腿东一榔头西一棒。（毕飞宇《平原》）

刘探宙（2008）将"连……都……"看作是标记句式的焦点标记，"连"后的成分被标记为焦点，同时刘文将"不"看作是焦点敏感算子。据此，例（37）重动句 VP_1 和 VP_2 都是焦点。不过，关于"连……都……"的焦点，学界颇有争议，如曹逢甫（1994）先是将"连"后的成分看作焦点，后来则认为是话题。如果采用上文判断焦点的方法，此例 VP_1 得 1 分（非重复成分），VP_2 得 4 分（不可省略、不可话题化、非重复成分、否定中心），显然 VP_2 是焦点。笔者共收集到 13 例带"连……都……"的重动句（VP_2 都为"V 不 C"），其 VP_1 为焦点的平均得分（2.6364）显著低于 VP_2 为焦点的平均得分（4.0000）（$t=16.036$，$p<0.001$），因而 VP_2 是焦点。

总之，所谓的"双焦点"的重动句要么极受限制，要么实际上只有一个焦点，因此，重动句不是双焦点。

退一步说，即使认为例（35）～（37）等都是双焦点，但这并不意味着重动句是双焦点，文献上的多（双）焦点与其说是跟句子或结构有关，不如说是跟特定的形式标记（疑问代词、重音、焦点标记、焦点敏感算子等）有关。也就是说，形式标记是构成多焦点的必要条件，而这些标记附丽的结构则既不是必要条件，也不是充分条件。照此，不仅重动句可以构成多焦点，一般主谓句也可以构成多焦点，但正如不宜将一般主谓句看作多焦点一样，也不宜将重动句看作多焦点。

一般认为，由于受记忆或信息处理能力的限制，一个小句只有一个焦点或新信息（Du Bois，1987；Chafe，1987；方梅，2005）。要使重动句的 VP_1、VP_2 都成为焦点，一般是将它们独立成小句，成为各自独立的语调单位，比较：

（38）a. 何庆魁：她当时也没说什么，结果就是后来有一次她喝酒喝醉了。（《鲁豫有约》）

　　　b. 凤举在外面回来了，晚上点着个灯在那儿喝酒，喝醉了。（徐德明《金粉世家》与家族小说）

例（38）a 画线部分是重动句，焦点是 VP_2。例（38）b 画线部分是两个独立小句，VP_1、VP_2 都是焦点。

4.3　重动句 VP_1VP_2 是焦点与双焦点

前文指出，重动句有一种焦点类型是 VP_1VP_2 是焦点，再举两例：

（39）我看你纯粹是看反特电影看出毛病来了，哪儿有那么多"秘密图纸"被窃呀。（海岩《便衣警察》）

（40）来的都是领导，也都知道这烟是打假打来的，他们硬不给钱，我能挡住谁呢？（李佩甫《羊的门》）

这些重动句 VP_1VP_2 前有"是"，而且 VP_1 和 VP_2 都是新信息，VP_1VP_2 作为一个整体做焦点，这是广焦点，而不是双焦点。再退一步，即使假定王灿龙（1999）、赵新（2002）等所说的双焦点就是指 VP_1VP_2 整体做焦点的情况，这也忽视了大量重动句只是 VP_2 做焦点的情况。

五、结语

重动句焦点是重动句研究的重要论题，也是争论最多的问题之一，据笔者掌握的资料，至少有五种观点，主要是因为判断焦点缺乏更合理、更全面、更具可操作性的方法或手段。

在以往研究的基础上（特别是 Cheng，1983），笔者概括出七种判断焦点的方法，并以 626 个实际用例为对象，探讨重动句 VP_1、VP_2 的焦点性差异，进而探讨重动句的焦点。分析显示，无论是各个焦点得分段的差异，还是焦点得分差表现，乃至平均焦点得分差异，VP_2 都比 VP_1 更倾向于做焦点。根据 VP_2 和 VP_1 焦点性差异，重动句的 VP_2、VP_1VP_2 和 VP_1 都有可能是焦点，其中 VP_2 做焦点的频率最高，几乎无使用限制，因而 VP_2 可看作常规焦点，VP_1VP_2、VP_1 做焦点的出现频率低，使用限制严，因而它们是非常规焦点。本文为焦点的判断提供了一种较客观、较全面、也更具可操作性的方法。

多焦点（双焦点）是一种标记性非常强的现象，而所谓的"双焦点"的重动句要么限制极严，要么并不是真正的多焦点，因而重动句不是双焦点结构。

参考文献

曹逢甫（1994）再论话题和"连……都/也"结构，载戴浩一、薛凤生主编《功能主义与汉语语法》，北京：北京语言学院出版社。
曹逢甫（2005）《汉语的句子和子句结构》，王静译，北京：北京语言大学出版社。
戴耀晶（1998）试说汉语重动句的语法价值，《汉语学习》第 2 期。
方梅（2005）篇章语法与汉语篇章语法研究，《中国社会科学》第 6 期。
李宝伦、潘海华（2005）焦点关联现象与对焦点敏感的结构，载徐烈炯、潘海华主编《焦点结构和意义的研究》，北京：外语教学与研究出版社。
刘丹青、徐烈炯（1998）普通话与上海话中的拷贝式话题结构，《语言教学与研究》第 1 期。
刘探宙（2008）多重强式焦点共现句式，《中国语文》第 3 期。
刘维群（1986）论重动句的特点，《南开学报》第 3 期。
陆丙甫（2004）汉语语序的总体特点及其功能解释，载中国社会科学院语言研究所《中国语文》编辑部编《庆祝〈中国语文〉创刊 50 周年学术论文集》，北京：商务印书馆。

陆俭明（2017）重视语言信息结构研究 开拓语言研究的新视野，《当代修辞学》第 4 期。
吕叔湘（1985）疑问·否定·肯定，《中国语文》第 4 期。
聂仁发（2001）重动句的语篇分析，《湖南师范大学社会科学学报》第 1 期。
钱敏汝（1990）否定载体"不"的语义—语法考察，《中国语文》第 1 期。
秦礼君（1985）关于"动＋宾＋动重＋补"的结构形式，《语言研究》第 2 期。
沈园（2005）关于英语焦点表现的研究，载徐烈炯、潘海华主编《焦点结构和意义的研究》，北京：外语教学与研究出版社。
孙红玲（2005）现代汉语重动句研究，北京语言大学博士学位论文。
王灿龙（1999）重动句补议，《中国语文》第 2 期。
项开喜（1997）汉语重动句式的功能研究，《中国语文》第 4 期。
徐杰（2001）《普遍语法原则与汉语语法现象》，北京：北京大学出版社。
徐烈炯（2017）焦点的不同概念及其在汉语中的表现形式，载《现代中国语研究》编辑委员会编《现代中国语研究》，北京：华文教学出版社。
玄玥（2007）描述性状中结构作谓语的自然焦点，《世界汉语教学》第 3 期。
袁毓林（1996）话题化及相关的语法过程，《中国语文》第 4 期。
袁毓林（2003）句子的焦点结构及其对语义解释的影响，《当代语言学》第 4 期。
张伯江、方梅（1996）《汉语功能语法研究》，南昌：江西教育出版社。
张静（2004）现代汉语重动句研究，南京师范大学硕士学位论文。
赵建军、杨晓虹、杨玉芳等（2012）汉语中焦点与重音的对应关系：基于语料库的初步研究，《语言研究》第 4 期。
赵新（2002）试论重动句的功能，《语言研究》第 1 期。
赵元任（1979）《汉语口语语法》，吕叔湘译，北京：商务印书馆。
朱德熙（1982）《语法讲义》，北京：商务印书馆。
Beck, S., & Vasishth, S. (2009) Multiple focus. *Journal of Semantics*, 26(2): 159-184.
Chafe, W. (1976) Giveness, contrastiveness, definiteness, subjects, topics, and point of view. In Charles N. Li (ed.), *Subject and Topic* (pp. 27-55). New York: Academic Press.
Chafe, W. (1987) Cognitive constraints on information flow. In Russell S. Tomlin (ed.), *Coherence and Grounding in Discourse* (pp. 21-51). Amsterdam, Philadelphia: John Benjamins.
Cheng, Robert L. (1983) Focus devices in Mandarin Chinese. In Ting-Chi Tang, Robert L. Cheng & Ying-Che Li (eds.), *Studies in Chinese Syntax and Semantics* (pp. 53-102). Taipei, Taiwan: Students Book Co.
Cinque, G. (1993) A null theory of phrase and compound stress. *Linguistic Inquiry*, 24(2): 239-297.
Culicover, P. W., & Rochemont, M. (1983) Stress and focus in English. *Language*, 59(1): 123-165.
Du Bois, J. W. (1987) The discourse basis of ergativity. *Language*, 63(4): 805-855.
Erteschik-Shir, N. (2007) *Information Structure: The Syntax-Discourse Interface* (Vol. 3). Oxford: Oxford University Press.

Hopper, P. J., & Thompson, S. A. (1980) Transitivity in grammar and discourse. *Language*, *56*(2): 251-299.

Kabagema-Bilan, E., López-Jiménez, B., & Truckenbrodt, H. (2011) Multiple focus in Mandarin Chinese. *Lingua*, *121*(13): 1890-1905.

Kiss, K. É. (1998) Identificational focus versus information focus. *Language*, *74*(2): 245-273.

Krifka, M. (1992) A compositional semantics for multiple focus constructions. In Jacobs, J. (ed.), *Informationsstruktur und Grammatik* (pp. 17-53). VS Verlag für Sozialwissenschaften, Wiesbaden.

Lambrecht, K. (1994) *Information Structure and Sentence Form: Topic, Focus, and the Mental Representations of Discourse Referents* (Cambridge Studies in Linguistics). Cambridge: Cambridge University Press.

Lewis, D. (1979) Scorekeeping in a language game. *Journal of Philosophical Logic 8*(1): 339-359.

Stoyanova, M. (2008) *Unique Focus: Languages without Multiple Wh-questions*. Amsterdam, Philadelphia: John Benjamins.

Xu, L. (2004) Manifestation of informational focus. *Lingua*, *114*(3): 277-299.

承接与条件的渐进连续及"一 VP_1"的多义性*

叶琼

摘　要：时间与条件的交叠不仅表现在惯常与未来之事，还表现在时间承接与条件的功能连续。本文基于日语等非定式动词连接优先型语言中有关承接和条件的表达，论述了从承接到条件构成的一个语义渐进连续的概念空间，至少包括了 12 个相关的功能节点。对连续的功能采用同一编码形式是语言象似性和经济性的体现。汉语"一 VP_1"的多义性在于其具有承接语义，且在承接—条件语义图上覆盖了一个连续的、不间断的空间。只是相较日语、土耳其语等语言中的语法附着词，汉语"一 VP_1"不具有语法的规定性和使用的强制性。

关键词："一 VP_1"；承接；条件；渐进连续

一、引言

1.1 时间与条件

时间向条件的功能扩张在历时与共时两个维度被广泛论及。从语义来看，通常认为有两类时间小句会与条件小句发生交叠，一是习惯性的，二是未来之事（王春辉，2013；吕叔湘，2014）。例如：

（1）你到了给我打个电话。[①]

---

* 本文原发表于《外语教学与研究》（外国语文双月刊）2019年第4期。
[①] 本文语料主要来源于网络，文中一般不再注明出处。

例（1）画线部分可以解读为未来时间"你到的时候"，也可以解读为假设条件"如果你到了"。

时间与条件的形式交叠主要表现在两方面：其一，从历时角度看，时间词是条件连词的重要历史来源之一（Heine & Kuteva, 2002; Hopper & Traugott, 2003）；其二，时间标记与条件标记可能在一个句子中共现，如例（2）中近代汉语"时"（曹国安，1996）。

（2）<u>若</u>干娘再不收<u>时</u>，便是故意推调了。（冯梦龙《喻世明言》）

再者，存在一些语言形式既可以表达时间，也可以表达条件，如日语たら（tara）、と（to）、德语 wenn 等。汉语"一 VP_1,（就）VP_2"结构（下文简称"一 VP_1"）也兼有时间和条件的不同解读。

1.2 "一 VP_1"的多义性及本文探讨的问题

关于"一 VP_1"的多义性已有较多论述（李宇明，2000；吴春仙，2001；邢福义，2001；王弘宇，2001；等等），如邢福义（2001）指出，"一 VP_1"有时表时间连贯，属于并列类复句，有时相当于"只要……就"，属于条件句，有时相当于"因为……所以就"，属于因果复句。王弘宇（2001）指出，"一 VP_1"连接的两个事件具有紧随（连贯）关系或依变（条件）关系。也有研究从"一 VP_1"的体意义出发阐明格式的多功能性，如陈光（2003）指出，"一 VP_1"表达"瞬时实现体"，可以表达前项事件与后项事件在时间上紧接，也可以表达先后事件在逻辑事理上的紧接。陈前瑞、王继红（2006）指出，"一 VP_1"表达完成体（perfect），不仅表示事件的紧促发生，还表示该事件预示着达到某种结果或状态。

对于连续的功能采用同一编码形式是语言象似性及经济性的体现。本文着眼于共时系统中多功能语言形式对时间承接义及条件义的表达，从跨语言视角做如下工作：（1）论述从承接到条件的功能连续；（2）阐述相关语言形式及汉语"一 VP_1"对承接—条件语义图的切割；（3）解读"一 VP_1"所表达的承接—条件语义。

二、承接—条件标记功能连续的跨语言考察

2.1 承接与条件标记同形——来自日语的样例

承接与条件采用同一标记，典型的如日语。通常认为日语有 4 个条件标记：ば（ba）、たら（tara）、と（to）和なら（nara）。其中，前三个标记都表明小句事态已然实现，而なら（nara）没有时间意义（前田直子，2009），排除在本文讨论范围之外。

根据小句命题的真实性程度，Comrie（1986）由高到低区分了条件句的 4 个假设性等级（degrees of hypotheticality）：违实条件句、假设条件句、真实条件句、真实陈述句。其中，真实陈述句陈述一个事实，假设性为 0。日语对于条件实现的可能性程度并不像英语那样有形式上的区分，我们对日语条件标记的典型性判断可以基于该标记是否用于"高假设性"的违实条件和假设条件，以及该标记是否用于"零假设性"的事实陈述。

ば（ba）可用于违实条件和假设条件，且通常不用作事实陈述，是日语最典型的条件标记。ば（ba）与时间的交叠正如引言所述的情形，只发生在当小句表达惯常或未来之事时，既可以解读为时间，也可以解读为条件。[①]例如：

（3）君が　最善を　尽くすならば、　それを　あげるよ。
you SUB　best OBJ　do　ba COND　　it OBJ　give-will
When/If you try to do your best, (I) will give it to you.（Hasada, 1997）

与ば（ba）类似，德语的条件标记 wenn 也只有在涉及惯常或未来事态的假设时，才会兼有时间意义（Wierzbicka, 1996）。

与之相对，と（to）、たら（tara）与时间的交叠则不限于惯常或未然之事。例如：

[①] 古典日语中，-e ba 表示时间，-a ba 表示条件，现代日语中统一为-e ba，其时间和条件语义的区分被模糊化（Akatsuka, 1983）。

（4）a. 连续动作

　　冷蔵庫を（開けると／*開けたら／*開ければ）、ビールを 取り出した。①

　　打开冰箱，拿出了啤酒。

b. 因果承接

　　兄が（怒ると／怒ったら／*怒れば）、妹が 泣き出した。

　　哥哥一生气，妹妹哭了起来。

c. 相关性承接②

　　坂を（上ると／上ったら／*上れば）、海が 見えた。

　　登上山坡，看见了一片海。

d. 惯常条件

　　ここでは 夏に（なったら／なると／なれば）、よく 雨が 降ります。

　　这里一到夏天，就经常下雨。

e. 假设条件

　　明日、雨が（降ったら／降れば／*降ると）、私は そこに 行かない。

　　如果明天下雨，我就不去了。

f. 违实条件

　　もっと早く（起きたら／起きれば／*起きると）よかったなあ。

　　要是早点起床就好了。

ば（ba）、たら（tara）、と（to）的功能对比可总结如表1：

表1 "ば""たら""と"的功能对比

形式	功能					
	连续动作	因果承接	相关性承接	惯常条件	假设条件	违实条件
ば（ba）	×	×	×	√	√	√

---

① 本节例句出自東京外国語大学語学研究所『語学研究所論集』第20号（2015）问卷，汉语译文来自作者。

② 相关性承接（related sequence）指前项事态A实现后或实现过程中，出现或发现了事态B，详见2.2.3的讨论。

续表

形式	功能					
	连续动作	因果承接	相关性承接	惯常条件	假设条件	违实条件
たら（tara）	×	√	√	√	√	√
と（to）	√	√	√	√	×	×

由表1可知，ば（ba）可用于惯常条件、假设条件和违实条件，不用于零假设性的事实陈述（连续动作、因果承接、相关性承接），是日语最典型的条件标记。たら（tara）可用于惯常条件、假设条件及违实条件，也可做事实陈述，表达因果承接及相关性承接，是日语最广泛使用的条件标记。と（to）可用于零假设性的连续动作、因果承接及相关性承接，也可表达惯常条件，但不用于高假设性的假设条件及违实条件，更倾向于一个时间承接标记。三者作为条件标记的典型性程度为：と（to）＜たら（tara）＜ば（ba）。

在と（to）、たら（tara）所表达的事实陈述句中，小句陈述的是一个已然实现的现实事态，结句采用了た（ta）（过去时/完成体）。而条件小句通常指一个存在于假想或想象世界中的非现实事态，日语对于这两种不同的事态采用了同一标记，在其他语言中是否存在同样的情形呢？

2.2 承接与条件的渐进连续——跨语言的例证

跨语言考察的结果表明：一方面，たら（tara）这样兼用于高假设性的条件句与零假设性的事实陈述句的多功能标记确属罕见；另一方面，语言在对连续动作、因果承接、相关性承接、惯常条件、假设条件等的标记上，各功能节点之间又呈现出显著的连续性。

2.2.1 事件连接的结构类型

语言表征两个连续的事件有下面三种常见的结构类型：（1）连动结构（serial verb construction）（Li & Thompson, 1981），以时序原则为基本结构原则，动词或两个谓语句无标记并置，各类语义关系需要在上下文中获得。汉语、越南语、马来西亚语等孤立语多见该类连接方式。（2）协同结构（co-ranking structure)(Longacre,1985),采用屈折形态的定式动词(finite form)引导的限定小句+连接词形式(如英语and/then/because等)。德语、俄语、意大利语等印欧语多采用该类连接方式。(3)链式结构(chaining structure)(Longacre,1985),小句采用非定式动词(infinite verb),添加附着词以表达句子之间的语义关系,定式动词只出现在句末,典型的如日语、土耳其语、蒙古语等。① 同样的语义在汉语、英语、朝鲜语中可采用不同手段表述。例如:

(5)a. 连动结构(无标并置)

　　昨天我在楼梯上<u>摔了一跤受伤了</u>。

b. 协同结构(定式动词+连接词)

　　I fell down on the stairs yesterday <u>and</u> got hurt.

c. 链式结构(添加语法附着词的非定式动词)

　　어제　계단에서　넘어져서　다쳤다.
　　yesterday stairs-LOC fall down-CVB② hurt

就本文所探讨的从承接到条件的各主要功能节点来看,以印欧语为代表的协同结构语言多在连续动作、因果承接、相关性承接与惯常条件表达上采用同一编码结构,且所用形式只表达时间承接,德语wenn的特殊性正在于它既可以表达印欧语中通常由时间词标记的惯常条件,同时可以表达对未然事态的假设。

本文主要着眼于以日语为代表的链式结构语言的考察。③ 这些语言格标记众多,语法附着词发达,存在着一些多功能语法附着词,负载了从承接到惯常条件,从惯常条件到假设条件节点上的几个连续的功能,提示了可能区分的语义节点,沟通了从承接到条件的语义联系。

2.2.2 连续动作与因果承接

表达连续动作的承接标记往往可以扩展出因果用法。例如:

---

① 语言采用何种事件连接类型并不是绝对的,如连动结构、链式结构语言也存在连接词连接,协同结构语言也有分词等非定式动词连接,上述三种连接类型的区分只表明某语言在表征连续事件时的倾向性。

② LOC(locative)处所格,CVB(converb)朝鲜语、土耳其语等语言中的连接动词,又称副动词。

③ 对相关链式结构语言的描述参考東京外国語大学語学研究所『語学研究所論集』第20号(2015),朝鲜语(黒島規史、孫ミナ)、土耳其语/土库曼语(奥真裕)、蒙古语(山田洋平)、独龙语(大西秀幸)、尼夫赫语(蔡熙镜)、赫哲语/索伦语(風間伸次郎)。文后参考文献不再一一列出。

（6）a. 连续动作

（わたしは）昨日は、１０時に 家に 帰っ<u>て</u>、少しテレビを 見<u>て</u>（から）、寝ました。

我昨天 10 点回到家，看了一会儿电视，就睡了。

b. 因果承接

昨日 階段で 転ん<u>で</u>、けがをしてしまった。

昨天在楼梯上摔了一跤受伤了。

例（6）a、例（6）b 中，日语采用て（te）连接后句，分别表达动作连续及因果承接。当语言形式用来连接时间上相继发生的两个事件，则该形式容易演变出表达"前因后果"的因果类用法。值得注意的是，在英语、德语等印欧语言中，当主语相异，则无法采用分词小句，主语一致性问题在本文所考察的语言中也同样显赫。此外，由承接标记扩展出的因果用法常常受到语气类型的制约，主句大多不能用于祈使语气，见表 2。

表 2　相关链式结构语言中的专用承接标记与因果用法

语言	专用承接形式	同主语连续动作	同主语因果承接	异主语并列①	异主语因果承接	因果+祈使
日语	te	√	√	√	△②	×
蒙古语	aad	√	√	√	×	×
朝鲜语	ase	√	√	×	√	×
土耳其语	ip	√	√	×	×	×
土库曼语	ip	√	√	√	×	×
独龙语	=dēr	√	√	×	×	×
尼夫赫语	t	√	√	×	×	×
赫哲语	rəə	√	√	×	×	×
索伦语	čči	√	√	×	×	×

① 指没有时间或因果等逻辑关系的主语相异的并列句，如"每天早晨爸爸去公司，哥哥去学校"。
② 日语 te 通常不用于异主语因果，但在添加视点标记等情形下可以采用 te 连接，笔者另文详述。

对主语一致性的关注，使语言需要对异主语并列、异主语因果采用不同标记。如日语たら（tara）/ と (to)、蒙古语 nguut/tal/ sAn=čin 均可用来标记异主语因果。同时，语言也可能产生不区分主语异同，且不受语气类型制约的专门的因果标记，如日语から（kara）、蒙古语 učir-AAs 等。异主语并列则可能另采用并列附着词（如尼夫赫语 ra）或并置两个独立句进行表述（如独龙语）。

2.2.3 因果与相关性承接

相关性承接指"前项事态 A 实现后或实现过程中，出现或发现了事态 B"，A 与 B 之间存在一种延展的相关性（lingering relevance），提示了与 A 相关联，后项达到了某个结果或状态。例如：

（7）相关性承接

　　a. 窓を 開け<u>たら</u>、冷たい風が 入ってきた。

　　　打开窗户，冷风吹了进来。

　　b. 坂を 上る<u>と</u>、海が 見えた。

　　　登上山坡，看见了一片海。

例（7）a、例（7）b 的前项并不是一个孤立的完整事件，它为后项提供了背景设定，后项是经由前项出现的结果，该结果与前项主语的意志无关，具有意外性，多为异主语间的行为承接。相关性承接所表达的"经由—结果"关系与因果关系存在语义上的邻近性。

对上述语言考察的结果表明，表达异主语因果承接的标记通常可用于相关性承接。以朝鲜语 nikka 为例，nikka 是朝鲜语使用频次高的因果标记，用于因果祈使句，与表 2 的承接兼因果标记 ase 构成互补，且兼有相关性承接用法（黑島規史、孫ミナ，2015；金智賢，2018）。例如：

（8）a. 因果 + 祈使

　　　시간이　　없으니까　　서둘러　　가자.

　　　sikan-i　　eps-unikka　　setwulle　　ka-ca

　　　time-NOM　no-CVB　　hurry-CVB　go-COHOR[①]

　　　没时间了，赶紧走吧！

---

① NOM（nominative）主格，COHOR（cohortative）劝请式，PST（past）过去时。

b. 相关性承接

언덕을　　올라가니 (까)　　　　바다가 보였다.
entek-ul　　olla-ka-ni(kka)　　　　pata-ka poy-ess-ta
slope　　　go up-CVB-go-CVB　sea-NOM come into sight-PST
登上山坡，看见了一片海。

以上，日语采用条件标记表达相关性承接，朝鲜语采用因果标记表达相关性承接，这些多功能标记的存在证明了因果、相关性承接及条件之间的语义连续性。

2.2.4 惯常条件

惯常条件介于承接与条件之间。一方面，惯常条件具有较强的时间承接意义，表达"当 A 发生时，发生 B"，它与相关性承接的区别只在于前者描述过去时间里发生的偶然性相关，而后者描述过去或现在、未来时间中的惯常性相关，两者都包含"当 A 的时候，出现 B"的时间意义。另一方面，惯常条件也包括了对未然非现实事态的判断，表达了"当 A 发生，则 B 会发生"，这一点与假设条件所表达的"如果 A 成立，则 B 成立"语义邻近。因此，惯常条件在承接与条件之间处于承上启下的位置。绝大多数印欧语对相关性承接和惯常条件采用同一标记，如例（9）芬兰语的 kun。

（9）a. 惯常条件

Kun　kesä　　tule-e,　niin　täällä　sata-a　usein　vettä.
when summer　come　so　here　rain　often　water

b. 相关性承接

Kun　avas-i-n　ikkuna-n,　kylmä tuuli　tul-i　sisään.
when open　　window　　cold　wind　come　in

此外，日语 to /tara、土耳其语 inca、蒙古语 nguut、独龙语 =rəgap、赫哲语 očia / učiə 对于两者也都采用同一编码。另一些语言则将惯常条件与假设条件等同编码，如德语 wenn、日语 tara/ba、朝鲜语 myen、蒙古语 val、达斡尔语 aas、索伦语 kkii，其中，日语 tara 兼用于相关性承接、惯常条件和假设条件，所跨功能最多。

2.2.5 假设条件的再区分

假设条件用于未然的非现实事态，关于假设条件可以注意到的区分有：

一些语言区分了传递命题信息的假设陈述与表达言语行为的假设＋祈使，如日语 ba、土耳其语 sa 可用于陈述的假设条件，不用于假设＋祈使。

一些语言区分了"具有实现预期"以及"不确定能否实现"的事态，前者可称为"未然充要条件"，旨在说明"只要 A，则 B"，后者为"假设条件"，旨在提出假设。如"电话来了，你告诉我"，根据对"来电话"的预期，一些语言（如绝大多数印欧语，以及土耳其语、赫哲语、土库曼语等）只在能否实现没有预期时采用假设形式，其他采用时间表达，而另一些语言（如日语、朝鲜语、蒙古语、尼夫赫语、索伦语等）对未然事件不做区分，都采用假设形式。

一些语言区分了与时间有关以及与时间无关的假设，与时间无关的假设不涉及事态的先后及客观存在的事理因果，只用于话语层面，说话人确认某个话题，并就该话题阐述自己的观点，包含了与听者的互动，可表述为"If you say 〈it is P〉, I say 〈it is Q〉"。如"我是总经理的话，你就是董事长"。日语对该类假设做出了形式区分。

假设条件中当然还可以进一步区分出与事实不符的违实条件。

三、从承接到条件的多点连续语义图

日语ば、と、たら、て的功能分工以及标记的多功能性为我们展示了从承接到条件的语义渐进关系，建立起一个由若干节点和连线架构形成的概念空间（conceptual space），节点代表了相关语法形式的不同功能，连线表示两个功能之间直接关联。

2.2.3 至 2.2.5 跨语言考察的结果证明了从承接到条件所构成的概念空间中，各节点之间的语义联系具有普遍意义。某个语法形式具有多重意义或用法，而这些意义或用法在不同语言中也一再出现采用同一形式负载的现象，那么可以认为这些语义关联不是偶然的，而是系统的、普遍的，它可能反映了人类语言在概念层面上的一些共性（陆丙甫、金立鑫，2015）。

另一方面，各语言在同一概念空间上的切割方式具有一定的任意性，不同语言在连续功能的切分上会产生数量不等的表达方式，多点连续的语义图（semantic map）可以反映特定语言相关编码形式在概念空间上的切分及其所覆盖概念空间的大小。Haspelmath（2003）指出，"如果某功能至少在两种语言中得到了区分，那么就可以将其视为概念空间上的一个节点"，因此从承接到条件我们至少可以得出 12 个连续的功能节点（如图 1 所示）。

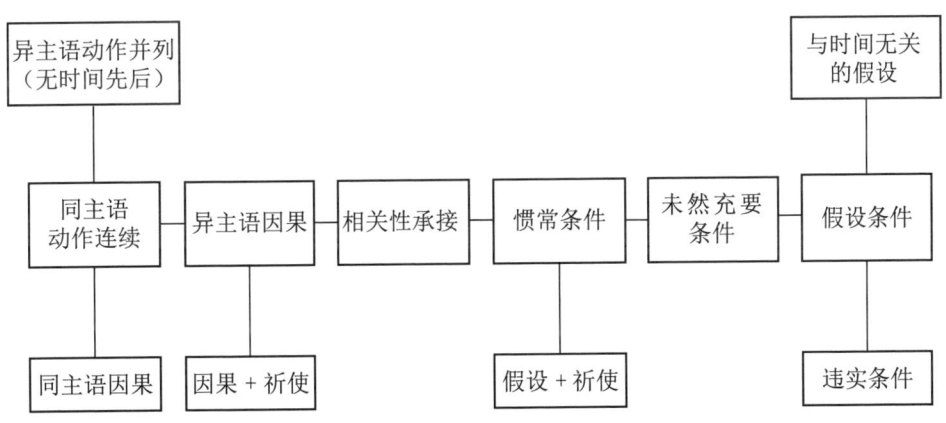

图 1　从承接到条件的概念空间及功能节点

由图 1 可知，从连续动作到相关性承接之间存在因果过渡，从相关性承接到假设条件之间存在惯常条件过渡。由该语义图也可以做出如下功能预测：当某语言形式可以表达"异主语因果"和"惯常条件"，那么它也可以表达"相关性承接"；当某形式可以表达"相关性承接"和"未然充要条件"，那么它也可以表达"惯常条件"。

语言相关形式在图 1 上各自进行不同的切割，且所切割的是一个连续的空间，"在任何语言或结构中，相关的类别都以连续区域的形式分布在概念空间上"

（Croft，2001）。以下分别以日语、朝鲜语、土耳其语为例加以考证，每个功能形式所覆盖的功能项都是不间断的连续空间，如图2所示：

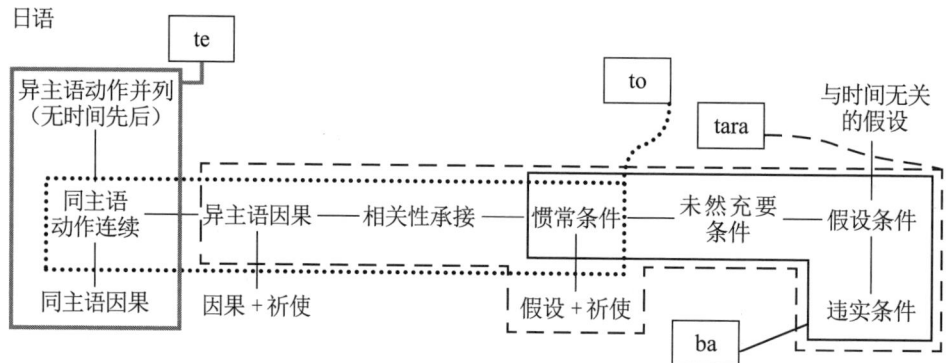

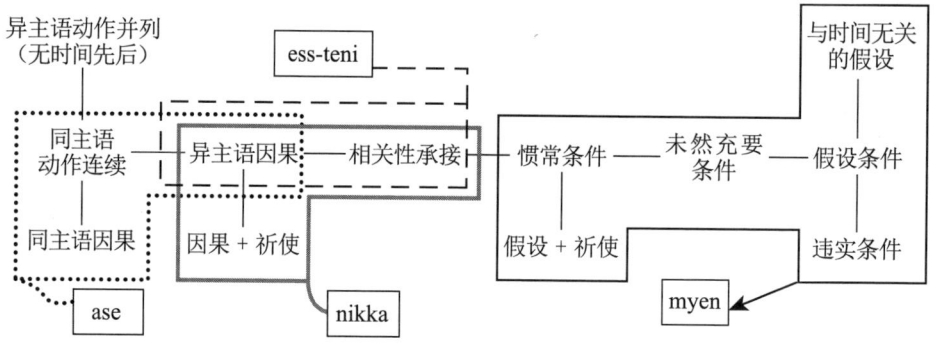

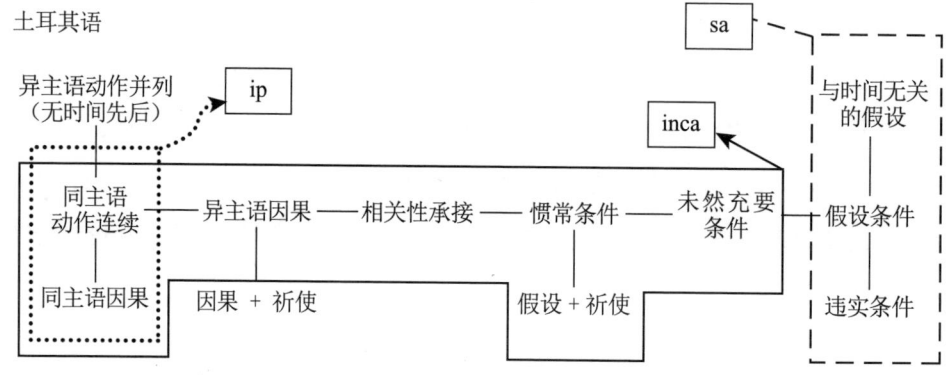

图2 日语、朝鲜语、土耳其语的承接—条件多点连续语义图

由图2可知，各语言对连续功能的切分大不相同，语言内部各形式所表达的功能有所重叠，但各形式所切割的概念空间都是连续的。语义图中各功能节点的顺序不能变换，否则将导致某形式所表达的连续概念空间出现断隔。

四、汉语"一VP_1"的概念空间及承接—条件语义解读

4.1 "一VP_1"对承接—条件语义图的切割

"一VP_1"覆盖了从同主语动作承接到未然充要条件的连续的概念空间。例如：

（10）a. 同主语动作连续

我眼里闪出泪花，把杯子一顿，心平气和地问："这个你也想否认？"

他一笑，滑进被里躺下，仰面看着天花板出起神。①

b. 同主语因果

我一高兴就多喝了几杯。

一想到今晚还要刷房就累。

c. 异主语因果

我风驰电掣地冲他们驶去，开到跟前，一踩前闸，车身一下横了过来。

小何一走，老胡立刻没了精神。

d. 相关性承接

医生一检查，果然是肺炎。

电话响了，朱怀镜一接，正是方明远，说车已在楼下了。

---

① 例（10）a中，"一顿""一笑"也有"动作短暂、快捷""程度轻微"等动作方式方面的解读（殷志平，1999），考虑到动作行为或状态变化都是在时间进程中发生，动作方式的"快捷、轻微"也表达了动作在时间轴上不占据较长一段时间，VP_1与随后发生的VP_2在时间上紧连，并为VP_2提供了背景信息，由此本文将此类不单独成句的"一VP_1"作"动作连续"解读。

e. 惯常条件

她一争吵，就非常认真，非吵赢不可。

一说话就斥我，你要看不上我了就明说。

f. 假设+祈使

你一下飞机，就给我来个电话。

客人一到，就告诉我。

g. 未然充要条件

明天一开庭，你就全知道了。

结果一出来，我就通知你们。

例（10）f、例（10）g 中，"一 VP_1" 表达未然之事时，用于有实现预期的未然之事，如"下飞机""明天开庭"等是可预见的未来，说话人无意假设其能否成立。

"一 VP_1" 对承接—条件语义图的切割如图 3 所示：

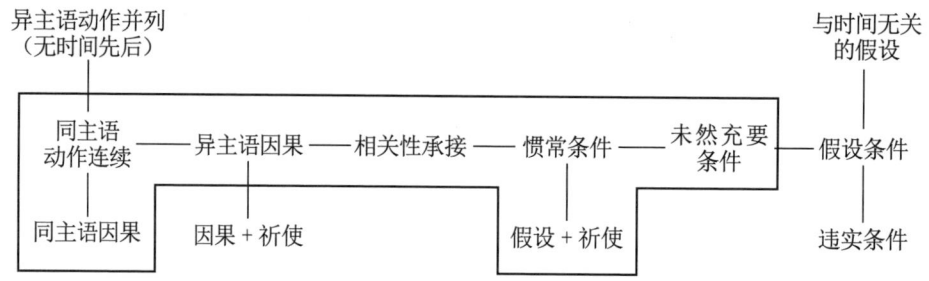

图 3 "一 VP_1" 对承接—条件语义图的切割

"一 VP_1" 不旨在假设，不用于高假设性的违实条件，如例（11）a，也不用于无时间意义的假设，如例（11）b，例（11）a、例（11）b 需用"如果、要是"。

（11）*a. 当时我一留下他，就不会是今天的样子了。

*b. 你一要去，就现在去。

4.2 "一 VP_1" 所表达的承接—条件语义

4.2.1 瞬时承接与条件—结果

"一 VP_1" 中，"一"是表示"突起的时态副词"（黎锦熙、刘世儒，1962），指 A 实现后，紧接着发生 B，格式还可以进一步添加时间副词"刚""立刻"，构成"刚一 VP$_1$，立刻就 VP$_2$"，加强瞬时紧接语义。时间上的瞬时紧接容易产生逻辑上紧接着的因果或条件关系。日语 to、土耳其语 inca、蒙古语 nguut、英语 as soon as 等都在瞬时承接意义上发生了语义扩张。汉语因果、条件句中常用的连接副词"就、便"也都由空间、时间靠近义扩展而来（李宗江，1997）。

值得一提的是，承接还可能进一步演变出让步关系，即 A 实现的瞬间或者是实现过程中，又发生了另外一个事态 B。近代汉语表示让步的"时"就经历了"时间＞条件＞让步"的演变（江蓝生，2002）。

4.2.2 同时性与前景—背景

时间紧邻蕴含了事件的同时性，而同时性又为前后信息间的前景—背景关系奠定基础，试比较：

（12）a. 他一回到家，就打开冰箱拿出一杯冰啤。

　　　b. 他回到家，打开冰箱，拿出一杯冰啤。

例（12）a 事态紧邻发生，前项为后项指定了时间背景，例（12）b 为单纯动作承接。再如：

（13）老莫哈哈一笑，说："我是那种乱来的人吗？"

例（13）前项为后项主要动作"说"提供了伴随状态，后项为前景信息。李宇明（2000）指出"一 VP$_1$"结构中，VP$_2$ 通常比 VP$_1$ 复杂，是表达的重心所在。

4.2.3 体貌意义与语法的非强制性

"一 VP$_1$"的体意义已有较多论述，如殷志平（1999）"始点体"、李宇明（2000）"最近完成体"、陈光（2003）"瞬时实现体"。汉语体范畴是语法化程度较低的语法范畴，不论是完成体标记"了"，还是进行体标记"着"，都不具有语法的规定性或使用的强制性（吴福祥，2005）。例如：

（14）a. 准备工作已经全部完成（了）。

　　　b. 我画画呢 / 在画画 / 画着画呢。

"了""着"具有可选性并存在可替代形式，这一点与具有强制性的语法标记形成对比，如英语过去时标记"ed"，即使句中有表示过去的时间词，"ed"依然要冗余使用。

和"了""着"一样,"一VP$_1$"作为体标记的使用也不具有强制性,可选用或以其他形式替代。例如:

（15）a. 外行人听不出什么，内行人（听了/一听）就反胃。

　　　b.（下了/下/一下）飞机就给我来个电话。

4.2.4 "时"与主句统辖性

"一VP$_1$"可用于过去、现在和将来事态,小句的"时"由主句统辖。例如:

（16）a. 我两手一捏，这两只小蚂蚁就成了肉酱。

　　　b. 我两手一捏，这两只小蚂蚁就会成为肉酱。

例（16）a、例（16）b中，主句分别为过去时和将来时，决定了其小句分别指向了过去时点和未来时点，前者是已然的因果承接，后者是未然充要条件。与采用非定式动词连接的语言一致，"一VP$_1$"中，小句所指向的时点，VP$_1$与VP$_2$如何关联，需要依赖具体语境解读。

4.2.5 数量词来源特点

从时间量看，最小正整数"一"容易产生小量意义，表示时间短暂，语义扩展后，从时间紧接扩展为逻辑紧接。英语源于"一"的"once"也同样有短时、同时义（at once），并可以表达条件和结果在逻辑上的紧接。从体意义看，动作从起始到结束的全过程可以用"一"来计数，"一"容易产生实现、完成的语法意义。

现代汉语中，"一VP$_1$"数量词来源的特点也使格式保留了鲜明的动量色彩，除了不结句的"一VP$_1$"，现代汉语还有结句的"一VP"，意为"VP一下"。例如：

（17）这部电影值得一看（看一下）。

山东胶南方言（殷晓杰、张家合，2011）、陕西关中方言（孙立新，2013）还存在这样的"一VP"用法。例如：

（18）a. 能不能帮我一拿（拿一下）？（胶南方言）

　　　b. 把票一买（买一下）！（西安方言）

五、结语

从承接到条件构成了一个包含多个节点的功能渐进连续的概念空间。在承接—条件语义图上，各语言产生了数量不等的表达方式，每个形式可以切割一个连续的、不间断的概念空间。如日语 tara 功能丰富，可以覆盖异主语因果、相关性承接、惯常条件、未然充要条件、假设条件、假设＋祈使及违实条件；to 可以表达同主语动作连续、异主语因果、相关性承接及惯常条件。汉语"一 VP_1"的多义性也在于其具有承接语义，且在承接—条件语义图上覆盖了一个连续的空间。

与日语 tara/to、蒙古语 nguut/tal 等比较，汉语"一 VP_1"语法化程度较低。前者是语法附着词，不能独立于其所依附的词干、词组或小句单独出现，且使用上具有高度强制性，如 tara，即便句中出现假设连词 moshi，依然需要冗余使用。而"一 VP_1"不具有语法强制性，可选用或采用替代形式。"一 VP"也有结句和不结句两种用法，格式整体保留了较强的动量色彩。

参考文献

曹国安（1996）"时"可表示假设，《古汉语研究》第 1 期。
陈光（2003）准形态词"一"和现代汉语的瞬时体，《语言教学与研究》第 5 期。
陈前瑞、王继红（2006）动词前"一"的体貌地位及其语法化，《世界汉语教学》第 3 期。
董秀芳（2000）论"时"字的语法化，《钦州师范高等专科学校学报》第 1 期。
江蓝生（2002）时间词"时"和"後"的语法化，《中国语文》第 4 期。
黎锦熙、刘世儒（1962）《汉语语法教材》，北京：商务印书馆。
李宇明（2000）《汉语量范畴研究》，武汉：华中师范大学出版社。
李宗江（1997）"即、便、就"的历时关系，《语文研究》第 1 期。
陆丙甫、金立鑫（2015）《语言类型学教程》，北京：北京大学出版社。
吕叔湘（2014）《中国文法要略》，北京：商务印书馆。
孙立新（2013）《关中方言语法研究》，北京：中国社会科学出版社。
王春辉（2013）时间与条件的交叠，《中国语文》第 4 期。
王弘宇（2001）说"一 A 就 C"，《中国语文》第 2 期。

吴春仙（2001）"一·V"构成的不完全句，《世界汉语教学》第3期。

吴福祥（2005）汉语体标记"了、着"为什么不能强制性使用，《当代语言学》第3期。

邢福义（2001）《汉语复句研究》，北京：商务印书馆。

殷晓杰、张家合（2011）山东胶南话中特殊的"一 V"结构，《中国语文》第3期。

殷志平（1999）动词前成分"一"的探讨，《中国语文》第2期。

金智賢（2018）『現代日本語と韓国語における条件表現の対照研究——語用論的連続性を中心に』，東京：ひつじ書房。

黒島規史、孫ミナ（2015）朝鮮語の連用修飾的複文，東京外国語大学語学研究所『語学研究所論集』第20号。

坂田晴奈（2015）フィンランド語の連用修飾的複文，東京外国語大学語学研究所『語学研究所論集』第20号。

前田直子（2009）『日本語の複文——条件文と原因・理由文の記述的研究』，東京：くろしお出版。

Akatsuka, N. (1983) Conditionals. *Papers in Japanese Linguistics*, *9*: 1-33.

Comrie, B. (1986) Conditionals: A typology. In E. Traugott, A. Meulen, J. Reilly, & C. Ferguson (Authors), *On Conditionals* (pp. 77-100). Cambridge: Cambridge University Press.

Croft, W. (2001) *Radical Construction Grammar: Syntactic Theory in Typological Perspective*. Oxford University Press on Demand.

Hasada, R. (1997) Conditionals and counterfactuals in Japanese. *Language Sciences*, *19*(3): 277-288.

Haspelmath. M. (2003) The geometry of grammatical meaning: Semantic maps and cross-linguistic comparison. In M.Tomasello (ed.), *The New Psychology of Language.* Vol. 2 (pp. 211-242). Lawrence Erlbaum.

Heine, B., & Kuteva, T. (2002) *World Lexicon of Grammaticalization*. Cambridge: Cambridge University Press.

Hopper, P., & Traugott, E. (2003) *Grammaticalization* (2nd ed., Cambridge Textbooks in Linguistics). Cambridge: Cambridge University Press.

Li, C. N., & Thompson, S. A. (1981) *Mandarin Chinese: A Functional Reference Grammar*. University of California Press.

Longacre, R. (1985) Sentences as combinations of clauses. In T. Shopen (ed.), *Language Typology and Syntactic Description* Vol. II: *Complex Constructions* (pp. 235-286). Cambridge: Cambridge University Press.

Wierzbicka, A. (1996) *Semantics: Primes and Universals*. Oxford: Oxford University Press.

时间事件和量变事件的异同*

崔维真

摘　要：通过分析"T＋都/也＋不/没＋VP"结构的句法表现及语法意义，将"T＋都/也＋不/没＋VP"结构细分为时间（序列）事件和量变事件，时间（序列）事件反映事件的"过程—结果"，量变事件反映事件的"变化—完成"。两者在时量成分的语义特征、组配关系、出现语境、量化方向、量化频次上存在区别。

关键词：否定式时量成分前置结构；时量成分；情状类型；时间事件；量变事件

〇、引言

关于"T＋都/也＋不/没＋VP"结构的语法意义（其中，T表示时量成分，VP表示谓语动词），一种观点认为[①]，该结构的语法意义可归纳为"动作行为没有发生所持续的时间"；另一种观点认为[②]，该结构的语法意义主要是表示"质的否定"，即动作行为完全没有发生所持续的时间，如"三天都没打球"指的是

---

* 本文原发表于《新疆大学学报》（哲学·人文社会科学版）2018年第6期，署名崔维真、齐沪扬，题目为《"T＋都/也＋不/没＋VP"结构的句法表现》，收入本论文集时崔维真对内容做了较大幅度的增删与调整，并征得齐沪扬同意，作者署名改为崔维真。

① 参见储泽祥《肯定、否定与时量成分在动词前后的位置》，《汉语学报》，2005年第4期。匡鹏飞《动词、时量成分与否定词的组合形式及其语法特点》，《华中师范大学学报》（人文社会科学版），2013年第3期。

② 参见孟艳丽《谈"S＋T＋没（有）＋V＋（O）＋了"句式》，《汉语学习》，2006年第1期。

"没打球"这一状态持续的时间为"三天"。两种观点的最大分歧在于时量成分"T"是动作行为实际持续的时间,还是表全量否定的量化时间。

匡鹏飞指出,该结构中各个组成部分都会对整个结构的语法意义、语用功能产生影响。[①] 该观点对本文有较大启发。首先,时间词会影响该结构的语法意义。比如"一天都没工作",时间词"一天"既可以表示本义,如"今天星期天,爸爸一天都没工作,在家休息";又可以表示极性否定义,指"任何一天都没有(工作)",如"大学毕业后,一天都没工作,天天打游戏"。两个句子中的"一天都没工作"结构形式完全相同,但受到语境的影响,语法意义及语用功能又完全不同。其次,事件的情状类型会影响该结构的量化过程及结果。如"三天没写作业",指的是"没有写作业的状态持续了三天";而"三天没写完作业"指的是"已经开始写作业,写作业的状态持续了三天,但仍然没有完成所有的作业"。

有鉴于此,我们从事件语义学的角度出发,通过分析否定式时量成分前置结构的性质及句法表现,将"T + 都/也 + 不/没 + VP"结构细分为时间事件和量变事件,并指出两者的区别与联系。为使考察结果更具说服力,本文缩小时量成分的考察范围,主要为"天"类、"年"类等时间单位词。

一、否定式时量成分前置结构的事件特征及情状类型

沈家煊把有内在终止点的有界动作称作"事件",把没有内在终止点的无界动作称为"活动",将事件句定义为"叙述一个独立的、完整的事件的句子"。[②] 时间事件(又称为"时间序列事件"),以先事发生的时间为时间参照,来观察后事发生的时间,也就是以一事为另一事的时间背景,就是说拿甲事来指乙事发生的时间。事件与事件之间多半有时间关系,或是同时,表示"两事不分宾主",

---

[①] 参见匡鹏飞《动词、时量成分与否定词的组合形式及其语法特点》,《华中师范大学学报》(人文社会科学版),2013年第3期。
[②] 参见沈家煊《"有界"与"无界"》,《中国语文》,1995年第5期。

或是先后，表示"以一事为另一事的时间背景"。①

1.1 否定式时量成分前置结构的事件特征

从句法表现来看，在"(VP前,) T (+×) + 都/也 + 不/没 + VP后"结构中，当时量成分为实指，表示动作行为或状态实际持续的时间，整个结构表达的是前后相续的时间序列事件（有前时事件和后时事件），可被看作是时间事件。在"一M + 都/也 + 不/没 + VP"结构中，当时量成分为虚指，并不表示动作行为或状态实际持续的时间，表达的也并非时间序列事件（无前时事件和后时事件），因此不能被看作是时间事件。例如：

（1）我厌烦地将那本蓝色小书放回原处，从此许多许多年都没再读巴尔扎克，直至很久很久之后重新发现他。(《读书》133卷）

例（1）中，时量成分"许多许多年"在语义上既可指向前段谓语动词"放回原处（许多许多年）"，又可作为状语指向后段谓语动词"（许多许多年）没再读巴尔扎克"。"放回原处（许多许多年）"为前时事件，"（许多许多年）没再读巴尔扎克"为后时事件。整个结构可记作"VP前, T + 都/也 + 不/没 + VP后"（VP前指前段谓语动词，VP后指后段谓语动词），前段谓语动词和后段谓语动词都共同指向主语"我"。例如：

（2）董教授急躁地说："我走。我还是走吧。我一天也不在这儿呆了！"（李佩甫《羊的门》）

例（2）中，时量成分"一天"是虚指，而非实指，指的是"每一天、任何一天"，作为状语指向谓语动词"（任何一天）不在这儿呆了"，通过否定"每一天、任何一天"来表达极性否定的意思。整个结构可记作"一M + 都/也 + 不/没 + VP"（其中，M表示时量词，VP表示谓语动词）。

1.2 否定式时量成分前置结构的情状类型

陈平根据事件的时间性质，用[±静态][±持续][±完成]这三对

---

① 参见吕叔湘《中国文法要略》，北京：商务印书馆，1956年。

二元对立的语义特征来定义情状类型，包括"状态情状、活动情状、结束情状、复变情状及单变情状"。① 从情状类型的角度看，否定式时量成分前置结构可以归纳为表活动情状的时间事件和表量变情状的量变事件。

1.2.1 表活动情状的时间事件

从语义特征来看，表活动情状的时间事件具有［－静态］［＋持续］［－完成］的语义特征。"完成与非完成的语义特征是由句子的各个成分而不仅仅是动词表现出来的。"② 例如：

（3）有一天，不知是谁割掉了沙坑周围的蒿草，当我一如既往地助跑、起跳时，却重重摔在硬地上，半天也没爬起来。(《人民日报》)

例（3）中，时量成分"半天"作为状语指向后段谓语动词"（半天）没爬起来"，表示状态的持续时间，同时在语义上指向前段谓语动词"摔在硬地上（半天）"，表示动作行为的持续时间。其中，前段谓语动词"摔在硬地上（半天）"表明动作的开始及持续，可以看作是动作行为的"开始及过程"，表示前时事件，后段谓语动词"（半天）没爬起来"补充、说明前段谓语动词，可以看作是"结果"③，表示后时事件。整个结构为表示"过程—结果"的时间事件。

1.2.2 表量变情状的量变事件

从语义特征来看，陈平所说的"复变情状"的量变事件具有［－静态］［－持续］［＋完成］的语义特征。复变情状表现为"动作一旦开始，便朝着它的终结点演进，以某个明确的情状变化作为动作的必然结果"④。左思民提出了以"量变"作为情状类型或动相的区别性语义特征，量变即"某属性在数量上的变化"。⑤ 就时量成分的性质来说，"量变"的概念比"复变"便于理解和接受，因此我们采用"量变情状"这一说法。例如：

（4）油气田正在建设中。结果所有合同无一受到影响，油田的生产建设一天也没有耽搁。(《人民日报》)

---

① 参见陈平《论现代汉语时间系统的三元结构》，《中国语文》，1988年第6期。
② 参见戴耀晶《现代汉语时体系统研究》，杭州：浙江教育出版社，1997年。
③ 根据认知经验，"爬起来"有自然终止点，而否定式"没爬起来"没有终止点。"半天没爬起来"这一事件不具有一个内在的自然终止点。
④ 同注释①。
⑤ 参见左思民《动词的动相分类》，《华东师范大学学报》（哲学社会科学版），2009年第1期。

例（4）中，时量成分"一天"作为状语指向后段谓语动词"没有耽搁"，表示"每一天、任何一天"，通过否定"每一天、任何一天"来表示极性否定的意思，指的是"（油田的生产建设）完全没有耽搁"。整个结构为表示"变化—完成"的量变事件。

受时量成分语义指向及整个结构的情状类型的影响，"（VP$_{前}$,）T（+×）+ 都/也 + 不/没 + VP$_{后}$"结构表示"过程—结果"的时间事件，"一 M + 都/也 + 不/没 + VP"结构表示"变化—完成"的量变事件。

二、时间事件和量变事件的区别

2.1 从时量成分的语义特征看时间事件和量变事件的句法表现

2.1.1 时间事件中时量成分与其他成分的组配关系

在时间事件"（VP$_{前}$,）T（+×）+ 都/也 + 不/没 + VP$_{后}$"结构中，前段谓语动词可以出现，也可以隐含，后段谓语动词则必须出现。前段谓语动词出现时，前段谓语动词为前时事件，后段谓语动词为后时事件，前时事件主要表示后时事件的参照时间、背景时间，后时事件通过前时事件来明确起止时间。前段谓语动词不出现时，时量成分主要指向后段谓语动词，并由上下文语境及后段谓语动词的情状类型来确定时间事件的参照时间、背景时间以及起止时间。

前时事件和后时事件存在比较明显的时间顺序原则，可以插入表示时间先后关系的关联词"先……，然后……"。① 时间事件结构的前半段可以看作动作行为的过程，而后半段可以看作动作行为的结果。整个结构可以看作是表示"过程—结果"的时间事件结构，可以用"……多长时间"进行提问。时间事件中的

---

① 有专家指出通过插入"先……，然后……"来理解时间顺序（时间序列事件）不够自然。因为时间序列事件有时表示先后关系，有时表示同时关系。笔者认为，若从"前时事件/后时事件""背景事件/焦点事件"的角度来看，仍然可以用表示时间先后关系的关联词"先……，然后……"来理解时间序列事件。

时间词是实指,而非虚指,可以在时间词前添加范围副词"整整"或指示代词"这/那"。在时量成分后,范围副词"都/也"前可添加表示强调的"连……都/也……"结构。例如:

(5) a. 他那朦胧的两眼,一动不动地望着一个地方,可以半天也不改动一下姿态。(茹志鹃《剪辑错了的故事》)

b. 他那朦胧的两眼,一动不动地(先)望着一个地方,(然后)可以半天也不改动一下姿态。

c. 他那朦胧的两眼,一动不动地望着一个地方,可以<u>多长时间</u>也不改动一下姿态?

d. 他那朦胧的两眼,一动不动地望着一个地方,可以(整整)半天也不改动一下姿态。

e. 他那朦胧的两眼,一动不动地望着一个地方,可以半天(连姿态)也不改动一下。

例(5)a中,时量成分"半天"既可以指向前段谓语动词"望着一个地方",又可以指向后段谓语动词"不改动一下姿态"。例(5)b中,通过插入表示时间先后关系的关联词"先……,然后……",前段谓语动词可表示前时事件"(先)望着一个地方",后段谓语动词可表示后时事件"(然后)可以不改动一下姿态"。例(5)c中,通过用疑问代词"……多长时间"进行提问,该结构可以看作是表示"过程—结果"的时间事件。例(5)d中,添加范围副词"整整"来修饰时量成分,说明该结构中时量成分为实指,表示动作行为或状态实际持续的时间。例(5)e中,谓语动词的宾语"姿态"可前移至范围副词"都/也"之前且添加表强调的"连……都/也……"结构,整句语义清楚,仍可接受。

有时,虽然前段动词并没有出现,但可以通过上下文语境补出。例如:

(6) a. 他瘫坐在地上,在身上擦了一下血手,长长地嘘了口气,用讨好的语气说:"我一天都没吃东西了。"(李佩甫《羊的门》)

b. 他瘫坐在地上,在身上擦了一下血手,长长地嘘了口气,用讨好的语气说:"我(先)(饿了)一天(然后)都没吃东西了。"

c. 他瘫坐在地上，在身上擦了一下血手，长长地嘘了口气，用讨好的语气说："我（饿了）多长时间都没吃东西了？"

d. 他瘫坐在地上，在身上擦了一下血手，长长地嘘了口气，用讨好的语气说："我（饿了）（整整）一天都没吃东西了。"

e. 他瘫坐在地上，在身上擦了一下血手，长长地嘘了口气，用讨好的语气说："我（饿了）一天（连一口东西）都没吃了。"

例（6）a 中，时量成分"一天"主要指向后段谓语动词"没吃东西"，表示"没吃东西"的状态持续时间，前段谓语动词虽然没有出现，但通过上下文语境可以补出，表示"（饿了）一天都没吃东西了"。例（6）b 中，通过插入表示时间先后关系的关联词"先……，然后……"，指明前时事件为"（先）饿了一天"，后时事件为"（然后）都没吃东西了"。例（6）c 中，通过用疑问代词"……多长时间"进行提问，表明该结构可以看作是表示"过程—结果"的时间事件。例（6）d 中，通过添加范围副词"整整"来修饰时量成分，说明该结构中时量成分为实指，表示动作行为或状态实际持续的时间。例（6）e 中，谓语动词的宾语"（一口）东西"可前移至时量成分后、范围副词"都/也"之前且添加表强调的"连……都/也……"结构，整句语义清楚，仍可接受。①

2.1.2 量变事件中时量成分与其他成分的组配关系

量变事件中，时量成分的语义指向为虚指，不表示动作行为或状态的实际持续时间，不存在前时事件、后时事件的区别。例如：

（7）a. 可这位 48 岁的汉子强忍悲痛，一天也没请假，照常上班工作。（《人民日报》）

b.* 可这位 48 岁的汉子强忍悲痛，（先强忍悲痛）一天（然后）也没请假，照常上班工作。

c.* 可这位 48 岁的汉子强忍悲痛，（强忍悲痛）多长时间也没请假？

d.? 可这位 48 岁的汉子强忍悲痛，（整整）一天也没请假，照常上班工作。

---

① 表强调的"连……都/也……"结构中NP应为量级序列中所蕴含的最低量级的成分，"（吃）一口东西"可看作是"（吃）东西"的量级序列中的最低量级，受范围副词"都"及否定词"没"的影响，否定最低量级意味着否定全部量级，表示"所有东西、任何东西（都没吃）"。

e.*可这位48岁的汉子强忍悲痛,一天(连)假也没请,照常上班工作。

　　例(7)a中,时量成分"一天"仅能指向后段谓语动词"(一天也)没请假"。受到范围副词"都"及否定词"没"的语义影响,"一天"在该结构中并不是实指,而是虚指,表示的是"每一天、任何一天",整个结构表示"每一天/任何一天都没有请假"。整个结构不能插入表示时间先后关系的关联词"先……,然后……",如例(7)b;不能用"……多长时间"进行提问,如例(7)c;不能在时间词前添加范围副词"整整"来修饰时量成分,如例(7)d;也不能在时量成分后、范围副词"都/也"前添加表强调的"连……都/也……"结构,如例(7)e。因为这会引起时量成分"一天"的语义产生变化,由表示虚指的"每一天、任何一天"变为表示实指的"(这)一天"。

　　从时量成分的语义指向来看,时间事件中时量成分为实指,表示动作行为或状态的实际持续时间,根据上下文语境及整个结构的情状类型能够清晰地判定前时事件、后时事件;量变事件中时量成分为虚指,不表示动作行为或状态的实际持续时间,也无法根据上下文语境及整个结构的情状类型判定前时事件、后时事件。

2.2 从量化方向、量化频次看时间事件和量变事件的界定标准

　　从表层形式来看,范围副词"都/也"作为状语主要指向谓语动词;从量化的角度看,量化词"都"表示"全量否定",而"也"表示"强化叠加"。"从量化对象来看,'都'可以分为量化个体和量化事件两种情况。"① "从量化方向来看,'都'左向关联并约束相关的话题性成分。"②

2.2.1 时间事件的量化特点为多次量化

　　从形式上看,时间事件"(VP$_{前}$,)T(+×)+都/也+不/没+VP$_{后}$"结构比较松散,谓语动词的主语或宾语可以前移至时量成分后、范围副词"都/也"之前。前移的谓语动词主语、宾语常为疑问代词任指形式,如例(8);表极性

---

① 参见黄瓒辉《"都"和"总"事件量化功能的异同》,《中国语文》,2013年第3期。
② 参见袁毓林《论"都"的隐性否定和极项允准功能》,《中国语文》,2007年第4期。

否定义的数量名短语，如例（9）；表强调的"连……都/也……"结构，如例（10）等。

（8）他们坐下来，两个人都摘了几片杏叶，在手里捏着，摸着，撕着，半天谁也没说话。（路遥《人生》）

（9）最后，传来这样一个消息……说他躲避所有的人，说监狱里的苦役犯人都不喜欢他；说他一连几天一句话也不说，脸色变得十分苍白。（陀思妥耶夫斯基《罪与罚》）

（10）几天后，唐龙带着自己撰写的演习计划走进张科长的办公室，打着哈欠说："初稿整出来了，这几天连食堂都没去。"（柳建伟《突出重围》）

例（8）中，时量成分"半天"既可以作为状语指向后段谓语动词"（半天）没说话"，表状态持续时间；也可以指向前段谓语动词"摸着、撕着（半天）"，表动作行为的持续时间。受范围副词"也"及否定词"没"的影响，任指代词"谁"作为谓语动词的主语，表示"（他们两个人中的）任何一个人"。整个结构可以理解为"半天（谁）也没说话"，也可以理解为"（半天）谁也没说话"。

例（9）中，时量成分"一连几天"作为状语指向谓语动词"（一连几天）不说"，受范围副词"也"及否定词"不"的影响，带有极性否定义的数量名短语"一句话"作为谓词宾语前移，表示"任何话、每一句话"。整个结构既可以理解为"一连几天也不说（一句话）"，还可以理解为"（一连几天）一句话也不说"。

例（10）中，时量成分"这几天"①为"指示代词+时量成分"做状语指向谓语动词"（这几天）没去"。表强调的"连……都/也……"结构跟谓语动词的宾语"食堂"整体前移，"食堂"可看作是"（去）某个地方"的量级序列中的最低量级，否定最低量级意味着否定全部量级，表示"所有地方、任何地方（都没去）"。整个结构既可以理解为"这几天都没去（食堂）"，还可以理解为"（这几天）连食堂都没去"。

从量化对象来看，时间事件中范围副词"都/也"既能量化时量成分，又可以量化可前移的谓语动词的宾语或主语。从量化频次来看，时间事件中存在多次

---

① 有时，语篇中需要利用时量成分回指上文中提到的时段，如例（10）中，"这几天"回指上文中出现的"几天后"。

量化、重复量化现象。

2.2.2 量变事件的量化特点为整体量化

从形式上看,量变事件可记作"一M+都/也+不/没有+VP"。其中,谓语动词的主语或宾语不能前移至时量成分"一M"后、范围副词"都/也"前。从量化对象来看,量变事件中范围副词"都/也"仅能整体量化时量成分("一M"或数量名短语)。从量化频次来看,量变事件中仅存在单次整体量化现象。例如:

(11) a.致庸果断道:"曹爷,此事关系到乔家的生死存亡,<u>一天</u>也不能耽搁,你把家里的事放下,明天就去,我也去!"(朱秀海《乔家大院》)

　　b.*致庸果断道:"曹爷,此事关系到乔家的生死存亡,<u>一天什么人</u>也不能耽搁,你把家里的事放下,明天就去,我也去!"

　　c.*致庸果断道:"曹爷,此事关系到乔家的生死存亡,<u>一天一分钟</u>也不能耽搁,你把家里的事放下,明天就去,我也去!"

　　d.*致庸果断道:"曹爷,此事关系到乔家的生死存亡,<u>一天连时间</u>也不能耽搁,你把家里的事放下,明天就去,我也去!"

　　e.致庸果断道:"曹爷,此事关系到乔家的生死存亡,<u>连一天</u>也不能耽搁,你把家里的事放下,明天就去,我也去!"

例(11)a中,时量成分"一天"指向谓语动词"不能耽搁",受范围副词"也"及否定词"不"的影响,时量成分"一天"表示"任何一天、每一天"。谓语动词的主语、宾语无法前移至时量成分"一M"后、范围副词"都/也"前,如例(11)b~(11)d。例(11)e中,"连一天也不能耽搁"跟"一天也不能耽搁"的语用效果相同。①这说明,量变事件结构和"连……都/也……"结构可以实现平行转换,但是否恰当受制于上下文语境中的语篇功能需求。例如:

(12) a.过两天要发工资,怕是到工会计算工人升工的工资。说不定这个月

---

① 量变事件结构中,可在时量成分前添加"连……都/也……"结构;但时间事件结构中,不能在时量成分前添加"连……都/也……"结构。有专家举出的例子"小孩子连两分钟也不能等"应为较为特殊的量变事件结构(时量成分不为"一M"结构),删除"连……都/也……"结构后,"小孩子两分钟也不能等"应为时间事件结构。

就开始升工哩。恰巧这个月他<u>一天也没有缺勤</u>，以后得保持不缺勤的纪录，满一年，便升七十二工啊。（周而复《上海的早晨》）

　　b.？过两天要发工资，怕是到工会计算工人升工的工资。说不定这个月就开始升工哩。恰巧这个月他<u>连一天也没有缺勤</u>，以后得保持不缺勤的纪录，满一年，便升七十二工啊。

例（12）a 中，"这个月他一天也没有缺勤"表示的是客观事实，说话人的意图主要在于表达"这个月完全没有缺勤"，而非强化否定，即通过否定最小量级达到否定全部量级的语用目的。因此，尽管例（12）a"这个月他一天也没有缺勤"和例（12）b"这个月他连一天也没有缺勤"都可以说，但放在具体的语境中明显感觉后者显得比较突兀。因此，量变事件中是否添加"连……都/也……"结构取决于是否需要凸显强化否定的语用功能。

当时量成分不为表极性否定义的时量成分"一M"时，"连……都/也……"结构的添加仍可实现强化否定的语用功能，如例（13）a；剔除"连……都/也……"结构，量变事件转化为时间事件，也无法实现强化否定的语用功能，如例（13）b。

（13）a. 于是他把剑插进鞘中，连着鞘交给亲兵头目李强，说："快拿去把剑磨利。还有，叫人把乌龙驹牵出棚子溜一溜。你听听它的叫声，几天不上阵，它又急啦。""是的，乌龙驹<u>连三天也不肯闲着</u>。"李强看见闯王的嘴角开始有了笑意，心中说不出的欣慰，接着说："这花马剑跟乌龙驹可真是出了力啦！"（姚雪垠《李自成》第一卷）

　　b.？于是他把剑插进鞘中，连着鞘交给亲兵头目李强，说："快拿去把剑磨利。还有，叫人把乌龙驹牵出棚子溜一溜。你听听它的叫声，几天不上阵，它又急啦。""是的，乌龙驹<u>三天也不肯闲着</u>。"李强看见闯王的嘴角开始有了笑意，心中说不出的欣慰，接着说："这花马剑跟乌龙驹可真是出了力啦！"

例（13）a 中，时量成分"三天"为虚指，指向后段谓语动词，表示"（连三天也）不肯闲着"这一状态持续的时间。受"连……都/也……"结构的影响，"三天"被看作是最低量级，指的是"（即使三天这么短的时间也不肯闲着，说明）乌龙驹完全不肯闲着"，整个事件可看作是量变事件较为特殊的一类。

例（13）b中，时量成分"三天"为实指，指向后段谓语动词，表示"（三天也）不肯闲着"这一状态持续的时间。剔除"连……都/也……"结构，该结构表示的是"乌龙驹这三天也不肯闲着"，整个事件应被看作是时间事件。

三、结语

从事件语义学的角度出发，否定式时量成分前置结构可细分为时间事件和量变事件，两者在时量成分的语义指向及情状类型上有较大不同，两者的区别主要体现在句法表现、量化特点等方面。时间事件是真实事件，而量变事件是语言事件。时间事件更加重视客观性，是对现实的客观描述，对客观世界人类真实活动的临摹，而量变事件更重视人的主观意识，是人对现实的主观描写，对客观世界人类真实活动的观察。打个比方来说，量变事件是对真实时间事件的再创作，因此不可避免地会带有主观性。受到上下文语境及说话人主观意图的制约，时间事件和量变事件又存在密切的联系。

当说话人从关注事件的过程、结果转变为关注事件中的各要素，如时量成分的定指性、施事/受事的可及度及动作行为的能性趋势时，时间事件有可能发展演化为量变事件，受文章篇幅所限，未能详细分析时间事件、量变事件的转化条件及语用功能，我们将另文讨论。

在对外汉语教学过程中，针对否定式时量成分前置结构，不应孤立地进行语法点的讲解、练习，而应放在相应的语境中讲授，帮助留学生区分表示前后相续的时间事件和表示主观量化的量变事件的联系和区别。

参考文献

陈平（1988）论现代汉语时间系统的三元结构，《中国语文》第6期。
储泽祥（2005）肯定、否定与时量成分在动词前后的位置，《汉语学报》第4期。
戴耀晶（1997）《现代汉语时体系统研究》，杭州：浙江教育出版社。

黄瓒辉（2013）"都"和"总"事件量化功能的异同，《中国语文》第 3 期。
匡鹏飞（2013）动词、时量成分与否定词的组合形式及其语法特点，《华中师范大学学报》（人文社会科学版）第 3 期。
吕叔湘（1956）《中国文法要略》，北京：商务印书馆。
孟艳丽（2006）谈"S＋T＋没（有）＋V＋（O）＋了"句式，《汉语学习》第 1 期。
沈家煊（1995）"有界"与"无界"，《中国语文》第 5 期。
袁毓林（2007）论"都"的隐性否定和极项允准功能，《中国语文》第 4 期。
左思民（2009）动词的动相分类，《华东师范大学学报》（哲学社会科学版）第 1 期。

情态解读与极量语义的触发[*]

曹春静

摘　要：本文以当代汉语新兴程度极量构式"不能更X"为例，考察极量语义与"能"的情态语义类型之间的关系。"不能更X"语法复制于英语的"couldn't be + X 的比较级"，该语法复制的实现关键在于"能"复制了could表示认识的情态语义类型。表示认识的可能性是can/could的常规义项，因此"couldn't be + X 的比较级"可以表示不可能存在更高量，进而触发极量义，汉语"能"尚未发展出这一义项，难以触发构式的极量义，其极量义复制于英语。可见，can/could和"能"是否表示认识的可能性，是构式极量语义能否被触发的关键。跨语言调查结果进一步论证了构式极量语义触发条件的类型学意义。

关键词：情态；认识的可能性；极量触发；类型学

〇、引言

主观量是语言世界程度量级范畴中的一个重要范畴，其中主观极量较为显赫，其表达可以通过多种手段实现，如使用极量程度副词、极量程度补语，或使用构式，如"别提多X了""要多X就多X""A得不能再A"等。新兴程度量级构式中也有通过否定表示主观极量的情况，"不能更X"是一个典型。

---

[*] 本文原发表于《现代外语》2019年第4期，题目为《基于对等性的极量触发结构研究》，收入本论文集时内容做了较大幅度的增删与调整。

新兴程度量级构式"不能更×"是近年来在新媒体中广泛使用的一个构式，用于表达说话人的主观极量评价与感叹。例如：

（1）周迅穿针织裙简直不能更美！其实你也可以。①

（2）甜蜜有爱的奕米夫妇，朋友变恋人的感觉不能更棒！

（3）看看国外，就知道中国的快递简直不能更靠谱！

上述例句中"不能更×"用于表达说话人的主观极量评价，表示最高量，带有明显的感叹语气，语义基本相当于"最×""×极了"。这一语义和语用功能在现代汉语语法系统中并不存在。但英语中却广泛存在类似的表达，即"couldn't be + 比较级"。例如：

（4）The landscape couldn't be more beautiful.

（5）Couldn't be more wonderful.

（6）She couldn't be more reliable.

传统翻译多将例（4）~（6）中的"couldn't be + ×的比较级"翻译为"再×不过了"。从语法结构成分的对应来看，"不能更×"与"couldn't be + ×的比较级"直接对应，在表义上也非常接近，都表示"最×""×极了"。可见，二者结构同构且翻译对等。"更×"与"×的比较级"二者的对等显而易见，而"不能"则复制了"couldn't"表示认识情态的"不可能"的语义，这正是构式极量语义触发的关键。

本文拟从情态语义类型出发，在论证"不能更×"与"couldn't be + ×的比较级"之间语法复制关系的基础上，说明"不能更×"中"能"表示认识情态的可能性是复制于英语 could 的认识情态义，进而解释为何"不能更×"的极量语义复制于英语，而不是现代汉语自身演变的结果。最后从类型学角度对情态解读与该结构极量语义触发之间的关系加以证明，阐释其类型学意义。

---

① 本文新兴构式的例句来自百度搜索（包括新闻、报道、贴吧、广告等）和北京语言大学BCC语料库，现代汉语例句来自北京大学CCL语料库。外语例句一部分来自相关词典，另有少量外语例句来自该语言母语者的内省。

一、"不能更×"与"couldn't be + 比较级"的比对

1.1 结构对等

结构对等，首先表现为结构层次与结构关系的对等。"不能更×"和"couldn't be + ×的比较级"的内部层次分别为"不能/更×"和"couldn't/be + ×的比较级"，二者结构层次相同，且结构关系都为偏正（状中）关系。

其次，结构对等表现为结构内部成分的对等。一方面，构式中的常项对等，即"不能"与"couldn't"对等，"更"与比较级对等。另一方面，构式中变项×也对等，即×的语义类型对等。受程度副词"更"和comparatives的限制，×都具备[+程度量]的语义特征。语料统计的结果显示，×有以下两种对等情况：

一是×同为性质形容词。性质形容词最为典型的语义特征是[+程度量]，是与比较级最为匹配的语义类型，也是构式中×的典型成员。此时，该结构表示主体具有的某种性状属性×达到极量的程度。例如：

（7）作为打工人，我的生涯简直<u>不能更完美</u>。

（8）Couldn't be more perfect.

二是×同为认知、心理类动词。例如：

（9）傲然随君心求VIP全文，<u>不能更感谢</u>！

（10）Your kindness couldn't be <u>appreciated</u> more.

这类×多与认知、心理感官等密切相关，一般不凸显动作的量，而凸显与认知、心理感官相关的属性，因而能受程度副词"很""非常"等修饰，隐含[+程度量]的语义特征。

此外，汉语"不能更×"中，×还可以是具有量度义或已经性状化的名词。[①]例如：

[①] 张谊生（1996、1997）指出，现代汉语相当一部分名词及名词性短语的语义中包含或蕴涵着一定幅度的量度义。一部分名词除理性义之外，还有内涵义，在特定语境中，名词的功能可以性状化，使用其内涵义。这些名词也都可以受到程度副词的修饰。

（11）一颗贡丸切成十几小块，简直不能更淑女！

这类名词的构成语素具有的量度义或名词功能性状化使用的内涵义，使其具有一定的［+程度量］语义特征，一般都能受程度副词修饰。这类名词的特殊用法与性质形容词本质上是相同的。英语的情况有所不同，受形态的限制，相应的名词无法进入构式之中，一般需转写为相应的形容词。

1.2 构式义对等

就整体语义而言，"不能/更×"和"couldn't be + ×的比较级"的构式整体语义对等。从构式的适切语境来看，二者主要用于说话人表达对某种性状属性程度的主观极量评价与感叹。例如：

（12）这决定简直<u>不能更正确</u>！

（13）This <u>couldn't be more true</u>！

上述例句中两个构式都与能力无关，而是表示程度极量，构式整体语义对等。构式的极量语义是基于对更高量的否定而形成的，即"不可能更×"，"不能/couldn't"对比较级存在的可能性进行否定，构式整体都表示说话人认为不可能存在比较级，即"不可能存在更高量"，以此表达说话人的主观极量评价。可见，二者构式整体语义对等。

1.3 "能"与 could 的情态语义对等

如上所述，"不能/更×"和"couldn't be + ×的比较级"表示极量义时，构式中的"不能""couldn't"都表示认识的可能性（epistemic possibility），即说话人主观认知上的可能性，二者的情态语义对等。

情态范畴一般包含动力、道义、认识三种情态语义类型。所谓"认识的可能性（epistemic possibility）"[①]是指说话人基于他所知道的或他持有的证据对某个命题的可能性进行判断，如"Oh well, it could be worse"，是说话人的主

---

① 《世界语言结构图册》（*The World Atlas of Language Structures*，简称*WALS*）（Haspelmath et al., 2005; Dryer & Haspelmath, 2013）对认识的可能性（epistemic possibility）和情景可能性（situational possibility）进行了区分，此处观点引自该图册。

观判断，could 表达命题确定性的一种程度。例（12）、例（13）中，只有当"能"和 could 理解为认识的可能性时，构式才能推衍出极量语义。即说话人认为"更 × 是不可能的""已经最 × 了"。可见，这两个构式极量语义的触发是以构式中"could/ 能"表示认识的可能性为前提的。值得注意的是，could 表示认识的可能性是其常规义项之一，而"能"在现代汉语中用以表示能力、允准或情景可能性（situational possibility）①，表示认识的可能性并非其常规义项，只是受到"不能更 ×"的压制而产生的临时语义。在这一点上，could 和"能"的语义并非完全对等。基于二者在结构和语义上的对等性以及"不能更 ×"的产生过程（参见 2.1），可以推测构式中"能"所表示的认识的可能性复制于英语 could 的情态语义。

可见，"不能更 ×"极量语义基于两个层次的触发：一是构式中"不能"用于表示说话人认识的可能性（epistemic possibility），即说话人认为某种情况不可能发生；二是否定比较级存在的可能性，即不存在更高量，也就是说已经达到最高级。后者以前者为基础，因而前者是构式的主观极量语义触发的关键。

二、"能"与could的情态解读与极量语义的触发

本节将从"不能更 ×"的产生过程进一步论证其与"couldn't be + × 的比较级"之间的语法复制关系，并从情态语义的角度说明 could 和"能"的情态解读对"couldn't be + × 的比较级"和"不能更 ×"的极量语义的触发所起的作用，同时论证"能"表认识的可能性复制于英语 could 的情态语义。

2.1 "不能更 ×"的溯源

网络检索结果显示，最早出现的表示极量的"不能更 ×"的用例是"不能

---

① 《世界语言结构图册》（WALS）指出 situational possibility 是指说话人仅仅描述存在于既定情景中的可能性，如"One can get to Staten Island using the ferry"。

更同意",出现于2009年对英语"Couldn't agree more"翻译的讨论帖文[①],内容如下:

(14) Couldn't agree more 直译"不能更同意,没法更同意了",也就是"最同意了",所以就翻译成了"再同意不过了"。

现代汉语多将"Couldn't agree more"翻译为"再同意不过了",但二者的句法成分不对应。如此翻译是因为"不能更×"在现代汉语中并没有发展出与"Couldn't agree more"对等的语义。而当代汉语中,"不能更同意"是对"Couldn't agree more"的汉语直译,复制了其组成成分、句法关系和语法语义,两者之间存在语法复制关系。也就是说,"不能"直译自couldn't,"同意"直译自agree,"更"直译自more,形成了"不能更×"。随着"不能更同意"的广泛使用,"同意"开始被其他词语替换,即×发生了扩展,由"同意"扩展到其他心理动词,进而扩展到性质形容词,从而形成了具有能产性的构式"不能更×"。

2.2 could 的情态解读与 "couldn't be + × 的比较级" 极量义的触发

就量级表达而言,事件有动作量因素,动作量常常表现为行为动作的持续或反复发生,其更高级表现为动作的增量,本质上与性状一样含有量级因素。动作量与性状的更高量级在英语中一般通过动词或形容词的比较级[②]来实现,即"couldn't + × 的比较级"。该构式表示主观极量的语义并非结构产生之初就具备,其极量语义的触发与 can/could 的语义演变、情态解读密切相关。

英语 can 的基本语义为表示能力。有能力做某事,则可以说某事可能发生,据此表示能力的 can 推衍出表示情态的"可能"义。例如:

(15) I can take care of myself.

(16) It can be useful to write a short summary of your argument first.

---

① 此处使用百度高级搜索"包含完整关键词"的方式逐年搜索,得到第1条用例,即例(14)。检索时间为2020年12月20日。
② 参照"形容词的比较级"主要表达性状程度量的更高级,此处暂且将动作量的增量称为"动词的比较级"。

（17）Things cannot be that bad.

例（15）中 can 表示能力，例（16）中 can 表示基于情景的可能性，例（17）中 can 表示认识的可能性。当说话人用 could 时主观性表现得更为强烈和明显。例如：

（18）It could be argued that the British are not aggressive enough.

使用 can 表示可能性时相对客观，虽然有时 can 也表示认识的可能性，但多基于说话人对客观情况的判断，使用 could 时说话人的主观性更强，主要表达说话人的主观判断。

表示极量的"couldn't + × 的比较级"与表示能力限制的"cannot verb anymore"密切相关。例如：

（19）I cannot run anymore.

（20）I couldn't agree more.

（21）It couldn't be better.

例（19）~（21），构式的语义发生了演变，由表示能力限制演变为表示程度极量。这一演变与结构中的 can/could 的语义直接相关。

can 最初表示能力，因而最先进入构式的 × 多为行为动词，如例（19），此时"S cannot V_{行为} anymore"表示主体能力范围内不能 V 更多，不能再 V，即动作量已经达到主体能力的极限，不能再重复或持续，动作的增量无法实现，是对主体能力的客观描述。基于动词的共性，× 从动作动词扩展到认知、心理类动词，从而具有 [+程度量] 的语义特征，此时 × 与行为主体能力的关联度低，难以表示能力，因而结构的语义重新分析为表示达到更高程度的可能性，此时 can 倾向于表示一种可能性。当这种"可能性"越来越多地表现为说话人的主观揣测时，can 进一步发生形态变化，演变为表示主观性更强的认识的可能性的 could，如例（20）表示说话人主观认为不可能更同意了，即最同意。基于 [+程度量] 的语义特征，× 进一步扩展至性质形容词，其 [+程度量] 语义凸显，此时 × 与主体能力无关，构式相对固化为否定更高程度量存在的可能性，即表示已经达到极量，如例（21）。

实际上，上述例句的演变包含以下三个阶段，见表 1：

表 1　构式的三个发展阶段

阶段			
阶段 1	cannot	run	anymore
	表能力	动作动词	
阶段 2	couldn't	agree	more
	表可能	认知/心理类动词	
阶段 3	couldn't	be	better
	表可能	系动词	形容词的比较级

可见，can/could 的情态语义是构式极量义触发的关键，当表示能力的 can 变为表示认识的可能性的 could，构式也由表示能力限制无法实现增量演变为不可能存在更高量。如图 1 所示：

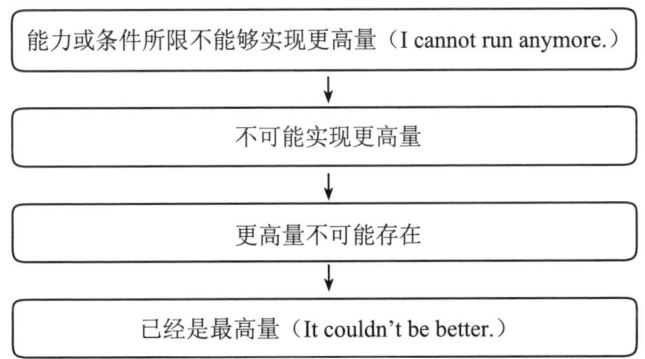

图 1　演变过程

由此，我们认为，"couldn't + × 的比较级"极量语义的触发条件是构式中表示能力的 can 演变为表示认识的可能性的 could。

2.3 "能"的常规情态语义与"不能更×"极量义触发条件的缺失

与英语情况不同，现代汉语中"能"主要用于表示能力、允许或基于情景的可能性，"不能"相应地表示对能力的否定、不允许以及基于客观情景的可能性否定。例如：

（22）如果家长<u>不能</u>及时有效地对幼儿进行情绪辅导，那么孩子长大之后很容易情绪失控，造成严重后果。（北京大学 CCL 语料库）

（23）但是，"应试"绝对<u>不能</u>扩大为教育的大部或全部。（北京大学CCL语料库）

（24）靠空讲不能实现现代化，必须有知识、有人才。(北京大学CCL语料库)

现代汉语中"不能"与更高量的组合，从结构上来看，主要的形式是"不能再V"和"不能更A地V"。例如：

（25）他的两个膝盖都受过很严重的伤，所以他不能再跳了。(姚明《我的世界我的梦》)

（26）代善的咳声，她觉得是呼唤自己的信号，不能再错过机会了。(李文澄《努尔哈赤》)

（27）其实，不能更广泛深刻地阅读是影响盲人生活质量的一个重要因素。(北京大学CCL语料库)

从语义上看，"不能再×"主要用于表示没有能力或条件不允许实现增量，现代汉语常用频率副词"再"表示动作量的增加，如例（25）表示因能力限制而无法再跳，例（26）则表示条件不允许。"不能更A地V"中"不能"否定的不是"更A"，而是"更A地V"，即"不能够/不可以更A地V"，如例（27）。

"不能更A"在现代汉语中并不多见，在北京大学CCL语料库中仅检索到5例，都只表示能力或准允，并未见到表示极量的用法。例如：

（28）我是惯睡懒觉的人，早晨总在7点钟以后醒来不能更早，所以总为观察不到菜贩们是如何在熹微晨光中渐渐去到那里组合成菜市的最初那一幕而遗憾。(北京大学CCL语料库)

（29）《研究者丛书》创立两年，所出亦仅六种。今后每年所出，不能更多……(北京大学CCL语料库)

例（28）、例（29）表示"能力"或"允准"，虽然表层形式为"不能更A"，但实际上隐含了相关的动词，即"不能V得更A"。

可见，现代汉语中"不能更×"并未形成与"couldn't + × 的比较级"相应的极量义。这主要是因为"能"在现代汉语中主要表示能力和条件允许，并未发展出和could一样的表示认识的可能性的语义，汉语表示认识的可能性时常用"可能"，如"今天可能会下雨"。可见，"不能更A"缺乏触发极量语义的条件。当代汉语中，"能"依然没有发展出认识的可能性的语义，因而，可以说构式中

"能"的认识的可能性的语义是复制英语 could 的语义的结果,"不能更×"的极量语义并非汉语自身演变的结果,而是复制"couldn't + × 的比较级"的结构和语法意义而形成的。

三、相关结构情态解读的类型学考察

在有比较级与最高级的语言中,表达量范畴时一般都遵循这一逻辑:当且仅当不存在×的比较级时,×为最高级。如图2所示:

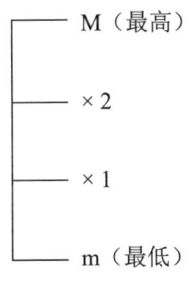

图2 量级

也就是说,否定比较级意味着已经达到最高级,即达到极量。这一逻辑关系是人类认知的共性,在语言中得到了充分的体现,大部分有量级梯度的语言都存在与"没有比……更……的了"相应的句法结构。例如:

(30)没有比他更帅气的了。

(31)There's nothing better than a long soak in a hot bath.(英语)
没有什么比好好地泡个热水澡更好了。

(32)これ以上のカッコよさが ない ね。(日语)
　　　这　之上的　帅气　格助词 没有 语气助词
没有比这更帅的了。

(33)No hay una persona que　　sea más inteligente que él.(西班牙语)
　　　没 有 一 个 人 从句连词 是 更 聪明 表比较 他
没有比他更聪明的人了。

（34）không gì　quý hơn độc lập tự do.（越南语）
　　　没有 什么 可贵更 独立 自由
　　　没有什么可以比独立自由更可贵的了。

例（30）～（34）中，对比较级的否定一般都用"没有"，即直接否定更高量级的存在。但是，有时对比较级的存在进行否定也可以不使用"没有"，而是通过否定比较级存在的可能性来实现，这往往就涉及对情态动词的语义解读。如前所述，英语"couldn't be + 比较级"是在对比较级存在的可能性进行否定的基础上推衍出极量语义，并且这种极量语义的推衍是由情态动词 can/could 的语义演变触发的。表示能力的 can 可以推衍出表示情态的"可能"义。有能力做某事，则可以说某事可能发生，没有能力做某事，则可以说某事不可能发生，即 [能够] ⊃ [可能]。

需要指出的是，此处所言的"可能"必须区分基于情景的可能性和基于认识的可能性。表示"能力"的"能"必须发展出表示认识的可能性的"可能"才能诱发"不能更×"表示程度极量的语义。如果没有发展出表示认识的可能性，则较难诱发"不能更×"表示程度极量的构式义。也就是说，只有当构式中的"能"解读为认识的可能性时，构式才具有极量语义。

情态动词"能"的这种蕴含关系在很多语言中存在。跨语言调查的结果显示，有的语言和英语一样，"能"已经发展出了表示认识的可能性的情态语义，相应的"不能更×"的构式也已经实现由受能力或条件的限制不能够或不允许实现更高量到表达程度极量的语义演变过程，如德语、西班牙语、越南语等。例如：

（35）Ich kann nicht mehr essen!（德语）
　　　我　能　不　再　吃
　　　我不能再吃了！

（36）Ihr　Timing　könnte nicht besser sein.（德语）
　　　你的 时机把握　能　不　更好　是
　　　你的时机把握得不能更好了。

（37）Tôi thường sau 7 giờ mới dậy, không thể sớm hơn（được nữa）.（越南语）
　　　我 常常 后7点 才 起来 不　能 早 更

我常常7点后才起床，不能更早。

（38）Thiết kế này dường như không thể tuyệt hơn.（越南语）

  设计　这　简直　不　　能　棒　更

  这个设计简直不能更棒。

例（35）～（38）中，könnte 表示认识的可能性，表示能力的 kann 和（có）thể①都已经发展出表示认识的可能性的情态语义，因而"könnte nicht × sein"和"không（có）thể × hơn"可以表示程度极量。德语 kann/könnte 既可以表示能力，又可以表示认识的可能性。例如：

（39）Er hann schwimmen.②（德语）

  他 能　游泳

  他会游泳。

（40）Ich kann Deutsch lessen, aber nicht sprechen.（德语）

  我　能　德语　阅读　但　不　读说

  我能看懂德文，但不会讲。

（41）Es　　　　kann Regen geben.（德语）

  无人称主语 可能 下雨 有

  可能会下雨。

（42）Es　　　　kann sein, daß　　　er schon heute kommt.（德语）

  无人称主语 可能 是　从句连接词 它 已经 今天 来

  他可能今天就来。

例（39）、例（40）表示能力，例（41）、例（42）表示说话人不是十分有把握的推测，是一种认识上的可能。德语中 könnte 由 kann 发生形态变化而来，表示认识的可能性时主观性更为强烈，其否定形式 könnte nicht 可以表示说话人主观认为不可能，这为"könnte nicht × sein"表示程度极量奠定了语义基础，即

---

① 越南语 có thể 可以表示能力，也可以表示认识的可能性，在"不能更×"的相应结构中 có 常常省略，多表述为"không thể × hơn"。

② 例（39）～（42）出自潘再平主编《新德汉词典》（《德汉词典》修订本），上海：上海译文出版社，2000年。

不可能存在比较级，那么就是最高级了，由此构式用于表示程度极量。

与之相对的是，有些语言中情态动词"能"主要表示"能力"，并没有演变出表示认识的可能性的语义，说话人表示"不可能"时往往使用其他词语。这类语言中，"不能更×"的相应结构中"能"不能解读为认识的可能性，因而构式都不表示极量语义。以日语为例，日语中表示能力的"能"是"でき"。例如：

（43）彼は日本語もでき、英語もでき①（日语）

　　　他　日语　也　能　英语也能

　　　他既会日语也会英语。

（44）一人で帰ることができ（日语）

　　　一个人回去　　　能

　　　能够一个人回去。

而表示认识的可能性时，日语常使用其他词语，如"おそらく…だろう"或"可能性"。例如：

（45）彼女はもうここにはいないだろう②（日语）

　　　她　已经这里在　在　不　吧

　　　很可能她已经不在这儿了。

（46）可能性がない（日语）

　　　可能性　没有

　　　这不可能。

由于日语中表示认识的可能性时不能使用"でき"（能），"不能更×"相应的日语结构中"でき"（能）不能解读为认识的可能性，因而缺乏触发极量语义的条件，该结构难以表达极量语义。

综上可见，对比较级的否定即表示最高量，这是人类认知的普遍共性，因而"没有比……更……的了"及相应的结构在人类语言中普遍存在。而基于表示能力的"能"演化为表示认识的可能性的"能"而形成的"不能更×"相应结构

---

① 例（43）~（44）出自宋文军主编《现代日汉大词典》，北京：商务印书馆，1987年。
② 例（45）出自相原茂、荒川清秀、大川完三郎主编《东方汉日词典》，北京：商务印书馆，2011年。

表示极量的情况在人类语言中并不普遍存在，只有该语言中表示能力的"能"演变出表示认识的可能性，相应的"不能更×"才能表示最高量。有的语言具备这一条件，构式的极量语义被触发；有的语言不具备这一条件，相应的结构则常常只表示能力限制或不允许。

四、结语

本文结合历时考察，论证了"不能更×"与"couldn't be +×的比较级"之间的语法复制关系，并从情态语义解读的角度，探讨了两种语言中can/could和"能"的情态解读与构式极量语义触发之间的关系。通过两种语言的比较分析以及跨语言调查，我们发现，一种语言中表示能力的"能"发展出表示认识的可能性的语义，是该构式极量语义触发的条件。

从情态语义的角度来看，现代汉语中"能"不表示认识的可能性，因而"不能更×"不具备触发极量语义的条件。但构式"不能更×"直接复制了"couldn't be +×的比较级"的结构和语法意义，最关键的是构式中的"能"复制了could表示认识的可能性的情态语义，使得"不能更×"获得了与"couldn't be +×的比较级"相同的极量语义。当然，目前"能"的这种表示认识的可能性的语义只存在于"不能更×"这一构式中，并且汉语本身已经存在表示认识的可能性的"可能"，因而表达极量的"不能更×"能否进一步触发汉语中"能"演化出表示认识的可能性的用法，仍有待观察。

参考文献

蔡维天（2010）谈汉语模态词的分布与诠释之对应关系，《中国语文》第3期。
高亮（2020）情态解读与句法层级的互动：以"要"为例，《语言教学与研究》第3期。
郭鸿杰、韩红（2012）语料库驱动的英汉语言接触研究：以"被"字句为例，《外语教学与研究》第3期。
李如龙（2013）论语言接触的类型、方式和过程，《青海民族研究》第4期。

廖巧云、蒋勇（2013）量化最高级涌现性极性特征研究，《外语教学与研究》第 4 期。

潘再平主编（2000）《新德汉词典》（《德汉词典》修订本），上海：上海译文出版社。

彭利贞（2007）《现代汉语情态研究》，北京：中国社会科学出版社。

宋文军主编（1987）《现代日汉大词典》，北京：商务印书馆。

吴福祥（2013）关于语法演变的机制，《古汉语研究》第 3 期。

相原茂、荒川清秀、大川完三郎主编（2011）《东方汉日词典》，北京：商务印书馆。

张谊生（1996）名词的语义基础及功能转化与副词修饰名词，《语言教学与研究》第 4 期。

张谊生（1997）名词的语义基础及功能转化与副词修饰名词（续），《语言教学与研究》第 1 期。

Aĭkhenval'd, A. I., Aĭkhenval'd, A. I., & Aikhenvald, A. Y. (2002) *Language Contact in Amazonia*. Oxford University Press.

Dryer, M. S., & Haspelmath, M. (eds.). (2013) *The World Atlas of Language Structures Online*. München: Max Planck Digital Library.

Fauconnier, G. (1975) Polarity and the scale principle. *Proceedings of the Chicago Linguistics Society* 11: 188-199.

Gołąb, Z. (1959) Some Arumanian-Macedonian isogrammatisms and the social background of their development. *Word 15* (4): 415-435.

Harris, A., & Campbell, L. (1995) *Historical Syntax in Cross-Linguistic Perspective* (Cambridge Studies in Linguistics). Cambridge: Cambridge University Press.

Haspelmath, M., Dryer, M. S., Gil, D., & Comrie, B. (2005) *The World Atlas of Language Structures*. Oxford: Oxford University Press.

Heine, B., & Kuteva, T. (2005) *Language Contact and Grammatical Change* (Cambridge Approaches to Language Contact). Cambridge: Cambridge University Press.

Heine, B., & Kuteva, T. (2008) Constraints on contact-induced linguistic change. *Journal of Language Contact, 2*(1): 57-90.

Lord, C. (1993) *Historical Change in Serial Verb Constructions*. Amsterdam, Philadelphia: John Benjamins.

Winford, D. (2003) *An Introduction to Contact Linguistics*. Wiley-Blackwell.

非典型否定极性副词的语境分布及允准因素考察*

郑玉贵

摘 要：否定极性副词是副词中一个特殊的类别，是指一些对否定性语境有依赖性，经常或只用于否定结构的副词。本文基于语料库，详细考察了非典型否定极性副词在由肯定结构形成的语境中的分布状况，探讨了允准非典型否定极性副词的相关因素：使用了隐含否定语义的动词、副词以及句型等的表达，其句法结构虽为肯定，但实际上形成的是隐性否定语境；"是、要"等非典型动词，其用法可能会溢出动词的要求和范畴，从而允准否定极性副词；部分成员因为已经与其他词形成了固定搭配，造成其间再难以插入否定词；可共现的肯定结构在语境中临时获得了消极否定语义等。

关键词：否定极性副词；肯定结构；隐性否定

〇、引言

否定极性[①]副词是副词中一个特殊的类别，是指一些对否定性语境有依赖性，

---

* 本文原发表于《新疆大学学报》（哲学·人文社会科学版）2019年第5期，题目为《否定极性副词与肯定结构的共现状况及原因分析》，收入本论文集时内容做了较大幅度的增删与调整。
① 本文的"极性"是指命题情态的肯定或否定的两极属性。

经常或只用于否定结构的副词。以副词"丝毫"为例，我们只能说"你丝毫不可向我隐瞒"，不能说"你丝毫可向我隐瞒"。可见，"丝毫"在现代汉语中表现出了强烈的否定极性敏感特征，属于典型的否定极性副词。

副词研究虽然是汉语语言研究的热点之一，但是基于极性视角的副词研究起步较晚，且以往研究主要集中于否定极性副词的数量统计及与否定结构共现时的句法语义特征描写上。实际上否定极性副词内部也有典型成员和非典型成员之分，相较典型成员，非典型成员的语境分布状况更为复杂。非典型否定极性副词的语境分布状况究竟是怎样的？它们为何可以修饰肯定结构？这些肯定结构形成的语境又有什么共同特征，是否与否定含义有相通之处？这些问题的相关探讨目前尚不多见，还有待进一步深入研究。本文以非典型否定极性副词为对象，重点考察它们在由肯定结构形成的语境中的分布状况，描写归纳这些语境的共性以及异性特征等，探讨它们可以被这些语境允准的动因。

本文所引的例句主要来自北京大学 CCL 语料库，为简洁行文，对部分例句进行了删减。

一、否定极性副词成员

在综合以往研究[①]的基础上，本文拟主要依据以下三个标准对否定极性副词进行界定：

一、词典释义。这类词其实已经受到学界的关注，同时在词典释义时大部分已经注明"只在否定句中使用""多用在否定句中""多用于否定式"等。本文在

[①] 以往涉及否定极性副词判定标准的研究参见：胡清国《否定形式的格式制约研究》，武汉：华中师范大学博士学位论文，2004年；孙琴《现代汉语否定性结构专用副词的考察》，桂林：广西师范大学硕士学位论文，2005年；宋伟萍《现代汉语否定极性副词分析》，杭州：浙江大学硕士学位论文，2013年。

框定该类副词的具体成员和数目时以国内公开出版发行的多个版本的词典[①]为参照，凡是在词典释义中注明"只与或者多与否定结构"搭配的副词以及虽然没有明确标注类似字样，但是在注释中已经表明该词与否定结构搭配的倾向，实际使用时不能与肯定结构自由换用的词均属于我们考察的范围。

二、通过统计比例进一步验证。搭配否定结构的比例应远高于搭配肯定结构的比例，其中搭配否定结构的比例至少应该超过60%。通过北京大学CCL语料库数据统计，以初步筛选出的副词为对象调查其在实际使用时搭配肯定和否定结构的比例，进一步筛选所研究的对象。

三、肯否兼用的否定极性副词其肯定用法受到制约。部分否定极性副词虽然能搭配肯定结构，但是相对于搭配否定结构的自由，其搭配肯定结构很受限制，例如它们或者不能与典型的动作动词直接搭配使用，通常需要前接"能""会"等情态助动词，或者限于与"是""像"等状态动词搭配使用等。

通过以上步骤和标准，我们确定了本文要研究的25个汉语的否定极性副词成员，分别是"从、从来、并（表语气）、又（表语气）、毫、丝毫、绝（表语气）、决、断、断断、断乎、概、一概、根本、压根儿、始终、千万、万、万万、全然、切、了（liǎo）、死、死活、迟迟"。

二、非典型否定极性副词在由肯定结构形成的语境中的分布

葛金龙认为，汉语的否定从形式上可以分为三种[②]：（1）辞否定，即以在被

[①] 主要参照的词典共有7部：姜汇川等编《现代汉语副词分类实用词典》，北京：对外贸易教育出版社，1989年；王自强《现代汉语虚词词典》，上海：上海辞书出版社，1998年；侯学超编《现代汉语虚词词典》，北京：北京大学出版社，1998年；张斌主编《现代汉语虚词词典》，北京：商务印书馆，2001年；朱景松主编《现代汉语虚词词典》，北京：语文出版社，2007年；北京大学中文系1955、1957级语言班编《现代汉语虚词例释》，北京：商务印书馆，1996年；中国社会科学院语言研究所词典编辑室编《现代汉语词典》（第7版），北京：商务印书馆，2016年。
[②] 参见葛金龙《汉语的否定极性副词》，《汉语学习》，2012年第1期。

否定的对象前加置否定辞①的形式来实现，如加置"不、没（有）、别（不要）"等。（2）语义否定或词语否定，即虽然不是否定辞，但表示否定意义，如"外行、两样"等。（3）句否定，即通过句型形式实现的否定，如假性疑问句（反问句）等。根据否定词的有无，以上的汉语否定形式也可二分为显性否定表达（词否定）和隐性否定表达（语义否定和句否定）。从句法形式角度看，辞否定构成的结构为否定结构，形成的句子为否定句，语义否定或词语否定、句否定构成的结构为肯定结构，形成的句子为肯定句。

我们认为汉语否定性语境的实现主要依赖以上三种手段，根据对否定性语境的依赖程度，否定极性副词内部可分为"极强否定极性副词""强否定极性副词"和"弱否定极性副词"三种。其中"极强否定极性副词"②只能分布在否定句中，可看作"典型否定极性副词"。"强否定极性副词"和"弱否定极性副词"除否定句外，还可以相对受限地分布在一些肯定句中，可看作"非典型否定极性副词"，共有"从来、始终、根本、压根儿、死活、千万、全然、切、一概、又（表语气）、迟迟"等11个副词成员。本节拟重点考察非典型否定极性副词各成员在由肯定结构形成的语境中的分布状况。

2.1 强否定极性副词

所谓的"强否定极性副词"是指一些在句子中既能搭配显性否定表达也能搭配隐性否定表达，但却被肯定性表达③所排斥的副词，这样的副词有"又（表语气）、迟迟、千万、切"4个。

2.1.1 语气副词"又"

语气副词"又"修饰肯定结构时只能出现在反问句中，如例（1）、例（2）从句法结构上看是肯定结构，但从句子整体传达的语义来看是否定含义，即"我

---

① 葛金龙所说的"否定辞"等同于本文的"否定词"，指"不、没（有）、别"等否定词。两种名称本文不做区分。
② "极强否定极性副词"是指在句子中强制性要求只能与带否定词的显性否定结构搭配，不能被其他成分允准的副词，其否定极性敏感性特征极强，包括"从、毫、丝毫、断、断断、断乎、决、绝（表语气）、概、了（liǎo）、死、万、万万、并（表语气）"等14个成员。
③ 这里的肯定性表达是指一些句法上为肯定结构，且语义上表达积极正面义或中性义的表达方式。

陪着她没什么用、谁都读不懂马云"。吕叔湘提出:"反诘实在是一种否定的方式:反诘句里没有否定词,这句话的用意就在否定;反诘句里有否定词,这句话的用意就在肯定。"①在汉语中,反问句是一种辅助、补充性的否定表达,也是形成否定性语境的手段之一。

(1) 怎么叫丢下,我陪着她又有什么用吗?(《女记者与大毒枭刘招华面对面》)

(2)《谁认识马云》也许能够让你认识马云,然而谁又能读懂马云?(《谁认识马云》)

2.1.2 时间副词"迟迟"

"迟迟"修饰肯定结构时主要有两种情况:其一是修饰隐性否定动词的肯定结构。袁毓林根据意义和句法表现把汉语中的隐性否定动词分为"防止"类、"避免"类、"差欠"类、"拒绝"类、"小心"类等九大类。②袁毓林认为,隐性否定词语内部虽然不包含否定词,但可以表达跟包含否定词的分析形式相当的否定性意义。③如例(3)中的"难以作出决定"相当于"无法作出决定",属于"困难"类隐性否定词。其他常搭配的还有"迟迟难下决心、迟迟耻于说、迟迟难定、迟迟难迁"等。其二是与隐性否定副词"才"共现。与"迟迟"共现的副词"才"属于张谊生提出的表示增值强调的"才B"类④,用于表示时间,强调所需的时间长。我们认为这类"才"包含了某个预期的动作行为在相当长的时间一直未能出现的否定性含义,具有隐含否定功能,也是形成否定性语境的手段之一。例(4)"迟迟"与副词"才"共现,谓语动词虽为肯定结构,但该句整体隐含表达了否定性语义,即在调查工作进行的两年期间,一直没能为这类疾病命名。

(3) 手心手背都是肉,辣辣迟迟难以作出决定。(池莉《你是一条河》)

(4) 调查工作进行了两年多后,才迟迟将这类病含糊其辞地命名为"海湾战争综合症"。(《人民日报》)

---

① 参见吕叔湘《中国文法要略》,北京:商务印书馆,1982年。
② 参见袁毓林《动词内隐性否定的语义层次和溢出条件》,《中国语文》,2012年第2期。
③ 同注释②。
④ 参见张谊生《现代汉语副词研究》,北京:商务印书馆,2014年。

2.1.3 语气副词"千万"

"千万"修饰肯定结构时主要有以下几种情况：其一是修饰带助动词"要"的肯定结构，如例（5）。"千万"基本不能修饰带"能""可"等其他助动词的肯定结构。"要"主要用来表要求或劝诱等说话人比较主观的情感态度，属于非典型的边缘动词①。在北京大学CCL语料库中，分别以"千万要"和"千万不要"为关键词进行搜索，结果前者约有282条，而后者约有1980条。虽然"千万"修饰否定结构的比例远高于肯定结构，但肯定结构"千万要……"的存在也不容忽视。其二是修饰带"小心"类隐性否定动词的肯定结构，如例（6）、例（7）中的"当心"和"注意"。袁毓林认为："'小心'类隐性否定动词的意义可归纳为集中精神于某个方面，以便'不+发生不如意的事情'。'不+发生不如意的事情'是其语用推论层面上的否定性意义。"②其三是"千万"都出现在祈使句中。祈使句也可以表达隐性否定的语义，一方面它属于非现实句的一种形式，通常蕴含现实否定性存在，即命题为现实中尚未发生的事件。另一方面，"千万"所在的祈使句通常表达说话人为防止某种不如意事件的发生而要求或叮嘱听话人务必要集中精力于某方面的含义，蕴含语用层面推导出的否定性含义，属于"小心"类隐含否定义的句子。

（5）这事你千万<u>要</u>保密，决不能瞎嚷嚷。（李存葆《高山下的花环》）

（6）孙先生，路上千万<u>当心</u>你的腿。（《孙子兵法与三十六计》）

（7）你到了河南，千万<u>注意</u>军纪。（姚雪垠《李自成》第一卷）

2.1.4 语气副词"切"

"切"修饰肯定结构时主要有以下几种情况：其一是与隐性否定动词"忌"直接连用，如例（8）。"忌"属于"避免"类隐性否定动词，这点可从词典的释义中约略看出。"忌"表示"认为不适宜而避免"③，如忌嘴、忌生冷等。其否定性含义可概括为：使某事情不要发生。此外，"切忌"已词化，被词典收录，表示"切实避免或防止"。其二是与单音节动词"记"直接连用，如例（9）。"切

---

① 这里的"边缘动词"主要是指与"跑、跳、吃、读"等典型的动作动词相对应的动词。
② 参见袁毓林《动词内隐性否定的语义层次和溢出条件》，《中国语文》，2012年第2期。
③ 参见中国社会科学院语言研究所词典编辑室编《现代汉语词典》（第7版），北京：商务印书馆，2016年。

记"也已凝固为词典中的一个独立词条,表示"牢牢记住"。其三是都出现在"小心"类隐含否定义的祈使句中。这点与副词"千万"的情形类似。

(8)选择美白产品切忌盲目跟风。(张晓梅《修炼魅力女人》)

(9)这里关键是领导要组织好,引导好,尤其是进了城别忘乡下,切记做好反哺工作。(《人民日报》)

综上,允准"又(表语气)、迟迟、千万、切"的肯定结构通常都可以通过句否定或者词语否定等手段而形成隐性否定语境,从某种程度上可以认为这与否定极性副词对语境的限制要求并不矛盾。

2.2 弱否定极性副词

所谓的"弱否定极性副词"是指一些对否定性语境的依赖程度相对较弱,除了搭配显性和隐性否定表达外,还可以非自由地搭配部分肯定性表达的副词。这样的副词有"从来、根本、压根儿、死活、全然、始终、一概",共计7个。限于篇幅,本文以"从来""始终"和"一概"为例进行说明,其余成员的情况与它们大致相仿。

2.2.1 时间副词"从来"

"从来"修饰肯定结构时主要有以下几种情况:其一是修饰部分状态性动词的肯定结构。其中出现频率最高的是动词"是",如例(10)。在北京大学CCL语料库中搜索到"从来是"的语例约有286条之多,而其他动词的出现频率则相对较低("从来认为"约15条;"从来有"约12条;"从来相信"约5条)。其二是修饰带"否认、拒绝、少见"等隐性否定动词的肯定结构,如例(11)表达的是否定含义"从来不让记者上门"。其三是与隐性否定副词"都、只、就"等共现。这三个副词在某种意义上可被看作隐含否定义的副词。袁毓林论证了"都"具有隐性否定的语义功能,当"都"联结到语句(或命题)时,它不仅肯定了该语句(或命题),还同时排他性地否定了其量化域中的补集性语句(或命题)。[①]周小枚认为"只、光、就、仅"等表唯一语义的限定性范围副词都具有隐含的否定功能,当它们联结语句(或命题)时,所限定的是句

---

① 参见袁毓林《论"都"的隐性否定和极项允准功能》,《中国语文》,2007年第4期。

中某项词语的范围，表示仅限定该词语这个子集，而否定除该子集外的一切补集。① 如例（12）不仅肯定了他一直都是让村子里的剃头师傅给自己剃头，同时还排他性地否定了让其他人给自己剃头的可能性。例（13）限定的是"发问"，对补集"回答"的否定在后句中已经明示出来了。其二和其三所形成的仍是隐含否定义的语境，与否定极性副词的语境要求并不完全矛盾。

（10）我们中华民族从来是个胸怀广阔、乐观旷达的民族。(《读书》)

（11）李敏心脏有病，说话不能高声，从来拒绝记者上门。(《人民日报》)

（12）他的头发从来都是村子里的剃头师傅给剃的。(张剑《世界100位富豪发迹史》)

（13）我从来只发问，不回答，只有对快死的人是例外。(古龙《小李飞刀》)

2.2.2 时间副词"始终"

"始终"修饰肯定结构时主要有以下几种情况：其一是与隐性否定副词"都、只、仅"等共现，如例（14）。其二是修饰带隐性否定动词的肯定结构，如例（15）中的"反对"表达"不同意"的否定义。其三是用在虚拟条件句中，如例（16）"始终"用在"如果……"构成的条件句中。而条件句属于非现实句的一种形式。非现实句表达的往往是现实中不存在或尚未发生的事件，通常包括祈使句、条件句、意愿句、疑问句等，这类句子在蕴含现实否定性存在的同时有时还反映出说话人遗憾、后悔、反对或者羡慕等情绪。因此一些非现实句也是形成隐性否定语境的手段之一，也可以允准部分否定极性副词的使用。其四是修饰带有部分状态性动词的肯定结构。其中动词"是"的使用频率最高，在北京大学CCL语料库中"始终是"的语例有2675条之多。其他可直接连用的状态动词还包括"有、属于、以为、讨厌、喜欢、知道、相信"等，但出现频率都较低。其五是修饰带动作动词或变化动词的肯定结构时，往往需要添加体态标记词"在""着"等，如例（17）。

（14）他们始终只认准一个目标："争世界名牌，创国际一流。"(《市场报》)

（15）她始终反对自怨自艾。(《读者》)

（16）如果大奎始终惦记着这笔钱，那他们以后就别想过太平日子了。(《故

---

① 参见周小枚《现代汉语范围副词的隐性否定功能研究》，长沙：湖南师范大学硕士学位论文，2011年。

事会》）

（17）我在牢房里始终维持着规律而平静的生活。（《李敖对话录》）

2.2.3 范围副词"一概"

"一概"修饰肯定结构时主要有以下几种情况：其一是修饰带隐性否定动词的肯定结构，如例（18）。不过，相对其他副词而言，"一概"修饰隐性否定动词的频率要高很多，且可搭配词语的种类也较多，如"否定、拒绝、沉默、免交、排斥、婉拒、谢绝、反对、停止、抹杀、免除、删掉、隐去、废除、忘记、诛杀、袖手旁观、付之汪洋、拒之门外"等。其二是与反问句共现，如例（19）"岂"为反诘类语气副词，用在反问句中加强反诘语气。其三是与虚拟条件句共现，如例（20）。其四是与"被"字句共现。众所周知，"被"字句主要用于不如意、不愉快的事情，随着长时间的反复使用逐渐也发展出了中性义，甚至少数也可以表达如意义。通过考察发现，"一概"所在的"被"字句一律都表现为典型的消极被害义，属于工藤真由美提出的"负面评价"类隐性否定表达[①]。例（21）隐含表达了说话人对一概被指责为"教条主义"的做法是不赞同的，后半句的"我想不通他也想不通"则是对这种隐含否定义的明示和强调。其五是修饰带中性义动词的肯定结构，动词结构常临时获得隐含否定义。如例（22）"称为"自身为中性义动词，但其后续成分"臭老九"为消极、负面评价的词汇，整个VP结构受其语义感染蕴含否定性语义。从语气来看，说话人不认同谓词性结构所表示的行为或状态，即说话人心里非常抵触"臭老九"的做法，谓语结构临时获得了否定含义。其六是修饰带边缘动词"是"的肯定结构，"是"后面接续的也往往是蕴含消极否定义的表达，如例（23）。

（18）各式各样的人，频频相邀，他一概谢绝。（《人民日报》）

（19）鬼也有雅俗之分呐，岂可一概而论？（《读者》）

（20）如果一概采用岂不乱套，究竟听谁的好？（《作家文摘》）

---

① 工藤真由美根据表达的意义将日语中的隐性否定词语分为6类："不可能（不可能）"类、"困难（困難）"类、"差欠、消灭（欠如・消滅）"类、"不一致（不一致）"类、"负面评价（負の評価）"类、"不介意（気にしない）"类等。参见工藤真由美《否定の表現》，《日本語の文法2時・否定と取り立て》，东京：岩波书店，2000年。

（21）对我们的工作被全盘否定，一概被指责为"教条主义"，我想不通他也想不通。（《人民日报》）

（22）"四人帮"把知识分子一概称为"臭老九"，并且还说这是毛主席说的。（《邓小平文选》第二卷）

（23）他会批评西医不明白中国医道，中医又不懂科学，而一概是杀人的庸医。（老舍《四世同堂》）

以上分别对非典型否定极性副词中的强否定极性副词成员、弱否定极性副词成员在由肯定结构形成的各种语境中的分布状况进行了考察分析和归纳分类。

三、由肯定结构形成的语境特征及允准因素

由肯定结构形成的语境缘何可以允准否定极性副词？这些肯定结构究竟有无共性特征？面对由肯定结构形成的语境，否定极性副词内部缘何有些成员完全排斥，有些成员相对保守，有些成员则相对宽松？归纳起来，主要与以下几个因素密切关联。

3.1 肯定结构与否定性语境

根据标记理论，在人类认知范畴里，一般来说，在形式上表示肯定的概念是一个无标记的概念，表示否定的概念是一个有标记的概念。在语言结构中，否定标记就是否定词。在形式上句法结构可以分为肯定结构和否定结构。否定结构一般是有标记的，形式上带有"不""没（有）"等否定词。而肯定结构一般是无标记的，通常不出现"不""没（有）"等否定词。但从逻辑语义的角度看，肯定结构未必总是表达肯定含义，有时也可以表达否定含义。如前所述，现代汉语中存在词语否定、句否定等一些辅助性否定表达手段。这些句法上为肯定结构但实则隐含否定义的表达，实际上形成的是某种非典型的否定性语境。既然是否定性语境，自然可以合法地允准否定极性副词。通过以上分析可知，它们大致具有以下一些共性特征。

3.1.1 与隐性否定动词共现

如前所述，所谓的隐性否定动词就是那些句法形态上虽呈现为肯定结构，但在逻辑、语义上表达否定含义，含有潜在的否定算子的动词。它们通常可以用包含否定词的显性否定表达进行替换。"迟迟、从来、始终、根本、压根儿、全然、一概"等否定极性副词都可以修饰带隐性否定动词的肯定结构，其中"一概""全然"可修饰的隐性否定动词数量较多，且类型多样。其余几个副词可修饰的对象则比较有限，如"迟迟"主要修饰"困难"类，"千万"主要修饰"小心"类隐性否定动词等。部分否定极性副词修饰隐性否定动词时，该隐性否定动词通常可以不再出现否定词，这是因为该类否定动词的内部已经包含潜在的否定算子，词汇意义上已传达出否定性含义了。通过其形成的隐性否定语境可以满足部分否定极性副词对否定性语境的倾向性需求。

3.1.2 与隐性否定副词共现

否定极性副词修饰肯定结构时句中常伴随出现"都、只、就、仅"等副词。这些副词属于隐性否定副词[①]，通常可以从显性的肯定结构推导出其隐含的否定语义。这种隐含否定义往往具有很强的认定性和排他性，即在肯定某一方面的同时排他性地否定与其对立的另一方面。"都"往往在肯定某命题的同时还排他性地否定其量化域中的补集性命题。"只、就、仅"等往往是在认定某集合中的一个子集的同时否定除该子集外的一切补集。虽然句子没有使用否定词，但通过这些副词形成的隐性否定语境可以满足部分否定极性副词使用时对否定性语境的倾向性需求。

3.1.3 与隐性句否定表达共现

所谓的隐性句否定表达主要是指一些通过反问句、祈使句、条件句等句型而实现的非现实句。非现实句表达的往往是现实中不存在或尚未发生的事件。沈家煊曾指出非现实句与否定句具有互通性，非现实句这样的有标记句式可以使

---

① 所谓的"都、只、就、仅"等副词具有隐性否定的功能，其实主要来自它们表总括或限定的范围副词用法。当然这些副词自身用法十分复杂，不仅限于范围副词一种用法。但本文认为其他用法多是在范围副词的基础上发展而来的，因此范围副词具有的隐性否定功能极可能也会延伸到该副词的其他用法中。

极性词的分布发生颠倒，即有些不能出现在肯定句中的否定极性词被用在一些非现实句中时，可以与肯定结构搭配。① 这些非现实句中即使没有明确的否定词"不""没（有）"等，往往也可以通过语用层面上的推导传达其内在的否定性含义。如"又（表语气）""一概"等能出现在包含肯定结构的反问句中，说话人通过质疑命题内容的方式传达其否定性观点。"始终""一概"等可以出现在"如果"引导的假设关系条件小句中。"千万""切"等能出现在"小心"类隐含否定义的祈使句中。这些通过隐性句否定传达的否定语义往往是间接的，隐含在肯定表述中，通过其形成的隐性否定语境也可以满足部分否定极性副词使用时对否定性语境的倾向性需求。

3.1.4 语境中临时获得消极否定语义

部分否定极性副词即使低频地修饰中性义动词的肯定结构，有时受具体语言环境的感染该结构也会临时获得某种消极否定语义。如"一概"可以与"成为、列入、称"等自身没有积极或消极等含义倾向的动词的肯定结构共现，但其后续成分往往是"畜生、阴谋、资产阶级哲学"等消极、负面评价的词汇，整个 VP 结构受其后续成分的语义感染，临时性地获得某种否定性语义，从而形成一种隐性否定语境。从说话人的语气来看往往包含说话人不认同谓词性结构所表示的行为或状态。此外，部分否定极性副词即使修饰带动词"是"的肯定结构，其后续成分也往往使用一些显性或隐性否定表达，表达的否定语义可以感染整个句子，临时形成一种隐性否定语境。例如：

（24）一下子让你爸爸妈妈接受一个他们尚不熟悉的人，恐怕根本是<u>不可能</u>的。(《宋氏家族全传》)

（25）谁料到当时知识分子要找个专放书的地方，根本是<u>枉</u>想。(《报刊精选》)

例（24）中，"根本"修饰"是……的"结构，但整个句子的语义是否定性的。张谊生认为"枉"是表预设否定的副词，否定性含义重在表示偏差性。② 例（25）中，受"枉"的语义感染整个句子的语义是否定性的，即某想法是徒劳的、不可能实现的。这种受后续成分否定含义的感染而临时形成的否定性语境在一定

---

① 参见沈家煊《不对称和标记论》，南昌：江西教育出版社，1999年。
② 参见张谊生《现代汉语副词研究》，北京：商务印书馆，2014年。

程度上也能满足部分否定极性敏感特征较弱的副词的语境使用需求。

3.2 否定极性副词与语法化

蒋勇认为极性词语①也有一个语法化和非语法化②的过程,有的词语以前不是极性词语,在使用的过程中才发展出了极性词语的用法。③而有的极性词语在后来的使用过程中也可能会失去极性特征。具体到本文的研究对象也是如此。宋伟萍认为:"在漫长的历史中,副词的这种否定极性特征是在演变过程中逐渐凸显的,有的从原来的只用于肯定结构演变为只用于否定结构,有的则由原来的对语言环境没有限制到必须依附于否定环境。因而,这些否定极性词语还在发展变化过程中,其否定极性或者还未完全固定下来或者已经出现新的变化形态。"④各家对否定极性副词数量和成员的认定有很大出入,本文认为否定极性副词的极性特征有强弱之分也证明了这一点。

实际上在汉语语言发展的过程中曾出现过否定极性副词非语法化的现象,即一些词在古代汉语中曾经作为否定极性副词使用,但在演变的过程中其极性特征消失。如"初"历史上曾表示从过去某一时间点到当前的一个时间段,相当于"始终、一直"。葛佳才认为这种用法的"初"极少单用,一般与否定词"不""无""未"等连用。⑤可见在历史上"初"曾经作为否定极性副词存在过一段时期,但在现代汉语中作为否定极性副词的"初"早已不见了踪影。

根据对否定性语境依赖性的强弱,本文认为"从、毫、决、绝、万"等14个副词已经完成了极性词语法化的进程,在实际使用中它们往往仅与带"不""没(有)"等否定词的显性否定表达共现。以副词"决"为例,"决"在古代汉语中只用于肯定句。到了宋代,"决"开始也可以用在否定句中,随着进一步虚

---

① 极性词语可分为肯定极性词语和否定极性词语两类,否定极性副词是否定极性词语中的一个小类,是上下位的概念关系。
② 蒋勇所说的"语法化与非语法化过程"不同于传统意义上的语法化概念,此处的语法化是指某个词语极性特征的获得,而非语法化是指某个词语极性特征的丧失。本文采用蒋勇的语法化立场。
③ 参见蒋勇《汉语极量极性词语的梯度逻辑和关联分析》,载复旦大学汉语言文字学科《语言研究集刊》编委会编《语言研究集刊》(第5辑),上海:上海辞书出版社,2008年。
④ 参见宋伟萍《现代汉语否定极性副词分析》,杭州:浙江大学硕士学位论文,2013年。
⑤ 参见葛佳才《东汉副词系统研究》,长沙:岳麓书社,2005年。

化,"决"开始作为语气副词表强调,发展到近代,"决"已经开始只用于否定词前。可见,在现代汉语中"决"已经完成极性词语法化的进程,发展成了典型的否定极性副词,只能被否定结构所允准。"千万、切"等4个副词处于接近完成极性词语法化的进程中,因为在实际使用中它们仍能出现在某些肯定结构形成的非典型否定语境中。"从来、始终、全然、一概"等7个副词仍处于极性词语法化的进程中。以"始终"为例,我们对北京大学CCL语料库当代文学作品中带有副词"始终"的语句进行了统计,其与否定结构和与肯定结构共现的比例分别为69%和31%。即使从占3成的语例中去除掉那些形成隐性否定语境的肯定结构,仍然存在一些与否定语境难以建立起联想的肯定结构。如"始终"可以搭配"要、能"等助动词引导的肯定结构,可以搭配"以为、相信、惦记、是"等状态动词的肯定结构,可以搭配部分带"在、着"等持续体标记的动作动词等。这些肯定结构的存在表明"始终"在现阶段尚未发展成为典型的否定极性副词。否定极性副词各成员现阶段所处的极性词语法化进程详见表1。

表1 否定极性副词的"极性词语法化"进程

进程中	趋于完成	已完成
从来、根本、压根儿、死活、全然、始终、一概	又（表语气）、迟迟、千万、切	从、毫、丝毫、断、断断、断乎、决、死、概、绝（表语气）、了（liǎo）、万、万万、并（表语气）

3.3 语言内的差异性

根据原型范畴理论,各范畴内有典型成员和非典型成员的区别,各成员之间地位并不平等,从典型到非典型形成一个非离散性的连续统。"最典型的成员最具原型性,与较差、最差的成员之间,可有等级差异。"[①]可见,语言内部也不是铁板一块,而是存在诸多差异性的。

3.3.1 与非典型动词共现

通过调查发现,即使部分否定极性副词可以出现在由动词肯定结构形成的语

---

① 参见吴为善《认知语言学与汉语研究》,上海:复旦大学出版社,2011年。

境中，其中的动词往往也都不是典型的动作动词，出现频率较高的是动词"是"以及能愿动词"要"等。"是""要"等动词与典型动词只存在家族相似性，因此其用法就可能溢出动词的要求和范畴，进而允准部分否定极性副词。此外，"是""要"等通常在句中表达的是一种判断、要求或劝诱，而这些都是说话人比较主观的情感态度。否定极性副词之所以可以与这类词搭配也可能与其自身具有的语用功能"凸显主观性"有关。否定极性副词可以通过加强主观倾向、切换主观视角、表达主观评价等方式表达主观情感态度。而这一语用功能一旦已经通过其后的判断类动词"是"或要求类动词"要"等充分发挥出来的话，其后命题结构的肯定和否定就显得没有那么重要了。

3.3.2 与其他词形成固定搭配

某些词如果经常被结伴使用，随着时间的推移，往往容易形成一些固定的搭配习惯，这些搭配一旦成形，就很难再在其中插入其他成分。如前所说，"切记""切忌"作为词典中的独立词条，不允许再有"切不记""切不忌"的形式。"一概而论"也是词典中的一个词条，同样不可以使用"一概不而论"的形式。不过，虽然其内部不能插入否定词，但"一概而论"在使用时对否定性语境的要求并没有改变。该词或者出现在通过前接否定词形成的否定语境中，如"不能一概而论"，或者出现在通过反问句形成的隐性否定语境中，如"岂能一概而论"。

3.4 语言使用者的个体差异性

语言使用者对语言规则的理解、掌握和遵守程度会存在某些差异，具体使用语言时也常会呈现出差异性。为表达某种特殊意图或者达到某种语用效果，说话人故意违反语言规则，使用非常规表达方式的现象在实际语言中也经常发生。随着使用频率的增加，这些非常规用法会逐渐固定下来，这也使得否定极性副词修饰肯定结构成为可能。如郑玉贵认为副词"万万"修饰肯定结构的语例往往都是说话人的临时变通使用。[①] 例如：

（26）所以，<u>万万要</u>咬住牙关，忍耐下去。(亦舒《异乡人》)

[①] 参见郑玉贵《副词"万万"的否定极性敏感特征及动因阐释》，载上海师范大学《对外汉语研究》编委会编《对外汉语研究》（第16期），北京：商务印书馆，2017年。

（27）电报挂着万万火急飞散到全国。（老舍《赵子曰》）

例（26）中，"万万"可以与"千万"相互替换，究其原因，此时的"万万"表达的不是自身的"绝对、无论如何"义，而是"千万"的典型义"一定、务必"。实际上这是说话人的临时变通，通过故意使用非常规的"万万"代替"千万"，以达到更成功吸引对方注意力、增强叮咛嘱咐的效果。例（27）中，《现代汉语词典》（第7版）所收"火急"的例词只有"十万火急"，表示"非常紧急"，描述情况极度紧急时使用"十万火急"已经足够，因此实际上没有"万万火急"的说法。这其实是作者有意为之，通过使用非常规语言，实现非同寻常的表达效果。

四、结语

本文基于北京大学CCL语料库，重点考察了非典型否定极性副词在由肯定结构形成的语境中的分布状况，总结归纳了这些语境的共性与异性特征，探讨了允准非典型否定极性副词的相关因素。作为否定极性副词却能分布在由肯定结构形成的语境中，主要与以下几个因素密切相关：使用了隐含否定语义的动词、副词以及句型等表达，句法结构上虽为肯定，但实则形成的是隐性否定语境；"是、要"等非典型动词，其用法可能会溢出动词的要求和范畴，从而允准否定极性副词；部分成员因已经与其他词形成了固定搭配，造成其间再难以插入否定词；部分被否定极性副词修饰的肯定结构在语境中临时获得了消极否定语义等。这也符合语言符号的相似性原则，即通过意义否定的手段尽力满足否定极性副词对否定性语境的使用要求。从根本上来看，它们受限地分布在由肯定结构形成的语境中与极性词语法化进程、语言内的差异性、语言使用的个性以及肯定结构可以形成否定性语境等因素有关。

否定极性副词其实并不是天生就只能修饰否定结构的，很多都是在使用过程中逐渐与否定亲和，进而演变成为否定极性副词的。否定极性副词各成员的来源、语法化过程、形成机制以及未来的发展趋势等问题都值得我们去深入研究和探讨。

参考文献

葛佳才（2005）《东汉副词系统研究》，长沙：岳麓书社。
葛金龙（2012）汉语的否定极性副词，《汉语学习》第 1 期。
胡清国（2004）否定形式的格式制约研究，华中师范大学博士学位论文。
蒋勇（2008）汉语极量极性词语的梯级逻辑和关联分析，载复旦大学汉语言文字学科《语言研究集刊》编委会编《语言研究集刊》(第 5 辑)，上海：上海辞书出版社。
吕叔湘（1982）《中国文法要略》，北京：商务印书馆。
沈家煊（1999）《不对称和标记论》，南昌：江西教育出版社。
宋伟萍（2013）现代汉语否定极性副词分析，浙江大学硕士学位论文。
孙琴（2005）现代汉语否定性结构专用副词的考察，广西师范大学硕士学位论文。
吴为善（2011）《认知语言学与汉语研究》，上海：复旦大学出版社。
袁毓林（2007）论"都"的隐性否定和极项允准功能，《中国语文》第 4 期。
袁毓林（2012）动词内隐性否定的语义层次和溢出条件，《中国语文》第 2 期。
张谊生（2014）《现代汉语副词研究》，北京：商务印书馆。
郑玉贵（2017）副词"万万"的否定极性敏感特征及动因阐释，载上海师范大学《对外汉语研究》编委会编《对外汉语研究》(第 16 期)，北京：商务印书馆。
周小枚（2011）现代汉语范围副词的隐性否定功能研究，湖南师范大学硕士学位论文。

论汉语中的"有定"和"无定"*

单宝顺

摘　要：本文从探讨汉语名词性成分的"有定性"和"无定性"入手，论述"有定""无定"与语境之间的关系，讨论"有定""无定"的确定因素等问题，并进行实例分析，试图对"有定"和"无定"的问题，尤其是无定成分做句子主语（话题）的问题，做出准确的说明和论述。本文认为，句子可以分为两大类，即"描述句"和"现场句"。两种句子类型的差异主要是语境上的差异。由于语境不同，所以两种句子对主语有定性的要求也不同，本文试图从此入手，探讨"有定""无定"和句法结构的关系。

关键词：有定；无定；描述句；现场句；语境

一、引言

1.1 "有定""无定"的界定

陈平认为："发话人使用某个名词性成分时，如果预料受话人能够将其所指对象与语境中某个特定的事物等同起来，能够把它与同一语境中可能存在的其他同类实体区分开来，我们称该名词性成分为定指成分。……相反……我们称之为

---

* 本篇论文曾在第三届对外汉语教学语法国际学术研讨会上宣读。

不定指成分。"①

我们可以看出，从一开始，"有定"和"无定"的现象就是和语境联系在一起的，可见，这组概念并不是通常所说的语义上的概念，而应该是属于语用范畴的。

高顺全则进一步认为："我们是从信息传递的角度来看待定指的，这和把定指成分看成'说话人和听话人之间存在的具体事物'或者'语境中某个特定的实体'的观点不同。在我们看来，定指成分可以是已知的一个或几个具体的实体，也可以是已知的某类抽象的概念或性质。"②

刘顺也提出了与高顺全类似的看法，与陈平不同的是，他们都把通指（类指）成分看作是有定成分的一种。③

1.2 "有定""无定"与语法关系

赵元任先生曾明确指出："（汉语）有一种强烈的趋势，主语所指的事物是有定的，宾语所指的事物是无定的。"④ 朱德熙先生也有过类似的阐述："……汉语有一种很强的倾向，即让主语表示已知的确定的事物，而让宾语去表示不确定的事物。"⑤ 与此同时，大批学者如刘月华、邓守信、李英哲等纷纷表示对这种意见的赞同。一时间，"主语有定，宾语无定"的观点成为语言学界的主流。

但1985年，范继淹发表《无定NP主语句》一文，列举了大量无定性名词成分做主语的例子；1989年，黄南松发表《论部分宾语的有定性》，又列举了大量的有定性名词成分做宾语的例子。这两篇论文的发表，使语言学界不得不重新认识有定对句法结构的影响和作用，如张伯江、方梅认为，有定性宾语在句法结构上有较强的承前性，而无定宾语的句子则有很强的启后性，一般来讲，这样的句子后面总是随有后续小句的，不太可能光秃秃地作结。⑥

---

① 参见陈平《释汉语中与名词性成分相关的四组概念》，《中国语文》，1987年第2期。
② 参见高顺全《有关"定指"的几个问题》，《武陵学刊》，1995年第2期。
③ 参见刘顺《现代汉语通指的指称地位和分布位置》，《山东师范大学学报》（人文社会科学版），2004年第1期。
④ 参见赵元任《汉语口语语法》，吕叔湘译，北京：商务印书馆，1979年。
⑤ 参见朱德熙《语法讲义》，北京：商务印书馆，1982年。
⑥ 参见张伯江、方梅《汉语功能语法研究》，南昌：江西教育出版社，1996年。

二、"有定""无定"的层级性

2.1 "有定""无定"的形式层级

陈平把汉语中的各种表现形式归并为以下七组：

A 组：人称代词

B 组：专有名词

C 组："这/那"+（量词）+名词

D 组：光杆普通名词

E 组：数词+（量词）+名词

F 组："一"+（量词）+名词

G 组：量词+名词①

陈平认为，定指成分只能由 A、B、C 三组形式的名词成分充当，而不定指成分则只能由 F、G 组形式的名词成分充当，从 A 组到 G 组，其有定性程度逐渐减弱而无定性程度逐渐增强。②

本文认为，陈平从形式上把汉语的名词成分分为七组，体现了汉语形式上的特点，但是在具体的分析以及有定程度的排序上，仍有不完善之处。

看陈文中的例句：

（1）某机关宿舍中，一位名叫蒋红春的女中学生，在屋里打完驱赶蚊虫的"DDT"……③

例（1）可以改写为：

（2）蒋红春，一个某机关宿舍的女中学生，在屋里打完驱赶蚊虫的"DDT"……

改写后句子依然成立，它的主语是一个复指成分，是用一个 F 组形式的名词成分去复指一个 B 组形式的名词成分。根据陈平的理论，B 组形式的名词成

---

① 参见陈平《释汉语中与名词性成分相关的四组概念》，《中国语文》，1987年第2期。

② 同注释①。

③ 本文例句多为自省，部分例句引自前人文献，或有改动，限于篇幅不一一注明出处。

分是有定性极强的,完全可以胜任主语对有定性的要求,但它却要求一个 F 组的名词性成分复指同现。正如陈平所说:"在首次提到时,光有名有姓可能还不足以使所指对象以定指身份出现。"① 可见,专有名词的有定程度应该是较低的。

例(1)还可以改写为:

(3)某机关宿舍中,这个叫蒋红春的女中学生,在屋里打完驱赶蚊虫的"DDT"……

这里是由 C 组形式的名词成分做全句的主语而取消或者说合并了复指成分。可见,C 组形式的名词成分比 B 组形式的名词成分的有定性还要强,更能适应主语的要求。

这里还需要做些说明的就是"数+(量)+名"的形式不应该包括通指(类指)性用法和纯数量上的用法。例如:

(4)一个中国男孩子自幼就受到父母的告诫,倘使他从挂着的女人的裤子下走过,便有长不大的危险。

(5)一门功课也没及格。

例(4)、例(5)是通指性的用法,通指性成分在有定性层级上是倾向于有定的,在意义上表示"确定的类"。又如:

(6)a.*一杯牛奶我不喝。

b.*五个人吃不饱饭。

c.*找一个人五次。

d.*把一叠纸订上。

这些句子不成立一般是认为由于"数+(量)+名"形式是无定的成分,不能适应句子的需求。但这几个句子经过改写是可以成立的。

(7)a.一杯牛奶我不喝,两杯我就喝。

b.五个人都吃不饱饭。

c.找一个人就找了五次。

d.把一叠纸都订上?那订得动吗?

这些句子都加入了一些成分,通过对比、副词等形式的作用,使数量短语表

---

① 参见陈平《释汉语中与名词性成分相关的四组概念》,《中国语文》,1987年第2期。

达数量的意味在语义中突显出来，句子就显得通顺多了。

可见，"数+（量）+名"在意义上不一定表示无定性成分，而应该把通指和数量短语的用法排除在外。

2.2 "有定""无定"的信息层级

"有定""无定"是有层级的，这还表现在"有定""无定"的相互转化上。范继淹曾经提出过这样的问题："一个由数量词组和单个名词组成的无定NP，如果其中加上其他的限定性修饰成分，是否还是无定？限定性修饰成分要加到什么程度就成为有定NP了？"①

本文认为，一般来说，只要修饰语所传达的信息是听说人认为足够的，就可以看作是有定性成分。例如：

（8）a. 小敏兴冲冲地奔到桌前，拉开抽屉，抽出那本《江苏画刊》，翻开，几页掉了下来。

　　　b. 小敏兴冲冲地奔到桌前，拉开抽屉，抽出那本《江苏画刊》，翻开，印着彩色图画的几页掉了下来。

　　　c. 小敏兴冲冲地奔到桌前，拉开抽屉，抽出那本《江苏画刊》，翻开，印着张顺义《太湖风情》的几页掉了下来。

例（8）a中，"几页"是具有不定形式的名词性成分，不太适合主语对有定性的要求，所以句子读起来不太自然，但是改成例（8）b和例（8）c后就显得自然多了。可见，同样的成分，随着限定性定语具体程度的增加，其有定性也在增强。

本文认为，"几页"在这里造成不通顺的原因是语境，把例（8）a中的"几页"换为"几页纸"就会觉得通顺不少，原因在下文还要有所论述。但可以发现的是，"有定"和"无定"是可以在某一个层级中相互转化的。

2.3 "有定""无定"的语境层级

"有定""无定"的层级性也是和语境相关的，语境越是明确，听话人能够认

---

① 参见范继淹《无定NP主语句》，《中国语文》，1985年第2期。

定的指称成分就越具体，反之，听话人认定的指称成分就越抽象，可见，语境也是有层级性的。

朱晓农把语境从窄到宽分为六个等级：

第一等级：与语句上下文和言语环境无关的单独一个句子本身。

第二等级：言语上下文，即对话中所听到的话语上下文或阅读中看到的文句上下文。

第三等级：现场环境，即对话中听到的其他声音和看、嗅、触等现场感觉，或阅读中配合文字的画面、录音等。

第四等级：发话人和受话人共有的背景知识。

第五等级：发话人独有的背景知识。

第六等级：整个客观世界。[①]

"有定""无定"和语境有关，那么一个名词成分在哪一层级的语境中得以确认才能被认为是定指的？一般认为，能够在第一至第四层级的语境中被确认的名词性成分是定指的，而只能在第五或第六层级的语境中被确认的名词性成分则是不定指的。

如果将语境的宽窄与有定性层级对应起来，我们可以将陈平的七组形式重新进行排序。如通常来说，第一、二人称代词是通过第一等级语境确认的，"这/那"结构和第三人称代词是通过第二、三等级确定的，专有名词是通过第四等级语境确认的。因此在三组有定形式中，专有名词是层级最低的。

三、"有定""无定"的确定

一个句法成分是采用有定性名词成分还是无定性名词成分，首先是由语境决定的，其次才受句法位置限制。

这主要表现在以下几个方面：

---

① 参见朱晓农《语法研究中的假设—演绎法：从主语有定无定谈起》，《华东师范大学学报》（哲学社会科学版），1988年第4期。

其一，在书面文字中，如果所指对象在上文已经出现，下文还要继续对它进行说明叙述，则一定要用有定的名词成分；反之，如果所指对象是第一次引进文中的新事物，则一定要用无定的名词成分，而不论这一名词性成分充当何种句法成分。例如：

（9）9月6日，一个农民打扮的人在翠微路商场附近摆了个摊子，声称专治脚鸡眼，一青工决定让他看看。"病可治，挖一个鸡眼四元钱。"为了治病，青工欣然同意。

例（9）中，"一个农民打扮的人"属于首次出现的新事物，尽管它处在倾向于有定要求的主语（施事）的位置上，但仍然要用无定的名词成分。"一青工"也是如此。但在"青工欣然同意"这一分句中，由于上文已经出现了"青工"，所以它已经不是第一次引进的新事物了，因此要用有定的名词成分，把这一分句中的"青工"用有定程度较强的"这个青工"来替换，句义不会有任何的改变。但是如果把"一青工"换成定指的"这个青工"，把下文的"青工"改成不定指的"一（个）青工"，则会让听话人（读者）不知所云。

其二，在口头交际中，如果名词性成分的所指对象存在于交际双方的实际语境中，并可以被交际双方所感知、确认，则对这个名词性成分要用定指成分，反之，则用不定指成分。试比较下面两个例句：

（10）a.（两个人站着看套圈游戏，甲说）"瞧，那老大爷已经套了两次虎了，可两次都被'中途犯规'罚下了场。"

b.（看完游戏后，甲对没有看游戏的乙说）"一个老大爷已经套了两次虎了，可两次都被'中途犯规'罚下了场。"

例（10）a、例（10）b表达的是同样的意思，"老大爷"也同样是做句子的主语成分，但是例（10）a的听话者可以根据当时的具体语境判断出"老大爷"的具体所指，所以说话人采用的是定指成分，而例（10）b的听话人没有这样的语境知识，所以说话人用的是不定指成分。

其三，一个名词性成分的所指和上文或语境中已经被确认的某名词成分的所指存在着天然的联系，可以根据后者得以确认，则也可以采用有定的名词成分。

如前文的例（8）a，"几页"是指《江苏画刊》的几页，是可以根据"关系"

来确定的，所以应该是具有有定性的名词成分。而"几页"则是无定性较强的名词成分，不能很好地适应语境对有定性的要求，所以用"几页"显得不太通顺，而例（8）b、例（8）c增加了一些限定性成分，使之有定性增强，则变得通顺了。

那为什么把例（8）a中的"几页"换成"几页纸"就变得通顺了许多呢？这是因为"几页纸"和《江苏画刊》的联系不是很密切，这"几页纸"并不是至少不一定是《江苏画刊》本身的纸，而很可能是某人夹进去的，因此它是首次引进的新事物，要求具有一定程度的无定性，所以"几页纸"就可以胜任了。再如：

（11）a. 我在一辆车里睡了一上午。

　　　b. 我在车里睡了一上午。

例（11）a有一个隐含义，即"这辆车不是我自己的车"，是无定用法。例（11）b的隐含义是"这辆车可以是我的"，有定程度较高。这两句一个采用F组"'一'+（量词）+名词"的形式，一个采用D组光杆普通名词的形式，可见，有定程度较高的形式更容易通过"关系"加以确认，这也可以从另一个角度解释为什么"几页"用在例（8）a中不太合适。

本文认为，一般来说，"有定"性成分是根据上述三条原则来确认的。

四、"有定""无定"与句子主语

4.1 两类语境句

本文认为，句子可以按照语境分为两大类，一类是"描述句"，一类是"现场句"。"描述句"和"现场句"的区别实际上是语境的区别，前者的语境是空的，至少对当前所谈及的对象来讲，语境是空的，因此需要通过语言（或文字）来创造或描述出与之相关的语境；而后者的语境则是具体的、现实的、能够为交际双方所感知的，不需要用言语（或文字）去创造。一般说来，"描述句"是指用于交际时只出现第一、第二、第五、第六层级的语境的句子；而"现场句"则是指用于交际时出现第一到第六全部层级语境的句子。显然，一般所说的"书面语"大多属于"描述句"，而"口语"则大多属于"现场句"，但是它们的概念并不完全重合。

一般来说，由于主语（话题）表示的是已知的信息，那么自然倾向于使用有定的词语，由语境中的已知信息来引出未知信息。但"描述句"的语境是不完全的，因为它一般缺乏第三、第四层级的语境，尤其是书面语，由于读者不同，其背景知识也不同，语境也不可能相同，所以一本书不可能也没有必要在一开始便拥有一个确定的语境。也就是说，所有的信息都可能是未知的，所以它的语境必须是在行文中逐步展开或者说是通过创造的方式来完善的。既然是创造，那么就应该是新成分，显然，无定性成分恰好满足这一要求。因此在"描述句"中，无定形式常常是做主语的，其目的就在于创造语境，引进新成分。而"现场句"的语境则是具体可感的，要求说话人的每一个话题都能被听话人迅速理解而无须加以阐释，所以"现场句"的主语常常是有定的，或者说至少在某一个层级上是有定的。

当然，句法结构和语义都对句中一个成分的使用是有定形式还是无定形式有一定的限制，但它们的作用是在语境之后的，是第二位的。

4.2 描述句

我们在18.3万字的第一人称叙述语料中，共检索出32条无定形式的NP主语句（主要是"数+量+名"形式，排除掉通指和数量短语的用法）。其中有3条应该看作是有定成分，因为它们是可以根据"关系"确认的，现穷尽如下：

（12）他的眼睛突然湿润了，一只手紧紧地握住另一只手。

（13）天天抬起头……一只手环到我的腰上。

（14）"是个善良的女人。"马克答非所问，一只手握着儿子的小手。

这里所选用的例句都是以"无定形式"（"数+量+名"）作为由"关系"确认的成分，可见由"关系"确认的有定性成分的有定性不强，理由是不能用"这/那+名"的形式，却在一定的条件下可以用"数+量+名"的形式。与用光杆普通名词不同的是，其会带有"并非全部"的语义色彩。如例（13），"一只手"可以换成"手"，但用"手"会带有"双手"（人全部的手）的含义。

其余的 29 条都是无定 NP 主语句，使用无定 NP 的主要目的是创造语境，引进新成分。这种新成分作为"偶现新成分"①的有 9 例，作为语境继续出现的有 20 例。作为语境继续出现主要有两种方式：一是用有定形式的名词成分对它进行回指，或者是作为下文省略成分的内在含义；二是叙述与新成分相关的一些内容，进一步阐释新成分。例如：

（15）一个非常漂亮的男人走过来，他漂亮得令人心疼。

"他"回指作为语境被引入的"一个男人"。

"描述句"中句法成分是用有定性名词成分表示还是用无定性名词成分表示，首先是由语境决定的，对语境中已经存在的事物进行叙述要用有定性名词成分，而对语境中不存在的事物进行叙述则要用无定性名词成分。同时，一般来说，能够通过已知事物引出的事物不倾向于做无定主语。如我们在描述卧室中的一盆花时一般会说"窗台上的那盆花……"而不是"一盆花……"，这样才符合语言从已知信息到未知信息的顺序。

但是，由于描述句的主语允许无定的成分进入，所以一般都按照事件的发展过程采用符合汉语习惯的正常结构顺序，即 S + V + O 结构（这里指的是"施事—谓语动词—受事"这样的结构），而很少像"现场句"那样采用非正常的变式结构顺序。

4.3 现场句

"现场句"都是口语中的句子，句式短小凝练，是用来直接、快速地传达信息的，它力求以最简短的形式，最大限度地使听话人快速、准确地接收到信息，所以它一般不允许像"描述句"那样，先行介绍未知的事物，然后再加以阐释。同时由于语境的完整性，现场句总是依赖于现场环境或已有的知识背景，因此现场句对话题的有定性要求较严，一般来说话题（主语）都要求是有定性的。如果要用无定性成分做话题，一般要加上"有"字，如"有人来了"。另外，"现场句"

---

① "偶现新成分"的概念是由 Chafe（1994）提出的，是指并不属于话语事件的主要参与者、不具有话题连续性的成分。

中存在着大量的"变式句",这在汉语中是一种普遍的现象。

但是事实上,我们仍然可以看到大量"现场句"的主语是由无定形式的名词成分充当的。例如:

(16)一个卖刷子的在门口呢!

(17)嘿!一小孩爬上去了!

这些句子都有一个共同的特点,就是都表示对一个事件或物体的新发现,而不是对一个始终关注的事物的叙述。"现场句"都是在现场进行信息传递,往往是在发现一个新事物或新变化的同时,便已经把相关的信息传递给听话人了。这样,这类句子的编码过程就要比"描述句"短得多,因此没有足够的时间去考虑某些编码的顺序和"雅"的程度。从认知的角度讲,人们总是首先留意到发生变化的事物,这种认知规律和"现场句"编码时间短的特点相互作用,决定了"现场句"中最先被编码和传递的信息应该是这些发生变化的信息,而不考虑它们处于什么样的句法/语义地位。这也是"现场句"存在着大量"变式句"的原因。

上文说"现场句"一般要求主语(话题)是有定的,我们再对此补充如下:"现场句"的主语(话题)是有定的,至少在某一个层级上是有定的。

这句话的意思是:说话人认为,虽然听话人在自己传递信息以前不能将某一名词性成分在语境中加以确认,但在自己传递信息,并辅以手势等指别手段后,听话人就可以在语境中将这一名词性成分加以确认了。下面设计的一组小对话最能体现这一过程:

(18)甲:"看,一小孩晕那儿了!"

　　　乙:(四下看)"哪儿呢?我怎么没看到?"

　　　甲:(用手一指)"那不那儿呢嘛。"

　　　乙:"哎哟,可不是吗!快过去看看。"

例(18)中的"一小孩"就这样在语境中被听话人得以确认。这样来看,尽管这些名词成分的形式是无定的,但是它们仍然具有一定程度的有定性。证据是这种成分可以用有定性强的C组成分替换。例如:

(19)a.看,一只鸟从树上掉下来了!

　　　b.看,那只鸟从树上掉下来了!

这两句话在具体的语境中差别不是很大（后者的有定性更强一些，但表达上没有大的差别）。这和描述句不同，描述句中的无定主语一般不能用有定性强的形式替换，如上文"青工"的例句。这是因为"现场句"可以使用非语言手段进行指称的确认。

五、和"把"字句有关的一些问题

"把"的宾语是汉语有标记的话题的一种，因此，和作为话题的主语有很多相同的地方，下面从有定性的角度对此进行一些分析。

一般来说，"把"字的宾语要求是有定的成分（包括通指成分和数量短语，据陶红印、张伯江统计，表示"通指"意义的无定"把"字格式在现代汉语中占主导地位[①]）。例如：

（20）你先把韭黄摘了，然后再把土豆洗了削皮。

（21）听说能手能把一幅画揭成两幅，"画儿韩"莫非有此绝技。

在实际的语言应用中，"把"字句的宾语也存在是无定成分的情况。例如：

（22）他立刻去开门，可是急忙地收回手来……他转了身进到院中，把一条破板凳放到西墙边。

（23）那时候有庆刚把一筐草倒到羊棚里，羊沙沙地吃着草，那声音像是在下雨……

（24）天佑太太把一根镀金的簪子拔下来："卖了这个弄两斤白面来吧。"

例（22）～（24）都是典型的"描述句"，无定形式的名词成分都是首次引进语境的新信息，所以不能用有定性强的成分，不能用"板凳""草""簪子"替换"一条破板凳""一筐草""一根镀金的簪子"。可见，描述句中，"把"的宾语和主语一样，可以由无定名词充当，起创造新语境的作用。

但是和无定主语相比，作为"次话题"，"把"引进的无定宾语创造新语境和

[①] 参见陶红印、张伯江《无定式把字句在近、现代汉语中的地位问题及其理论意义》，《中国语文》，2000年第5期。

引进可话题连续的新成分的能力要差一些。事实上，大量的无定"把"字宾语都属于"偶现新成分"，如例（22），但如果想要以它充当下文的话题也并非不可，如例（23）、例（24）。

在"现场句"中，"把"的宾语也存在着无定的情况。例如：

（25）他把一支笔带走了。

（26）我把一辆自行车弄丢了。

（27）刚才我把一个小女孩碰倒了。

（28）对不起，我把一个杯子打碎了。

本文发现，现场句中带无定宾语的"把"字句大都是表示一种"无意识"的结果。例如我们一般不说下面的句子：

（29）*我把一辆自行车修好了。

（30）*我把一个小女孩救上来了。

现场句的语境是完整的，一般是不允许无定成分出现在有有定要求的语法位置上的。上面的例子可以成立，和"把"字句的句式意义有关。

"把"字句的句式义是"处置"义，是主观上有意的"处置"，要求"处置"的目标，即"把"的宾语是处置人已知的事物，也就应该是有定的。但是，有一些"把"字句表现的不是"处置"义，而是"致使"义，两者的差别在于后者是"无意识"状态下的"处置"，这是一种非典型的"把"字句。既然是"无意识"的，那么宾语就不应该是已知的，而是偶现的、未知的无定成分。反过来说，用无定成分做"把"的宾语，也意味着对"无意识"的强调。例如：

（31）a. 我把一个小女孩逗笑了。

　　　b. 我把小女孩逗笑了。

例（31）a用的是无定形式，意味着"我"不是想要逗她笑，只是某种举动恰好使她笑而已，而例（31）b则意味着"我"是有意逗她笑的。

可见，从"把"字句宾语的有定和无定来看，描述句和现场句仍然是对立的，应该分开考虑。

六、小结

本文主要从语境和两种句子类别出发，考察了"有定""无定"的确定和使用。当然，与"有定""无定"相关的因素很多，这里并没有一一考察，如无定的话题（主语和"把"的宾语）一般不能出现在否定句中，因为否定一个事物，就意味着了解一个事物，也就意味着是已知有定的。还有一些对"有定""无定"有特殊要求的句式也没有详细考察。由于篇幅原因，将另立文讨论。

参考文献

陈平（1987）释汉语中与名词性成分相关的四组概念，《中国语文》第 2 期。
范继淹（1985）无定 NP 主语句，《中国语文》第 5 期。
高顺全（1995）有关"定指"的几个问题，《武陵学刊》第 2 期。
高顺全（2004）试论汉语通指的表达方式，《语言教学与研究》第 3 期。
黄南松（1989）论部分宾语的有定性，《烟台师范学院学报》（哲学社会科学版）第 3 期。
刘顺（2004）现代汉语通指的指称地位和分布位置，《山东师范大学学报》（人文社会科学版）第 1 期。
陶红印、张伯江（2000）无定式把字句在近、现代汉语中的地位问题及其理论意义，《中国语文》第 5 期。
张伯江、方梅（1996）《汉语功能语法研究》，南昌：江西教育出版社。
赵元任（1979）《汉语口语语法》，吕叔湘译，北京：商务印书馆。
朱德熙（1982）《语法讲义》，北京：商务印书馆。
朱晓农（1988）语法研究中的假设—演绎法：从主语有定无定谈起，《华东师范大学学报》（哲学社会科学版）第 4 期。
Chafe, W. (1994) *Discourse, Consciousness, and Time: The Flow and Displacement of Conscious Experience in Speaking and Writing*. University of Chicago Press.

下编
对外汉语教学语法研究

与对外汉语教学语法体系建构相关的两个语法教学问题*

齐沪扬

〇、引言

国内对外汉语教学界开始构建"对外汉语教学语法体系",可以追溯到20世纪50年代初。1952—1955年,朱德熙先生作为中国第一批派往国外任教的汉语教师,在保加利亚索菲亚大学任教期间编写的汉语教材中包含的语法点,可以看作是这个教学语法体系的雏形。

1958年出版的《汉语教科书》(上、下册)确立的语法体系是对外汉语教学界公认的第一个对外汉语教学语法体系,《汉语教科书》所创立的语法系统在后来各个时期所编写的主干教材中得到了继承和发展。不仅如此,20世纪80年代后产生的一些重要的考试或教学大纲也都深受《汉语教科书》语法体系的影响,其中影响最大的三个大纲分别是《汉语水平等级标准与语法等级大纲》(1996)、《高等学校外国留学生汉语言专业教学大纲》(2002)、《高等学校外国留学生汉语教学大纲(长期进修)》(2002)。本文主要讨论与对外汉语教学语法体系建构相关的两个语法教学问题。

---

* 本文原发表于《光明日报》2020年10月5日第6版。

一、语言共性和目的语个性的教学差异

语言特征的揭示是语言研究的基本问题，也是语言学发展、进步的前提条件。对外汉语教学语法体系的建构，有助于加深对汉语特征和规律的认识。如何在前人零散研究的基础上，建构起一部将汉语放在世界语言大背景下的、科学的、系统的、全面的对外汉语教学语法体系，是检验汉语作为第二语言教学的语言研究水平的重要标志，对建立汉语语言体系也具有重要的理论价值。

赵金铭（2018）给教学语法体系的建构以很大的启发。对汉语学习者来说，汉语语法的基本框架，可以称为语法格局；而支撑这个语法格局的是大量的语法事实，这些语法事实则为碎片化语法。

语法碎片化，就是"将系统完整的语法体系拆分为多个碎片化的语法知识点，亦即将系统知识分割为较小的单位，以便于学习领会"（赵金铭，2018）。建构教学语法体系重要的环节就是语法项目的提取，这个提取的过程就是"拆分为多个碎片化的语法知识点"的过程。语法项目的提取并不是对系统知识的打散，而是在系统之下的科学分解，是对局部语法问题进行更为深入细致的解析。语法点是语言学习的要点，也是语言教学的要点，以语法项目作为教学的切入点，更符合学习者的认知规律，更适合现代人的生活节奏和学习习惯。赵金铭（2018）认为，"碎片化语法是对语法格局的不断补充和丰富，碎片连缀，逐渐融入格局之中"，同样，语法项目即语法点是语法体系建构的主要内容和基本框架。

语法格局的教学包含着语言共性的教学。"一个了解自己母语语法的汉语初学者，在学习汉语伊始，接触到一个简单明了的汉语语法格局时，从语言共性的角度思考，会发现一些语法规则与自己母语语法规则是相同或相近的，当然，也会有些是完全没有见到过的。……总的来说，一个初学汉语者，在教师的讲解下，是有可能了解并接受一个全新的简明第二语言汉语语法格局的。"（赵金铭，2018）

碎片化语法要体现出汉语语法的特点。碎片化语法并不考虑教学的难易顺序，而注重使用频率。在研究方法上既注重对基本语言特点的描写，又兼顾语义、语用分析，并吸取语言研究的最新成果。建构一个有语料调查、习得考察支持的完善的教学语法体系，建立的数据平台、数据库、中介语语料库和资料库，可供二语习得者和研究者使用。

孙德金（2006）认为，决定语法教学的两个因素是"语法的本质"和"第二语言教学中语法教学的根本任务"。该论文认为属于词汇范畴的、属于共知范畴的，都不是对外汉语语法教学的对象。孙德金的想法和赵金铭的论述相近，"第二语言学习者……接触一种新语言语法体系时，不应是一个零散破碎的语法架构，而应是一个完整简明的语法架构，要言不烦，一目了然，以为日后的语法规则的展开，以及语法事实的学习作整体的铺垫"（赵金铭，2018）。可见，语言共性的教学要简明、"格局化"，而目的语个性的教学则要具体、"碎片化"。

二、语言理论与语言教学之间的互动

语言理论对语言教学有直接的影响。语言教学的模式、方法会受到语言理论的直接影响，语法教学的遇冷和语法教学再度兴起都和语言理论的发展有直接的联系。新的二语习得理论认为交际教学法效果不理想，过分强调意义的交流，忽视语法形式，虽然学习者接触了大量语料，但仍然不能正确使用某些语法形式。因此很多学者认为，要提高学生使用语法形式的准确率，最有效的方式是正规教学。对外汉语教学语法体系的研制，对对外汉语教学会产生深远的影响。

语言教学检验语言理论，并为语言理论提出新的课题。"所谓使语法系统碎片化，就是将系统完整的语法体系拆分为多个碎片化的语法知识点，亦即将系统知识分割为较小的单位，以便于学习领会。……其中涉及的语法事实，则到碎片化语法中去寻求解释。"（赵金铭，2018）可见，对外汉语教学对现代汉语语法研究起着挑战和促进作用。关键是我们要善于发现问题。18—19世纪之交的对外英语教学的发展大大促进了英语的研究，诞生了很多有影响的语言理论。我们应该高度重视教学中提炼出来的各种问题并加以梳理，从中发现理论研究的线索，推进中国语言学的发展。

语言教学展现了对语言理论的实践过程。新的二语习得理论在推动语法教学再度兴起的过程中起到了引导的作用，过去几十年的大量课堂教学实证研究证明，课堂内语法教学极大地影响第二语言的习得。虽然课堂教学不能改变二语习得的顺序，但教学能加强习得并提高二语水平。在新的理念指导下，研究者们研究出一系列新的教学模式，如过程性教学、反馈性教学、任务型教学等，教师应从新的角度去看待语法、教授语法。

语言能力的发展具有阶段性。初级学习者和高级学习者所接触的教学材料、教学内容应该是不同的。这个不同不应是"多/少""难/易"的不同，也不应是根据主观经验来判定教材的编写与改编，而应首先对语言能力进行分级描述，再根据语言能力描述总结出一个教学内容（知识点、技能、任务、学习目标）的分级大纲，最后根据教学内容的分级大纲编写适合不同水平学习者的教材。"分级"意味着将所要教的内容（知识点、技能、任务、学习目标）归纳为一个依照时间、进度可以逐步获取的大纲，这才是教材编写的灵魂。也就是说，所要教的内容（知识点、技能、任务、学习目标）必须是可以量化的、细分的。

崔永华（2015）认为，汉语语法教学的重点，指反映汉语基本结构的语法点（如主谓宾结构、四种谓语句、连动句、兼语句等）和表现汉语特点的语法点（如量词、形容词做谓语、补语、状语的位置等）。而汉语教学语法的难点，指学生不易理解运用的语法点（如各种补语、"把"字句等）和学生容易发生错误的语法点（如"了""的"的使用、状语的位置等）。这样的认识是建立在语言理论的建树和语言教学的积累上的。教学重点体现"语法格局＋碎片化语法"的教学任务是指教学重点要讲，但不一定都要细讲，有语言共性的地方可以简略些；而教学难点主要体现的是碎片化语法的教学任务，体现的是汉语的个性化特点，难点是需要细讲的。

自 20 世纪 70 年代以来，语法教学一度受到冷落，许多研究者认为有意识学到的语法结构无法转变为无意识的语言能力。然而，目前许多有关第二语言习得方面的研究，使人们对第二语言教学中语法教学的作用进行了重新思考。

首先，有研究者从心理学、心理语言学、认知语言学角度证明，有意注意是语言学习活动中的一个必要条件，语法教学虽然改变不了语法习得的顺序，但可以加速对语言形式的掌握。其次，国外学者通过实证研究发现，虽然语法习得顺序改变不了，但是语法教学可以加速某些结构的掌握，如果语法教学与中介语发展阶段恰好吻合，将极大地推动学习者中介语的发展。最后，语法的概念有了新的扩展，语法不仅仅限于固定的结构形式，语法是变化的、语篇的，语法与意义形成有机的统一。

总之，对外汉语教学语法体系的建构，既要有理论上的思考，又要有针对具体问题的操作方法。从理论上来说，对外汉语教学语法大纲体系的建构，要真正坚持"立足汉语本质特点，融入世界二语教学"的研究方法，既强调建构具有汉语特色的教学语法体系，又坚持国际化的研究视野，和世界二语教学理论发展同步，以实例为世界的二语教学理论的完善提供支持。从具体操作上说，语法项目的提取、语法项目的分级、编撰具有特色的分级分类教学语法大纲，都有很多问题值得思考与努力。

参考文献

崔永华（2015）汉语作为第二语言教学需要什么样的语法研究：一个汉语教师的视角，《国际汉语教学研究》第 1 期。

孙德金（2006）语法不教什么：对外汉语语法教学的两个原则问题，《语言教学与研究》第 1 期。

赵金铭（2018）汉语作为第二语言教学语法：格局 + 碎片化，《语言教学与研究》第 2 期。

深化二语语法习得研究 助力对外汉语语法教学*

李贤卓　范伟

二语习得与二语教学研究如何"教"不同，它的研究视角是"学"。二语习得是一门相对年轻的学科，始于20世纪60年代。科德1967年的《学习者偏误的重要性》以及塞林克1972年的《中介语》这两篇文章明确了该学科的研究对象，建立了相应的理论体系，是这门学科的"开山之作"。

20世纪70年代，先后出现了习得顺序理论、迁移理论，研究者逐渐关注学习者第一语言对第二语言的影响。偏误分析和中介语理论认为，学习者学习第二语言过程中使用的第二语言是一套独立的语言系统，其中的错误是有规律的，反映了其学习过程的心理机制，应加以研究。此外，还出现了基于社会语言学视角的"文化适应模式"。20世纪80年代，克拉申的"监控模式"体系日益完善，占据主流地位，一些基于普遍语法和基于认知科学的假说也开始萌芽。20世纪90年代以降，习得理论空前繁荣，开始出现三大阵营——基于语言学习得理论的阵营、基于认知心理习得理论的阵营、基于社会文化理论的阵营。基于语言学习得理论的阵营认为语言具有特殊性，这种特殊性使得第二语言学习与其他技能的学习有很大不同，是基于普遍语法的参数设置。基于认知心理习得理论的阵营认为第二语言学习和人类其他的行为学习一样，遵循一般规律，语言学习并没有特殊性。基于社会文化理论的阵营则更强调社会文化和交际的作用。

---

* 本文原发表于《中国社会科学报》2018年12月4日第3版。

二语习得理论是学科立足的基础，也是具体教学工作的指南。语法在二语教学中占据最为重要的位置，制订语法教学大纲时，合理地吸取二语习得理论的最新成果，可以使语法教学更加符合学习规律，从而使教学更加高效。二语习得理论对语法大纲的指导主要体现在以下三个方面。

第一，项目内容的选择。哪些内容应该进入语法大纲，哪些内容应该剔除，标准是什么，这是大纲制订者需要考虑的核心问题，二语习得理论从不同侧面给出了答案。

普遍语法理论认为，人类的语言是由抽象、复杂的普遍语法规则组成的。这些语法规则制约了句法规则的形式和特征。不同的语言有着不同的参数，各种语言之间核心部分的变化就体现在参数值的变化上。因此，学习第二语言如同学习母语一样，关注的是参数值的重新设定。依据这一逻辑，汉语语法大纲应该关注汉语特有的结构，因为学习者在参数重设时可能出现困难。输入加工理论关注二语学习者理解语言时建立形式—语义联系的过程。该理论做出三大假设：何种条件下学习者建立最初的形义联系；学习者特定时刻为何建立某种形义联系而非其他；学习者理解句子时使用何种心理语言学策略及其对习得的影响。基于这些假设，该理论提出了一系列学习者理解句子的原则，如二语者理解句子时先加工意义，再加工句法形式；先加工词汇项目，后加工语法项目等。这就提醒我们在选择语法项目时，需要关注句式结构，关注学习者容易忽略的意义空灵的语法成分，尤其是虚词和形式意义不匹配的语法项目等。技能习得理论发现，学习二语知识的过程分三步：首先通过观察分析，获得一些可供记忆的规则，称为陈述性知识；然后将自己的行为与陈述性知识联系起来，由"知道是什么"转变为"知道怎么做"，陈述性知识转变成程序性知识；最后通过大量练习，将程序性知识进一步内化，达到可以自由加工的自动化阶段。但并非所有的语法知识都能达到自动化。因此，选择的语法项目需要进一步分类，本族人高频常用的语法知识需要让学习者熟练产出，本族人使用频率不高的语法知识学习者只需认识即可，低频罕用的可以不选。

第二，项目内容的排序。即语法大纲制订者应该考虑在同一等级内部，哪些语法项目应该先教，哪些应该后教；对于一个复杂的语法项目，如何拆分、划分小类等。

普遍语法理论提出，遵循普遍语法规则的核心语法标记性弱，容易习得；而那些与普遍语法规则不一致的外围语法标记性强，难习得。因此，制订大纲时，可以考虑将无标记、弱标记的语法点排在前，将有标记、强标记的语法点排在后。涌现论和基于使用的理论是一种基于心理学的研究视角，认为二语习得是一种内隐统计学习的过程，语言项目的频率、出现时间和上下文对习得至关重要。频率越高、越是最近刚出现过、上下文关系越密切的语言项目，越容易被习得。语言表征的基本单位是构式，二语习得是基于范例的学习，范例能够帮助学习者发现规律，抽象出构式。所以，在大纲排序时，本族人使用频率高的语法项目或小类的前置先学，同时设置语法项目聚合，将相关的语法项构成网络，帮助学习者形成系统，大纲还应给出每个语法项出现的典型语境。输入加工理论提出，二语者句法分析能力遵循第一名词原则，即倾向于把句子的第一个名词或代词作为主语或施事。但对汉语而言，句首名词也有可能是非施事成分，这就对学习者造成了理解困难。在编制语法大纲时，诸如受事主语句等主谓宾顺序与施事谓词受事顺序不一致的句式，应该安排在典型句式之后出现。

第三，项目内容的等级划分。即语法大纲制订者应该考虑不同语法项目归入什么阶段；语法项目是否应该像词汇那样，按照常用程度制订要求，比如细分为"理解性语法"和"产出性语法"等。

依据普遍语法理论，常用度高的核心语法宜归入初级，常用度低的核心语法宜归入中级；而常用度高的外围语法宜归入中级，常用度低的外围语法宜归入高级或视情况舍弃。依据输入加工理论，在句式选择时，那些符合二语者句子理解原则的句式按照难度依次归入初、中级，不符合加工原则的宜归入中、高级。可加工性理论认为，学习者在二语发展的任何阶段都只能理解、产出当前阶段大脑可以加工的语言形式。加工过程具有层次性，随着学习者二语水平的发展，可以加工的内容遵循无程序—范畴程序—名词性短语程序—动词性短语程序—句子程序—从句程序的过程。所以，制订语法大纲前，应进行大量实证研究，确定学习者在相应阶段可以加工的相应语言项目。依据技能习得理论，对于学习者无法达到自动化的语法项目，若汉语常用，则可视情况分解为小类分别归入不同等级，如"把"字句；若汉语中并不常用，则可放在高级，如重动句。

基于认知语法研究的汉语教学语法体系建构*

张旺熹

摘　要：本文根据对外汉语教学语法体系建设的需要，着重讨论以下三方面的问题：一是对外汉语教学界有关重构汉语教学语法体系的迫切需求；二是以"V＋着"结构为例，讨论汉语认知语法研究的价值取向及其教学转换问题；三是从三个方面讨论汉语认知语法研究对教学语法体系建构的基础作用。

关键词：教学语法体系；认知语法；"V＋着"结构

〇、引言

近20年来，我们一直致力于汉语认知语法的研究。主要研究成果体现在以下三个方面：其一，20世纪90年代末对汉语补语系统的认知研究，比如：《动补结构的语义系统》（张旺熹，1999）、《"动＋得＋形"结构的变体形式》（张旺熹，2000a）、《表现功效范畴的"动＋得＋形"结构》（张旺熹，2000b）、《"动＋形"结构的原型范畴》（张旺熹，2001b）；其二，21世纪初对汉语句法认知结构的研究，比如：《"把"字句的位移图式》（张旺熹，2001a）、《重动结构的远距离因果关系动因》（张旺熹，2002）、《连字句的序位框架及其对条件成分的映现》（张旺熹，2005）、《从视点平行移动看持续体"着"的语义形成机制》（张旺熹、朱文文，2006）、《汉语句法重叠的无界性》（张旺熹，2006）；其三，近年来对

---

* 本文原发表于《对外汉语研究》2019年第19期。

汉语认知功能的研究，比如：《对话语境与副词"可"的交互主观性》（张旺熹、李慧敏，2009）、《人称代词"人家"的劝解场景与移情功能——基于三部电视剧台词的话语分析》（张旺熹、韩超，2011）。尽管这三个阶段的研究内容和研究视角各有侧重，但其面向对外汉语教学语法研究的主旨是一贯的，集中进行汉语认知语法研究的目标是一致的。

本文将结合 2017 年国家社科基金重大项目"对外汉语教学语法大纲研制和教学参考语法书系（多卷本）"的研究，就基于认知语法的对外汉语教学语法体系建构问题谈一些粗浅认识，以就教于方家。

一、对外汉语教学语法体系建构的迫切需求

1.1 对外汉语教学语法体系建构的理论基础

众所周知，对外汉语教学语法体系的建立，经历了如下基本历程：由邓懿主持编写的《汉语教科书》（1958）初创体系，到李培元等编写的《基础汉语课本》（1980）进一步完善，再到赵淑华等对现代汉语句型的统计与分析，形成汉语教学语法体系的基本格局，最后，王还先生主编的《对外汉语教学语法大纲》（1995）可以说是一个阶段性的总结。此后，并无新的教学语法体系问世。我们必须看到，这一对外汉语教学语法体系，并没有打破汉语母语语文教育的体系，因而未能充分体现作为成人第二语言学习者所具有的成熟的认知能力的特点，也未能体现对外汉语教学所必须具有的跨语言比较的特征。这一体系应当说是有明显局限性的。

1.2 现行对外汉语教学语法体系及其存在的问题

应当承认，王还先生主编的《对外汉语教学语法大纲》（1995）代表了对外汉语教学最为完整的教学语法大纲体系设计水平，刘月华等编写的《实用现代汉语语法》（1983）是目前使用最广的对外汉语教学参考语法工具书。这两部著作中所

展示出来的对外汉语教学语法体系仍然存在着一些重要问题，这也是不可回避的。

这些问题主要包括以下几个方面：其一，以母语教学语法体系替代第二语言语法教学体系，语法项目的针对性和选择性均不强；其二，以结构形式体系为主，缺乏对语义系统和语用系统的兼顾和观照，这对一个科学的第二语言教学语法体系来说显然是不够的；其三，语法的内在层次性和等级性体现不够充分，不能突出对外汉语教学语法分层、分级的特点；其四，汉语语法研究的最新学术成果未能得到有效的吸纳，有些语法观点、观念已显得有些陈旧。

1.3 对外汉语教学语法体系改革的愿望

面对对外汉语教学语法体系长期得不到改善的情况，学界一些学者从 20 世纪 90 年代开始，便提出改革对外汉语教学语法体系的愿望。德国汉学家柯彼德教授最早发出改革的呼声，强调短语词在构建教学语法体系中的重要性（柯彼德，1991）；北京语言大学的吕文华教授继而呼吁改革，强调语素在语法体系建构中的基础作用（吕文华，1999）；2016 年 12 月，北京语言大学对外汉语研究中心举办对外汉语教学语法体系建设论坛，一批中青年学者参会，强烈呼吁学界重构对外汉语语法体系。这充分表明，对外汉语教学语法体系已到了非改不行的地步。

我们对对外汉语教学语法体系的改革，一贯持积极赞同和大力支持的态度，也曾有过对建构新的对外汉语教学语法体系的思考。我们的思考主要基于两点：其一，主张以句子为核心，贯通句子与篇章、句子与短语，建立以句子为核心的语法关系体系；其二，构建三层级的教学语法体系，即教学语法体系要建立在把握学习者的特点与需求的基础上，而学习者的特点与需求又要以语法习得规律、汉语语法规律、汉外语言差异三方面的认知研究为基础。如图 1 所示：

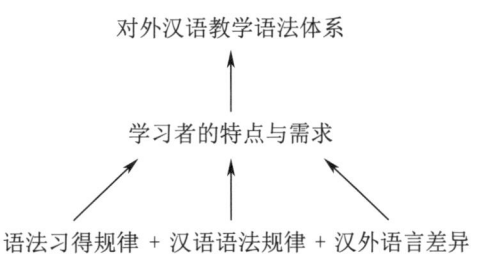

图 1 对外汉语教学语法体系的三个层次

也就是说，一个科学的教学语法体系，首先是要综合语法习得规律、汉语语法规律以及汉外语言差异这三方面的情况，再以此为基础结合学习者的特点与需求综合考量、建构对外汉语教学语法体系。当然，这种构想是十分理想化的，但我们需要向此目标不懈努力。

二、从研究个案看汉语认知语法研究的价值取向及其教学转化

上文说过，我们从三个方面对汉语语法做过初步的认知语法研究，其中包括：对汉语补语系统的认知研究、对汉语特殊句法的认知结构研究、对汉语句法的认知功能研究。总体而言，本文认为基于认知、面向教学的汉语语法研究是十分有利于对外汉语教学语法体系建构的。

下面，我们结合汉语"V+着"结构的认知研究，略微展开实例，说明其对教学语法体系建构的价值取向。

一般而言，我们把汉语的"V+着"结构分为四种基本的语法形式：

（1）独立的"V+着"结构：他站着。

（2）"V着+V着"结构：她说着说着哭了。

（3）"V_1+着+V_2"结构：他站着上课。

（4）表存在的"V+着"结构：墙上挂着画。

其实，从认知语法的角度，我们可以很清晰地把它们图式化（见图2~5），并显示这四类句子中的不同语义结构和语义关系。图示如下：

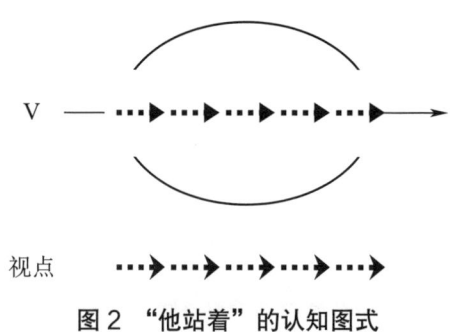

图2 "他站着"的认知图式

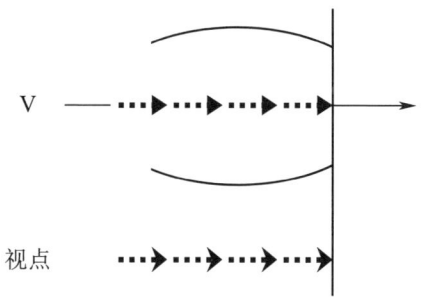

图 3 "她说着说着哭了"的认知图式

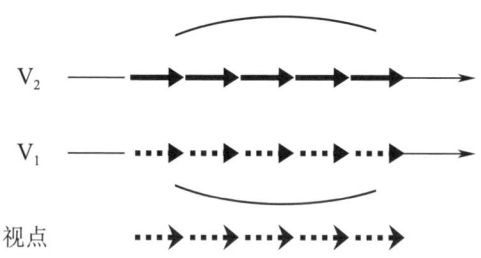

图 4 "他站着上课"的认知图式

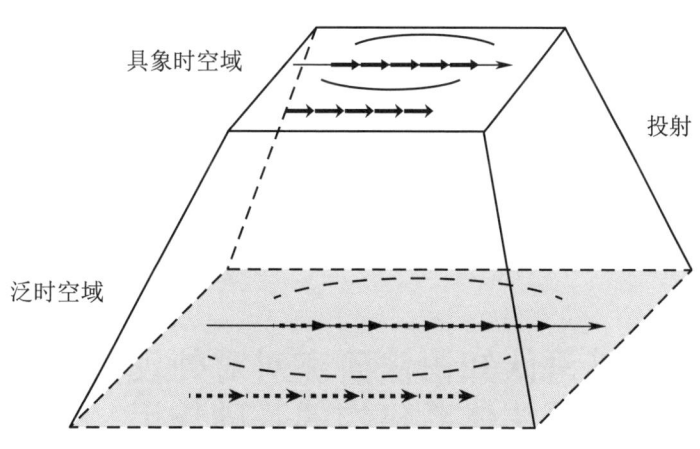

图 5 "墙上挂着画"的认知图式

仔细观察不难发现，从图 2 到图 3 再到图 4 以及图 5，它们显示了"V 着"结构的两类认知模式：图 2、图 3 和图 4，显示的是视点平行移动的认知模式，虽三者各有差异，但图 3 和图 4 都是对图 2 的变体；而图 5 显示的是视点平行移动模式在泛时空条件下的一种投射。因此，我们把"V 着"结构的认知模式总括为视点平行移动。这样，我们就能够很好地利用成人汉语二语学习者的认知能力，让他们充分理解和把握汉语"V着"结构的认知特点。这就是我们提倡建立以认知语法为基础的汉语教学语法体系的道理。受篇幅限制，更多的例子就不再列举了。不过，道理都是相通的。我们相信，认知语法能够很好地解释汉语语法中的许多问题，它可能比其他的语法理论更适合用来构建面向对外汉语教学的教学语法体系。

汉语认知语法研究成果能否有效地应用于构建我们的教学语法体系，关键是要看我们的研究成果能否较为顺利和科学地向教学实践转化。从过去的一些研究和教学经验来看，这种转化应当是可以实现的。

首先，从我们早些年在香港进行汉语教师培训的教学经验看，从认知语法的角度来构建汉语补语的教学系统，是很容易得到学员的理解和接受的；其次，我们关于汉语"把"字句位移图式的研究，已经有多方面的信息表明，这一认知语法的研究成果能够很好地实现教学转化，冯胜利和施春宏（2011）、韩玉国（2014）都从教学转化的角度对此予以了实践；再次，我们对副词"可"交互主观性的研究，也有实践证明其教学转化的可行性和有效性，潘海峰（2015）便总结了摆脱"强调说"而采用"交互说"进行教学实践的经验。以上这些例子均在一定程度上说明，将汉语认知语法的研究成果运用于课堂教学实践，进而用于构建教学语法体系，这一想法是具有可行性的。我们相信，随着认知语法研究的拓展和教学实践的深化，这样的案例会更多、更有说服力。

三、汉语认知语法研究对对外汉语教学语法体系建构的基础作用

3.1 对外汉语教学语法体系一定要以某种语法理论为基础

我们讨论对外汉语教学语法体系的建构，必须明确的一个前提是，对外汉语教学语法体系不能建立在"沙滩"上。也就是说，要构建对外汉语教学语法体

系，就必须以某种或某几种现代语法学理论为基础，那种认为教学语法体系可以不依赖语法学理论而能建成的想法，是我们所不能接受的。

那么，对外汉语教学语法体系应以怎样的理论为基础呢？这是一个见仁见智的问题。当然，每一种语法理论都有其作为教学语法体系基础的可取的一面：传统语法比较系统；描写语法比较细致；结构主义语法更加关注形式，易于学习者把握；功能语法更偏向于语用功能，更具交际实用性；等等。而我们需要思考的是，适用于对外汉语教学语法体系的语法理论，应该具有哪些基本特征？

3.2 认知语法作为对外汉语教学语法体系建构基础的优长

经过这些年的研究，我们认识和体会到，认知语法是一种较为符合我们理想中的用于建构对外汉语教学语法体系的一种语法学理论。它至少有以下四方面的优长是值得我们特别加以重视的。

首先，认知语法重在语义解释。它着重研究某一语法点的核心语义是什么，该核心语义又是如何形成的。也就是说，它不但要告诉我们语义是什么，还要告诉我们语义之所以形成的认知心理基础。就像"V 着"结构，不仅告诉我们四种基本语义是什么，彼此有何不同，还告诉我们，"V 着"语义形成的认知心理机制在于它来源于人们观察事件的视点平行移动模式。这样的语义解释，就有可能让汉语学习者"知其然，然后知其所以然"。这对教学是有用的。

其次，认知语法对语义的心理现实性的追求，是符合人类认知的民族性和普适性的实际的。我们认为，各民族虽然对外部世界有自己独特的认知感受差异，但人类作为万物之灵对世界有着基本相同的认知感受，而这也正是人类不同民族之间可以相互沟通、相互了解的基础。我们对汉语"把"字句位移图式的概括，之所以能够较为容易地被外国留学生理解，恐怕与此不无关系。我们有理由相信，基于认知语法的心理现实性构建起来的教学语法体系，应当是有强大生命力的。

再次，认知语法所阐释的语义，具有较高的概括性、系统性和层次性，这正是构建教学语法系统最为需要的基础。认知语法追求语义解释的高度概括性，这充分体现了以简驭繁的要求；认知语法追求语义解释的高度系统性，往往在典型与非典型中找到语义解释和语义关系的平衡点，这是教学语法系统性的必然要求；认知语法追求语义解释的高度层次性，语义理解是一个层层深入、不断细化的过程，而这正高度契合教学语法系统层级性的要求。我们对汉语补语系统的构建，就充分展示了认知语法的这一优长。

当然，任何一个语法理论，要想成为对外汉语教学语法系统建构的基础或主要基石，其面向教学解释的实用性，也就是对教学实践的转化，也是一个需要考量的维度。关于认知语法研究成果教学转化的可行性，上文已有阐述。我们有理由相信，认知语法的研究成果是可以很好地进行教学实践转化的，并且它能对教学效率的提高产生积极的作用。

3.3 以认知语法为基础，建构对外汉语教学语法新体系

综合上文所述，我们认为，以认知语法理论为基础，建构对外汉语教学语法新体系，这是一个我们可以期待的理想目标。当然，现实地看，尽管在过去20年间，汉语认知语法研究已经取得了长足的进步，积累了不少研究成果，但是从整体上看，汉语认知语法的研究任务还远没有完成，还需要我们进一步扩大和加强汉语认知语法研究，使其成果进一步系统化、科学化，进而为新的汉语教学语法体系的建构贡献力量。

我们对汉语认知语法已经做出的研究，只可以看作是为构建以认知语法为基础的对外汉语教学语法体系的一些前期尝试而已。我们认为，把汉语认知语法研究作为基础来构建教学语法体系，也只是提出的一种方案，而并非是要唯"认知"独尊。从语用功能的角度去构建教学语法体系的设想，也是一个很不错的选择。希望各位同行携手共进，为新的、科学的对外汉语教学语法体系的早日诞生而努力。

参考文献

北京大学外国留学生中国语文专修班编(1958)《汉语教科书》,北京:时代出版社。
北京语言学院编(1980)《基础汉语课本》,北京:外文出版社。
冯胜利、施春宏(2011)论汉语教学中的"三一语法",《语言科学》第5期。
韩玉国(2014)汉语语法教学的语义引导,《国际汉语教学研究》第4期。
柯彼德(1991)汉语作为外语教学的语法体系急需修改的要点,《世界汉语教学》第2期。
刘月华、潘文娱、故铧(1983)《实用现代汉语语法》,北京:外语教学与研究出版社。
吕文华(1999)《对外汉语教学语法体系研究》,北京:北京语言文化大学出版社。
潘海峰(2015)论主观化理论在汉语教学中的运用:以现代汉语副词教学为例,《国际汉语教学研究》第2期。
王还主编(1995)《对外汉语教学语法大纲》,北京:北京语言学院出版社。
张旺熹(1999)动补结构的语义系统,载张旺熹《汉语特殊句法的语义研究》,北京:北京语言文化大学出版社。
张旺熹(2000a)"动+得+形"结构的变体形式,载《第六届国际汉语教学讨论会论文选》编辑委员会《第六届国际汉语教学讨论会论文选》,北京:北京大学出版社。
张旺熹(2000b)表现功效范畴的"动+得+形"结构,载陆俭明主编《面临新世纪挑战的现代汉语语法研究》,济南:山东教育出版社。
张旺熹(2001a)"把"字句的位移图式,《语言教学与研究》第3期。
张旺熹(2001b)"动+形"结构的原型范畴,载中国语言学会《中国语言学报》编委会编《中国语言学报》(第10期),北京:商务印书馆。
张旺熹(2002)重动结构的远距离因果关系动因,载徐烈炯、邵敬敏主编《汉语语法研究的新拓展(一):21世纪首届现代汉语语法国际研讨会论文集》,杭州:浙江教育出版社。
张旺熹(2005)连字句的序位框架及其对条件成分的映现,《汉语学习》第2期。
张旺熹(2006)汉语句法重叠的无界性,载中国语文杂志社编《语法研究和探索》(十三),北京:商务印书馆。
张旺熹、韩超(2011)人称代词"人家"的劝解场景与移情功能:基于三部电视剧台词的话语分析,《语言教学与研究》第6期。
张旺熹、李慧敏(2009)对话语境与副词"可"的交互主观性,《语言教学与研究》第2期。
张旺熹、朱文文(2006)从视点平行移动看持续体"着"的语义形成机制,载张旺熹《汉语句法的认知结构研究》,北京:北京大学出版社。
赵淑华、刘社会、胡翔(1997)单句句型统计与分析,《语言教学与研究》第2期。

对外汉语教学语法大纲数据平台建设*

张亚军

摘　要：对外汉语教学语法大纲数据平台是基于新研制的对外汉语教学语法大纲而建设的服务于母语非汉语的汉语学习者、对外汉语教师及对外汉语教学语法研究者的专一化、多功能数据平台。该平台以对外汉语教学语法大纲为核心，通过语法项目与教学语法大纲数据库、中介语语料库、对外汉语教材数据库以及对外汉语教学研究文献数据库相关联。该平台的建设本着功能完备、精确性高、实用性强的理念，力求满足不同用户对对外汉语教学语法信息的需求。

关键词：数据平台；对外汉语教学语法大纲数据库；中介语语料库；教材数据库；文献数据库

○、引言

经过半个多世纪的发展，新中国的对外汉语教学事业已经由初期从教师的经验出发开展教学逐步走上规范发展的道路，其突出表现就是与教学直接相关的教材和教学参考书编写多元化、系列化、专门化，教师队伍专业化，教学方式多样化等。作为第二语言教学的对外汉语教学，语法教学一直是教学的重点和难点，学界为提高对外汉语语法教学的效果不断进行探索。

---

* 本文原发表于《对外汉语研究》2019年第19期。

教学语法大纲是教材编写和教学实施的指导性纲领和主要依据，1958年邓懿主持编写的《汉语教科书》的出版基本确立了对外汉语教学的第一个较为系统的教学语法体系，对后来的汉语教材编写及汉语语法教学产生了重大的影响。为了使对外汉语教学语法体系科学化、系统化，学界也不断尝试制订符合对外汉语教学语法特点的教学语法大纲。影响较大也较为权威的主要有国家对外汉语教学领导小组办公室组织编写的《高等学校外国留学生汉语言专业教学大纲》（以下简称《专业大纲》）、《高等学校外国留学生汉语教学大纲（长期进修）》（以下简称《进修大纲》），以及为开展汉语水平考试而制订的《汉语水平等级标准与语法等级大纲》[①]，前两种大纲针对的是对外汉语教学，后一种针对的是母语非汉语者的汉语水平考试。三部大纲的制订标志着对外汉语教学与测试有了相对统一的指导性文件。随着对外汉语教学以及汉语本体研究的发展，近年来对外汉语教学的模式、学习者的情况等都发生了很大的变化，因此对对外汉语教学语法大纲进行修订的呼声越来越高，学界对此也进行了深入的思考，但一直未能付诸实施。2017年以齐沪扬教授作为首席专家的"对外汉语教学语法大纲研制和教学参考语法书系（多卷本）"项目获得国家社科基金重大招标项目立项，真正拉开了修订对外汉语教学语法大纲的大幕。该项目力求通过国内多所高校以及研究机构学者的共同努力，研制出符合当今对外汉语教学实际、满足对外汉语教师和汉语学习者需要的对外汉语教学语法大纲。可以说，这是一项浩大的工程，是一项需要对外汉语教学界通力合作才能完成的工程，也是对外汉语教学发展史上里程碑式的工程。

该项目主要包括对外汉语教学语法大纲的总体设计、对外汉语教学语法项目及分级研究、对外汉语教学语法参考书系编写、对外汉语教学语法研究成果及语法项目习得研究成果汇编、对外汉语教学语法大纲数据平台建设等子课题，其中对外汉语教学语法大纲数据平台建设是该项目研究成果的集大成体现。

---

① 除这三部有代表性的对外汉语教学语法大纲外，还有王还（1995）、孙瑞珍（1995）等。

一、数据平台的结构及功能

1.1 数据平台的结构

数据平台已经成为当今大数据背景下为不同用户提供不同用途数据的重要渠道。数据平台的建设要求具有实用性、模块化、兼容性、高效性、可扩充性等特点。本数据平台的建设力求遵循数据平台建设的一般要求，从不同用户的需求出发，最大限度地满足其需求。

基于此，本数据平台主要由以下四个部分构成：对外汉语教学语法大纲数据库、中介语语料库、对外汉语教材数据库，以及对外汉语教学和习得研究文献数据库。在这四个部分中，对外汉语教学语法大纲数据库是中心、核心，通过该数据库中的语法项目关联其他数据库，通过语法项目的查询，可以了解所有与该项目有关的中介语情况、教材编排情况，以及学界对该项目的研究情况。我们的目标是建成一个功能完备、精确性高、实用性强的对外汉语教学语法大纲数据平台。

随着对外汉语教学事业的发展，服务于学习者、教师及对外汉语教学研究人员的语料库、数据库的建设也越来越受到重视。自 20 世纪 90 年代北京语言大学建立"汉语中介语语料库检索系统"开始，数十年间仅国内就建立了多个类型、规模、服务对象、检索功能各异的服务于对外汉语教学与研究的语料库、数据库。如北京语言大学 HSK 动态作文语料库、暨南大学外国留学生中介语语料库、中山大学全球汉语教材库及国际汉语教材语料库、厦门大学国家语言资源监测与研究教育教材中心的国内外对外汉语教材语料库等，另外还有设计建设中的"全球汉语学习者语料库"，以及为数不少专供机构、单位内部使用或服务于个人研究需要的中介语语料库。考虑到对外汉语教学的实际需要，这些语料库或数据库建设目标不完全相同，在建设规模、信息标注方面各有特点。其中建设规模较大且开放使用的北京语言大学 HSK 动态作文语料库的信息标注包括汉字、词汇、语法等方面的偏误信息，为对外汉语教学领域相关研究提供了大量的中介语语料资源，为推动对外汉语教学研究的深化做出了重要贡献。

区别于现有的语料库或数据库，本数据平台功能专一，四个子库均只围绕对外汉语教学语法项目展开，所有的标注信息也只限于与语法项目相关的内容。但是作为一个专门服务于对外汉语语法教学的数据平台，本平台在兼顾数据广度的基础上，将着力于语法信息标注的精度、深度，力求构建一个能满足学习者、教师、研究人员等不同需求的、专业的对外汉语教学语法数据平台。

基于这一建设目标，本数据平台的对外汉语教学语法大纲数据库包括语法项目及分级排序，以及语法项目的说明。

中介语语料库在充分考虑语料的代表性、时代性、平衡性的基础上，采取基础标注和偏误标注相结合的方法，借鉴学界有关对外汉语语法教学及习得研究的成果，对学习者在某一学习阶段习得难度较大的语法项目进行深度标注。

对外汉语教材数据库在充分考虑教材使用的广泛性、代表性、时代性等特点的基础上，录入教材的课文及语法项目说明，建成对外汉语教材数据库，并对教材课文语料进行标注，与教材语法项目说明一起，与大纲语法项目进行关联。

对外汉语教学研究成果文献数据库广泛收集21世纪以来的对外汉语语法教学及习得研究成果，对这些成果进行分类梳理，通过关键词与语法项目及其他相关标注信息进行关联。

总体上看，本数据平台以对外汉语教学语法大纲为核心，通过建立语法项目与语法项目相关说明、中介语语料、教材语料及语法项目编排、相关研究文献之间的关联，以满足不同用户的需求。

1.2 数据平台的功能

对外汉语教学语法大纲数据平台的建设充分考虑到不同用户对语法知识及语法信息的需求。本平台的服务对象主要为母语非汉语的汉语学习者、对外汉语教师、对外汉语教学语法研究者。

学习者主要通过课堂学习、教材、相关工具书或参考书以及与母语者交流等获得汉语语法知识，其中课堂学习和教材是最重要的途径，但也是有一定局限性的途径。因为学习者的母语背景不同、理解接受能力不同，在学习某些语法项目时会呈现出不同的特点。他们有在课堂、教材之外更充分地、因人而异地学习相关语法项目的需求。本平台的大纲语法项目及分级排序、语法项目的说明、同义项目及近义项目的辨析等可以满足不同学习者的需要。

教师可以通过该平台获得学习者习得某一语法项目的总体偏误情况、不同母语背景学习者的偏误情况、教材对语法项目的编排情况，以及学界的研究成果等。根据这些数据及信息，教师可以有效地提高教学的针对性。

对外汉语教学语法研究者可以方便地从该平台获取语法项目及分级排序、中介语语料所反映的学习者的习得情况，以及学界的研究状况等信息。

总体上看，对外汉语教学语法大纲数据平台立足于对外汉语语法教学的实际，通过大量的基础研究，力求建设成一个功能完备、精确性高、实用性强且能够满足不同用户需求的数据平台，该平台具备语法项目信息查询、语料及文献检索等功能。

二、对外汉语教学语法大纲数据库

对外汉语教学语法大纲数据库是本数据平台的核心，包括语法项目及其分级排序、语法项目的说明等。

2.1 语法项目的选择

语法项目的选择是教学语法大纲研制的基础环节，也是关键环节。20世纪50年代的《汉语教科书》奠定了对外汉语教学语法体系的基本框架，这一框架历经半个多世纪的教学实践，其间虽进行过修订、调整，力求适应对外汉语教学的实际，但总体上仍然显示出强烈的结构主义语法的影响。教学语法体系不可避免地要依赖于一定阶段的理论语法学体系，但是理论语法学体系的构建、目标与研究方法和教学语法体系并不完全一致。对外汉语教学语法体系除了要吸收、借鉴理论语法研究的成果外，还必须高度关注对外汉语语法项目教学研究的成果以及习得研究的成果。对于教学语法体系而言，理论语法的主要功能在于明汉语语法之"理";教学研究及习得研究成果有助于确定需要教学的语法项目,主要功能在于致语法之"用"。张志公(1987)在论及中学语文教学中的语法教学时曾提出的"精要、好懂、管用"六字原则,对于对外汉语语法教学同样具有指导意义。"精要"说的是教学语法体系相对于理论语法体系而言,要有一定的选择性,选择那些对学习者而言,对掌握汉语这种语言而言,必须了解、掌握的项目;"好懂"说的是语法项目的说明或实际的语法知识教学要好懂;"管用"则说的是语法教学的目的,即"致用"。赵金铭(2018)在论及汉语作为第二语言教学语法这一问题时,提出了对外汉语教材语法知识编排的"格局+碎片化"的理念,其中的"语法格局"指的是"在汉语和印欧系语言对比基础上尽显汉语语法特点的、符合外国人学习汉语语法认知过程的、服务于汉语作为外语教学的简明的汉语语法框架",这个"格局"也首先要求做到"精要"。所谓"碎片化语法"指的是"一部包容各种汉语语法现象的介绍词和句子用法、并带有解释的大型语法参考资源库,虽碎片化而不凌乱"(赵金铭,2018)。教学语法项目的选择必须结合现有汉语语法本体研究、对外汉语语法教学研究及习得研究的成果,既能体现现代汉语语法的整体特点,或曰"格局",又能满足学习者学习过程中的"碎片化"需求。基于此,对外汉语教学语法大纲的研制将采取定量分析和定性分析相结合、以定量分析为主的研究方法,充分发挥语料库的功能,以实证数据作为大纲研制的依据,力求在现有教学语法大纲的基础上,研制出一套更具科学性、实用性的对外汉语教学语法大纲。

2.2 语法项目的分级

对于对外汉语教学语法大纲而言,语法项目的分级排序是另一项重要的工作,语法项目的合理分级排序是大纲科学性和实用性的重要表现。以往的对外汉语教学语法大纲在语法项目分级排序的处理上,更多依靠专家的干预或教学者的经验,难免出现项目的遗漏、重复甚至非语法项目误列为语法项目等现象。

比如离合词,一直是对外汉语教学中的难点。《进修大纲》在"初等(一)"中列出了该项目,并且举了"我跟他见过面""别生他的气"两个例子,在其后的各级语法项目中并未再设立与离合词有关的项目。离合词多数是动词性的,但其语法功能与非离合式动词有很大差别，比如重叠形式、所涉及的受事和对象等语义成分的安排，带补语的能力及补语的出现位置等，这些内容不可能在学习者初级阶段全部教授给学习者，加之印欧系语言等不存在与汉语离合词对应的语言现象，因此离合词一直是汉语学习者习得的难点。周小兵、薄巍、王乐等（2017）以"见面"为例，对北京语言大学 HSK 动态作文语料库中学习者关于离合词的使用情况进行统计，调查显示，即使是高等阶段的汉语学习者使用"见面"这一离合词时，"离"状态的比率（12.70%）仅约为母语者（34.20%）的1/3，通过对对外汉语教材"见面"一词"离"与"合"两种格式分布情况的统计发现，教材中"见面"一词"合"的用例高达 81.11%，而"离"的用例仅为18.89%，有些格式如"见他的面""见妈妈一面"在教材库中没有体现。这种现象首先与教材编写有关，从对外汉语教学语法大纲的角度看，未能充分重视相关语法项目教学的阶段性、连续性无疑也是一个很重要的因素。再比如情态/状态补语，在《进修大纲》中被列为初等和中等阶段的语法项目，高等阶段未列；在《专业大纲》中被列为一、二年级的语法项目，三、四年级虽然有"情态补语"一项，但只涉及"情态补语的语义指向"。从学习者实际习得的情况看，贾钰（2011）通过对北京语言大学 HSK 动态作文语料库中情态补语偏误情况的考察发现：即使在高等阶段，情态补语偏误中与情态补语标记（结构助词"得"）有关的误代偏误、词汇偏误、与情态补语有关的句法语义偏误以及情态补语句语用偏误分别占总偏误用例的 50.07%、26.08%、16.64%、5.77%[①]，总偏误率约占偏误用例与正确用例之和的 29.87%，偏误率仍然很高。这种情况说明，现有的大纲对有关语法项目分级的合理性仍然有待经受学习者习得情况的检验。

从现有对外汉语教学语法大纲语法项目的分级情况看，主要语法项目基本安排在初、中级阶段，高级阶段虽然列出了某些语法项目，但是与初、中级阶段的安排相比，极不平衡。如《进修大纲》高级阶段列出的语法项目共 108 项，虽然绝对数目略多于中级阶段的 82 项，但是从语法项目的内容看，包括语素 2 项、词类 6 项、短语 1 项、句式 3 项、口语格式 32 项、复句 40 项、语段 11 项及语

[①] 另有 1.44% 属于包含情态补语结构但句子语义混乱无法归类的情况或属于学习者笔误的情况。

气的表达13项。其中基础语法项目如词类的6个项目，包括数词活用、量词、副词、介词、连词和助词，唯一的短语项目是固定格式，即成语。根据现有的对外汉语习得研究的文献看，即使在高级阶段，有些汉语基本语法项目的偏误仍极为常见。再如句式，"把"字句在《进修大纲》初、中、高三个阶段都有，但是每个阶段只举了少量例句。如：

初等阶段语法项目（一）：

（1）他把书放在桌子上。[①]

（2）我把书送给他了。

（3）请把书翻到第三页。

初等阶段语法项目（二）：

（4）他把我的相机给弄坏了。

中等阶段语法项目：

（5）今天这事简直把我累坏了。

就以上不同阶段"把"字句项目所列例句的结构看，初等（一）"把"字句的结构为"把+NP+V+介词短语"，初等（二）、中等阶段"把"字句的结构为"把+NP+V+结果补语"，高等阶段与"把"字有关的语法项目为"把"字结构与其他结构的共现使用，称为"两种句式的套用"。而综合考察初、中、高级阶段汉语学习者"把"字句的习得情况，肖奚强等（2009）根据"把"字句中动词性词语的结构，将"把"字句分为12种下位句式，通过对不同等级阶段学习者中介语语料库中"把"字句的正确用例、偏误用例情况的分析，并结合母语者使用"把"字句的情况，最终将该句式的下位句式分为初、中、高三级，其下位句式的结构形式远远超过了《进修大纲》所列出的类型，《进修大纲》所列的"把"字句项目在肖奚强等（2009）中都属于学习者习得较早的初级阶段语法项目。

学习者习得情况的实证研究有助于教学大纲语法项目的分级排序。肖奚强等（2009）基于汉语母语者语料库、不同等级阶段的汉语学习者中介语语料库对

[①] 例（1）~（5）均出自《进修大纲》。

学习者习得 21 种句式的情况进行了详细的分析，并给出了每种句式不同下位句式的难度等级及分级排序情况。虽然这项研究所依据的语料库规模有限，但是这种实证性研究给语法项目的分级排序原则的确定提供了有益的启示。肖奚强（2011）指出，"教学语法的分级排序应该在分析、借鉴汉语本体的研究成果、分析语法项目在本族人自然语料中的使用频率、分析外国学生的中介语的正误频率（习得状况）、比较现有教学、考试大纲的基础之上进行。其中最主要的依据应该是学生的习得状况"。自从中介语语料库被作为对外汉语教学研究的主要语料来源，学界有关汉语作为第二语言相关语法项目的习得状况研究的成果日渐丰富，以"基于 HSK 动态作文语料库"为关键词进行网络检索，显示有近 7 万条结果。虽然这些研究涉及汉字、词汇、语法、修辞、文化等不同方面，但是这些基于中介语的研究成果无疑能为语法项目的分级排序提供重要参考。

2.3 语法项目的说明

现有教学大纲对语法项目的处理不尽相同。有的有简要的说明；有的只列项目，以例句代替说明；有的甚至以例句代替项目。虽然大纲主要服务于教材的编写、具体的教学活动和测试等，但是对于学习者而言，了解不同阶段应该掌握哪些语法项目对于他们的学习同样具有重要的指导作用。本项目除了有选择性地针对相关语法项目聘请有丰富教学经验的专家撰写供学习者使用的教学语法参考书系之外，还在数据平台中融入有关各语法项目的简要说明以及典型例句，方便学习者学习、领会。

除针对语法项目的说明外，本数据平台还将对与语法项目有关的同义、近义及相关的项目以及具体的现象进行辨析。相对于实词而言，意义相近、相关的虚词其语法意义或用法的辨析对于学习者而言至关重要。"在国际汉语教学中，近义虚词的辨析是难点，也是重点"，"虚词的意义与用法本来就比较难掌握，特别是区分意义与用法都相似的虚词，更是一个老大难问题"（邵敬敏，2018）。语法知识教学的目的在于提高学习者辨正误、别异同的能力。在这方面，现有教学大纲注意到了这方面的问题，如《进修大纲》列出了需要注意比较的相关语法项目，如疑问代词"几/多少"、数词"二/两"、助动词"能/会/可以"、副词"又/

再/还""就/才""没/不"、介词"从/离"、连词"还是/或者"等。《专业大纲》列出了时间词语"以后/后来"、介词"为/为了"、连词"由于/因为"以及表示存在的"在"字句、"有"字句、"是"字句等。但是考察已有分析学习者偏误情况的文献可见，学习者学习汉语的过程中经常发生误代现象的远不止这些，如副词"常常""往往"、方位词"里""内""中"、概数助词"把""来""多"以及趋向动词的引申意义，如"起来""上来""下去""出来"等。此外还有同型或相关句式、格式的辨析问题，如不同结构比较句的功能异同、"被"字句与被动句、不同功能的"有"字句等。这些同义、近义、相关的词、短语、格式等的意义说明、使用条件及用法、功能的异同，都需要在相关的语法项目中通过典型例句做出通俗易懂的说明。

本数据平台将结合现有大纲、相关对外汉语教材及学界与语法项目有关的本体研究及习得研究的成果，系统梳理与语法教学有关的易混词语、格式等，做出简要、通俗的说明，以满足学习者的需要。

三、中介语语料库、教材数据库及文献库

3.1 中介语语料库

中介语作为目的语学习过程中学习者呈现出的语言面貌，日益受到学界的广泛关注，中介语语料库作为观察、衡量学习者习得情况的重要窗口更是受到教师、研究者的高度重视。自20世纪90年代以来，国内外有关汉语中介语语料库建设的项目及报道甚多，有关中介语语料库建设的专题研究文献也很多，这些研究对语料来源、标注范围、标注规范等进行了多角度的探讨，大大促进了语料库建设的规范性、科学性、实用性，同时也大大提高了中介语语料库建设对对外汉语教学的辅助作用。目前除规划建设中的"全球汉语学习者语料库"外，建设规模最大的当属北京语言大学设计建设的"HSK动态作文语料库"。该语料库的建成及在网络上的开放应用，对对外汉语教学研究特别是偏误研究产生了巨大的促

进作用。从语料来源方面看，该语料库的语料来自于 HSK 考试高等阶段的考生作文；从中介语的阶段性角度看，虽然语料数量有四百余万字，但是没有初、中级学习者的语料，不能反映初、中级阶段学习者使用汉语的状况。其他有报道的中介语语料库或者规模偏小，或者没有严格区分不同学习阶段，不能充分反映学习者不同阶段语法知识习得的状况。

鉴于此，本数据平台在语料采集方面兼顾汉语学习者的不同阶段，初、中、高级学习阶段学习者的语料按照 20.00%、40.00%、40.00% 的比例，力求能较为全面地反映学习者语法项目习得的阶段性特点。

除了中介语语料的阶段性，中介语语料的平衡性也是中介语语料库建设过程中必须考虑的问题。从实际情况看，理论意义上的充分平衡性或绝对平衡性至少在短时期之内难以实现，本数据平台在中介语语料采集过程中，考虑不同母语背景汉语学习者样本的数量，尽量做到相对平衡。虽然母语背景不同，但样本数量极少的学习者语料不予采用。

3.2 对外汉语教材数据库和研究文献库

服务于对外汉语教学的教材数据库建设规模最大的当属中山大学全球汉语教材库，据周小兵、薄巍、王乐等（2017），该库收录国际汉语教材近 1.8 万册，并选定其中 3000 余册的语料建设国际汉语教材语料库。除此之外，厦门大学国家语言资源监测与研究教育教材中心对外汉语教材语料库收录了《博雅汉语》《汉语教程》《新实用汉语》等 11 种教材近 80 万字。

本数据平台教材语料库首批 100 万字语料主要采集 2000 年以后出版、使用范围广、影响大、有代表性的国内出版的对外汉语综合类教材，录入数据包括课文语料及教材语法项目说明。教材课文语料属于汉语母语者语料的范畴，大体反映母语者汉语相关语法项目的使用情况。教材语法项目的选取、编排及说明情况反映编写者对与课文内容相关的各语法项目的确定、分级和解释情况。

从《汉语教科书》开始，国内编写出版的对外汉语教材种类繁多，有综合型、专用型、进修型、学历型、口语型、阅读型、听力型等，种类多、数量大。本数据平台专一围绕对外汉语教学语法项目，在教材的类型选择上侧重于综合型教材，此类教材也是汉语作为目的语学习者在学习过程中要求掌握汉语基础知识包括语法知识最为全面的教材类型。本数据平台对外汉语教材数据库的设计规模为 300 万字，其中约 200 万字语料将选自此类教材。在首批 100 万字语料采集、加工标注的基础上，后续将采集口语教材、海外汉语教材的语料，并进行标注。

已有研究文献是开展进一步深入研究的基础，为满足汉语学习者、教师及对外汉语教学研究者的需求，本数据平台广泛收集学界 2000 年以来有关语法项目教学研究及习得研究的文献，根据语法项目分类并对研究现状做出评述，拟分教学篇和习得篇两大系列汇编成册，同时为使用该教学语法大纲数据平台的用户提供参考。这些文献既是研制对外汉语教学语法大纲的重要依据，也是汉语学习者、教师及对外汉语研究者需要了解和掌握的重要文献。

四、数据平台建设面临的问题

多年来，学界修订与研制对外汉语教学语法大纲的呼声很高，但迟迟未能付诸实施。齐沪扬教授作为首席专家申报的"对外汉语教学语法大纲研制和教学参考书系（多卷本）"项目的成功立项，标志着对外汉语教学界的这一夙愿终于变成现实。但这是一项浩大的工程，须举学界之力，须国内多所高校、机构专家的共同协作方能完成。作为该项目研究成果集大成的对外汉语教学语法数据平台，同样也开启了对外汉语教学语法数据化、信息化的建设模式，面临着诸多挑战与考验。

4.1 中介语语料的采集

中介语语料的来源及质量直接关乎对二语学习者汉语学习规律和特点的认识，学界对于二语学习者汉语中介语语料库的语料采集已有诸多论述，并提出了相关的建库要求。如何实现学界有关中介语语料采集及建库要求，是本项目组必须着重考虑的问题。如何实现与现有的中介语语料库的互补，充分发挥中介语语料库在对外汉语语法教学及研究中的作用，也是本项目组需要考虑、权衡的问题。

4.2 语料标注

就本数据平台而言，语料标注主要涉及中介语语料和对外汉语教材语料。本数据平台建设的核心是教学语法大纲的语法项目，因此在考虑标注技术问题的基础上，还要考虑标注的项目范围、标注的深度等问题。既要充分体现本数据平台的语法信息查询功能，同时又要能满足不同用户的需求。从标注技术角度讲，需要区分外部信息和内部信息、基础信息和偏误信息。比如就中介语语料而言，外部信息包括汉语水平、母语背景、语料的体裁、采集时间等；教材语料涉及教材名称、出版时间、教材类型、教学阶段、课型课序等。内部信息采用机器标注、人工干预以及人工标注的方式，词性标注以机器处理为主，辅以人工校对，而对句法信息的标注则主要采用人工标注的方式，比如近年来学界研究较多的语块及话语标记信息主要采用人工标注的方式，句法成分、句式以及语篇等语法信息也只能依靠人工标注，所有需要人工进行标注的工作需要先进行培训并建立信息标注审核体系。

五、结语

对外汉语教学语法大纲的研制任务艰巨，但对对外汉语教学事业而言，这是一项极有价值的工程。本文简单介绍了本项目重要环节之一的对外汉语教学语法大纲数据平台的结构及功能，数据平台建设过程中可能存在的问题及可行的解决方案。

对外汉语教学语法大纲数据平台的建设以对外汉语教学语法大纲为核心，关联大纲数据库、中介语语料库、对外汉语教材数据库，以及对外汉语教学研究文献数据库。大纲数据库的研制基于学界已有的相关研究成果，重视实证化研究手段的运用；中介语语料库和对外汉语教材数据库力求体现代表性、平衡性，注重语法信息的深度标注；文献数据库广泛收集对外汉语教学研究与习得研究的重要文献，分类梳理评述。本数据平台的建设将充分吸收、借鉴已有汉语中介语语料库、对外汉语教材数据库建设的成功经验,以及对外汉语语法项目教学研究成果和学习者语法项目习得研究成果,最大限度地满足汉语学习者、对外汉语教师和研究者的不同需求。

参考文献

北京大学外国留学生中国语文专修班编(1958)《汉语教科书》,北京:时代出版社。
崔希亮、张宝林(2011)全球汉语学习者语料库建设方案,《语言文字应用》第2期。
国家对外汉语教学领导小组办公室编(2002a)《高等学校外国留学生汉语教学大纲(长期进修)》,北京:北京语言文化大学出版社。
国家对外汉语教学领导小组办公室编(2002b)《高等学校外国留学生汉语言专业教学大纲》,北京:北京语言文化大学出版社。
国家对外汉语教学领导小组办公室汉语水平考试部编(1996)《汉语水平等级标准与语法等级大纲》,北京:高等教育出版社。
贾钰(2011)外国人汉语情态补语句偏误分析,载肖奚强、张旺熹主编《首届汉语中介语语料库建设与应用国际学术讨论会论文选集》,北京:世界图书出版公司。
邵敬敏(2018)国际汉语教学中近义虚词辨析的方法与理据,《语言文字应用》第1期。
孙瑞珍主编(1995)《中高级对外汉语教学等级大纲(词汇·语法)》,北京:北京大学出版社。
王还主编(1995)《对外汉语教学语法大纲》,北京:北京语言学院出版社。
肖奚强(2011)基于中介语语料库的外国学生汉语句式习得研究,载肖奚强、张旺熹主编《首届汉语中介语语料库建设与应用国际学术讨论会论文选集》,北京:世界图书出版公司。
肖奚强等(2009)《外国学生汉语句式学习难度及分级排序研究》,北京:高等教育出版社。
张志公(1987)汉语语法研究与中学教学语法,载北京市语言学会编《教学语法系列讲座》,北京:中国和平出版社。
赵金铭(2018)汉语作为第二语言教学语法:格局+碎片化,《语言教学与研究》第2期。
周小兵、薄巍、王乐等(2017)国际汉语教材语料库的建设与应用,《语言文字应用》第1期。

互动语言学理论映照下对外汉语教学语法系统新构想*

李先银

摘　要： 互动语言学"语言是使用"的思想与语言教学"交际至上"的目标高度契合，本文在回顾和反思对外汉语语法现状后，在互动语言学理论的映照下，提出对外汉语语法教学系统的新构想。这个构想包括以下方面：在指导思想上秉持"基于使用的语法理念"，在语法内容上坚持"大语法"观，在语法体系的编制上提出"以行为/活动为纲"的组织架构，在语法条目的解释上提出"场景化"的语法阐释，在语法教学实践上提倡"情景化"的语法教学。

关键词： 互动语言学；对外汉语教学；语法系统

一、回顾与反思

在对外汉语教学的历史上，语法教学的重要程度虽有所摇摆，但其不可或缺性是毋庸置疑的，问题是如何给它定位（陆俭明，2000）。对对外汉语语法教学的定位一方面涉及语法教学观，即对语法教学性质的认知，是知识要素教学、技能教学还是能力培养；另一方面涉及语法观，即对本体语法和对外汉语

---

* 本文原发表于《语言教学与研究》2020年第2期。

法性质的认知，体现为在一定语法理论映照下对对外汉语语法的性质、内容选择、语法条目的阐释，最终形成语法大纲、参考语法、教材中的语法编写等产品，作为开展语法教学的依据和指南。语法观和教学观的变化，会引起教学语法系统的演进。

1.1 对外汉语语法教学的演进

对外汉语语法是一个系统，包括教学语法体系和语法教学体系两个子系统[①]，其演进与语法观、语言教学观的变化有密切关系。主流语言学理论从传统的规定主义，经过了结构主义、转换—生成语法等"基于规则"的语言理论，目前已进入以认知语言学、构式语法理论为主要代表的"基于用法"的语言理论时代（武和平、王晶，2016）。与之相随的对外汉语语法也从"基于规定"的语法教学发展到"基于规则"的语法教学，并向"基于用法"的语法教学前进。

1.1.1 "基于规定"的语法教学

对外汉语语法教学早期主要采用语法翻译法教学，这是在语言的对比和翻译中形成并固定下来的语言教学范式，是"规定主义"语法观在教学实践中的体现。翻译法强调不同语言间结构形式和意义的对应或不对应，教师重视语法知识的讲解，授课重点是讲解与分析句子成分、语音、词汇变化与语法规则，练习方式以大量的翻译和变换练习为主，是一种重知识轻技能的教学方法。正因如此，语法翻译法适用于小规模的专才培养。

1.1.2 "基于规则"的语法教学

伴随结构主义成为主流的语言学理论，语言教学作为技能教学的意识逐步增强，适合精英型专才培养的翻译法模式逐渐被听说法取代。这种转变也是在结构主义"基于规则"的语法观指导下实现的。结构主义将语法理解为言语交际中需要遵守的组词成句的结构规则，重在揭示语言内部的结构规律。在"基于规则"的语法观下，语法教学是语言要素教学，与语音教学、词汇教学、汉字教学平行，采用"碎片化"的方式将语法打散、分级，呈现为一个个不同难度等

---

① 为行文简洁，下文提到的教学语法指对外汉语教学语法，语法教学指对外汉语语法教学。

级的语法点。语法教学内容主要包括句型、结构或格式，以及虚词等。句型如"把"字句、"被"字句、"是"字句、比较句、存在句等，结构或格式如"一……就……""先……然后……"。在教材编写上，多采用"讲解—展示—练习"或"展示—归纳—练习"的方式（杨德峰，2019），在教学实践上，一般采用"讲解"或"讲解—操练"的模式（郑艳群、袁萍，2019）。重视语法规则的讲解和操练，优点是语法结构形式凸显，语法规则清晰明确，易于组织教学。

"基于规则"的语法教学既重视语法知识的讲解，也重视语法操练和语法技能的培养，秉持的是一种知识、技能并重的语法教学观。这种模式更加适合大规模通用人才汉语教学。

1.1.3 "基于用法"的语法教学

认知语言学家 Langacker（1988）提出"基于用法的语言模型"（Usage-based Language Model），认为语言的根本目的是交际，交际会受到语境因素的影响。与此同时，语言教学观也在发生变化：语言是后天习得的，不存在先天的习得机制，语言教学本质上是一种技能培训。Larsen-Freeman（2003）将语法看作听、说、读、写四种技能之外的第五项技能——语法技能（grammaring），即准确地使用语法结构，以及合乎情景地理解及表达意义的能力。语言观和语言教学观的改变，影响到语言教学的理论和实践，典型的变化是任务型教学法。20世纪80年代兴起的任务型教学法，在强调语言交际能力培养的基础上，进一步改进交际能力实现的途径，把"练习"（excise）和"活动"（activity）变革为"交际任务"（task）。在教学活动中，教师围绕特定的交际和语言项目，设计具体的、可操作的任务，学生通过表达、沟通、交涉、解释、询问等各种语言活动形式来完成任务，以达到学习和掌握语言的目的。

可以看出，"基于用法"的语法教学秉持的是轻知识、重技能的语法教学观。

1.2 对外汉语语法的现状

对外汉语语法经过70年的建设和发展，取得了巨大成就。不过也存在一些隐忧，特别表现在几个"脱节"上。

第一，教学语法和语法教学脱节。语法教学基本上发展到"基于用法"的阶段，语法体系还停留在"基于规则"的阶段。

对外汉语教学语法体系的初始面貌是 1958 年出版的《汉语教科书》构建的，以《暂拟汉语教学语法体系》为基础，吸收了习惯语法、结构主义语法等理论语法的研究成果，但没有摆脱为汉语为母语的人讲语法的路子。这个体系在后来研制的一系列语法大纲中确认、完善并固定下来。构建该语法体系的指导思想是"基于规则"，将语法内容以"点"的方式分级安排①，语法点的阐释从形式出发，以讲解语法知识和规则为主。不仅大纲如此，参考语法的编制也是遵循"基于规则"的指导思想。如刘月华、潘文娱、故铧（2001）讲动态助词"了$_1$"，把"了$_1$"分 5 大项 22 小项来讲，"了$_2$"分 7 大项 28 小项。多年来，学界从语法点的分立、语法点的难易确定和教学排序、语法点的阐释等多个方面持续完善和改进这个体系，使其更加符合汉语教学的需要。比如赵金铭（2018）提出"格局＋碎片化"的教学语法思路。

对于"基于规则"的语法体系的不足，前贤也有反思。吕叔湘评价《实用现代汉语语法》时批评以语法形式为基本点的思路的缺点为"语法间架似乎有点折中诸家之间的意思，但因此也就不免有些不尽融洽之处，……似乎是因为以结构形式为出发点，忽视从表达出发"（刘月华、潘文娱、故铧，2001）。柯彼德（1991）指出该体系以母语语法框架为基础，受到汉语作为母语教学语法体系的束缚，忽略了外语学习的特点，不能解决"形式和意义在语法上的基本矛盾"。基于此，有学者提出"以意义为出发点，紧紧扣住意义和形式之间的联系，……是改进现有对外汉语教学语法体系的必由之路"（祖人植，2002）。

"基于规则"的语法体系重视对语法规则的描写，忽视语境和语用，导致"语法与词汇分家，语法与语境分家"（李晓琪，2004）。考察 20 世纪 80 年代后编写的多部教材发现，大多数教材也存在着对比分析不足、语法术语过多、忽视

---

① 如《汉语水平等级标准与语法等级大纲》中甲级语法点 129 项，乙级语法点 123 项，丙级语法点 400 项，丁级语法点 516 项。《高等学校外国留学生汉语教学大纲（长期进修）》中初等语法项目 185 项，中等语法项目 83 项，高等语法项目 108 项。

语用等问题（杨德峰，2012）。

学界持续多年对现有语法体系进行反思，呼吁改革（齐沪扬、张旺熹，2018），实践层面也有一些行动，但"基于规则"的指导思想很少被触及。

比起教学语法来，语法教学方面的进步更为明显，"语法教学是技能教学"的认识更为深入，教学模式和方法上更加重视语法的操练，从语言形式的机械性操练到自由性操练，较大程度上突出了技能训练。近些年，随着任务型教学法的兴起，教学实践中通常会在操练环节之后增加运用环节，以弥补语言使用的缺失，这在一定程度上促进了语法能力的培养，但无法从根本上改变"基于规则"的对外汉语语法的先天不足。

第二，语法阐释和语法教学的需求相脱节。当前的语法体系是"基于规则"的，语法大纲、教学语法和教材中的语法阐释也是"基于规则"的，多讲语法知识和规则，较少呈现使用语境。而"基于用法"的教学实践需要的是"基于使用"的语法阐释。参考语法、教材语法对语法知识和规则注释较多，缺少使用场景的归纳和描述，无法直接用于教学。以"把"字句为例，"把"字句的句式有15种之多，教师需要根据学生的实际水平和需求决定教哪些句式不教哪些句式，还需要对"把"字句的使用重新进行情景设定以使其能直接用于课堂教学。

第三，教学语法与理论语法脱节严重。理论语法为教学语法提供了学术支撑，近些年，汉语语法本体研究取得丰硕的成果，特别是构式语法、话语分析、语体语法、互动视角的汉语话语研究等方面，教学语法对这些成果的借鉴、吸收却远远没有跟上[①]。语法教学内容基本上还局限于虚词、短语、格式、句式等，较少涉及语体、话语标记、语用标记（如立场表达形式、情感表达形式等）等表达主观性的语言形式。同时，教学语法理论层面的探索在不断推进，而实践层面的推进相对比较缓慢。教学语法大纲久未修订，口语语法大纲、语用大纲、语体大纲等呼吁多年但研制工作进展缓慢，关于教学参考语法的新作也少见问世。

1.3 前贤的反思与尝试

有前贤注意到这些隐忧并进行反思。如陆俭明（2000）提出"语法教学不宜

[①] 吴勇毅（1998）就提出这个问题，目前来看，这个问题依然没有大的改观。参见李泉、金允贞（2008）。

过分强调,更不能直接给学生大讲语法规则",杨惠元(2003)认为句法规则宜粗不宜细。而产生这种情况的原因是当前的教学语法和语法教学过于注重语法规则和语法形式,没有很好地把形式和意义结合起来(孙德金,2007)。也有前贤提出多种方案尝试进行改进或变革。20世纪80年代,交际能力和功能得到重视,从表达出发的语法研究和语法教学尝试逐渐增多。一些学者提出基于语义、功能构筑对外汉语教学语法体系的初步构想。如卞觉非(1992)提出建立汉语交际语法,着眼于学习者的心理,研究人在思维过程中想"说什么"和"怎么说"按照从内容到形式这一模式编织语法系统,组织语法教学。① 专门的交际语法要告诉学生"怎样能运用语法进行交际"(徐晶凝,1998)。李先银(2011、2014)提出表达导向的语法教学模式,关注语言形式的实际使用。冯胜利、施春宏(2011)提出并阐释了一种新型的二语教学语法体系——"三一语法",其基本框架包括句子的形式结构、结构的功能作用、功能的典型语境这三个维度,它们彼此独立而又相互联系,构成一个有机整体。冯胜利和施春宏基于此设想编写出了《三一语法:结构·功能·语境——初中级汉语语法点教学指南》,在实践层面也走出了重要一步。

1.4 我们的设想

一种语法理论不能包打天下,对外汉语语法也是如此。不同语法理念指导下的对外汉语语法可以并存,并在教学实践中进行实验和检验。在当前语法理论和语法研究呈现多元化的背景下,对外汉语语法系统的建构可以尝试走"自上而下"的路子,首先根据某种语法理论确定基本理念,然后将此理念一以贯之的指导用于架构语法的组织模式、语法阐释的方式和语法教学的方法。本文将在互动语言学理论映照下,提出对外汉语语法系统新构想,该构想涉及对外汉语教学语法体系和对外汉语语法教学两个层面,具体表现为:将来源于互动语言学"语言是使用"思想的"基于使用的语法理念"确定为对外汉语语法系统的指导思想,在语法教学内容上坚持"大语法"观,在语法体系的架构上提出"以行为/活动

---

① 从内容到形式的教学模式,源于吕叔湘先生的《中国文法要略》。该书单列表达论,占全书篇幅的71.34%,详细讨论了范畴表达与关系表达(马庆株,2000)。

为纲"的组织模式,在具体实现路径上倡导"场景化"的语法阐释和"情景化"的语法教学。

二、基于使用的语法理念

互动语言学兴起于 20 世纪 90 年代,是在对话语功能语法、会话分析和人类语言学的继承、发展及创新中发展起来的(Couper-Kuhlen & Selting, 2017)。互动语言学关注社会交际、人际互动和认知因素在真实语言使用中对语言结构以及规则的塑造,关注言谈参与者的交际意图对语言形式的影响,重视从交际过程中发现语言形式产生的动因。

互动语言学特别重视语言的真实使用。互动交际是语言在话语情境中的实际使用,交际双方根据话语情境调用语言形式和非语言形式来设计话轮,组织会话序列,一步步推进会话的发展。可以说,交际是话语情境塑造的。话语情境既包括上下文语境,也包括会话参与者、参与者的背景、参与者的情感态度以及世界知识等,还包括引发言谈发生的事件以及更大范围的社会文化交际因素等(Heine, 2013)。互动语言学认为,自然语言最基本的特征是由语言交际所处的互动环境塑造的,是适应于交际环境的产物,或者说语言本身就是交际架构的一部分(Schegloff, 1996),因此语法研究必须置于语言的自然栖息地——互动交际中去考察。

实际使用中的语法是动态的,在线生成的。一个句子或小句的产出都是说话人和受话人在实时协调他们各自的行为而形成的结构(Goodwin, 1981)。语言结构的构建和完结总是产生于正在行进的互动言谈,谈话的双方(或多方)都参与其中。因此,语法研究面对的是"行进中的句法"(Lerner, 1991)。

可以看出,互动语言学特别重视语言的真实使用,认为语法是为语言使用服务的,在实际使用中的语法是在线生成的,受到实际使用的限制、影响,并且是这种影响的结果。我们可以将互动语言学的语法观归纳为"基于使用"的语法观,这种语法观与对外汉语教学"交际至上"的观念是高度契合的,可以作为对外汉语语法的指导性思想，为语法体系的构建提供指导，也为语法教学的实践提供指引。

语法教学是一种能力教学，旨在培养学习者使用语法的能力，实现"说得出、说得对、说得好"三个层次的目标。而在当前的语法教学实践中，"基于规则"的教学占主流，即使在近几年因为任务型教学增加了"综合应用"的环节，但诸多教学设计仍然无法摆脱"为练而练""为任务而任务""为环节而环节"的形式主义。以"过"字句的教学来说，目前很多教学设计在"导入""讲解""操练"环节之后通常安排类似于"谁是我们班的'马可·波罗'"这样的"综合运用"。具体操作是：学习者分组分别询问其他人是否去过某个国家，然后各小组代表报告本组成员去过哪些国家，最后去过的国家数量最多的人就是该班的"马可·波罗"。这个任务利用信息差对"过"的句式进行了大量、重复的操练。但遗憾的是，这里"过"的用法不是真实的"过"的使用。根据笔者对口语对话语料的观察，"过"用来表述一种经历，通常使用的场景是作为拒绝邀请或建议的理由，如例（1），或者作为发出邀请的前序列（pre-sequence），如例（2）。[①]

（1）A：明天咱们去颐和园怎么样？

　　B：哦，颐和园我去过了。

（2）A：美怡，你去过颐和园吗？

　　B：没有。

　　A：咱们明天去玩玩怎么样？

　　B：好啊好啊。

用于拒绝邀请的"过"字句，更偏好使用"颐和园我去过了"而不是"我去过颐和园了"，使用时常常还会伴随延迟的回答或拖长的填充标记"哦""嗯"等。这是说话人偏好的一种话轮设计。在实际的语法教学中，不仅要重视局部性的语言形式的使用，更要重视全局性的话轮设计和序列组织，如例（2）"预邀请—确认—邀请—接受"的序列组织框架。

---

① 在叙事和其他语体中，"过"典型的使用场景可能是不同的。

三、"大语法"观

当前语法体系秉承的是"小语法"观[①],语法教学内容局限于句式、格式和虚词等语言形式。"小语法"观受到"分立"观念的影响,一方面来自本体研究词汇、语法、语义、语用分立的传统,另一方面受到汉语教学是"分要素教学"观念的影响。汉语教学一贯坚持"分"的观念,区分语音要素、词汇要素、语法要素、文化要素、语用要素等。

"分立"观念指导下的语法教学路子存在较大局限,一方面词汇和语法的界限不清楚,导致语法教学的地位有所动摇[②];另一方面,"分立"观念也导致与语法紧密相关的一些要素在教学实践中长期被忽视,如语用、语体、韵律等。尽管有加强语体语法教学、建立口语语法大纲(徐晶凝,2016)、编写语用大纲、加强语用能力的教学(应洁琼,2018)等呼吁,但这些呼吁并未引起学界重视。

当前语言学专业分类越来越精细化,形成多个封闭的研究领域,互动语言学打破了这种研究上的条块分割。互动语言学指导下的实证性研究主要包括两方面:一方面,从语言的各个方面(韵律、形态、句法、词汇、语义、语用)研究语言结构是如何在互动交际中被塑造的;另一方面,考察言谈参与者的交际意图、会话行为是如何通过语言以及非语言的多模态资源(如眼神、手势、身势等)来实现的(方梅、李先银、谢心阳,2018)。可以看出,互动语言学秉持的是一种"大语法"观。无论是句法、词汇还是韵律形态等,都是互动的"资源",语言因互动而生,为互动所造。服务于互动交际的资源既包括语言形式,也包括非语言形式。语言形式包括词、短语、小句、句子等传统的语法手段,也包括服务于互动交际的韵律手段,如音高、停顿、时长、语速、语调等;非语言形式指眼神、面部表情、手势、身体移动等多模态手段,它们可以独立或者辅助语言形式实现互动交际。

---

① 这里说的"小语法"观和"大语法"观不是指对语法的认识,而是对教学语法内容和范围的认识。
② 学界曾有人提出淡化语法教学、强化词语教学(杨惠元,2003),建立以虚词为核心的词汇—语法教学模式(李晓琪,2004),或以词汇教学替代语法教学的看法(吴勇毅,2004)。

既然语言形式和非语言形式是联合起来为互动交际服务的，那么汉语教学的语法观更应该采取"统合"观念，不应只局限于传统的以虚词和句型教学为中心的"小语法"，而应秉持"大语法"观，在教学中统筹考虑为互动服务的语言资源和非语言资源。基于互动语言学的"资源"论，"大语法"至少应该包括这些方面：

第一，虚词、格式（构式）、句型等。这是传统语法教学的内容，不再赘述。

第二，韵律手段。话语的韵律特征和交际功能之间存在密切关系，"话语的韵律特征在很大程度上受其交际功能制约，话语的交际功能可以在一定程度上通过其韵律特征来实现"（熊子瑜、林茂灿，2004）。表情语调（emotional intonation）表达了说话者的情绪或态度。如表同情或安慰时语调低、音域极窄（"哭啦？"），而表不安、求助时语调高、音域窄（"失火了！"）（沈炯，1994）。再如不同的语速也和表情有关，比如生气、惊讶和厌恶时语速快，而难过和害怕时语速慢（李爱军，2005）。

第三，多模态手段。人类互动是多模态的。组成话语的词汇句法结构、传达话语的声音韵律、伴随（或不伴随）话语出现的身体活动都可能与互动意义的形成和表达相关，是互动可以调用的资源。Tao（1999）观察到，互动参与者使用注视和注视方向的变化来表达自己的立场并协调与他人的立场。研究发现，某些行为如请求可以主要通过语言来完成（Curl & Drew，2008），也可以主要通过身体活动来完成。Rossi（2014）的研究表明当人们共同参与像打牌、做饭这样的活动时，四类身体活动可以单独完成与物体处置有关的请求行为。问题是：说话人选择的标准是什么？何时用语言形式，何时用身体活动？调用语言形式和非语言形式以及语言形式和非语言形式的混用是否有差异？这些方面的研究成果应该应用到汉语教学中。

第四，篇章/话语语法。传统的语法和语法教学侧重于句子及句子以下的词法和句法教学，在教学中强调让学习者输出完整的句子。篇章的构建和话语的组织长期受到忽视，即使有语段/语篇教学，基本上也只有复述和写作文等少数几种操练形式。篇章可以看作有准备的书面表达，篇章的结构衔接和语义连贯、不同类型篇章的结构方式和谋篇布局都是语法的重要组成部分，学习者需要掌握如何开头、如何起承转合、如何收尾等。话语作为无准备的口头表达，包括独白和两方或多方对话。自然口语表达，特别是对话，受到时间压力和即席性的影响，话语产出会出现较多话语标记、填充标记、占位标记、沉默、延迟应答、省略、叠连、交叠①等情况，这些口语表达调用的语言形式和非语言形式是当前的语法教学很少注意到的。当前汉语教学课文多为对话，但课文教学和语法教学是分开进行的，课文教学是话题教学，不涉及话语语法方面的内容，也不涉及对话的话轮设计和话轮转换机制，更不涉及多个话轮连接起来的序列组织。实际上，可以尝试把课文的编写（话题教学）和话语语法结合起来。

第五，语体语法。②语体也是一种功能，体现为语言形式与意义之间的对应关系，不同语言形式的特征表现反映了不同语体（如叙事、说明、操作、论证等）的特征，同时也实现了不同的语体表达功能。③从表达角度讲就是，如果你要说明，你就需要采用说明的语言形式和语篇组织方式，如果你要叙事，就需要采用叙事的语言形式和语篇组织方式，这样说明才像是说明，叙事才像是叙事。语体成分是不同语体类型的表征，也是说话人可以调用来实现语体表达需求的资源。"基于使用的语法理念"指导下的语体语法教学不应只做口语、书面语的二维区分，也要进行叙事、说明、论证等语体区分，更要从交际距离（远近高低）和关系（亲疏庄俗）（冯胜利，2010）关照语体的教学。不同的语体成分也是互动交际的资源，在教学中应该获得足够的重视。本体研究的成果也应该引进到教学中来，制订语体语法大纲或者语法教学指南。

第六，语用策略。二语语用能力是二语学习者在各种真实情景中选用合适的语言资源和语用策略进行交际的能力，要求学习者具有对具体话语情景的动态掌控能力，具有采用合适的策略实现交际意图的能力。比如表达请求，可以采用命

---

① 关于交叠在话语中的表现和作用，参见李先银、石梦侃（2020）。
② 关于语体语法的更多讨论，参见施春宏（2019）。
③ 如独白性叙事语篇中有大量的为构建现场效应所采用的互动性表达，无论是情节的开启和转换，还是话题的建立、延续和转换，以及讲述行为与评价行为的切换等篇章框架标记，都大量来自以无主语形式呈现的小句，如言说动词小句、视觉动词小句和认识义动词小句（方梅，2019）。而如果是对话性的讲述或叙事，则可能呈现出另外一种样貌。如"这下"多出现在主观近距交互式叙述语境中（张文贤、方迪、张媛媛，2018）。

令、恳请、直陈需要、询问等直接策略，也可以采取暗示的间接策略。例如：

（3）a. 让开。（命令）

b. 劳驾/拜托让一下。（恳请）

c. 我想办一张银行卡。（直陈需要）

d. 能不能帮我开一下门？（询问）

e. 我渴了。（暗示）

不同的请求策略反映了礼貌程度的差异，适用于不同的场合和人际关系。再如对请求的接受，不同的表达策略也会反映出礼貌与否、言者态度和情感上的强化和弱化等差异。例如：

（4）A：晚上出去喝一杯怎么样？

B1：好啊。/好啊好啊好啊。

B2：好。/好好好。

B3：好的。

B4：好吧。

一般来说，同样是接受邀请，但"好吧"显得态度较为勉强，"好啊"表现为愉悦地接受，"好""好的"相对平和，而叠连的形式"好啊好啊好啊"则表现为高强度的情感认同（李先银，2016）。

汉语是用法型的语言，在"基于使用的语法理念"下，用法也是语法的一个方面，语法和语用都是为互动服务的。对外汉语教学语法体系中将语法和语用统合到"大语法"里，一起实现语法表达的准确性和得体性。比如，在教学称谓语的时候，需要结合人际和交际场景，在真实的语言使用中把握称谓语的调距功能。

四、行为/活动为纲的架构

语言交际就是做事。从较高的层面看，表现为谈判、通知、布置任务、八卦等活动的开展和活动目的的实现，低一层来看体现为一个个具体的会话行为和行为的实现（Clark，1996）。会话是话语和行为捆绑在一起的矩阵（Labov & Fanshel，1977）。语言互动中实现的"行为"是指一个人在与他人的交流中希望达成的事情（Couper-Kuhlen & Selting，2017）。互动交际的行为可以概括地分为告知（informing）、评价（assessing）和请求（requesting）。① 这三种行为既互相独立，又互相交叉，甚至可以互相转化。而在更具体的层面，它们还可以继续分出一个多层级的行为系统，如请求、招助、帮助、承诺、建议、询问、道谢、道歉、招呼、问候等。

行为类型和语言形式常常存在一定的对应关系，这是在反复的日常互动中行为偏好和语言形式偏好构成的框架对应。建立语言形式和社会行为的对应关系，一方面可以进一步说明某一种语言形式的使用频率和条件，这是互动语言学研究的一项重要内容，即探求在社会交际中，言谈参与者的会话行为是如何通过语言以及非语言的多模态资源（如眼神、手势、身势等）实现的。比如英语发出请求有三种句法格式：（a）I wonder if you could...；（b）Could you...；（c）I wanna...。研究发现，说话人选用哪种编码方式取决于两个外部因素，一是偶发性（contingency），二是权势性（entitlement）（Curl & Drew，2008）。另一方面，还可以从行为出发，尝试以行为/活动为纲构建汉语教学语法体系。这是应用的路径，将语言研究的成果直接应用于语言教学中。重要的工作是首先建立起行为类型库，并找到行为类型与语言形式和非语言形式之间的对应关系，然后探求不同语言形式的使用偏好、使用差异和使用条件。陶红印（2020）考察了真实会话中分类活动的形式，并在初级汉语口语中模拟真实对话的分类行为设计了水平适合的对话。

行为/活动为纲的语法体系可以和功能导向的课文编写紧密结合，活动就是话题。比如买东西是一个活动，这个活动由多个行为构成，如询问价钱、询问质量、确定数量、付钱、找零等。不同的行为通常使用比较固定的表达形式，如在表达购买药品请求时有几种不同的表达形式：（a）有××吗？（b）××怎么卖？（c）我要一盒××。（d）给我拿一盒××。选择哪种语言形式开启对话取决于说话人对购买活动的知晓状况以及要购买的药品是否稀有。

---

① 此分类参考了 Tomasello（2008）和 Thompson et al.（2015）。

再如"得"字程度补语句，用于不同的行为偏好时也存在形式差别。用于描述水平时，如描述某人的汉语水平、游泳水平、打球水平时，常使用的语言形式是"某人＋V＋N＋V＋得怎么样""某人的N＋V得怎么样"或话题句"N某人V得怎么样"；用于评价表现时，如对某人当前正在做或刚完成的事情进行评价时，常使用的语言形式是"某人V得真好"，例如看球赛时评价"姚明打得真好"，听同学唱歌时说"你唱得真好"等。两种行为的语言使用在形式调用上有较大的差别，描述水平时多用较为客观的程度副词，如"不好、不太好、比较好、很好、非常好、特别好"等，而评价表现时多选用面对面交谈常用的"真好""太好了"等主观性强的程度副词。

五、实现路径

语法系统和语法体系的构想最终需要落实到实践层面。对语法条目的阐释以及语法条目的课堂教学是某种语法观指导下的语法系统在实践层面获得实现的途径。在"基于使用"的对外汉语语法系统中，我们提出两种实现途径，即"场景化的语法阐释"和"情景化的语法教学"。

互动交际发生在具体的情景中，也为情景所影响。情景指互动交际发生的具体话语环境，既包括交际参与者及其背景，也包括交际发生的时空环境，还包括交际发生的文化环境。但语言交际的实际情景千差万别，语法教学的内容设置很难以情景为直接依托，需要将情景进行类型化归并，归并的结果就是场景。场景是结构化的情景类型，如买卖场景、安慰场景、劝解场景、批评场景等。语法形式和场景之间存在一定程度的关联，语言本体研究在此方面提供了大量成果支持，比如"你看你、真是"等常用于批评场景，"被"字句常用于异常被动事态的表达，因此可以利用场景对语法教学的内容进行联系和阐释。

5.1 场景化的语法阐释

语言的使用是模式化的。在重复发生的互动中，语言形式的调用和一定类型的情景产生对应关系,抽去具体情景中的特定时间、地点、人物、背景知识等因素可以将情景类型化为场景。场景为纲的路径与当前"意念—功能"为纲的语法教学思路是契合的,可以方便地借鉴当前"意念—功能"研究的大量成果。

本文以难教难学的"把"字句为例,说明如何进行场景化的语法阐释。根据本体语法研究的成果,本文在语法阐释上将"把"字句的意义阐释为"使变化"。"把"字句典型的使用场景是"解决问题",即用"使变化"解决遇到的问题。如在教室上课时,教室的灯光很暗,这是一个问题,要解决这个问题,可以通过"把"字句的"使变化"解决,即请人"把灯打开";再比如多人一起吃饭时,如果某个菜离得远够不着,可以请人"把那个菜递过来"。"解决问题"调用的基本语法形式为"A 把 B + V + 变化"①。"解决问题"是通过发出请求行为实现的,因而实际场景中会有语气强弱、礼貌程度等的差异。

(5) a. 请(你)把 B + V + 变化。

b. 把 B + V + 变化,好不好?

c. 你能不能把 B + V + 变化?

d. 请帮我把 B + V + 变化。

使用"把"字句的另一个典型场景是:报告已经发生的使变化。调用的语言形式为"A 把 B + V + 变化 + 了"。比如:同学拿走了自己的书,报告给老师;同学弄坏了自己的相机,报告给老师;等等。

场景化的语法阐释可以和教材编写、课文设计紧密结合。如在针对商务人员进行汉语教学的教材中,"把"字句"解决问题"可以选用"曹冲称象"的故事,输出解决方案。例如:

(6) 曹冲的解决方案是这样的:

第一步,准备一条船和一些大石头。

第二步,把大象赶到船上。

---

① 这里的"变化"还是功能类型,如空间变化、性质变化。表达不同的变化偏好使用不同的语言形式,如空间变化偏好"在 + 地方"(如"把书放在桌子上")、"到 + 地方"(如"把这幅画挂到墙上")、"给 + 人"(如"把这本书送给王老师"),性质变化偏好"adj + 一点儿"(如"把头发染红一点儿")、"成 + N"(如"把黄瓜切成丝")。

第三步，在船的吃水线上做一个记号。

第四步，把大象赶下船去。

第五步，把石头搬到船上，一直到吃水线达到记号的位置。

第六步，把石头搬下去。

第七步，称每块石头的重量。

第八步，把每块石头的重量加起来，就是大象的重量。

类似的"解决问题"场景有很多，如"客服教导如何换手机 SIM 卡"。

5.2 情景化的语法教学

场景化的语法阐释是将语言形式使用的情景进行类型归类，那么在具体的课堂教学中可以进行相反的操作，给场景添加特定的时间、地点、人物等因素，将场景具化为一个个真实的情景，在情景中赋予学习者具体的社会角色，进行真实的语言使用。例如：

（7）问题→解决问题

社会角色：请你的同学帮忙

语言形式：×××，帮我把 B + V + 变化。

教室里太冷/热了。→请把空调打开。

教室里太黑了，我看不见。→请把灯打开。

教室外边太吵了。→请把门关上。

教室外边太吵了。→请把窗户关上。

根据学习对象不同，社会角色的设定和任务安排也可以有所不同。如针对高级商务人士的"把"字句"解决问题"的教学，可以安排如下的情景任务。

（8）给秘书安排一天的工作。

时间	内容	要求	示例
8：00	办公室	打扫干净	8：00，把我的办公室打扫干净。
8：30	咖啡	准备好	8：30，把咖啡准备好。
9：00	今天报纸	放到我办公桌上	9：00，把今天的报纸放到我办公桌上。

10：00	文件 1	送到社长的办公室	10：00，把文件 1 送到社长的办公室。
10：30	文件 2	打印两份	10：30，把文件 2 打印两份。
12：00	我的太太和孩子	送到机场	12：00，把我的太太和孩子送到机场。

六、结语

  对外汉语语法包括两个层面：对外汉语教学语法和对外汉语语法教学。前者涉及面向对外汉语教学实践的汉语语法体系构建和阐释，通俗地讲就是对外汉语语法是什么、有什么和教什么，落脚点是对外汉语语法大纲、参考语法和教材中的语法点选择和解释。后者涉及在教学中如何教语法，落脚点是课堂中的语法教学、语法教学模式和方法等。

  语言观和语言教学观是语言教学的指导思想，对语言教学体系、实现路径和课堂实践有很大影响。本文基于互动语言学理论的映照，提出对外汉语语法系统的新构想，这个构想包括：指导思想上坚持"基于使用的语法理念"的全局性指导，语法内容的范围上倡导"大语法"观，语法体系的组织（制订语法大纲、编写教学参考语法等）上采取"以行为/活动为纲"的组织架构，具体语法条目的阐释上提出"场景化的语法阐释"，课堂语法教学实践上采用"情景化的语法教学"。这个构想涉及汉语语法教学系统的理论层面和实践层面，是一种自上而下的自觉设计，但同时也是初步的、粗线条的设想，很多方面的工作（比如语法大纲的编制、教学参考语法的编写、教材中语法的注释等）推进既依赖于对本体语法诸多研究成果的吸收和借鉴，也依赖于教学界同人的集思广益和实际行动。

  经过 70 余年的发展，对外汉语教学事业已经形成"一体两翼"的基本格局，"一体"是对外汉语教学，"两翼"为"来华留学生汉语教学"和"海外汉语教学"。对外汉语教学的学科建设和学术建设尽管建树颇多，但明显滞后于对外汉语教学事业的高速发展，特别是近些年，理论创新、模式创新、方法创新和实践创新等诸多方面陷于低潮。对外汉语教学研究缺乏新形势下的顶层设计，缺乏对既往教学和研究的检讨，缺乏适合汉语特点的教学模式、理论和方法的思考与应用。汉语教学学科研究的取向应以我为主，科学研究的前沿应该出自汉语教学界（李泉，2020）。我们相信，"基于使用的语法理念"更加符合汉语语法"意合"和"重使用"的特点，由此理念指导建立起来的汉语语法教学系统应该更适合汉语语法教学。本文的构想更多的是抛砖引玉，我们希望能引起学界的讨论或争论，从而引发更多的思考和行动。

参考文献

卞觉非（1992）"汉语交际语法"的构想，《汉语学习》第 3 期。
方梅（2019）话本小说的叙事传统对现代汉语语法的影响，《当代修辞学》第 1 期。
方梅、李先银、谢心阳（2018）互动语言学与互动视角的汉语研究，《语言教学与研究》第 3 期。
冯胜利（2010）论语体的机制及其语法属性，《中国语文》第 5 期。
冯胜利、施春宏（2011）论汉语教学中的"三一语法"，《语言科学》第 5 期。
柯彼德（1991）汉语作为外语教学的语法体系急需修改的要点，《世界汉语教学》第 2 期。
李爱军（2005）友好语音的声学分析，《中国语文》第 5 期。
李泉（2020）新时代对外汉语教学研究：取向与问题，《语言教学与研究》第 1 期。
李泉、金允贞（2008）对外汉语教学语法体系研究纵览，《海外华文教育》第 4 期。
李先银（2011）表达导向的对外汉语语法教学模式及"把"字句教学，载迟兰英主编《汉语速成教学研究》，北京：北京语言大学出版社。
李先银（2014）表达导向的对外汉语语法教学模式探讨：以"了"的教学为例，《国际汉语教学研究》第 3 期。
李先银（2016）自然口语中的话语叠连研究：基于互动交际的视角，《语言教学与研究》第 4 期。
李先银、石梦侃（2020）合作还是抵抗：汉语自然会话中的话语交叠，《汉语学报》第 1 期。
李晓琪（2004）关于建立词汇—语法教学模式的思考，《语言教学与研究》第 1 期。
刘月华、潘文娱、故韡（2001）《实用现代汉语语法》（增订本），北京：商务印书馆。
卢福波（2002）对外汉语教学语法的体系与方法问题，《汉语学习》第 2 期。
陆俭明（2000）对外汉语教学中的语法教学，《语言教学与研究》第 3 期。
马庆株（2000）结合语义表达的语法研究，《汉语学习》第 2 期。
齐沪扬、张旺熹（2018）革新对外汉语教学语法体系 满足时代需求，《中国社会科学报》11 月 27 日第 1583 期。

沈家煊（2009）汉语的主观性和汉语语法教学，《汉语学习》第 1 期。

沈炯（1994）汉语语调构造和语调类型，《方言》第 3 期。

施春宏（2019）语体何以作为语法，《当代修辞学》第 6 期。

孙德金（2007）对外汉语语法教学中的形式与意义，《语言教学与研究》第 5 期。

陶红印（2020）汉语会话中的分类行为及相关理论意义和语言教学应用，《语言教学与研究》第 1 期。

吴勇毅（1998）关于研究成果的借鉴与吸收，《世界汉语教学》第 2 期。

吴勇毅（2004）汉语作为第二语言（CSL）语法教学的"语法词汇化"问题，载《第七届国际汉语教学讨论会论文选》编辑委员会编《第七届国际汉语教学讨论会论文选》，北京：北京大学出版社。

武和平、王晶（2016）"基于用法"的语言观及语法教学中的三对关系，《语言教学与研究》第 3 期。

熊子瑜、林茂灿（2004）"啊"的韵律特征及其话语交际功能，《当代语言学》第 2 期。

徐晶凝（1998）关于语言功能和言语功能：兼谈汉语交际语法，《北京大学学报》（哲学社会科学版）第 6 期。

徐晶凝（2016）对外汉语口语教学语法大纲的构建，《语言教学与研究》第 4 期。

杨德峰（2012）上世纪 80 年代以来的对外汉语语法教材的"得"与"失"，《汉语学习》第 2 期。

杨德峰（2019）初级汉语综合教材语法教学模式初探，《语言教学与研究》第 2 期。

杨惠元（2003）强化词语教学，淡化句法教学：也谈对外汉语教学中的语法教学，《语言教学与研究》第 1 期。

应洁琼（2018）基于语言社会化理论的留学生汉语语用能力发展研究，《语言教学与研究》第 5 期。

张文贤、方迪、张媛媛（2018）语体视角下"这下"的话语标记功能及其教学探讨，《汉语学习》第 5 期。

赵金铭（2018）汉语作为第二语言教学语法：格局 + 碎片化，《语言教学与研究》第 2 期。

赵元任（2002）《赵元任语言学论文集》，北京：商务印书馆。

郑艳群、袁萍（2019）"应然"与"实然"：初级汉语语法教学结构和过程研究，《语言教学与研究》第 1 期。

祖人植（2002）对外汉语教学语法体系研究思路述评：从语言共性与个性的视角，《北京大学学报》（哲学社会科学版）第 4 期。

Clark, H. (1996) *Using Language* ('Using' Linguistic Books). Cambridge: Cambridge University Press.

Couper-Kuhlen, E., & Selting, M. (2017) *Interactional Linguistics: Studying Language in Social Interaction*. Cambridge: Cambridge University Press.

Curl, T. S., & Drew, P. (2008) Contingency and action: A comparison of two forms of requesting. *Research on Language and Social Interaction*, 41 (2): 129-153.

Goodwin, C. (1981) *Conversational Organization*: *Interaction between Speakers and Hearers.* New York: Academic Press.

Heine, B. (2013) On discourse markers: Grammaticalization, pragmaticalization, or something else?. *Linguistics*, *51* (6): 1205-1247.

Labov, W., & Fanshel, D. (1977) *Therapeutic Discourse*: *Psychotherapy as Conversation.* New York: Academic Press.

Langacker, Ronald W. (1988) A usage-based model. In Brydida Rudzka-Ostyn (ed.), *Topics in Cognitive Linguistics* (pp. 127-161). Amsterdam, Philadelphia: John Benjamins.

Langacker, Ronald W. (2000) A dynamic usage-based model. In Michael Barlow & Suzanne Kemmer (eds.), *Usage-Based Models of Language* (pp. 1-63). Stanford: The Center for the Study of Language and Information Publications.

Larsen-Freeman, D. (2003) *Teaching Language*: *From Grammar to Grammaring.* Boston: Thomson/Heinle.

Lerner, G. H. (1991) On the syntax of sentences-in-progress. *Language in Society*, *20* (3): 441-458.

Rossi, Giovanni. (2014) When do people not use language to make requests? In Paul Drew & Elizabeth Couper-Kuhlen (eds.), *Requesting in Social Interaction* (pp. 303-334). Amsterdam, Philadelphia: John Benjamins.

Schegloff, E. (1996) Turn organization: One intersection of grammar and interaction. In E. Ochs, E. Schegloff, & S. Thompson (eds.), *Interaction and Grammar* (Studies in Interactional Sociolinguistics, pp. 52-133) . Cambridge: Cambridge University Press.

Tao, H. (1999) Body movement and participant alignment in Mandarin conversational interactions. In *35th Regional Meeting of the Chicago Linguistic Society (Vol. II*: *The Panels*, pp. 125-139) . Chicago: The Chicago Linguistic Society.

Tomasello, M. (2008) *Origins of Human Communication. Cambridge*, MA: The MIT Press.

Thompson, S., Fox, B., & Couper-Kuhlen, E. (2015) *Grammar in Everyday Talk*: *Building Responsive Actions* (Studies in Interactional Sociolinguistics). Cambridge: Cambridge University Press.

汉语句式习得研究的反思与展望*

李宗宏

摘　要：本文主要以近二十年来汉语作为第二语言习得中有关句式习得研究的文献为基础，对句式习得的整体情况进行了分析和归纳，对取得的成果和存在的不足做了反思。在此基础上，本文对未来句式习得研究的趋势、特点、规律做出了展望和预测，以期对未来汉语句式习得研究提出有益的建议。

关键词：句式；习得；反思；展望

〇、引言

近二十年来，汉语作为第二语言习得的句式研究得到了快速发展。句式是二语学习的重要内容，学好句式能快速有效地帮助学习者进行汉语表达。同时句式也是语法教学的重点和难点，是汉语习得研究关注的热点和焦点。本文对二十一世纪以来的句式习得研究现状进行反思，并以此为基础对未来的研究做出预测和展望，这将对今后句式研究起到重要借鉴和参考作用。本文主要针对近二十年来（2000—2020）汉语作为第二语言的句式习得研究成果进行述评，主要依据文献来源于《世界汉语教学》、《语言教学与研究》、《汉语学习》、《语言文字应用》、《华文教学与研究》、《云南师范大学学报》（对外汉语教学与研究版）（以下简称"六大刊"）等期刊以及句式习得研究专著等。我们共收集到139篇论文和9本专著。

---

* 本文原发表于《对外汉语研究》2021年第24期，题目为《近二十年汉语句式习得研究述评》，收入本论文集时内容做了增删与调整。

一、已有研究成果反思

近二十年来,学界对汉语句式作为第二语言习得研究的关注重点主要在偏误分析、习得顺序、习得特点等方面,在句式习得研究的数量、范围上较之前有了很大突破,在研究方法和研究理论上也有所更新,对实际教学起到了积极推动作用。当然,在研究对象、研究视角、研究理论等方面还存在一定纰漏和不足。因此,我们认为对既往研究的反思应该包括对已有成果的归纳总结以及对现有问题的反省和改进。

1.1 句式研究取得的成果

1.1.1 已有研究涉及句式多样,特殊句式得到关注

目前句式习得研究覆盖了大部分的汉语特殊句式,其中以"把"字句、被动句、比较句、疑问句等为代表。关于"把"字句习得的单篇论文数量最多,据不完全统计近二十年来在六大刊中就有二十多篇关于"把"字句习得研究的文章。被动句研究的论文数量也不少,也有近二十篇。比较句、疑问句虽然不一定是从结构上归纳的句式,但它们是汉语常用句式,也得到了较多关注,对它们的研究既有单篇论文也有专著。另外,还有一些常用句式引起了重视,如"得"字补语句、存现句、"有"字句、"是"字句、"是……的"句、重动句、兼语句、连动句、"除了"句、"连"字句等。

当然,并不是所有研究都以结构为切入点,也有从其他角度展开研究的,如语义角度:致使句的研究(常辉,2011;马志刚,2014;李贤卓,2017)、给予义动词句的研究(朱湘燕、徐逸君,2015)等;语用角度:话题句的研究(曹秀玲、杨素英、黄月圆等,2006)、祈使句的研究(彭宗平、宋子铮、梁冰,2012)等。总体而言,近二十年的句式习得研究所涉及的句式大类有二十多个,小类则不计其数,基本上涵盖了汉语的各种基本句式和常用句式。句式习得研究中的一个重要特点是学习者偏误率越高的句式越容易受到学界重视,如"把"字句、被动句、存现句的研究成果数量占比最高,这反映了近二十年来汉语句式习得研究

紧跟教学实际、从问题出发、从学习者出发的特点。

1.1.2 语言习得理论广泛采用，新的理论方法不断出现

第二语言习得理论的研究方法和手段被广泛采用，而其他语言研究理论甚至跨学科理论逐渐被用于句式习得研究，研究方法和手段多样化，研究理论不断丰富，这是近二十年汉语句式习得研究的又一个显著特点。在研究方法和手段方面，虽然使用传统的偏误分析、对比分析等方法的研究仍不少，但是二语习得理论的其他方面也被广泛关注，如很多论著中都有习得项目的选取和排序、习得难度的测定、习得特点归纳、习得原因的揭示等内容。同时以语料库调查法、个案追踪调查法、问卷调查法、走访调查法等为主的实证性研究方法也越来越多地受到研究者们青睐。从已有专著来看，肖奚强等（2009）、陈珺（2013）、张宝林（2014）、施家炜（2017）等针对句式习得中的选取、排序、习得特点、习得过程、习得规律等问题进行了讨论，这些研究或多或少都采用了实证研究的方法。单篇论文以分析习得偏误、习得顺序、习得难度、习得特点等为主要研究项目的更不在少数，仅就"把"字句的研究来说，就有余文青（2000）、崔永华（2003）、刘颂浩（2003）、黄月圆和杨素英（2004）、李英和邓小宁（2005）、程乐乐（2006）、魏红（2006）、林才均（2017）等。

另外，许多语言本体研究理论也被不断运用到习得研究当中，如认知语言学理论、功能语言学理论、类型学理论、配价语言学理论、构式语言学理论等。王红斌（2013）依据认知理论中人们感知世界图景的两种组合方式针对存现句的习得做了分析；周小兵等（2007）、丁雪欢（2010）等都曾运用标记理论来解释句式习得中的偏误现象；赵金铭（2006）、魏红（2006）、肖奚强等（2009）、常辉（2011）、黄自然和肖奚强（2012）等从类型学角度进行了句式习得研究；方绪军（2001）从配价角度对中介语中的动词句进行了偏误分析，认为在教学中如果能贯彻配价观念，能起到事半功倍的效果。构式理论是当今语言研究中的热点，在汉语作为第二语言习得研究中也有学者将构式理论引入句式习得研究，如施春宏、蔡淑美、黄理秋等（2017）基于构式语法理念对汉语的双及物构式、动结构式、重动式等特殊论元结构构式的习得机制和认知基础进行了深入讨论，李小华和王立非（2010）、陆燕萍（2012）、王宇和吴长安（2013）、朱旻文（2017）

也有此类研究。此外，一些跨学科研究也在句式习得中得到了体现，如孙雁雁（2010）从教育学理论中的建构主义思想出发，研究了初级留学生在课堂对话语料中的问句输出问题；马玉汴（2003）、赖鹏（2006）等使用心理学理论和实验方法对汉语句子习得现象进行讨论。

1.1.3 句式习得研究更加深入和细化

句式习得研究不断地深入和细化，这体现在汉语句式习得研究从国别化、阶段化、层次化等角度进行了明确区分。国别化是近年来汉语习得研究的一个显著特点。在我们收集的资料中，发现越来越多的研究注重对学习者国别的区分，如比较句研究中的14篇论文和1本专著，标题明确含有国别化特征的有9篇论文和1本专著，还有3篇论文虽然没在标题中指明国别化，但文中对此有清楚交代。其他的一些句式研究如"把"字句、被动句等国别化特征也是非常明显的。学习水平的阶段化划分更加细致是另一个明显趋势。越来越多的学者都注意到，不同汉语水平学习阶段的学习者对于句式的掌握是有明显区别的，很多研究都对学习者所处的汉语水平阶段有清晰界定，如赵果（2003）、丁雪欢（2006）、彭淑莉（2006）、闻静（2012）、林才均（2017）等分别对初级阶段学习者的是非问句习得、"把"字句习得、"在"字句习得进行了考察；杨柳、程南昌（2008）分析了中高级阶段学习者习得"把"字句的情况；车慧（2018）考察了高级阶段学生习得比较句的问题。不过，大多数研究都针对初级或者初中级学习者进行，针对高级水平学习者的研究相对较少，这可能与句式习得主要集中在初中级水平的教学阶段有关。另外研究者对学习者的年龄层次、社会背景、文化背景等方面也越来越加以重视。

1.2 句式习得存在的不足

虽然近二十年句式习得研究取得了不少成果，但在研究对象、研究视角、研究层次等方面还存在一些不足，尚待提高和改进之处仍有不少，具体来说有以下几点。

1.2.1 研究缺乏系统性、均衡性，与本体研究成果不匹配

相较于本体研究而言，汉语句式习得研究缺乏系统性，且各句式间研究

程度不平衡现象较为严重。目前已有的汉语习得研究，通常是根据学习者出现的习得问题去寻找研究对象，框定研究范围，这样容易就事论事。相对来说，疑问句是研究成果比较丰硕的一类句式，以丁雪欢（2010）、施家炜（2017）为代表，这两本专著从多种不同的角度讨论了疑问句的习得问题。但即便如此，也未能完全涉及汉语疑问系统的全部内容。不均衡性有以下几方面的表现。第一，大多研究只关注"高频句式"，对"把"字句、"被"字句、"比"字句及某些补语句的研究相对充分，但是对某些能体现汉语特点的句式缺乏重视，如"是"字句、兼语句、重动句等。第二，对某类句式的下位句式研究不平衡。如被动句是受到关注较多的句式，但是被动句当中，大多数研究都只针对"被"字句的习得，而对非"被"的被动句注意则少之又少。但非"被"的被动句，特别是无标记被动句在汉语中大量存在，更能体现汉语特点，也是学习难点，理应得到足够的重视。再如，汉语的比较句形式丰富，表达比较的方式也有很多，有差比和平比的区别、肯定比较和否定比较的区别等，这些都是汉语语法中的特色，但是学者们似乎只对其中的"比"字句比较青睐，而其他比较句则鲜有论及。其实这些问题在汉语本体研究中都已有深入讨论。因此，从目前的句式习得研究来看，所涉及的句式研究无论是范围上还是层次上都尚有不足，进一步拓展和提升的空间比较大。这可能与习得研究的出发点有关，因为目前大多数习得问题都是从教学中提炼，教学中的问题往往是单个形式出现。

1.2.2 关注形式的研究较多，缺乏语义、功能方面的讨论

注重句子结构形式的研究较多，忽略语义、功能的现象比较严重，这也是目前存在的不足之一。"研究指导教学，教学反哺研究"，但应该注意从教学中看到的问题是需要"提炼"之后才能进入研究阶段的。在句式习得研究中，有一些研究似乎只是为了解决"如何教"的问题，对句式结构的关注度非常高，忽略了句式所代表的语义和功能。汉语缺乏严格意义上的形态标志，汉语语法是一种"意合语法"，如果语法研究只讲形式不讲功能和意义是行不通的。汉语中存在一种结构表达多种语义的情况，如"有"字句可以表示"领有"——"我有一本书"，表示"存在"——"路边有棵树"，表示"出现"——"她有病了"，还可以表

示"比较"——"这间有那间的面积（大）"。表示"领有"时，还要区分具体事物和抽象事物的领有，前者如"我有一本书"，后者如"他有学问"。有的研究将这些"有"字句全部以"N＋有＋N"的形式放在一起讨论而不加以区别，这样的研究结论自然可信度不高。同样，汉语中也存在一个语义可用多种句式来表达的情况，如"有"字句、"是"字句、"V着"结构、"V了"结构等都可以表达"存现"义，但各自在使用时又有所区别，学习者在不同的语境下如何正确选择和使用恰当的句式，这正是句式习得的难点和重点所在，但这方面的成果却不多见。

1.2.3 成熟的研究范式并未建立

语言研究的基本范式应该是定量分析与定性分析相结合，无论是汉语本体研究还是二语习得研究都以定量分析为基础，定性为目标。目前句式习得研究有两种倾向：一种是只注重思辨、不经调查、拍脑袋的"定性分析"；一种是为了调查而调查、只看重数据统计和逻辑计算、缺乏思辨的"定量分析"。二者结合做得较好的研究不在多数，主要有几个方面的原因：第一，一些研究理论基础不扎实，没有基于汉语句式本身的特点去考虑二语习得问题，就偏误研究偏误，因此做不出恰当的"定性分析"；第二，在定量分析上，存在诸多方法、手段等缺失和不当之处，导致定量分析研究结果客观性不强；第三，分析是否具有代表性、客观性，能反映和解决多大范围内的习得问题，这一点难以确定。目前，实证研究的方法在句式的二语习得领域越来越受到青睐，这无疑对提高研究质量起到了很好的推动作用。但是总体来说，进行实证研究的文献数量还是不够，而很多基于实证研究展开讨论的论文也存在诸多方法技术上的问题。如：调查的数据库有局限性，某一个或几个国别化的语料倾向严重；数据库学生学习阶段分布不均；问卷调查选择样本数量不多，范围不广，样本典型性存疑，问卷内容与调查目的不相匹配等现象。而个案追踪式的调查则很少被采用，因为其耗费的人力、物力、时间较多，也存在典型性还有待验证等问题。好的实证研究肯定是既有横向大量样本调查，也有纵向个案追踪研究，两相结合才能做到客观且具代表性。

1.2.4 国别化研究分布不均，只注重亚洲地区的国别化问题

近二十年来，无论是句式还是其他语法项目的习得研究，国别化是一个明显的趋势。研究角度的国别化是值得肯定的，这反映了二语习得研究向具体化和精细化的方向迈进。但是，从已有成果来说，在国别化分布方面严重不均衡，多数研究只针对特定几个国别的学习者，如日本、韩国、泰国、越南等。这几个国家的国别化研究几乎占据了一大半比例。针对其他语言背景学习者的国别化研究则很少。我们认为这可能与以下几个因素有关：一是目前日本、韩国、泰国、越南这几个国家的汉语学习者比较多；二是这些国家都是中国的邻国或往来密切的国家，在历史、地缘、文化等方面都有学习汉语的优势；三是从这些国家来到中国的汉语学习者人数众多，而目前大多数做习得研究的教师都是在国内从事一线教学，真正在非目的语环境下做习得研究的人员数量并不多，大多数学者的调查研究只能在国内有限的留学生资源中展开。这也告诉我们要着眼于更多不同语言背景的学习者，特别是非目的语环境下的习得，海外学习者才是汉语学习的主力军。

1.2.5 引入新的语言理论动力不足，缺乏多学科交叉研究精神

无论是在句式习得领域，还是在其他习得研究方面，汉语作为第二语言研究的理论性始终不强，对于汉语本体研究的理论成果吸收和转化的速度、效率也不够令人满意。很多在语言本体中已经得到实现和验证的理论未能及时有效地引入到第二语言教学习得当中。这可能与本体研究和教学习得研究的特点有关，毕竟语言教学理论稳定性会更强，对于理论的规范性要求更高。目前的句式习得中，虽然有一些跨学科的综合性研究，例如结合教育学、心理学理论等，但无论从数量上还是从质量上看都明显不足。语言习得研究应该是一门综合了语言学、教育学、心理学、神经学、社会学、认知心理学等多学科的综合性研究，但目前很少有关注语言习得心理过程、认知过程、语言与社会文化关系的汉语习得研究出现。而在汉语作为二语习得理论方面，尚未形成完整成熟的框架和体系，仍然处于借鉴、使用、吸收国外研究理论的过程中。

二、未来研究趋势展望

依据对已有研究成果的总结和反思,我们认为未来的汉语句式习得研究可以从研究趋势和研究方向两个方面做出展望。研究趋势指的是今后研究将会出现的现象,研究方向指的是今后研究应该秉持的精神和原则。

2.1 研究趋势

2.1.1 研究范围继续扩大,系统性研究逐渐增多

随着汉语作为第二语言教学与习得研究的发展,教学和习得中出现的各种问题将会越来越受到学界重视,句式研究的范围会进一步扩大,除了目前研究中受关注较多的句式以外,其他一些尚未被深入讨论的汉语常用句式会逐渐得到重视,如今后的汉语被动系统习得研究将不再局限于"被"字句,而像"叫""让""给"等其他标记被动句,以及无标记被动句等都会逐渐引起大家的注意,因为它们不仅是汉语被动系统的重要组成部分,同时也是学生使用汉语时绕不开的语言表达形式。而含有"叫""让""给"等标记的被动句容易与其他句式如使动句等发生纠葛,学生学习起来会出现很多困难和疑问,学习难点就是研究的重点,这无疑会进一步促进句式习得研究范围的扩大。同时,目前研究中对于学生因"回避"等策略而忽略的一些句式习得问题也将逐渐走进研究者们的视野,研究者们将改变以往只关注"错用"而少关注"该用而未用"的特点。此外,以汉语本体研究成果为指导的句式系统研究也会逐渐丰富起来,句式间研究不平衡的状态将会有所改变。我们发现虽然在本文考察的文献中针对某类句式研究的专著不多,但是学位论文中的系统研究却不少,这说明句式习得研究有比较丰富而坚实的储备力量,句式专题的系统研究成果一定会不断涌现。

2.1.2 重视实证研究,定量、定性相结合的研究越来越多

重视语料的可靠性、有效性和时代性,依靠语料研究句式,避免空谈理论,是今后句式研究要努力的方向。习得研究对样本与语料的充分性和代表性非常重视,因为"语料是描写中介语的基础,如果语料不完整、不系统或不准确,那么

在此基础上描写的中介语就不可靠"（转引自张宝林，2014）。传统的语法研究主要是一种定性分析，目前绝大多数的习得研究在探讨某种偏误现象的原因时，仍然主要采用定性分析的研究方法。这种研究无疑是有价值的，但我们很难判断其结论的正确性，特别是无法断定其普遍性及适用性，因为它源于研究者的逻辑思辨与主观判断，难以得到客观而直接的证明，而"机控语库是开展大范围语言研究的极好料源，因为它所提供的语料较之前的材料更具有真实性，其层级结构更加明晰，因而更有助于对语言的不同层面进行描写研究，更有助于对不同语体的比较研究和开展量化与概率统计研究"（转引自张宝林，2014）。在大规模真实语料基础上进行的定量统计分析具有最大限度的客观性与普遍性，可以弥补定性分析的不足。定量分析的第二要义是数据广泛性与代表性，即数据必须来自较多观察样本和较大规模语料，而不能仅仅来自少数甚至个别的样本或少量的观察材料。根据较少样本、较小规模语料得出的结论，如果扩大考察范围，增加样本数量与语料规模，数据可能就会发生变化，进而导致研究结论的改变。定量分析和定性分析相结合应该是今后句式研究的重要趋势，在定量分析中，对于实证研究的各项操作方法和研究手段会越来越规范、有效，得出的结论也将更为客观、稳定，从而有效改变过去对同一句式展开不同研究，结论迥异的情况发生。

2.1.3 从课堂角度出发的研究会有所增加

随着更多的语言研究理论被引入到二语习得当中，汉语作为第二语言习得研究自身的理论框架也在逐步地建立和完善。在汉语句式习得领域，新的理论也会逐步被应用和实践，新的二语习得理论在推动语法教学的再度兴起过程中会起到引领作用。学习者对于汉语句式的习得顺序在很大程度上是固定的，这可能与学习者的母语迁移、汉语与学习者母语的差异程度等有直接联系。很多时候课堂教学不能改变二语习得的顺序，但有一点是可以实现并已经被证明了的，即合理的课堂教学一定能加强习得效果，提高二语水平。因此，今后从教学的角度出发来看待汉语句式研究、教授汉语句式的论文会有所增加。从教学出发的研究涵盖很多方面，如从学生角度来说，基于不同国别、基于不同学习阶段、基于不同学习目的和要求的习得研究应该有进一步明确区分。从教师的角度来说，教师的教学习惯、教学策略、教学方式、教学顺序乃至教师的个人背景如新手教师还是熟手教师、教学风格、学科背景等都会对汉语习得产生一定影响。从教材的角度来说，教材是否有明确的国别化区分，教材对句式等语法项目的重视程度、编排方案、教材的使用方式等也将会影响到句式的习得效果。从课堂教学活动的角度来说，教学活动的组织和安排是否合理、是否受到学生欢迎，教学氛围是否轻松愉悦，教学环境是否有利于语言学习等都是二语习得的重要影响因素。因此从今后的发展趋势来看，基于课堂教学角度的句式习得研究论文会有所增加。

2.2 研究方向

2.2.1 趋向于形式、意义、功能的统一，新的句式研究成为重要目标

语法的概念有了新的扩展，语法不仅局限于固定的结构形式，语法是变化的、语篇的，语法与意义形成有机的统一。在新的语言研究理论下，不断有学者会探索语言习得研究的新模式，兼顾句法语义功能的习得研究思路。冯胜利、施春宏（2011）提出"结构—功能—语境"相结合的二语教学语法，主张对每个语法项目的分析要将构式特征的分析作为理论的依据，并将"构式"中的意义内涵扩展到典型语境、常规语境的分析中，拓展对"形式—意义"互动关系的理解和应用。也有很多学者在尝试将目前语言本体研究中的一些热点理论，诸如"构式理论""互动理论"等引入到句式习得研究当中，提出要将句式研究与语段研究相结合，认为单个句子传达的信息往往不能表现说话人的意图，甚至不能表达主要的交际意图，要理解说话人的交际意图必须在更大的语言环境中实现（张宝林，2011）。这些都是关注语法结构新形势，从功能、语篇角度思考汉语句式教学习得的体现。此外，汉语的特殊句式具有一定的能产性，新的句式或构式的二语习得也会成为研究的重要目标。

2.2.2 立足于汉语特点是研究发展的根本动力，新理论引入是重要推手

立足于汉语特点开展研究，是汉语句式习得研究继续发展的根本，不断引入新的理论将是句式研究继续发展的强大动力。从第二语言教学框架的各大领域来说，影响汉语作为第二语言教学的因素很多，如汉语本身的特点、母语、学习策略、学习能力等学习者内部因素，教师、教材、学习环境等学习者外部因素。但是在众多因素中，对学习效果影响最大的应该是汉语作为第二语言来说对于学习

者的难易程度。因此，立足于汉语基本特点展开研究才应该是句式习得研究的根本，才会使句式习得具备扎实的理论基础，才能进一步谈其他问题。无论习得理论怎么改变，习得影响因素多么复杂，以汉语本身的特点为核心，基于使用的汉语句式习得研究，是开展各项工作的前提条件。唯有如此，才能避免只看形式不看功能，只追求结构不过问使用的研究出现。而以汉语句式特点为基础，吸收包括教育学、心理学、跨文化交际学等各学科最新研究理论和成果的新的研究模式，将会是汉语句式习得研究未来发展的重要趋势。

三、结语

近二十年来句式习得研究取得了长足发展，也有诸多不足。句式是语言学习的基本单位，在今后的汉语作为第二语言教学与习得中句式必将体现出更为重要的作用。更多的句式会被关注，更多跨学科的理论和方法会被不断引入，句式习得研究成果也会不断丰富和提升。同时随着新时代语言的发展，二语学习者必将会接触到一些新的语言结构形式，这些新兴句式、新兴结构的习得问题也将受到研究者的重视。因此，句式习得是汉语作为第二语言习得研究中值得持续关注的领域。

参考文献

曹秀玲、杨素英、黄月圆等（2006）汉语作为第二语言话题句习得研究，《世界汉语教学》第 3 期。
常辉（2011）母语为英语的留学生汉语致使结构的习得研究，《世界汉语教学》第 1 期。
车慧（2018）高级汉语水平韩国学习者习得比较构式偏误分析实证研究，《云南师范大学学报》（对外汉语教学与研究版）第 5 期。
陈珺（2013）《成年韩国人汉语比较句习得研究》，北京：科学出版社。
程乐乐（2006）日本留学生"把"字句习得情况考察与探析，《云南师范大学学报》第 3 期。
崔永华（2003）汉语中介语中的"把……放……"短语分析，《汉语学习》第 1 期。

邓小宁（2012）《汉语作为二语的"得"字句习得研究》，北京：世界图书出版公司北京公司。
丁信善（1998）语料库语言学的发展及研究现状，《当代语言学》第1期。
丁雪欢（2006）初中级留学生是非问的分布特征与发展过程，《世界汉语教学》第3期。
丁雪欢（2010）《汉语疑问句作为第二语言习得的研究》，北京：中国社会科学出版社。
方绪军（2001）中介语中动词句的配价偏误分析，《语言教学与研究》第4期。
冯胜利、施春宏（2011）论汉语教学中的"三一语法"，《语言科学》第5期。
黄月圆、杨素英（2004）汉语作为第二语言的"把"字句习得研究，《世界汉语教学》第1期。
黄自然、肖奚强（2012）基于中介语语料库的韩国学生"把"字句习得研究，《汉语学习》第1期。
赖鹏（2006）从竞争理论看"是"字强调句的习得，《云南师范大学学报》（对外汉语教学与研究版）第3期。
李贤卓（2017）理解性练习、产出性练习与致使重动句习得，《华文教学与研究》第3期。
李小华、王立非（2010）第二语言习得的构式语法视角：构式理论与启示，《外语学刊》第2期。
李英、邓小宁（2005）"把"字句语法项目的选取与排序研究，《语言教学与研究》第3期。
林才均（2017）基于语料库的初级阶段泰国学生"把"字句习得考察，《海外华文教育》第6期。
刘颂浩（2003）论"把"字句运用中的回避现象及"把"字句的难点，《语言教学与研究》第2期。
陆燕萍（2012）英语母语者汉语动结式习得偏误分析：基于构式语法的偏误分析，《语言教学与研究》第6期。
马玉汴（2003）谈汉语句式作为程序性知识的习得，《黄河科技大学学报》第2期。
马志刚（2014）汉语致使性动结式的中介语习得研究：基于构式融合理论，《汉语学习》第6期。
彭淑莉（2006）初级韩国学生与汉语儿童习得"在"字句的对比研究，《云南师范大学学报》（对外汉语教学与研究版）第4期。
彭宗平、宋子铮、梁冰（2012）外国学生汉语祈使句习得调查，《语言教学与研究》第4期。
施春宏、蔡淑美、黄理秋等（2017）《汉语构式的二语习得研究》，北京：商务印书馆。
施春宏、邱莹、蔡淑美（2017）汉语构式二语习得研究的理论思考，《语言教学与研究》第5期。
施家炜（2017）《第二语言学习者汉语疑问句系统的习得与认知研究》，北京：世界图书出版有限公司北京分公司。
孙德坤（1993）中介语理论与汉语习得研究，《语言文字应用》第4期。
孙雁雁（2010）初级留学生问句输出研究：基于建构主义理论指导的课堂对话语料研究，《世界汉语教学》第2期。
王红斌（2013）墨西哥汉语习得者对汉语存在句的识别，《云南师范大学学报》（对外汉语教学与研究版）第 5 期。

王宇、吴长安（2013）有限任指构式的认知分析及学习难度考察，《汉语学习》第 1 期。

魏红（2006）初级阶段泰国学生"把"字句偏误分析及教学策略，《云南师范大学学报》（对外汉语教学与研究版）第 2 期。

闻静（2012）初级阶段印尼学生"把"字句习得偏误分析，《云南师范大学学报》（对外汉语教学与研究版）第 3 期。

肖奚强等（2009）《外国学生汉语句式学习难度及分级排序研究》，北京：高等教育出版社。

杨柳、程南昌（2008）中高级阶段越南留学生"把"字句偏误分析，《云南师范大学学报》（对外汉语教学与研究版）第 5 期。

余文青（2000）留学生使用"把"字句的调查报告，《汉语学习》第 5 期。

张宝林（2011）外国人汉语句式习得研究的方法论思考，《华文教学与研究》第 2 期。

张宝林（2014）《基于语料库的外国人汉语句式习得研究》，北京：中国书籍出版社。

赵果（2003）初级阶段美国留学生"吗"字是非问的习得，《世界汉语教学》第 1 期。

赵金铭（2006）从类型学视野看汉语差比句偏误，《世界汉语教学》第 4 期。

周小兵、朱其智、邓小宁等（2007）《外国人学汉语语法偏误研究》，北京：北京语言大学出版社。

朱旻文（2017）基于构式的第二语言学习者汉语动结式习得研究，《语言教学与研究》第 4 期。

朱湘燕、徐逸君（2015）美国华裔汉语给予义句式习得偏误分析，《华文教学与研究》第 1 期。

句法—语篇界面下汉语名词前限定成分的习得研究*

曹沸　陈佳宏

摘　要：限定成分是跟名词相关的一种句法成分，这一成分常用来说明名词的指称情况。本文基于英汉名词前限定成分句法—语篇界面内表义功能差异，通过分析汉语二语（母语为英语）学习者作文中的各类名词前限定成分的偏误，对比汉语、英语名词前限定成分的差异，系统地探讨英语母语学习者使用汉语名词前限定成分的选择偏向，结果显示：（1）学习者过度使用限定成分来取代零限定成分的光杆名词；（2）汉语的限定成分不是强制句法成分，其使用遵循语用规则；（3）"一"量名冗余使用现象严重，不管所指对象话题性强弱，学习者均套用"一＋量词"名词前限定成分。

关键词：限定成分；光杆名词；人称代词＋的；一＋量词；焦点

〇、引言

限定成分①是跟名词相关的一种句法成分，这一成分常用来说明名词的指称情况。在不同的语言中，限定成分的句法形式表现不一：英语中表现为名词前的

---

*　本文原发表于《汉语学习》2019年第6期，收入本论文集时内容做了较大幅度的增删与调整。
①　本文所讨论的限定成分仅限于零限定成分"一＋量词"和"人称代词＋的"。

某个特定词类或词组，最典型的就是冠词"a"和"the"；高棉语和印欧语系中的罗马尼亚语、保加利亚语、马其顿语及瑞典语中则用词的后缀来充当。总之，多数语言中的名词都有一个与之相关的限定成分做句法标记。与英语类似，汉语名词前也可以出现限定成分：

（1）人称代词+的：<u>我</u>的车、<u>你</u>的鞋子、<u>他</u>的手机
（2）数量短语，包括：
　　（a）一+量词：<u>一本</u>书、<u>一件</u>衣服
　　（b）数词+量词：<u>三位</u>老师、<u>几百块</u>钱
　　（c）量词+名词：喝<u>杯</u>咖啡、买<u>件</u>衣服
（3）指示代词：<u>这个</u>人、<u>那套</u>房子、<u>哪双</u>鞋
（4）人称代词+指示代词+量词：<u>你这个</u>儿子、<u>他那些</u>衣服

但是汉语的特殊之处在于虽然汉语名词前可以有限定成分，但是多数情况下限定成分不是强制出现的，即零限定成分（zero determiners）的光杆名词（bare nouns）普遍存在。

一、文献综述

就我们所考察的文献范围来看，研究英语名词前限定成分的文献较多，最早对英语名词前限定成分的系统研究当推 Carlson（1977），该文提出英语光杆名词词组主语的解释主要受谓语语义因素的影响。目前对英语名词前限定成分的研究涉及多个方面（如 Breban，2011；LaTerza，2014；Koontz-Garboden & Francez，2015；Kedar Casasola & Lust 等，2017；Carlier & Lamiroy，2018）。关于汉语名词前限定成分本体研究，吕叔湘（1944）提出汉语名词"一个"有不定冠词性质。陈平（1987）对汉语名词前限定成分及指称分类进行了一系列研究，沈园（2005）、张伯江（2010）提出汉语里有类似于限定词的语法成分，这些词往往是为语用目的而使用的。徐烈炯（1995，1999）认为光杆名词的有定无定指称受句法位置影响。刘丹青（2002）提出"光杆名词短语类指普遍性假说"，认为类指

以光杆名词的形式存在于一切名词性单位中。

与本体研究相比，关于名词前限定成分二语习得的文献并不多。涉及此问题的研究基本上可以分为两类：一类是在探讨名词前限定成分功能时，涉及限定成分与名词的组合问题，并探讨二语学习者习得中出现的偏误情况，如Jarvis（2002）、Liu（2004）、Geeslin & Gudmestad（2010）、Teng, Ogawa & Yamada（2010）；另一类是在专门研究光杆名词时，涉及光杆名词的二语习得问题，如Cheng & Sybesma（1999）、张岚（2012）。以上几项关于名词前限定成分的研究，主要考察二语学习者使用或不使用名词前限定成分的频率及与母语者的差异，但是研究的侧重点不同。Liu（2004）从语用功能方面对汉语"一＋量词"与英语"a（n）"进行比较，认为制约汉语"一＋量词"是否与名词同现的因素在于该名词在语篇中的指称性质。Teng, Ogawa & Yamada（2010）考察了母语为日语者习得汉语数量短语"一个"的情况，认为不同学习阶段日语者习得情况呈U型曲线，到高级阶段由于学习者已经意识到汉语光杆名词的特殊性，偏误率反而呈上升趋势。张岚（2012）通过对比中英文名词短语形式上的不同，以多项选择问卷测试的形式研究美国学生对光杆名词定指和不定指两种功能的习得以及习得过程中出现的问题。

以上研究为本文重新审视汉语名词前限定成分的习得及相关问题提供了新思路，就汉语二语习得发展过程而言，根据前人的研究，我们对汉语名词前限定成分的隐现问题有了一个大致的了解。以往的研究也介绍了汉语二语者使用名词前限定成分与母语者使用的差异，但并没有证明引起差异的原因，也没有厘清二语学习者习得名词前限定成分表现出哪些语言学特征。作为指称研究的核心问题名词前限定成分，限定成分的使用和名词的指称性有很大关系，英语和汉语的名词前限定成分存在参数差异：英语名词的有定和无定跟名词前限定成分是一一对应的，而汉语名词的有定和无定跟名词前限定成分并非一一对应，光杆名词和数量名与有定性之间则没有严格对应（陈平，1987）。英语和汉语的这种参数差异是否会给英语母语学习者习得汉语名词前限定成分造成困难，他们能否最终完成对汉语名词前限定成分的参数重设，是非常值得研究的问题。

二、研究问题

本研究采用语料库语言学的研究方法,以美国西海岸一所全日制大学本科学生的作文为研究对象,学生年龄在18~30岁之间,共搜集叙事文为主的中介语语篇439篇和每次的课后问答作业共300份,并将收集到的偏误进行分类和统计。

在话语标记研究和二语习得理论逐渐成熟的大背景下,本研究试图解决以下三个问题:问题一,英语和汉语名词前限定成分句法表义功能有何差异?问题二,英语母语者与汉语母语者使用名词前限定成分有哪些异同点?英语母语者习得汉语名词前限定成分种类和频率有何特征?问题三,名词对限定成分的附着究竟具有哪些选择限制?

三、英汉语名词前限定成分句法表义功能差异

本节将在"句法—语篇"界面理论框架内分析英语和汉语名词前限定成分的跨语言差异,并给出理论解释。

英语和汉语名词前限定成分的差异如下:

(1)问:你怎么来学校?答:我骑(*我的)车来学校。(定指)

　　How do you come to school? I rode my bicycle to school.

(2)昨天晚上你们看(*一个)电影了吗?(不定指)

　　Did you go and see a movie last night?

(3)a. 今天我上了一节课,老师是中国人。

　　Today I have class, the teacher is Chinese./ * Today I have class, teacher is Chinese.(专有名词,定指)

　　b. 我想做老师。/ 我想做一名老师。

　　I want to be a teacher./ *I want to teacher.(专有名词,不定指)

(4)我昨天买了一台新电脑。(有所指,不定指)

I bought a new computer yesterday.

（5）那边过来一辆出租车，你去叫一下。（有所指，不定指）

There is a taxi coming from that direction. Go and get it.

例（1）、例（2）中，汉语名词前不能出现限定成分，而英语限定成分必须与名词同现。例（3）中，"老师"为专有名词，不特指一个实体，只是定义一个整体或抽象属性。"老师"这类专有名词均为类指，汉语的类指主要以光杆名词短语的形式出现，当这类专有名词为有定时，它能与带表类量词标记同现。英语的类指成分除了用定冠词表示外，也可以用不定冠词表示。例（4）、例（5）中的名词代表一个有所指但不定指的实体，无论汉语和英语限定成分都必须与该名词同现。张谊生（2001）从篇章分析的角度指出，有指是指实体；所谓无指，是指属性"们"是名词实指性的一个标志。

关于名词前限定成分在句法上的强制表现，前辈学者多有论述。沈家煊（1995）用"有界—无界"概念解释名词前限定成分。陆俭明、沈阳（2003）指出汉语数量词对某种句法结构有制约作用，有些句子中必须有数量词，如：盛碗里两条鱼（？盛碗里鱼）、扔河里一块石头（？扔河里石头）、叮他一个大包（？叮他大包）。刘安春（2003）指出在一类语义上表示"出现"或"消失"的句子中"一+量词"常出现。具体来说：（1）"有"字句中"有"后宾语；（2）隐现句中的宾语；（3）"动词+出来/起来"位置的名词一般需要"一+量词"作为限定成分，不能使用光杆名词。董秀芳（2010）指出在现代汉语中当不定指的宾语具有启后作用时，即成为后续句话题时宾语不能是光杆形式，必须要加上不定指的标记。

从句法—语篇的视角来看，英语母语者习得汉语名词前限定成分时需要掌握两方面的知识：（1）汉语名词定指成分做宾语，名词前限定成分为零形式的表义功能；（2）汉语不定指成分的实指功能和非实指功能的区别。

从句法方面看，跟英语等语言不同，汉语名词前限定成分不是强制的，而是有多种选择的。本文以名词"鞋（子）"为例。

首先，光杆名词与"人称代词+的"可以互相替换。例如：

（6）老头儿转过头来，很不客气地对张良说："小伙子，下去把我的鞋子

（鞋子）捡上来。①

（7）我们追击敌人，一颗弹打中我的鞋跟，把鞋子（我的鞋子）打掉了。

（8）这就是客家女性出嫁时穿的鞋，因为她们从不缠足，所以鞋子（她们的鞋子）都很大。

再次，光杆名词可以与限定成分"一＋量词"的名词互相替换，但是其替换的自由度没有前者大，即在一些情况下光杆名词可以替换。例如：

（9）婚姻是一双鞋（鞋子）。

（10）我始终不明白：一双鞋（鞋子）好不好，为什么不是穿鞋的人具有最后否决权？！

但下列情况，光杆名词似乎就不能替换限定词为"一＋量词"的名词。例如：

（11）华东电管局的人打趣说，到江苏村村通电那一天，先奖给王榆青一双鞋（？鞋子）。

（12）他有一双鞋子（？鞋子），行军好几天，鞋带断了，这可能会导致断送他的性命。

综合以上观点，我们认为汉语名词前限定成分还在语法化的过程中，很大程度上并没有形成一套类似于名词前必须要有冠词和定冠词的强制句法规则，但是在少数特定情况下，也慢慢形成了个别句法规则。

以上关于英汉名词前限定成分表义功能差异的讨论总结如表1、表2和表3所示：

表1　英汉语名词成分形式

名词前限定成分形式	汉语	英语
人称代词	√	√
专有名词	√	√
这/那＋（数量词）＋名词	√	√

---

① 例（6）～（15）以及例（26）～（28）出自北京大学CCL语料库。

续表

名词前限定成分形式	汉语	英语
光杆名词	√	√（复数形式）
数词+（量词）+名词	√	√
一+量词+名词	√	√
量词+名词	√	×

表2　汉语名词前限定成分形式及表义功能

名词前限定成分形式	定指	不定指	类指	无所指
零形式	√	√	√	√
一+量词	×	√	√	√
这/那+量词	√	×	√	×

表3　英语名词前限定成分形式及表义功能

名词前限定成分形式	定指	不定指	类指	无所指
零形式	×	√	√	√
a	×	√	√	√
The	√	×	√	×

虽然英语和汉语的名词前限定成分属于两个不同的语法范畴〔比如汉语"一+量词"和英语"a(n)"前者为名量词，后者为名词不定冠词〕，但英汉名词前限定成分在某种意义上却具有相类似的功能，如汉语"一+量词"和英语"a(n)"都修饰一个首次出现在句子或语篇中的不定指个体名词或单数可数名词（Chao，1965；Li & Thompson，1981）。英语定冠词"the"、指示词"this(these)/that(those)"修饰表达有定性的名词，汉语虽然没有冠词，大量的名词成分表现为光杆形式，更多以句法位置来区分有定和无定（Chao，1965；朱德

熙,1982),但汉语指示词"这(些)"和"那(些)"修饰名词成分大都表示有定,与英语限定成分"this(these)/that(those)"具有相类似的功能。对于英语母语者而言,他们很自然地把汉语中的限定成分看成英语在汉语中的对应词,将英语中名词前限定成分的用法迁移到汉语中介语中。汉语存在大量零形式的名词前限定成分,英语和汉语名词前限定成分表达有定、无定词汇和句法手段存在的差异,这都是英语母语学生习得中的一个潜在困难。

四、英语母语学生汉语作文中的名词前限定成分偏误

学生作文中关于名词前限定成分偏误类型可分为两大类:第一类,冗余,也就是累赘、多余名词前限定成分;第二类,遗漏,是指该用限定成分的地方没有用。本文收集的语料中,共有 217 例偏误,其中冗余类有 119 例,遗漏类有 98 例。冗余类偏误主要有:(1)一+量词;(2)人称代词+的;(3)这/那+量词;(4)人称代词+指示代词+量词;(5)光杆名词。遗漏类偏误主要有:(1)一+量词;(2)人称代词+的;(3)这/那+量词;(4)人称代词+指示代词+量词。

为了更清楚地了解这几类偏误类型的分布,我们统计了各小类所占偏误的百分比。详见表 4 和表 5:

表 4 冗余的偏误分布

名词前限定成分形式	偏误数量	偏误率(%)
一+量词	69	57.9
人称代词+的	41	34.4
这/那+量词	3	2.5
人称代词+指示代词+量词	6	5.2

表 5　遗漏的偏误分布

名词前限定成分形式	偏误数量	偏误率（%）
一 + 量词	56	57.1
人称代词 + 的	24	24.4
这 / 那 + 量词	7	7.2
人称代词 + 指示代词 + 量词	11	11.3

以上学生作文和作业中名词前限定成分冗余类偏误类型比率的高低排序为：一 + 量词＞人称代词 + 的＞人称代词 + 指示代词 + 量词＞这 / 那 + 量词；遗漏类偏误类型比率的高低排序为：一 + 量词＞人称代词 + 的＞人称代词 + 指示代词 + 量词＞这 / 那 + 量词。

名词前限定成分各偏误类型数量分布特点主要表现在以下两个方面：

第一，"一 + 量词"名词前限定成分冗余和遗漏类偏误频次均是最高的一类，占偏误比例分别为 57.9%、57.1%，这说明学习者并没有真正掌握"一 + 量词"名词前限定成分在汉语语篇中的受限条件，从而导致偏误。

第二，"这 / 那 + 量词"名词前限定成分冗余和遗漏类偏误频次为最低的一类，占偏误比例分别为 2.5%、7.2%。"这 / 那 + 量词"名词前限定成分在筛选时，汉语指示词"这（些）"和"那（些）"修饰名词成分与英语限定成分"this（these）/that（those）"具有相类似的功能，大都表示有定。

通过对各名词前限定成分偏误比例的统计以及与学习者母语的比较，我们对名词前限定成分的各类型偏误特点及成因进行探讨。

4.1 "一 + 量词"冗余偏误

（13）*我的女朋友在找手机，我对她说：一个手机在书桌上。

（14）*问：你周末常做什么？答：我常在家看一本书。

（15）*问：你有没有哥哥？答：我没有一个哥哥。

（16）*我没有一个手机，不好意思。

例（13）中，"手机"是该语篇的话题，位于动词后，沈园（2005）认为做话题的名词不能做"无定"解,画线部分"手机"回指上文的"手机"做有定解,因此限定成分"一个"冗余。例(14)中,"书"作为动词"看"的宾语名词,只具有通指或类指意义,因此,该名词前不适合出现"一本"。例(15)、例(16)否定句中名词前限定成分冗余,这一现象实际上并不是汉语所独有的。Givón(1977)探讨普遍语法原则时就发现,在许多语言中,典型的单数名词的句法标记在否定句中均会消失。如在班图语中,表示名词有指性的前缀不能出现在否定句中。在希伯来语和匈牙利语中,相当于汉语"一+量词"的前缀/后缀在否定句中分别被删掉。Givón(1977)还指出,否定句使名词成分的有指/无指区别"中性化"。这样的名词不能再指代一个有实指意义的个体,因此也就无需附加名词标记。本文认为这一现象还可以从语用功能的两个方面来认识。第一,在否定句或疑问句中,话语焦点集中在否定或疑问上,而不是在某个名词的指代上,因此,名词所指性以及与之有关的标记就成为多余成分,或者说干扰成分,因为任何形式上的特殊标记都可以导致话语焦点的转移,从而影响受话人的注意力。第二,在否定句或疑问句中所否定或是所质疑的对象通常是一个抽象整体,或者是由这一整体所反映出来的行为或状态。因此,代表个体的名词在这里没有意义。例(15)、例(16)中,"哥哥""手机"在语篇中不代表一个有指的实体,表示的是一个类别时,该名词的实指性便会减弱,或者是完全消失,这个名词就不需要附加名词标记。

4.2 "人称代词+的"冗余偏误

(17)*问:你怎么来学校?答:我骑我的车来学校。

(18)*我想去中国的时候,我不是想爬长城或者参观石林,而是想跟我的朋友一起去吃饭。

(19)*我想坐飞机去中国或者去我的朋友家,可是我妈妈打我的手机说我得回家。

例(17)~(19)的宾语"车""朋友""手机"位于动词后,发话人和受话人共享一个知识背景,即发话人预料受话人了解宾语"车""朋友""手机"的所指,应该属于定指,这里宾语定指的意义是由发话人和受话人共享的知识背景所决定的。

我们注意到中级阶段汉语学习者还常出现如下偏误。例如：

（20）a.*当时，我因扭伤我的腿而在六个星期的时候走不了路，非常难过。

（21）a.*因为中国人英语说得不太好，所以我有一点儿害怕我找不到我的大学，不能租房子。

（22）a.*我去年跟我的家人一起去海南岛玩。

学习者常常出现这类"我 + verb + 我的 + noun"或"他 + verb + 他的 + noun"，即宾语部分常常用人称代词做名词限定成分，而汉语母语者却常使用光杆名词。例如：

（20）b.当时，我因扭伤腿而在六个星期的时候走不了路，非常难过。

（21）b.因为中国人英语说得不太好，所以我有一点儿害怕我找不到大学，不能租房子。

（22）b.我去年跟家人一起去海南岛玩。

某些对举句中必须使用"人称代词+的"这一限定成分来表示"分开行动，互不干涉"等意义。例如：

（23）你走你的阳关道，我走我的独木桥。

（24）他发他的财，我受我的穷。

（25）我读我的李商隐，他翻译他的石川啄木。

比较例（20）～（22）出现的三组词组：例（20）a"扭伤我的腿"——例（20）b"扭伤腿"；例（21）a"找不到我的大学"——例（21）b"找不到大学"；例（22）a"跟我的家人"——例（22）b"跟家人"。汉语中"我 + verb + NP"，NP被谈话双方预设为是"我的"，只有当信息和预设相反时，才需要加人称代词。而英语里物主代词不是焦点本身，因此也没有跟汉语类似的对应句型，若要表达这样的意思，就必须使用其他焦点手段，如在物主代词上用重音表示。从信息角度看，"我 + verb + NP"的焦点是"verb + NP"，人称代词在名词前时，句子的焦点转移到"人称代词+的+NP"。为了突出这一对比焦点，提醒听话人注意，汉语往往采用两组人称代词对举形式。

对母语是汉语的听话者来说，例（20）～（25）的焦点不在于事件，而在于事件中的宾语部分提醒说话人这跟他的预期会不同。但是对于汉语学习者来说，人称代词做限定成分是一种句法强制手段①，并不是改变焦点的语用手段。这种区别导致了沟通障碍。

4.3 "一＋量词"遗漏偏误

（26）a.＊第三个和尚觉得这话很不公平，但是他灵机一动想出<u>好办法</u>。
（27）a.＊有一个强盗要杀<u>女人</u>，那个女人大声喊："救命！"
（28）a.＊他是<u>在美国念书的人</u>。

上述句子若在名词前加上限定成分"一个"则完全合法。例如：

（26）b. 第三个和尚觉得这话很不公平，但是他灵机一动想出<u>一个好办法</u>。
（27）b. 有一个强盗要杀<u>一个女人</u>，那个女人大声喊："救命。"
（28）b. 他是<u>一个在美国念书的人</u>。

通过对实际语料的观察发现，当一个名词代表一个在语篇中具有实指意义、可辨识（至少是在发话人心目中）个体时，这个名词就具有较强的实指意义，因而也就需要有特殊标记，比如"一＋量词"，否则，这个句子就不能成立，例（26）～（28）中的"一＋量词"就不能省略。例（28）中，（不定指）名词"人"前的修饰语越长，名词的实指意义就越强，与"一个"的共现率也越高，因为一个名词的指称性并不是在任何语境中都一致的，名词的指称性要根据其语用意义及功能来决定（Givón，1983；屈承熹，2006）。

五、英语母语学生名词前限定成分的选择偏向

鉴于以上偏误分析，为了更清楚地了解英语母语学习者习得名词前限定成分的选择偏向，采用完形填空的方法考察他们的习得情况十分必要。赵杨（2009）

---

① 英语里的"my / your / his"做名词限定成分时，语义上不一定表示严格的所属关系，而是只是表示名词跟某人具有相关性。例如："He did not catch his train"，"His train"表示的是"他想坐的火车，并非他所有的火车"。

指出在第二语言习得文献中,完形填空被认为是能够反映学习者语言水平的一种测试手段。本文二语被试汉语水平相当于初、中级,汉语控制组为国内大学在校生。主体测试前,要求被试完成以下短文的完形填空测试,满分为30分。

测试如下,画线处为原文用词,〇表示零限定成分,测试结果见表6、表7。

一天,1(A 几个 B 〇)朋友在一起喝2(A 一瓶 B 〇)酒。他们人很多,但是3(A 一瓶 B 〇)酒很少,只有一瓶。4(A 一个 B 〇)人说,我们每个人画5(A 一条 B 〇)蛇,画得最快的人就能喝6(A 一瓶 B 〇)酒。大家说:"行!"

他们开始画7(A 一条 B 〇)蛇,有8(A 一个 B 〇)年轻人很快画完了。他很高兴地说:"现在我还有时间,再画9(A 一条 B 〇)蛇的脚吧。"一会儿,他旁边的一个人说:"我画完了,我应该喝10(A 一瓶 B 〇)酒了。"

11(A 一个 B 〇)年轻人很着急,他说:"不对,我先画完12(A 一条 B 〇)蛇的。13(A 一瓶 B 〇)酒是我的。"旁边14(A 那个 B 〇)人说:"大家都知道15(A 一条 B 〇)蛇没有脚,你画了脚,所以你画的不是蛇。"

表6 测试结果

题号	7、10	6、11、13、15	2	12	3	9	4、8、14	1	5
原文符合率(%)	18.0	24.0	29.0	35.0	41.0	53.0	59.0	71.0	88.0

表7 测试结果

组别	人数	年龄(岁)		学习汉语的时间(月)	完形填空测试得分			
		范围	平均		范围	平均分	两者差异	
							LL值	P
英初组	30	20—25	21.29	20.85	8—30	19.33	/英中组 3.24	0.134
							/控制组 6.58	<0.05

续表

组别	人数	年龄（岁）		学习汉语的时间（月）	完形填空测试得分		两者差异	
		范围	平均		范围	平均分	LL值	P
英中组	30	20—25	21.29	30.34	20—30	21.79	/英初组 3.24	0.134
							/控制组 5.8	<0.05
控制组	30	20—25	21.29	N/A	26—30	29.6		

本测试对完形填空平均分进行方差分析，结果表明英初组与英中组 p＞0.05，表示两对比组无显著差异，使用频率相当。英初组与控制组、英中组与控制组均存在显著差异（p＜0.05），这意味着两组二语被试的测试结果能反映学习者在不同阶段的习得表现，汉语水平不同的英语母语者被试与汉语母语者被试具有可比性。

实验结果显示，学习者总体上较好地掌握了需要加限定成分的结构，但对零限定成分光杆名词的使用限制没有完全习得，中级组的表现优于初级组。学习者未能完全掌握名词前限定成分的句法限制条件，究其原因是没有在中介语语法中建立起名词前限定成分句法与语篇之间的界面关系。本实验中，英语母语者不仅在指称话题性强或具前景性质的事务时大量使用"一＋量词＋名词"，在提及那些话题性弱或具背景性质的事物时也倾向于使用"一＋量词＋名词"，如在填空时，他们倾向于写"不对，我先画完一条蛇""大家都知道一条蛇没有脚，你画了脚，所以你画的不是蛇"，而母语者提及这两例，一般使用光杆名词，如"不对，我先画完蛇""大家都知道蛇没有脚，你画了脚，所以你画的不是蛇"。

学习者启动相关句法和语义知识填本文所检测的名词前限定成分。根据"界面假说"（Interface Hypothesis）（Sorace，2004；Sorace & Filiaci，2006；Sorace，2011），句法—语义属于内部界面，容易习得，句法—语篇、句法—语用等属于外部界面，学习者在外部界面上可以达到目的语本族语者水平，但无法完全习得内部界面。

对于英语母语学习者来说，最大的困难是名词对限定成分的附着究竟具有哪些选择限制。汉语名词前限定成分和英语名词前限定成分最大的区别在于前者遵循的是语篇规则来选择合适的限定词，后者则是遵循句法规则来使用。例（14）、例（15）的句子，改变了问话人的语篇信息焦点（focus），信息焦点有最简单的"预设—焦点"结构，它指句子中新的、不可推论的或与谈话双方预设相反的信息，也是听话人对信息的注意定位。我们认为名词前限定成分在汉语中往往是一个焦点标记，提示其后的名词是谈话中的焦点或其本身就是焦点所在；而无限定成分的光杆名词所代表的信息往往是旧的，可以推论的，与预期相符的信息。例（14）问：你周末常做什么？答：我常在家看一本书。例（14）问的焦点是"做什么"，答的焦点是"一本书"，"看书"成了预设。例（15）问：你有没有哥哥？答：我没有一个哥哥。例（15）问的焦点是"有没有"，答的焦点是"没有一个"，"有哥哥"变成了预设。答话人不但没有针对问话人的焦点（疑问词部分）回答，反而又给问话人一个新焦点。例（14）～（15）错误的关键在于答话人把问话人的焦点变成了预设。英语母语学习者套用英语的原则，即在名词前选择一个限定成分来确保句子合法，殊不知汉语中的限定成分不是用来确保句法规则的正确性，而是确保语篇的正确性的。限定成分在句中或本身是焦点，或指示其后的名词是一个焦点。

六、结论

本文主要探讨了英语母语二语者在使用汉语名词前限定成分时出现的问题，并采用选词填空任务考察英语母语二语者对汉语名词前限定成分的选择偏向，发现即使学习者已经掌握了相关的名词前限定成分知识，但他们的中介语系统仍存在过度使用"一＋量词"和"人称代词＋的"的倾向，相反零限定成分的光杆名词使用较少。此外，二语者在这方面存在的偏误证实了接口假说，即句法—语篇、句法—语用等外部接口知识倾向于发生母语迁移，也容易造成加工困难。

本研究的教学启示是，在对外汉语教学中除了关注汉语的句法—语义界面外，还需加强句法—语篇界面的传授。首先，从语篇整体性教学来看，应加强语篇焦点信息概念的介绍，从而让学生明白汉语语篇中名词前限定成分使用的限制条件，这样他们在使用和模仿汉语语篇时才有所依据。其次，具体教学方面，应加强等级语篇意识。邢志群（2011）认为语篇教学的内容很多，跟词汇、句法教学一样不可能在某一个阶段包罗万象，因此要加强等级语篇教学意识，帮助学生从低级到高级循序渐进地提高语篇层次的语言运用能力。初级阶段无论是国内还是国外，由于教材的语体重心都在口语语体上，学生需要明确掌握口语语体的结构形式以及简单的语篇模式，初级阶段名词前限定成分的教学应在口语语体范畴内，教授名词前限定成分在词语组织使用、句法表现方面的差异。中级阶段有意识的语篇规则教学能够帮助学生产出合格的语篇形式。田然（2005）在分析留学生语篇中 NP 省略习得顺序与偏误以及教学时发现，中级阶段尤其缺乏的是语篇知识的教学，而非学生的接受理解能力。中级阶段的语篇教学，应集中在句段的连贯阶段，教学的重点在于介绍、讲解句子连贯的不同手段。

参考文献

陈平（1987）释汉语中与名词性成分相关的四组概念，《中国语文》第 2 期。
董秀芳（2010）汉语光杆名词指称特性的历时演变，《语言研究》第 1 期。
刘安春（2003）"一个"的用法研究，中国社会科学院研究生院博士学位论文。
刘丹青（2002）汉语类指成分的语义属性和句法属性，《中国语文》第 5 期。
刘丹青（2008a）汉语名词性短语的句法类型特征，《中国语文》第 1 期。
刘丹青（2008b）重新分析的无标化解释，《世界汉语教学》第 1 期。
陆俭明、沈阳（2003）《汉语和汉语研究十五讲》，北京：北京大学出版社。
吕叔湘（1944）《中国文法要略》（中卷），北京：商务印书馆。
屈承熹（2006）《汉语篇章语法》，潘文国、王骏、陈万会等译，北京：北京语言大学出版社。
沈家煊（1995）"有界"与"无界"，《中国语文》第 5 期。
沈园（2003）汉语中另一种"无定"主语，载中国语文杂志社编《语法研究和探索》（十二），北京：商务印书馆。

沈园（2005）《汉语光杆名词词组语义及语用特点研究》，上海：复旦大学出版社。

田然（2005）近二十年汉语语篇研究述评，《汉语学习》第1期。

邢志群（2011）《国别化：对英汉语教学法汉英对比分析》，北京：北京大学出版社。

徐烈炯（1995）《语义学》（修订本），北京：语文出版社。

徐烈炯主编（1999）《共性与个性：汉语语言学中的争议》，北京：北京语言文化大学出版社。

张伯江（2010）汉语限定成分的语用属性，《中国语文》第3期。

张岚（2012）母语为英语者对中文光杆名词的习得分析，《世界汉语教学》第2期。

张谊生（2001）"N"+"们"的选择限制与"N们"的表义功能，《中国语文》第3期。

赵杨（2009）汉语非宾格动词和心理动词的习得研究：兼论"超集—子集"关系与可学习性，《世界汉语教学》第1期。

朱德熙（1982）《语法讲义》，北京：商务印书馆。

Breban, T. (2011) Secondary determiners as markers of generalized instantiation in English noun phrases. *Cognitive Linguistics*, *22*(3): 511-533.

Carlier, A., & Lamiroy, B. (2018) The emergence of the grammatical paradigm of nominal determiners in French and in Romance: Comparative and diachronic perspectives. *Canadian Journal of Linguistics/Revue Canadienne de Linguistique*, *63* (2): 141-166.

Carlson, G. N. (1977) A unified analysis of the English bare plural. *Linguistics and Philosophy*, *1* (3): 413-457.

Chao, Y. R. (1965) *A Grammar of Spoken Chinese*. University of California Press.

Chen, P. (2004) Identifiability and definiteness in Chinese. *Linguistics*, *42* (6): 1129-1184.

Cheng, L. L. S., & Sybesma, R. (1999) Bare and not-so-bare nouns and the structure of NP. *Linguistic Inquiry*, *30* (4): 509-542.

Dryer, M. (2007) Noun phrase structure. In T. Shopen (ed.), *Language Typology and Syntactic Description* (pp. 151-205). Cambridge: Cambridge University Press.

Geeslin, K. L., & Gudmestad, A. (2010) An exploration of the range and frequency of occurrence of forms in potentially variable structures in second-language Spanish. *Studies in Second Language Acquisition*, *32* (3): 433-463.

Givón, T. (1977) The drift from VSO to SVO in Biblical Hebrew: The pragmatics of tense-aspect. In C. Li (ed.), *Mechanisms of Syntactic Change* (pp. 181-254). New York, USA: University of Texas Press.

Givón, T. (1983) Topic continuity in discourse: The functional domain of switch reference. *Switch Reference and Universal Grammar*, 51: 82.

Jarvis, S. (2002) Topic continuity in L2 English article use. *Studies in Second Language Acquisition*, *24* (3): 387-418.

Kedar, Y., Casasola, M., Lust, B., & Parmet, Y. (2017) Little words, big impact: Determiners begin to bootstrap reference by 12 months. *Language Learning and Development*, *13* (3): 317-334.

Koontz-Garboden, A., & Francez, I. F. (2015) Semantic variation and the grammar of property concepts. *Language (Washington)*, *91* (3): 533-563.

LaTerza, C. (2014) Local plural anaphora as sub-event distributivity. In *West Coast Conference on Formal Linguistics (WCCFL)* (Vol. 32, pp. 141-148).

Li, C. N., & Thompson, S. A. (1981) *Mandarin Chinese: A Functional Reference Grammar.* University of California Press.

Liu, Xianmin. (2004) Semantic and pragmatic differences between Chinese "yi-classifier" and English a(n). *Journal of the Chinese Language Teachers Association*, *39*(1).

Sorace, A. (2004) Native language attrition and developmental instability at the syntax-discourse interface: Data, interpretations and methods. *Bilingualism: Language and Cognition*, *7*(2): 143-145.

Sorace, A., & Filiaci, F. (2006) Anaphora resolution in near-native speakers of Italian. *Second Language Research*, *22*(3): 339-368.

Sorace, A. (2011) Pinning down the concept of "interface" in bilingualism. *Linguistic Approaches to Bilingualism*, *1*(1): 1-33.

Shopen, T. (ed.). (2007) *Language Typology and Syntactic Description* (2nd ed.). Cambridge: Cambridge University Press.

Teng, X., Ogawa, Y., & Yamada, J. (2010) Japanese learners' characteristic errors of the Chinese numeral classifier sequence *yige*: Learning and/or unlearning?. *Journal of the Chinese Language Teachers Association*, *45*(1): 89-101.

副词"到底"的偏误语义地图模型研究*

孟艳华

摘 要：本文在语义地图连续性假说及语义地图模型理论框架下提出"语义偏误概念相邻性"假说以及"偏误语义地图"理论模型。在此基础上，结合汉语二语学习者的习得情况分析，通过中介语语料库和母语语料库语料对比，提出"底部空间""位移""种属""结果""信疑情态"等语义范畴在二语者"到底"概念空间中的分布与关联，据此绘制出"到底"的偏误语义地图，以解释习得中语义偏误之所以出现的深层概念原因。

关键词："到底"；语义地图；偏误语义地图模型

○、引言

在汉语二语教学中，学习者会出现下例所示的偏误（所有偏误例句引自北京语言大学 HSK 动态作文语料库）：

（1）*他高中的时候，是个篮球运动员，经过三年的篮球锻炼，到底获得了非常好的成绩。(《记对我影响最大的一个人》日本　中级)

（2）*家里的孩子常说父母到底不想听他的意见，父母只逼自己听父母的话，无法与父母沟通与交流。(《如何解决代沟问题》韩国　高级)

根据上下文所表达的语义，例（1）中"到底"应改为"最终"，例（2）

---

* 本文原发表于《华文教学与研究》2022年第1期。

中"到底"应改为"根本"。学界一般认为它属于语法偏误中的"误代偏误"（鲁健骥，1994）。我们认为可以从语义偏误视角对之研究：造成"到底""终于""根本"等词语义偏误的深层原因是什么？它们在学习者的"概念空间"中是如何分布并关联存在的？在教学中如何更好地呈现并凸显相关语义关联以减少语义偏误？本文拟从语义地图模型的视角进行研究，寻求上述问题的答案。

一、理论基础与基本假设

语义地图模型（Semantic Map Model）是近年来语言类型学和认知语义学研究中兴起的一种语义研究方法，它以几何图形的方式来表征语言成分的语义及语义关联，用以揭示语言成分多功能模式的系统性和规律性（Anderson，1982；张敏，2010；郭锐，2012a；吴福祥，2017）。当前，此理论与方法被应用于汉语语法化、汉语方言、共时平面的多功能语法形式、汉外对比等领域，所得成果表明，利用语义地图这一工具，构建或修正概念空间，发现隐性规律，可以获得对汉语个性更为深刻的认识（吴福祥，2009；郭锐，2012b；谭方方，2016；范晓蕾，2017）。

在汉语二语研究中，已有研究借鉴语义地图成果，分析了相关语言现象的习得，如林华勇、吴雪钰（2013）对"到"的习得顺序进行了研究，但尚未见到对汉语二语学习者概念空间的中介语语义地图研究。

本文拟把语义地图模型用于语言习得特征分析和语义偏误解释之中。基于语义地图连续性假说，即语义结构相似度高的概念易发生关联，语义结构相似度低的概念难以发生关联，与特定语言或者特定结构相关的任何范畴都会投射在概念空间的一片连续的区域上（Croft，2002；Haspelmath，2003；陆丙甫、屈正林，2010），我们提出"语义偏误概念相邻性假设"，即发生语义偏误的两个概念投射在概念空间的相邻区域。据此假设，例（1）中"终于""根本"分别与"到底"发生了语义偏误，它们在概念空间中都应该处于与"到底"概念节点相邻的空间位置。

以此假设为切入点，考察中介语可以建构语言学习者的概念空间。对二语学习者概念空间进行研究，分析其中的易混淆概念及概念间的关联，再结合语言本体研究成果，使用语义地图标示语义或概念之间的关联，解释并凸显其中的易混淆语义，这样可以建构出结合习得与偏误的语义地图模型，即本文所谓的"中介语语义地图"模型，以期对习得与语义偏误现象从新视角进行解释，并为汉语教学提供具有可视化特征的教学语法参考，进而提高汉语学习效率。

具体来看，"中介语语义地图"有两种呈现方式：一是"偏误语义地图"，呈现各种语义偏误的分布及相关的正误语义关联模式；二是"习得语义地图"，结合二语者汉语水平、国别等因素，对中介语概念空间进行切割，使习得顺序、习得规律、习得特征等得以直观展现。本文主要研究"到底"的偏误语义地图。偏误语义地图模型与一般语义地图模型的不同之处在于：

（1）概念底图与语义节点建立且源自对目的语与中介语的分析。

（2）依照语义地图连续性假说、语义偏误概念相邻性假说，结合历时语义演变研究来进行功能位置的排列，一般来说，偏误概念与正确概念相邻且处于外围位置。

（3）语义关联和语义边界分析均包括正确语义和偏误语义两类，其中偏误概念的语义边界研究尤应重视。

下文将在此理论框架下研究"到底"的偏误语义地图模型。首先，考察习得与偏误情况，确定偏误语义节点；其次，考察现代汉语中的使用及历时演变情况，明确其中的语义关联；接着，考察"到底"偏误概念之间的关联，确定偏误概念边界；最后，绘制出"到底"的偏误语义地图。

二、"到底"的习得情况研究

我们从北京语言大学 HSK 动态作文语料库中穷尽性收集到例句 325 例，其中正确例句 306 例，错误用例 19 例；同时从北京大学 CCL 语料库随机取得例句

1371句，用于对比研究。

考察副词"到底"的语义，离不开分析其所来源的动词性结构"V + 到底"，本文也考察了这类用法。根据研究需要，结合《现代汉语八百词》（增订本）、《应用汉语词典》以及前人相关研究（吕叔湘，1999；郭良夫，2000；张秀松，2008、2011、2014），我们把"到底"的用法分为四类：（1）位移类，"V + 到底"；（2）疑惑类，用于疑问句中；（3）属性类，"到底 +（是）+ 属性"表属性特点；（4）结果类，"到底 + 结果"。这四类分别如下例所示：

(3) a. 她决定要把爱情进行到底。（位移类用法）

　　b. 来人到底是谁？（疑惑类用法）

　　c. 他到底有经验，问题很快就解决了。（属性类用法）

　　d. 我想了好久，到底想明白了。（结果类用法）

2.1 现代汉语中"到底"功能分布考察

按上面的分类标准，我们统计出现代汉语中"到底"的功能分布情况。处于绝对优势的是用于疑问句表疑惑，占72.0%，其他依次是"到底 +（是）+ 属性"（12.0%）、"V + 到底"（8.5%）、"到底 + 结果小句"（7.5%），详见表1。

表1　现代汉语中"到底"的功能分布表

类型		数量（次类占比）	总占比
V + 到底	Adj. + 到底	36 例（31.0%）	8.5%
	V. + 到底	80 例（69.0%）	
疑问句	正反问	132 例（13.4%）	72.0%
	选择问	52 例（5.3%）	
	特指问	803 例（81.3%）	
到底 +（是）+ 属性		165 例	12.0%
到底 + 结果小句		103 例	7.5%

2.2 中介语中"到底"功能分布考察

"到底"的习得关涉到"语义—语用"两个界面（袁博平，2015），即不仅要习得"到底"的语义，还要习得其所传达的语用态度与语用规则。中介语语料表明，二语者能够习得"到底"的语用义，且未见"到底＋怎么"表"为什么"这类偏误用法，可见"语用规则"也是可以习得的。中介语语料中，"到底"的功能分布情况见表2。

表2 中介语"到底"功能分布情况表

类型		数量（次类占比）	总占比
V+到底	Adj.+到底	0例	4.0%
	V.+到底	11例	
疑问句	正反问	50例（17.5%）	93.0%
	选择问	20例（7.0%）	
	特指问	215例（75.5%）	
到底+（是）+属性		6例	2.0%
到底+结果		4例	1.0%

与现代汉语对比可知：

（1）"到底"的四类用法在中介语中都是存在的，且不同小类的使用频率高低次序与目的语基本一致，疑问句用法占绝对优势，其他三类用法占比很低。

（2）中介语中的疑问句使用频率更高，比现代汉语中的疑问句使用频率高出21.0%，中介语中其他三类用法使用频率相应较低，总计不超过7.0%。

（3）中介语语料中没有"Adj.＋到底"用例，二语者对此用法不熟悉。

2.3 偏误分布情况考察

中介语语料中"到底"习得偏误19例，占全部用例的6.0%。从小类上看，"V＋到底"类和"到底＋（是）＋属性"类未发现偏误，偏误集中在疑问句和"到底＋结果"中，具体如下：

疑问句中存在语法形式偏误，有"吗"等疑问句形式标记冗余和特指问语序问题。例如：

（4）*我常常想："到底我适不适合当老师吗？"（《我的一个假期》日本 高级）

（5）*对我影响最大的人是到底谁？（《记对我影响最大的一个人》韩国 高级）

"到底+结果"中存在语义偏误，"到底"误代"最终/最后/所以"等连接词语，如例（1）。

此外，中介语中还存在另外两类语义偏误：与"根本"类词语混淆，如例（2）；与"难道"类词语混淆，例如：

（6）*我们人啊，难道考虑过了没有，水到底是从哪儿来的？（《读〈三个和尚没水喝〉想到的》韩国 中级）

（7）*妻子得了不治之症，丈夫看到妻子痛苦的样子，怎么能看下去呢？法院认为丈夫犯了故意杀人罪，他们到底没有感情吗？（《如何看待"安乐死"》日本 高级）

综上，"到底"的中介语偏误类型及分布见表3。

表3 中介语"到底"偏误分布情况表

	类型	数量	比例
形式偏误	一般疑问句形式标记（"吗/呢"）偏误	6	31.6%
	特指问语序偏误	5	25.6%
语义偏误	与"终于"等介引结果类词语混淆	3	15.8%
	与"根本"类词语混淆	3	16.0%
	与"难道"类词语混淆	2	11.0%

语法形式偏误也许与深层语义相关（蒋勇、王志军，2016），本文只关注表层语义偏误，即在"到底"的中介语概念空间中，存在着"终于""根本""难道"类易混淆概念。这些概念在概念空间上是如何分布、如何关联起来的？是

什么样的关联造成了习得中的偏误？我们将在考察母语中"到底"的语义后回答。

三、现代汉语"到底"的语义及其关联

本节从历时与共时两方面对汉语中"到底"的语义进行考察。"到底"一词具有一定具象性，它激活的是一个融合了容器图式、底部图式和位移图式的复杂意象图式，下文将对其位移义、属性义、结果义和疑惑义用法及其关联逐一分析。

3.1 "到底"的位移义

从来源看，"到底"原本是一个词组，由动词"到"和名词"底"组成。其中"到"的意象图式是位移图式，凸显终点；"底"的本义是"山居也，一曰下也"，有"最下面、底端"的意思（《说文解字》），从历时语料看，"底"所指多为容器底部。例如：

（8）渤海之东不知几亿万里，有大壑焉，实惟无底之谷。（《列子·汤问》）

（9）夫据幹而窥井底，虽达视犹不能见其睛。（《淮南子·主术训》）

（10）掇怀珠之蚌于九渊之底。（《抱朴子》）

（11）全石以为底。（唐·柳宗元《至小丘西小石潭记》）

例（8）～（11）中的"底"分别是"谷""井""渊""潭"等容器的底部。这类容器的共同特征是具有深度的三维空间，呈现出下陷意象，"底"激活的是容器底部图式。"到"与"底"组合成"到底"，最早出现于唐代，表示位移义。例如：

（12）秤锤落东海，到底始知休。（唐·寒山《诗三百三首》）

（13）从君中道歇，到底即须休。（唐·张鷟《游仙窟》）

在"到底"表达的位移义中，"到"的路径和终点受限为容器及其底部，如图1所示。其中A为起点；B为终点，是底部空间上的任意一点；从A到B为路径。

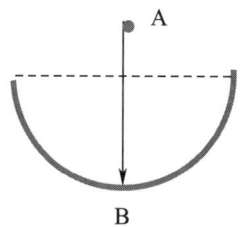

图 1　位移义"到底"的意象图式

现代汉语中依然保留此用法。例如：

（14）另一朋友梗着脖子问我："你干吗找这个加农炮打不到底的'喇'！"（王朔《橡皮人》）

（15）福康安道："这个杜小月，一根肠子通到底，纪晓岚能冒充，杜小月可没那本事！"（电视剧本《铁齿铜牙纪晓岚》）

3.2 "底"的已知与未知：属性义与疑惑义

"容器底部"不易探知，即便"清澈见底"，"底"也与容器内的物质本质不同，更何况容器底部很多时候是被覆盖遮蔽着的。未知产生疑惑，有疑惑需要探究答案。若想了解容器内部情况，必须层层深入直到最底层，同理，若想了解事物或事件的真相、内情甚至本质，也需要对之进行"（从表层）到底（层）"的了解，穿透不同的层面、不同情状属性，"刨根问底"，到了底层，才能看清事物的原本类属或属性。

在图 1 的基础上，在容器内部添加代表不同的物质或属性的符号，"底"部用"X"表示，它的已知与未知分别对应"到底"的属性义与疑惑义，如图 2 所示。

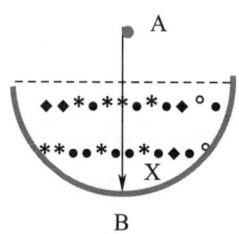

图 2　"到底"属性义和疑惑义意象图式

当 X 已知时，图 2 表征"到底"的属性义用法，即透过层层表象或者经过一定事件后，说话者确定或重新认识了事物的类属与属性。例如：

（16）楚建乐着："你老婆到底不是仙女，还是凡人，还是女人，还是有文化的女人！"（电视剧《金婚风雨情》）

（17）他把勋章别在礼服的右胸上，戴上装饰着金色帽缨的大沿军帽，对着穿衣镜看看，到底是礼服，穿上它，人变得神采奕奕。（电视剧《亮剑》）

（18）程长顺虽然颇以成人自居，可是到底年轻，心眼简单，所以一五一十的回答，并没觉出亦陀只是没话找话的闲扯。（老舍《四世同堂》）

例（16）～（18）中，"到底（是）"后面分别是人、物、属性。例（16）中，说话者根据"你老婆吃醋"这一事件，推论出虽然表象上看她好像仙女，但本质上她是"凡人、女人"；例（17）中，"礼服"与一般衣物不同，具有"让人神采奕奕"的特征；例（18）中，程长顺"成人"只是表象，事实证明他还是"年轻"。

当 X 未知时，图 2 表征"到底"的疑惑义用法。例如：

（19）"那我去准备准备。"小月说着转身就走，突然又回来，问："皇上明示，到底带不带纪大烟袋？"（电视剧《铁齿铜牙纪晓岚》）

（20）让毛锋没有想到的是，潘美丽竟然一字不提，她只说"俺信你"。这样的与众不同反倒让久经情场的毛锋有点搞不明白，到底是美丽太聪明呢，还是她真的太单纯。（电视剧《媳妇的美好时代》）

（21）中央花园有一根旗杆，高耸入云，想数上边飘扬的那面红旗到底有几颗黄星一定会被直射下来的阳光刺盲眼睛。（王朔《看上去很美》）

例（19）～（21）中，"到底"分别用于正反问、选择问、特指问。说话者根据表象推断不出想要的答案，用"到底"表达疑惑。例（19）中，"皇上"的态度看不清，所以请他"明示"到底要怎么做；例（20）中，"潘美丽"的表现与众不同，让"毛锋"对她"太聪明还是太单纯"产生疑惑；例（21）中，由于风吹红旗飘扬，旗上黄星数目变来变去，所以对"到底有几颗黄星"产生疑惑。

有研究者提出"到底"在疑问句中的核心作用并非"加强语气""追究"（吕叔湘，1999；张秀松，2014），而是表达"高疑惑程度"（蒋勇、王志军，2016）。

我们赞同这一观点,"到底"用于疑问句时,通常事物表象扑朔迷离,或者违背常理,使得说话者对其本质产生高度疑惑,并想探究最终属性或事实。

3.3 从纵向空间到横向时间:"到底"的结果义

根据隐喻理论,空间范畴概念常用来隐喻时间范畴概念。"到底"亦如此。事件随着时间发展,如果事件在开始时就表现出向着各个方向发展进而会造成不同结果的可能性,说话者就会对最终结果心存悬疑,这时可以用"到底"来引出此结果。所谓"心存悬疑"有两种情况:一是事件出现两种或多种不同结果的可能性差不多均等,不可预测;二是虽然相信最终能取得某结果,但过程中存在很多变数,通常要历经曲折才得以实现。例如:

(22)李缅宁又向人似乎少些的中门冲去,中门关了,他弃中门又奔后门,后门也不失时机地关了。到底没上成车,和钱康并肩站在站台上,眼巴巴地看着塞满了人的公共汽车艰难离去。(王朔《无人喝彩》)

(23)李德龄念着银票上面的字——"大德兴茶票庄汇票",突然笑出声来:"东家,匠人们可真不容易,这小小的一张银票,几经折腾,到底算是过关了!"(电视剧《乔家大院》)

例(22)中,挤公交车的结果有两个:挤得上与挤不上,两者可能性不相上下,句中的最终结果与意愿相反。据语料统计,像例(22)这样,结果与意愿相反的用例占49.5%,将近一半。例(23)中的结果虽是希望的结果,但是"几经折腾"后才取得的。有时候,曲折的过程还表现为所消耗的时间比预期更长。例如:

(24)石岜去接小杨,半天没回来,我等得着急,不住出门张望。石岜小杨到底回来了,一起还有一男一女。(王朔《浮出海面》)

例(24)中,"石岜小杨回来了"是期望结果,但历时较长,由此可推知事件过程不是那样顺畅,历时长是事件曲折变化的伴随现象。

有时说话双方所预测的结果不同,也可用"到底"介引最终结果。例如:

(25)哼,我早说过吧,这件事儿不能办。怎么样,到底叫我说中了吧。咳,这回啊,人家要找咱们打官司了。(电视剧《编辑部的故事》)

在图 2 的基础上，三维空间的容器底部意象由垂直变为水平横轴，代表时间，事件起始点为 A，过程曲折，由曲线表征，事件终点为 B 点，这样得出结果义"到底"的意象图式，如图 3 所示：

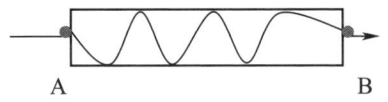

图 3 "到底"的结果义意象图式

3.4 "到底"的语义演变过程与使用频率

通过对语料库中"到底"一词从产生之初（隋唐时期）至清代的历时语料的穷尽性考查，可以看出"到底"的语义演变与使用变化情况，详见表 4。其中加粗显示的数字是在每个时代使用频率占绝对优势的一种或两种用法。

表 4 "到底"的语义演化方向与使用频率分布

时期	类型					
	动词 V，V+ 到底		属性	结果	疑问	
	本义	引申义			特指问	正反问/选择问
隋唐（19 例）	**68.0%**	5.0%	5.0%	11.0%	11.0%	0
宋（61 例）	10.7%	**65.6%**	13.0%	7.0%	1.7%	2.0%
元明（23 例）	17.0%	26.0%	**35.0%**	22.0%	0	0
清（304 例）	0	1.0%	**38.2%**	23.4%	**30.4%**	7.0%
当代（1371 例）	0.2%	8.0%	12.0%	7.5%	**58.6%**	13.7%

由表 4 可知：

（1）从使用频率来看，"到底"大致为沿着"本义—引申义—属性义—结果义—疑惑义"的方向发展。

（2）从产生和盛行时间来看，属性义、结果义、疑惑义用法同时产生于隋唐时期，但各自盛行的时间不同，属性义历时最短，其次是结果义。疑惑义历时最长，产生后经过一定周折（元明时期无用例）到清代又开始被大量使用，发展至今用法占绝对优势。

因此，属性义、结果义、疑惑义同时产生，它们之间并无演化关系，只是具有盛行的历时长短和使用频率的高低之分，我们将这三个用法在语义地图上并列列出，以直线长短和粗细标示历时和使用频率的不同。

四、"到底"的偏误语义分析

从上文已知，"到底"的语义偏误主要有三类，下文将逐一分析。

4.1 容器底部图式与根图式

"到底"激活容器底部图式，容器底部被遮蔽，难以探知。当事物或事件未知时，"到底"表达出疑惑义；已知时，"到底"表达事物的区别性特征与属性，或者隐喻为事件的最终结果。

"根本/根源"激活的是根图式，"根"是植物的根本，它决定了植物的种属与生长规律，隐喻到事件范畴，"根"决定事物或事件的类属和发展。在语法化历程中，与"根"相关的两个词，"根源"发展为名词，"根本"则为名词和副词。后者语义进一步演化，否定"根本"就是否定整个事物或事件，因此，"根本"与否定或消极性词语搭配，表达彻底否定义。

总之，"到底"与"根源/根本"的语义引申方向不同，这样可以解释例（2），这里重写为例（26）a。例如：

(26) a. *家里的孩子常说父母<u>到底</u>不想听他的意见，父母只逼自己听父母的话，无法与父母沟通与交流。

b. *人们应该意识到这个问题的<u>到底</u>。(《绿色食品与饥饿》韩国　中级)

例（26）a 中，应该把"到底"改为"根本"，因为对"根本"否定表达彻底否定，而"到底"无此用法；例（26）b 中，"到底"应该改为"根源"，"到底"虽然具有动词性位移义及其演化引申而来的副词语义，但却不表示"事物的根源"，而"根"类词语具有这一用法。

4.2 各不相同的"结果"

汉语中能介引结果的连词和副词很多,与"到底"易混淆的有"最终""终于""所以"等词,这方面已有研究关注(范露露,2015)。这些词之间的区别见表5。

表5　介引词语与各类"结果"的搭配分布表

介引词语	可否预测、有无预测	过程特点	是否符合期待	结果类型
到底	表象具有迷惑性【-可预测】	【+过程曲折】【±时间长】	【±符合期待】	事件结果
最后/最终	不关注	不关注	【±符合期待】	
终于	【+可预测】	【+时间长】	【+符合期待】	
所以	—	—		事理结果

"到底"主要介引具有表面迷惑性的、结果难以预测的事件结果,这样就可以解释例(1),这里重写为例(27)a。例如:

(27) a.*他高中的时候,是个篮球运动员,经过三年的篮球锻炼,<u>到底</u>获得了非常好的成绩。

　　b.*在这个故事里想抬水的人越来越多,可是因为他们越来越多,<u>到底</u>水没有了。(《读〈三个和尚没水喝〉想到的》法国　中级)

例(27)a以时间为序叙述"篮球训练",结果事件"获得了非常好的成绩"是顺承结果,无悬念、无迷惑性,应由"最后/最终"介引。例(27)b凸显的是由于人越来越多,"水就没有了"这一事理结果,应由"所以"介引。

4.3 疑惑语气与反问语气

对于汉语学习者来说,疑惑与反问会出现混淆,如例(6)、例(7),这里重写为例(28)。

(28) a.*我们人啊,难道考虑过了没有,水<u>到底</u>是从哪儿来的?

　　b.*妻子得了不治之症,丈夫看到妻子痛苦的样子,怎么能看下去呢?

法院认为丈夫犯了故意杀人罪，他们到底没有感情吗？

疑惑与反问都以疑问句的形式存在，都表达说话人的主观情态，前者对问题有疑惑，想知道答案，如例（28）a"考虑过没有"，这时应该使用"到底"；后者则是无疑而问，已经知道问题的答案，以反问句问出，加强肯定，如例（28）b"他们（夫妻）没有感情吗"，这时应该使用"难道"。

上述"根本/根源""最终/终于/所以"以及"难道"在二语者的概念空间与"到底"出现混淆，根据"偏误语义相邻性假设"，我们在语义地图上把它们定位到与"到底"相邻的语义节点，分属于"底部空间范畴""结果范畴""信疑情态范畴"，并使用文字与虚线标示其中的语义关联与语义边界。

五、"到底"的偏误语义地图模型

结合上文对"到底"中介语语义空间、现代汉语"到底"概念空间的考察结果，我们绘制出了副词"到底"的偏误语义地图，如图4所示。

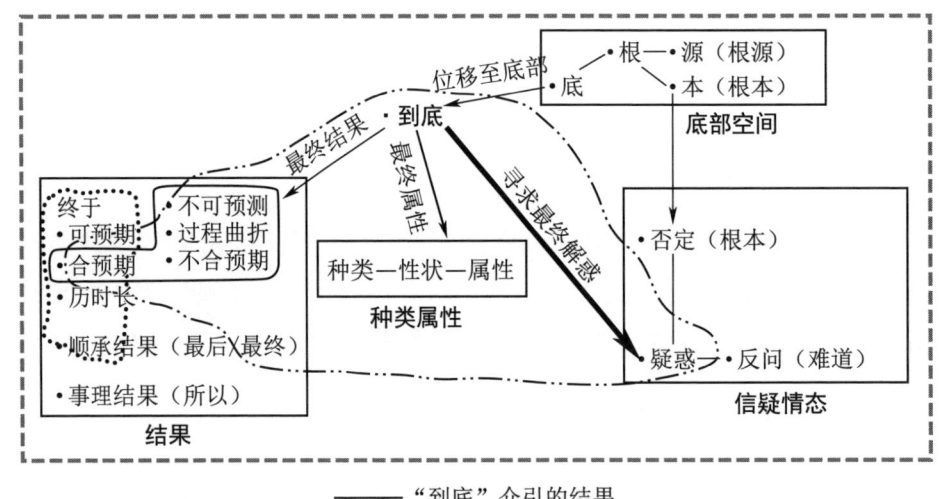

图4 "到底"的偏误语义地图模型

对图 4 说明如下：

（1）关于母语者概念空间的说明。"到底"位移类、属性类、结果类、疑惑类用法，即"——..——"圈定的语义，是其现代汉语语义，反映母语者的概念空间。它分布于语义地图的核心位置，箭头方向标示语义演变方向，箭头长短和粗细标示各语义演变历时长短和使用频率高低，箭头上方的文字标示语义类别和语义关联。

（2）关于中介语概念空间的说明。在由中介语所反映的二语者概念空间，即"----"圈定的空间中，在"到底"语义所关联的底部空间范畴、结果范畴、信疑情态范畴中（各语义范畴用正方形圈定，分布在"到底"核心语义的右上方、左下方与右下方），还存在着"根源/根本""最终/最后/所以/终于""根本（不/没）/难道"等偏误语义节点，它们分布于核心语义外围位置。总体来看，二语者的"到底"概念空间大于母语者的概念空间，"到底"出现范围扩大类语义偏误，即存在使用泛化问题。

（3）关于语义节点排列的说明。"到底"的正确和偏误语义在概念空间内相邻排列，如"疑惑"在"信疑范畴"中与表否定的"根本"以及表反问的"难道"相邻排列。

（4）其他说明。语义节点之间的直线表示存在语义关联，如"疑惑"和"否定"、"疑惑"和"反问"之间存在语义关联，用直线标示。在直线一端加箭头标示演变方向，如"根本"由底部空间义到信疑情态类语义之间存在演变关系，用箭头标示。偏误语义之间的语义边界由实线或虚线圈定并配以文字说明，如结果范畴中，"到底""终于""所以""最后/最终"这些语义之间的边界由不同的线条圈定，并使用文字描述其中的区别所在。

六、余论

偏误语义地图模型综合反映了习得与偏误研究、语言共时研究、语言历时研究所取得的相关成果，它不仅具有教学应用价值，而且具有理论研究价值，表现在：

（1）对中介语语义偏误与习得研究的价值。首先，它提供新视角和新工具，分析语义偏误概念以及概念间的语义关联，揭示语义偏误存在的概念空间，解释语义偏误的认知概念根源；其次，在偏误语义地图的基础上，根据二语者汉语水平或者国别圈定不同的空间边界，则可以标示不同水平或不同国别学习者的概念空间，使相关习得情况得以直观展示。

（2）对汉语言本体研究的价值。汉语中多功能语法形式的语义功能关联模式尚未得到全面准确的描述，"要取得更大的进展，有赖于新材料的搜集和新方法的引入"（张敏，2010），中介语是一种新材料，结合其中的语义关联对语义节点与语义范畴重新分析，有助于揭示更多真相和细节，甚至发现语言隐性规则，如图4所示，汉语中"根—根本"与"底—到底"在信疑范畴中发生了语义功能关联，其中的关联模式和语义演变过程，值得深入探讨。

（3）对语义地图模型本身的研究价值。能拓展语义地图模型在二语习得与语义偏误分析中的应用，发挥语义地图的二语教学价值、习得顺序与难点预测价值以及语义偏误解释价值。

参考文献

范露露（2015）从三个平面看"到底"和"终于"的异同：从"*到底我们结婚了"谈起，《现代文》（语言研究版）第9期。

范晓蕾（2017）基于汉语方言的惯常范畴研究，《当代语言学》第4期。

郭良夫主编（2000）《应用汉语词典》，北京：商务印书馆。

郭锐（2012a）概念空间和语义地图：语言变异和演变的限制和路径，载上海师范大学《对外汉语研究》编委会编《对外汉语研究》（第8期），北京：商务印书馆。

郭锐（2012b）共时语义演变和多义虚词的语义关联，《山西大学学报》（哲学社会科学版）第3期。

郭锐（2017）复数事件和虚词语义，《世界汉语教学》第4期。

蒋勇、王志军（2016）"到底""究竟"不被是非问句允准的理据：基于信息熵的新解，《当代修辞学》第6期。

林华勇、吴雪钰（2013）语义地图模型与多功能词"到"的习得顺序，《语言教学与研究》

第 5 期。

鲁健骥（1994）外国人学汉语的语法偏误分析，《语言教学与研究》第 1 期。

陆丙甫、屈正林（2010）语义投影连续性假说：原理和引申——兼论定语标志的不同功能基础，载陆俭明主编《语言学论丛》（第四十二辑），北京：商务印书馆。

吕叔湘主编（1999）《现代汉语八百词》（增订本），北京：商务印书馆。

谭方方（2016）英汉"转折"与"对比"的关系及其语义地图解释，《外语与外语教学》第 3 期。

吴福祥（2009）从"得"义动词到补语标记：东南亚语言的一种语法化区域，《中国语文》第 3 期。

吴福祥（2017）导语：语义图模型与汉语语义研究，《当代语言学》第 4 期。

袁博平（2015）汉语二语习得中的界面研究，《现代外语》第 1 期。

张敏（2010）"语义地图模型"：原理、操作及在汉语多功能语法形式研究中的运用，载陆俭明主编《语言学论丛》（第四十二辑），北京：商务印书馆。

张秀松（2008）"到底"的共时差异探析，《世界汉语教学》第 4 期。

张秀松（2011）短语"到底"向时间副词的词汇化，《语言教学与研究》第 5 期。

张秀松（2014）"究竟"义"到底"句的句法、语义和语用考察，《华文教学与研究》第 1 期。

Anderson, Lloyd B. (1982) The 'perfect' as a universal and as a language-particular category. In Paul J. Hopper (ed.), *Tense-Aspect: Between Semantics & Pragmatics* (pp. 227-264). Amsterdam, Philadelphia: John Benjamins.

Croft, W. (2002) *Typology and Universals* (2nd ed., Cambridge Textbooks in Linguistics). Cambridge: Cambridge University Press.

Haspelmath, M. (2003) The geometry of grammatical meaning: Semantic maps and cross-linguistic comparison. *Anästhesiologie Intensivmedizin Notfallmedizin Schmerztherapie Ains*, 46(4): 248-9.

"A比B+更/还/都/再+W"的习得研究*

谭晓平

摘　要：本文对"A比B+更/还/都/再+W"在汉语中介语语料、对外汉语教材语料、汉语母语者语料中的分布进行了量化研究与对比分析。研究发现，学习者存在过度使用"A比B+更+W"、回避使用"A比B+还/都+W"、基本不用"A比B+再+W"的现象。语言输入、加工方式、语义复杂性是造成该现象的主要原因。本文还探讨了"A比B+更/还/都+W"的偏误类型，数据显示冗余、遗漏、混用、语序类偏误依次递降。本文建议将"A比B+更/还/都+W"作为"比"字句的重点句式，优化现有教学排序，增加"A比B+还/都+W"的输入量，加强三组相似句式之间的辨析。

关键词："A比B+更/还/都/再+W"；习得；偏误

〇、引言

"比"字句是汉语作为第二语言教学与研究的重点句式。"A比B+更/还+W"是"比"字句的高频下位句式。汉语母语者语料中"A比B+更/还+W"的出现频率仅低于"A比B+形容词"。中介语语料中，其出现频率甚至高于"A比B+形容词"（郑巧斐，2008；张宝林等，2014）。

面向汉语二语教学的"A比B+更/还/都/再+W"的研究具有以下特点：

---

* 本文原发表于《汉语学习》2022年第2期。

第一，专题性研究少，多散见于"比"字句的习得研究中。相关研究涉及选取与排序（陈珺、周小兵，2005）、偏误分析（王茂林，2005）、习得与认知研究（郑巧斐，2008；陈珺，2010；周文华，2018；田煜、谢晓明，2019）等。这类研究多以"比"字句所有下位句式为考察对象，"A比B+更/还/都/再+W"是其中之一。第二，现有研究结论尚存较大争议。选取上，大部分研究认为应该选取"A比B+更/还/再+W"（王还，1995；刘英林，1996；刘月华、潘文娱、故韡，2001；陈珺、周小兵，2005；张宝林等，2014），有的研究没有选取"A比B+再+W"（孔子学院总部、国家汉办，2014；周文华，2018；田煜、谢晓明，2019），有的研究认为应该包括"A比B+都+W"（崔淑燕、许晓华、魏鹏程，2018）。排序上，有的研究将其安排在了初级阶段（刘英林，1996；张宝林等，2014；周文华，2018），有的研究认为应该安排在中级阶段（陈珺、周小兵，2005；谢白羽，2011）。习得难度上，有的研究认为较易掌握（郑巧斐，2008；陈珺，2010；周文华，2018），有的研究则认为较难习得（崔淑燕、许晓华、魏鹏程，2018）。第三，差异性研究少，教学指导性不强。差异性指句式之间语义、句法、语用上的区别。刘月华、潘文娱、故韡（2001）指出"A比B+更+W"没有特殊的感情色彩，"A比B+还+W"强调程度的作用比较明显。张宝林（2006）指出了"更""还"分布上的差异，"谓语后带有程度补语'多了'，则谓语中心语前不能用'更''还'这种表示程度的副词"，"谓语后带有表示具体数量的补语或宾语，也不能再用副词'更'"。然而，句式之间的差异性研究还有待继续深入。

为加深对"比"字句的认识，提高"比"字句的教学效果与效率，我们将以"A比B+更/还/都/再+W"为对象，对以下问题进行研究：第一，"A比B+都+W"及"A比B+再+W"是否该被选为教学内容？第二，"A比B+更+W""A比B+还+W""A比B+都+W""A比B+再+W"习得难度是否存在差异？如何排序更为科学？教材编排有何不足？第三，"A比B+更+W""A比B+还+W""A比B+都+W""A比B+再+W"在语义、句法、语用方面有何差异？教学上应该如何处理？

本文将在相关研究的基础上，进一步扩大语料规模。除375例包含"A比

B+更/还/都/再+W"的中介语语料外,还包括712例汉语母语者语料和359例对外汉语教材语料。在研究方法上,除偏误分析外,还将进行量化研究与对比分析。通过探讨教材语料与母语者语料的差异、学习者与母语者的差距、教材输入与学习者输出的关系,来加深对"A比B+更/还/都/再+W"的认识,为句式的选取与排序、教材编纂、课堂教学提供建议。

一、"A比B+更/还/再+W"的分布差异

1.1 语料选取

张宝林等(2014)的统计显示学习者存在过度使用"A比B+更/还/再+W"的问题。但研究未进一步明确到底是"A比B+更+W""A比B+还+W""A比B+再+W"都过度使用,还是某些句式过度使用。此外,还未明确"A比B+都+W""A比B+再+W"到底应不应该作为教学内容。

为回答以上问题,我们对北京语言大学HSK动态作文语料库中韩国汉语学习者的"比"字句进行了穷尽性检索,获得"比"字句语料901例,其中包含"A比B+更/还/都/再+W"的语料375例。另外,我们采集了2000例"比"字句的汉语母语者语料,口语和书面语各1000例。前者来源于《老炮儿》《非诚勿扰》《都挺好》《我爱我家》等电影电视剧的剧本语料、《鲁豫有约》《锵锵三人行》等电视访谈语料以及郭德纲相声集,后者来源于北京大学CCL语料库中的《人民日报》《作家文摘》以及应用类文摘等。其中"A比B+更/还/都/再+W"句式语料共712例。

1.2 量化统计与数据分析

本文对四个句式在中介语语料和汉语母语者语料中的出现频次、频率进行了统计,统计结果见表1。

表 1 各句式在中介语与汉语母语者语料中的分布

句式	中介语语料		汉语母语者语料	
	出现频次	出现频率	出现频次	出现频率
A 比 B + 更 + W	290	32.2%	312	15.6%
A 比 B + 还 + W	74	8.2%	293	14.7%
A 比 B + 都 + W	11	1.2%	106	5.3%
A 比 B + 再 + W	0	0	1	0.1%

需要说明的是，各句式在中介语语料中的出现频率 = 出现频次 /901，各句式在母语者语料中的出现频率 = 出现频次 /2000。

根据表 1 可知：（1）"A 比 B + 更 / 还 / 再 / 都 + W"在中介语语料中的出现频率为 41.6%，在母语者语料中的出现频率为 35.7%，前者比后者高了 5.9 个百分点，这说明韩国汉语学习者确实存在过度使用"A 比 B + 更 / 还 / 再 / 都 + W"的问题；（2）"A 比 B + 更 + W"在中介语语料和母语者语料中的出现频率分别为 32.2%、15.6%，前者比后者高了 16.6 个百分点，可见，韩国汉语学习者存在过度使用"A 比 B + 更 +W"的问题；（3）"A 比 B + 还 + W"在中介语语料和母语者语料中的出现频率分别为 8.2%、14.7%，前者比后者低了 6.5 个百分点，可见，韩国汉语学习者存在回避使用"A 比 B + 还 + W"的问题；（4）"A 比 B + 都 + W"在中介语语料和母语者语料中的出现频率分别为 1.2%、5.3%，前者比后者低了 4.1 个百分点，可见，韩国汉语学习者存在回避使用"A 比 B + 都 + W"的问题；（5）"A 比 B + 再 + W"在中介语语料和母语者语料中的出现频次分别为 0、0.1%，可见，在中介语语料和母语者语料中，"A 比 B + 再 + W"的出现频率极低，母语者、二语者对该句式的需求量较小。

根据使用需求，本文认为"A 比 B + 都 + W"应选为教学内容，而"A 比 B + 再 + W"因使用率低、需求量小，可不作为教学内容。此外，以往研究认为二语者存在过度使用"A 比 B + 更 / 还 / 再 + W"的问题，但数据显示仅"A 比 B + 更 + W"存在过度使用问题，"A 比 B + 还 + W""A 比 B + 都 + W"都存在回避使用的问题。

二、过度及回避使用的原因分析

2.1 过度使用"A 比 B + 更 + W"的原因

2.1.1 语言输入因素

克拉申认为大量的可理解输入是语言习得的关键。语言输入又可以分为课堂外的语言输入以及课堂内的语言输入。母语者语料中"A 比 B + 更 + W"的出现频率可以间接反映学习者课堂外的语言输入。从表 1 可以看出,"A 比 B + 更 + W"在母语者语料中的出现频率为 15.6%,在四个句式中出现频率最高,由此可以推测,学习者在课堂外接收到的"A 比 B + 更 + W"句式多于其他三个句式。

课堂内的语言输入包括教师输入和教材输入。然而,我们既无法获取学习者的课堂录音,又无法获知他们所用的教材。因此,我们选择利用汉语国际教育动态语料库。该语料库包含了 197 册经典的对外汉语教材(121 217 句,近 315 万字符)。语料库中有"比"字句 1239 例,其中含"A 比 B + 更 / 还 / 再 / 都 + W"的语料 359 例。这部分语料可以间接反映课堂内的语言输入情况。"A 比 B + 更 / 还 / 再 / 都 + W"在教材语料及母语者语料中的对比数据见表 2。

表 2　各句式在教材与汉语母语者语料中的分布

句式	教材语料		汉语母语者语料	
	出现频次	出现频率	出现频次	出现频率
A 比 B + 更 + W	196	15.8%	312	15.6%
A 比 B + 还 + W	133	10.7%	293	14.7%
A 比 B + 都 + W	30	2.4%	106	5.3%
A 比 B + 再 + W	0	0	1	0.1%

需要指出的是,各句式在教材语料中的出现频率 = 出现频次 /1239。

从表 2 可以看出,教材语料中"A 比 B + 更 + W"的出现频率最高,且略高于汉语母语者。可见,无论是课堂外输入,还是课堂内输入,"A 比 B + 更 + W"

的输入量均高于其他三种句式。由此推测，输入量大是造成学习者过度使用"A 比 B + 更 + W"的原因之一。

2.1.2 学习者的认知加工因素

通过对中介语语料的考察，我们推测学习者可能混淆了"A 比 B + 更 + W"与"A 比 B + 形容词 + 得多 / 多了 / 很多"所表达的语义。前者表示递进比较，后者用以说明 A 与 B 的差异值偏大。学习者认为"A 比 B + 更 + W"可用于说明 A 与 B 的差异值偏大。例如：

（1）*我觉得吃绿色食品比挨饿更好。（HSK 动态作文语料库）

这条语料有两种修改方式：一是删除"更"，修改为"我觉得吃绿色食品比挨饿好"；二是修改为"我觉得吃绿色食品比挨饿好得多 / 多了 / 很多"。如果学习者要表达的是"我觉得吃绿色食品比挨饿好"，那偏误产生的原因是学习者未掌握"A 比 B + 更 + W"的语义背景及使用条件，即 B 应具有 W 的属性。如果学习者要表达的是"我觉得吃绿色食品比挨饿好得多 / 多了 / 很多"，那么说明学习者混淆了"A 比 B + 更 + W"与"A 比 B + 形容词 + 得多 / 多了 / 很多"。

为了验证推测是否正确，我们在期末考试中设置了两道选择题。之所以采用这种形式，是因为与问卷调查相比，它有两方面的优点：一是考试时学习者态度较为认真，二是不能借助词典、翻译工具等，能更好地反映学习者的真实水平。期末考试共有 47 人参加，其中 37 人是韩国学生。这 37 人中有 11 人通过了 HSK 四级考试，25 人通过了 HSK 五级考试，1 人通过了 HSK 六级考试。两道题目如下：

题目 1：我比小王更有钱。 问：小王有钱吗？

A. 有钱　　　　B. 没钱

韩国汉语学习者中认为小王有钱的 19 人，占 51.4%，认为其没钱的 18 人，占 48.6%。由此可推断，近一半学习者没有掌握"A 比 B + 更 + W"的语义背景及使用条件。

题目 2：你觉得"我比他更有经验"与"我比他有经验多了"这两句话的意思一样吗？

A. 一样　　　　B. 不一样

韩国汉语学习者中认为意思一样的 23 人，占 62.2%，认为不一样的 14 人，占 37.8%。可见，62.2% 的学习者认为"A 比 B + 更 + W"的意思与"A 比 B + W + 多了"一致。

从以上数据可以看出，近一半的学习者没有掌握"A 比 B + 更 + W"的语义背景及使用条件，一半以上的学习者认为"A 比 B + 更 + W"与"A 比 B + 形容词 + 多了"所表达的语义一致。

需要特别指出的是，"A 比 B + 更 + W"存在隐性偏误的可能。当学习者用"A 比 B + 更 + W"的句式来表达 A 与 B 差异值偏大时，如果 B 恰好具有 W 的属性，或者从单句层面来看，B 可能具有 W 的属性，那么句子的偏误很难被发现。例如：

（2）*因为现代的生活水平比几十年前更好了。（HSK 动态作文语料库）

例（2）从单句层面看，并没有语法问题，然而语篇中有以下表述："我们的父母时代时，他们不够生活日常品。他们从小到现在一直没花那么多钱。他们不想花钱，可是我们的时代怎样？我们都随便花钱……""几十年前"指"我们的父母时代"，其生活水平不好，但"我们都随便花钱"，可见，我们的生活水平很好。由此推测，学习者想表达的应是"因为现在的生活水平比几十年前好多了"。

根据以上分析可以看出，在表达 A 与 B 差异值偏大时，韩国汉语学习者用"A 比 B + 更 + W"代替了"A 比 B + 形容词 + 得多 / 多了 / 很多"，这是造成"A 比 B + 更 + W"过度使用的又一原因。

2.2 回避使用"A 比 B + 还 / 都 + W"的原因

2.2.1 语言输入因素

通过考察"A 比 B + 还 + W"在母语者语料和教材语料中的出现频次，可以推测学习者在课堂外、课堂内"A 比 B + 还 + W"的输入量。

首先看课堂外的输入。从表 2 可以看出，在母语者语料中，"A 比 B + 更 + W""A 比 B + 还 + W"的出现频率分别为 15.6%、14.7%，两者出现频次极为接近，仅相差 0.9 个百分点。卡方检测显示，"A 比 B + 更 + W""A 比 B + 还 + W"在母语者语料中的分布不存在显著差异，df=1，p=.440＞0.05。由此可知，"A 比

B+还+W"课堂外的输入量并不低,与"A比B+更+W"的输入量差不多。

再看课堂内的输入。从表2可以看出,在教材语料中"A比B+更+W""A比B+还+W"的出现频率分别为15.8%、10.7%,后者比前者低了5.1个百分点。卡方检测显示,两者在教材语料中的分布存在显著差异,df=1,p=.001<0.05。这说明课堂内"A比B+还+W"的输入量要显著低于"A比B+更+W"。

从以上分析可以看出,课堂内"A比B+还+W"的输入量不足是造成学习者回避使用"A比B+还+W"的原因之一。

2.2.2 语义及教学因素

语义越复杂,习得难度越大,学习者越容易产生回避使用的问题。

首先,副词"还"的语义比副词"更"复杂。在《现代汉语词典》(第7版)中,"更"列有两个义项:①更加;②再,又。然而,"还"列有六个义项:①表示现象继续存在或动作继续进行;②表示在某种程度之上有所增加或在某个范围之外有所补充;③表示程度上勉强过得去,基本达到要求;④常跟"呢"搭配使用,为当前所说的内容提供程度上相对照的参考信息;⑤表示不合理,不寻常,没想到如此而居然如此;⑥表示早已如此。显然,"还"的语义比"更"复杂,因此,学习者较难习得副词"还"。

其次,"A比B+还+W"的语义比"A比B+更+W"复杂。"A比B+更+W""A比B+还+W"均可表示递进比较,在表示递进比较时,语义大体一致(黄祥年,1984;陆俭明、马真,1999;文全民,2008)。然而"A比B+还+W"在表示递进比较的同时,还带有主观性,具有反预期义(沈家煊,2001;宗守云,2011)。此外,"A比B+还+W"还可以表示比拟、比况(殷志平,1995;陆俭明、马真,1999)。显然,"A比B+还+W"的语义比"A比B+更+W"复杂,因此,学习者较难习得"A比B+还+W"。

最后,教学上,在学习比较义时,学习者先学习"更+W"的形式,再学习"A比B+更+W",由已知到未知,学习者更容易习得。而"还+W"不用于比较,不能由"还+W"引入到"A比B+还+W",通常由"A比B+W"或"A比B+更+W"引入。因此,学习者更容易理解"A比B+更+W"的语义,掌握"A比B+更+W"的用法。

另外，学习者也存在回避使用"A 比 B + 都 + W"的问题。原因有二：一是输入量偏低，在母语者语料和教材语料中，其出现频率分别为 5.3%、2.4%；二是语义复杂，"A 比 B + 都 + W"不仅可以表示递进比较，表达反预期义，还可以表示极比。

由以上分析可知，语言输入、认知加工方式、语义的复杂性是造成学习者过度使用"A 比 B + 更 + W"、回避使用"A 比 B + 还/都 + W"的主要原因。

三、"A比B + 更/还/都 + W"的偏误分析

为进一步了解"A 比 B + 更/还/都 + W"的使用情况，本文对其偏误类型及分布进行了统计与分析。

3.1 偏误界定

375 例包含"A 比 B + 更/还/都 + W"的语料中，无偏误语料 199 例。因为仅根据上下文较难判断学习者是否将"A 比 B + W + 得多/多了/很多"误用为"A 比 B + 更 + W"，如果没有明确的证据，我们将其归为无偏误语料。此外，本文还将 176 例偏误语料分为两类：一是与"A 比 B + 更/还/都 + W"不直接相关的偏误，如 A 和 B 指称上的偏误、W 形式选择或词语选用上的偏误、"比"字句与其他句式的混用等，共 125 例；二是与"A 比 B + 更/还/都 + W"直接相关的偏误，共 51 例。此外，还有 15 例遗漏了"更""还""都"的语料。下文主要以与"A 比 B + 更/还/都 + W"直接相关的偏误以及遗漏偏误为基础进行分析。

3.2 偏误类型

66 例语料的偏误类型可以归为冗余、遗漏、混用、语序四种。

3.2.1 冗余

冗余类偏误共 38 例，"更"的冗余 31 例，"还"的冗余 7 例。例如：

(3)*通过两个人的协助,挑水的工作比以前更容易。(HSK 动态作文语料库)

(4)*因为以前的变化速度比现在的变化速度还慢。(HSK 动态作文语料库)

偏误原因是学习者不了解"A 比 B + 更 + W""A 比 B + 还 + W"的使用条件。这两个句式均要求 B 具有 W 的属性,但是通过查看上下文发现,例(3)中"一个人挑水"并不容易,例(4)中"现在的变化速度"不慢。因此,例(3)、例(4)属于偏误语料。需要说明的是,这类语料有两种修改方法:一是直接删除"还""更";二是删除"还""更"后,在句末加上"得多""多了""很多"。但两者在语义上有差别。因无法通过访谈的方式了解学习者的实际表达需求,本文将这类偏误归入冗余类偏误。

3.2.2 遗漏

遗漏分为两类,一是单纯性遗漏,二是误代性遗漏,共 15 例。

单纯性遗漏主要为副词"都"的遗漏,共 5 例。例如:

(5)*人类第一、二次的科技革命中的发展业绩和成果比过去任何一个时代伟大。(HSK 动态作文语料库)

例(5)应在"伟大"前加副词"都"。

误代性遗漏主要为学习者在 W 前用"很""非常"等程度副词代替了"更"或"还",共 10 例。例如:

(6)*未来比目前会很深刻的。(HSK 动态作文语料库)

(7)*抽烟的人比不抽烟的人得病的机会非常高。(HSK 动态作文语料库)

例(6)、例(7)的修改方法有两种:一是将"很"替换为"更",这也是北京语言大学 HSK 动态作文语料库采用的修改方法;二是删除"很"后,在句末加上"得多""多了""很多"。两种修改结果的语义有差别。由于无法根据上下文判断学习者的实际表达需求,因此,我们采用第一种修改方式,并将其归入误代性遗漏类。

3.2.3 混用

学习者将"A 比 B + 都 + W"误用为"A 比 B + 更 + W"或"A 比 B + 还 + W",共 9 例。前者 5 例,后者 4 例。例如:

（8）*我也认为人的生命比任何的事情更重要。（HSK 动态作文语料库）

（9）*这比什么厉害的批评还要强了。（HSK 动态作文语料库）

例（8）中的"更"以及例（9）中的"还"都应替换为"都"。

3.2.4 语序

"更""还"位置的偏误，共 4 例，前者 3 例，后者 1 例。例如：

（10）*要说学习汉语的苦与乐，其实乐比苦多得还多。（HSK 动态作文语料库）

例（10）应改为"要说学习汉语的苦与乐，其实乐比苦还多得多"。

3.3 偏误类型分布

"A 比 B + 更 / 还 / 都 + W"四类偏误的分布见表 3。

表 3　"A 比 B + 更 / 还 / 都 + W"的偏误分布

句式	偏误类别			
	冗余	遗漏	混用	语序
A 比 B + 更 + W	31	10	5	3
A 比 B + 还 + W	7		4	1
A 比 B + 都 + W	0	5	9	0

需要说明的是，遗漏类偏误中"A 比 B + 更 + W""A 比 B + 还 + W"未分开统计，是因为遗漏处既可以用"更"，也可以用"还"。

根据表 3 可知：（1）冗余类的偏误最高，占 57.6%，其次是遗漏类偏误和混用类偏误，分别占 22.7% 和 13.6%，语序类偏误较少，仅占 6.1%；（2）"A 比 B + 更 + W"冗余类偏误最多，其次是遗漏类偏误，混用类和语序类偏误较少；（3）"A 比 B + 还 + W"遗漏类偏误较多，其次是冗余类偏误，混用类和语序类偏误较少；（4）"A 比 B + 都 + W"混用类偏误最多，其次为遗漏类偏误，无冗余类、语序类偏误。

四、"A比B + 更 / 还 / 都 + W"的教学建议

根据上文的论述，本文提出"A 比 B + 更 / 还 / 都 + W"的教学建议，具体如下。

第一，调整"比"字句的选取，优化"比"字句的排序。

语法项目选取上，我们认为应该选取"A 比 B + 都 + W"，不选"A 比 B + 再 + W"。一是因为"A 比 B + 都 + W"在母语者语料和二语者语料中的出现频率分别为 5.3% 和 1.2%，这证明无论是母语者，还是二语者，都有一定的使用需求；二是因为"A 比 B + 都 + W"的偏误率高，语料考察发现，"A 比 B + 都 + W"应用 25 例，实用 11 例（正确 10 例，偏误 1 例），此外，漏用 5 例，混用 9 例，偏误率为 60.0%；三是因为"A 比 B + 再 + W"在母语者语料中，使用率极低，仅为 0.1%，在中介语语料中，出现频率为 0。

语法项目排序上，以往研究将"A 比 B + 更 / 还 / 再 + W"作为一个整体安排在初级或中级阶段。然而我们发现"A 比 B + 更 + W""A 比 B + 还 + W""A 比 B + 都 + W"的习得难度不同，并且"A 比 B + 还 + W""A 比 B + 都 + W"具有多义性，同一句式不同义项的习得难度也不同。语法项目的排序既要考虑习得难度，又要考虑出现频率。为此，我们统计了 2000 例"比"字句语料中的"A 比 B + 更 + W""A 比 B + 还 + W""A 比 B + 都 + W"句式及其语义分布，结果见表 4。

表 4 "A 比 B + 更 / 还 / 都 + W"及其语义分布

句式	语义		
	递进比较义	比拟义	极比义
A 比 B + 更 + W	312	—	—
A 比 B + 还 + W	264	29	—
A 比 B + 都 + W	17	9	80

在 2000 例语料中，使用"A 比 B + 更 / 还 / 都 + W"的语料共 711 例。从表 4 可以看出，"A 比 B + 更 + W"仅表示递进比较义，"A 比 B + 还 + W"主要表示递进比较义，还可以表示比拟义。"A 比 B + 都 + W"主要表示极比义，而表示递进比较义和比拟义的数量较少。

根据使用频率及习得难度，我们调整了"A 比 B + 更 / 还 / 都 + W"的教学顺序，结果见表 5。

表 5 "A 比 B + 更 / 还 / 都 + W"的排序

级别	句式
初级	A 比 B + 更 + W
中级	A 比 B + 还 + W [递进比较义] → A 比 B + 都 + W [极比义] → A 比 B + 都 + W [递进比较义]
高级	A 比 B + 还 + W [比拟义]、A 比 B + 都 + W [比拟义]

我们在初级阶段安排了使用频率高、习得难度低的"A 比 B + 更 + W"，将使用频率高、较难习得的"A 比 B + 还 + W [递进比较义]"安排在了中级阶段，并将"A 比 B + 都 + W [极比义]"安排在"A 比 B + 还 + W [递进比较义]"之后。此外，我们将使用频率低的"A 比 B + 还 + W [比拟义]""A 比 B + 都 + W [比拟义]"安排在了高级阶段。

第二，汉语教材的编排上，建议将"A 比 B + 更 / 还 / 都 + W"作为重点句式，增加"A 比 B + 还 + W""A 比 B + 都 + W"用法详解，提高它们的输入量。

我们考察了《博雅汉语》《发展汉语》综合教材中"比"字句的设置。《博雅汉语》共 8 册，分别是《初级起步篇》（1、2）、《准中级加速篇》（1、2）、《中级冲刺篇》（1、2）、《高级飞翔篇》（1、2）。考察发现，《初级起步篇》（2）的语言点中列举了"A 比 B + adj""A 比 B + adj + 多了""A + VO + V 得 + 比 B + adj +（多了）"，《中级冲刺篇》（1）中安排了"没有比……更 / 再……"。

《发展汉语》共 6 册，分别是：《初级综合》（1、2）、《中级综合》（1、2）、《高级综合》（1、2）。考察发现，《初级综合》（2）安排了四个"比"字句，分别是："A 比 B + Adj/VP""A 比 B + Adj/VP + 程度""A 比 B + 还 / 更 + Adj/VP"

"一 M 比一 M + Adj/VP"。教材对"A 比 B + 还 / 更 + Adj/VP"的注释是"肯定 B 已经达到一定程度，强调 A 的程度更高"。

由以上分析可见，《博雅汉语》在语言点中未设置"A 比 B + 更 / 还 / 都 + W"，《发展汉语》虽然在初级阶段设置了"A 比 B + 更 / 还 + W"，但仅涉及了递进比较义。此外，未设置"A 比 B + 都 + W"。

除增加语法注释外，我们还认为应该提高"A 比 B + 还 + W"与"A 比 B + 都 + W"在教材中的出现频率。学习者回避使用"A 比 B + 还 + W"的原因之一就是教材的输入量较低，鉴于其习得难度高于"A 比 B + 更 + W"，在教材语料中"A 比 B + 还 + W"的出现频率应略高于"A 比 B + 更 + W"。与此相同，教材也应该增加"A 比 B + 都 + W"的输入量。

第三，课堂教学上，建议教师加强句式之间的辨析，强调句式的使用条件。主要涉及三组句式的辨析。

首先是"A 比 B + W"与"A 比 B + 更 / 还 / 都 + W"。"A 比 B + W"是单纯性的比较，"A 比 B + 更 / 还 / 都 + W"表递进比较时，又可称作预设"比"字句，其成立的条件是说话人认为 B 具有 W 的属性。例如，"小张比小王高"中，小王高或不高，句子都成立。但是"小张比小王更 / 还 / 都高"中，当"小王高"时，句子才成立。

其次是"A 比 B + 更 + W"与"A 比 B + 还 + W"。"A 比 B + 更 + W"与"A 比 B + 还 + W"都可以表示递进比较，但在表示递进比较时，"A 比 B + 更 + W"倾向于客观描述，"A 比 B + 还 + W"带有较强的主观色彩。例如，"小张比小王更高"用来描写、突出小张很高；"小张比小王还高"除描述、突出小张很高外，还表示说话人没有想到小张比小王高。此外，"A 比 B + 还 + W"还可以表示比拟。

最后是"A 比 B + 更 + W"与"A 比 B + W + 得多 / 多了 / 很多"。"A 比 B + W + 得多 / 多了 / 很多"表示 A 与 B 的差异值偏大，而"A 比 B + 更 + W"表示递进比较，两者语义不同。此外，"A 比 B + 更 + W"要求 B 具有 W 的属性，而"A 比 B + W + 得多 / 多了 / 很多"中，不管 B 是否具有 W 的属性，句子都成立。

参考文献

陈珺（2010）比较句语法项目的习得难度考察，《华南师范大学学报》（社会科学版）第 3 期。

陈珺、周小兵（2005）比较句语法项目的选取和排序，《语言教学与研究》第 2 期。

崔淑燕、许晓华、魏鹏程（2018）《基于 HSK 语料库的特殊句式化石化现象研究》，北京：首都经济贸易大学出版社。

黄祥年（1984）比较句中的"更"和"还"，《语言教学与研究》第 1 期。

孔子学院总部、国家汉办编制（2014）《国际汉语教学通用课程大纲》（修订版），北京：北京语言大学出版社。

李晓琪主编（2013a）《博雅汉语·初级起步篇 II》（第二版），北京：北京大学出版社。

李晓琪主编（2013b）《博雅汉语·中级冲刺篇 I》（第二版），北京：北京大学出版社。

刘英林主编（1996）《汉语水平等级标准与语法等级大纲》，北京：高等教育出版社。

刘月华、潘文娱、故韡（2001）《实用现代汉语语法》（增订本），北京：商务印书馆。

陆俭明、马真（1999）《现代汉语虚词散论》，北京：语文出版社。

沈家煊（2001）跟副词"还"有关的两个句式，《中国语文》第 6 期。

田煜、谢晓明（2019）汉语比较句二语教学刍议，《云南师范大学学报》（对外汉语教学与研究版）第 4 期。

王还主编（1995）《对外汉语教学语法大纲》，北京：北京语言学院出版社。

王茂林（2005）留学生"比"字句习得的考察，《暨南大学华文学院学报》第 3 期。

文全民（2008）"更"和"还"在肯定与否定比较句中的差异，《世界汉语教学》第 1 期。

谢白羽（2011）面向对外汉语教学的比较句研究，华东师范大学博士学位论文。

徐桂梅（2012）《发展汉语·初级综合 II》（第二版），北京：北京语言大学出版社。

殷志平（1995）"X 比 Y 还 W"的两种功能，《中国语文》第 2 期。

张宝林（2006）《汉语教学参考语法》，北京：北京大学出版社。

张宝林等（2014）《基于语料库的外国人汉语句式习得研究》，北京：中国书籍出版社。

郑巧斐（2008）韩国留学生比字句的使用情况考查，《云南师范大学学报》（对外汉语教学与研究版）第 3 期。

中国社会科学院语言研究所词典编辑室编（2016）《现代汉语词典》（第 7 版），北京：商务印书馆。

周文华（2018）基于口语语料的韩国学生"比"字句习得认知过程考察，《汉语学习》第 3 期。

宗守云（2011）"X 比 Y 还 W"的构式意义及其与"X 比 Y 更 W"的差异，《华文教学与研究》第 4 期。

情态构式的多义性及习得状况考察——基于 13 种情态构式在大纲及教材中的呈现与分布*

范伟

摘 要：本文首先探讨了情态构式的多义性特点，并对 13 种多义情态构式在对外汉语教学大纲和教材中的分布与呈现状况做了考察。另外，通过调查情态构式多个义项的习得状况，本文认为教学输入包括大纲和教材中对情态构式不同义项的收录和说明对学生的习得有直接影响，大纲和教材还有许多需要细化和改进之处。

关键词：情态构式；多义性；习得；大纲；教材

一、情态构式的多义性特征

情态成分的多义性是世界语言的普遍特征，如英语中的"can""must"、汉语中的"会""能"等都可以表达多种情态语义。汉语情态成分的二语习得研究比较集中在情态助动词、能愿动词的偏误分析和习得过程研究（陈若凡，2002；赖鹏，2006、2012），其中也涉及情态词的多义性，一般的结论是习得的顺序是从根情态能力义、意愿义向认识情态猜测义发展，而认识情态义比根情态义的习

---

* 本文原文发表于《对外汉语研究》2019 年第 19 期，题目为《情态构式的多义性及习得状况考察》，收入本论文集时内容做了增删与调整。

得难度更大,等等。

情态构式大多是"一形一义"的情况,但也有些情态构式在不同的语境中可以得到两种或两种以上不同的情态语义解读。这种情态构式"一形多义"的情况与Goldberg研究的论元构式中不同的动词语义类别所带来的相异又相关的构式语义不同[①],情态构式的"多义"是指因情态构式中组成成分的多义性或成分间不同的作用关系,造成该构式具有两种或两种以上的情态语义。如"可……可……"构式,既可以表示"值得做某事"的动力情态(如"英雄的献身精神可敬可佩"),还可以表示"被认定为……都可以"的道义情态(如"对错误的处理可宽可严"),这与情态词"可"的多义性有关。

汉语多义情态词不同义项的习得顺序与英语方面的研究结果基本一致,根情态义项的使用频率高于认识情态义项[②]。除了普遍认知因素,外部因素如教学输入也会对此产生影响,比如情态词的不同义项在教材中的编排顺序、说明程度不同都可能影响学习者的理解和使用,从而导致各种偏误。本文预测汉语多义情态构式的习得也有类似的情况,学习者对某多义情态构式的学习和掌握并不全面,需要引起教学上的反思。下文将通过一系列调查进行验证并进一步讨论,以期为汉语教学和习得研究提供一定的启示和参考。

二、大纲对多义情态构式的收录情况

对外汉语教学中三个代表性的教学大纲,即《汉语水平等级标准与语法等级大纲》(1996)(以下简称《语法大纲》)、《高等学校外国留学生汉语言专业教学大纲》(2002b)(以下简称《专业大纲》)以及《高等学校外国留学生汉语教学大纲(长期进修)》(2002a)(以下简称《进修大纲》),自创制以来,对教材编写、实施教学及检验教学效果等都起到了很好的规范和指导作用。但随着汉语本体研究和习得研究的深入以及教学的反馈,三个大纲暴露出来的问题也越来越多,比

---

① Goldberg的此项研究可参考田朝霞(2007)。
② 可参见赖鹏(2012)。

如语言点的选取不尽全面、分级排序不够合理等，这也说明已有大纲亟须修订或由新大纲来代替①，而依据大纲编写的教材必定也或多或少存在这样那样的问题。本文对多义情态构式的习得考察，在某种程度上能够反映大纲和教材的一些问题。通过对这些问题进行反思并积极寻求解决办法，希冀对新大纲的研制有所参考和帮助。

根据笔者的前期研究，汉语中的多义情态构式是一个相对封闭的类，共有 13 种②，其多个情态义项见表 1。

表 1　13 种多义情态构式及其不同义项类型

序号	情态构式	义项③一	义项二	义项三
1	非……不可	认识情态（断定）	道义情态（指令）	动力情态（意愿）
2	该……了	认识情态（揣测）	道义情态（劝诫）	—
3	或者……或者……④	认识情态（揣测）	道义情态（劝诫）	动力情态（惯常）
4	即使……也……	认识情态（断定）	道义情态（指令）	—
5	既然……就	认识情态（断定）	道义情态（劝诫）	—
6	可 X 可 Y	道义情态（许可）	动力情态（能力）	
7	如果……就	认识情态（断定）	道义情态（劝诫）	—
8	无论……都……	认识情态（断定）	道义情态（劝诫）	动力情态（惯常）
9	想 V 就 V	道义情态（劝诫）	动力情态（意愿）	—
10	要么……要么……	认识情态（揣测）	道义情态（劝诫）	—
11	一……就……	认识情态（断定）	动力情态（惯常）	
12	V 得 / 不来	动力情态（能力）	动力情态（惯常）	
13	X 得 / 不了	认识情态（断定）	动力情态（能力）	—

上述 13 种多义情态构式是汉语中的常用格式，也是对外汉语教学的重要语

---

① 关于大纲修订的呼声由来已久，可参见赵金铭（2002）、张旺熹（2005）、孙德金（2006）、吕文华（2015）等相关研究。
② 参见范伟（2017）。
③ 即情态语义类型。
④ "或……或……"也算作同一类。

言点。要考察汉语二语学习者对这些情态构式及其各义项的了解和掌握情况，我们首先考察大纲对它们的收录和分级情况，考察结果见表2。

表2 13种多义情态构式及其不同义项在大纲中的分布

序号	情态构式		《语法大纲》		《专业大纲》		《进修大纲》	
			分级	释义	分级	释义	分级	释义
1	非……不可	义项一	—	—	二年级	强调①	高等	强调
		义项二	乙级	强调	二年级	强调	中等	固定格式
		义项三	—	—	功能②	强调	—	—
2	该……了	义项一						
		义项二	丙级	动作的态	—	—	中等	变化态
3	或者……或者……	义项一	乙级	选择	—	—	高等③	选择
		义项二	乙级	选择④	一年级	选择	—	—
		义项三	乙级	选择	—	—	初等二	选择
4	即使……也……	义项一	丙级	让步	功能	承诺	—	—
		义项二	—	—	一年级	让步	初等二	让步
5	既然……就……	义项一	—	—	功能	保证	—	—
		义项二	乙级	条件	一年级	因果	初等二	因果
6	可X可Y	义项一						
		义项二	丁级	—	—	—	高等	固定格式
7	如果……就……	义项一	乙级	假设	—	—	—	—
		义项二	—	—	一年级	假设	初等一	假设

---

① 虽然释义不是情态义，但给出的例句表达该义项的情态语义。表中其他非情态的"释义"都是这种情况。
② 列在功能细目表中，没有分级。
③ 大纲中例句用的是"或是……，或是……，或者……"。
④ 义项二用的形式是"或……或……"。

续表

序号	情态构式		《语法大纲》		《专业大纲》		《进修大纲》	
			分级	释义	分级	释义	分级	释义
8	无论……都……	义项一	—	—	功能	承诺	—	—
		义项二	乙级	条件	—	—	初等二	条件
		义项三	—	—	一年级	条件	—	—
9	想V就V	义项一						
		义项二						
10	要么……要么……	义项一						
		义项二	丁级	选择	二年级	选择	初等二	选择
11	一……就……	义项一						
		义项二	—	—	一年级	条件	—	—
12	V得/不来	义项一	丙级	可能补语	—	—	—	—
		义项二	—	—	—	—	—	—
13	X得/不了	义项一	—	—	一或二年级①	估计或可能	初等二	可能（无例句，无分类）
		义项二	乙级	可能补语	一或二年级	能力		

从表2可以看出，13种多义情态构式中除了"想V就V"三个大纲都没有收录，其他构式在大纲中都有所呈现。大纲根据用频和众多语法资料选取的语言点基本上是准确的，但随着社会生活变化带来的语言上的变化以及语法研究的深入，对语言点的增删还应及时跟进，一些常用口语格式可以适当补录。

另外，大纲对语言点的描写和说明总的来说仍显粗略，主要是从传统语法的概念和角度来解释，如"变化态"、"可能补语"、复句的"条件""让步"关系等，并且大多是用同一种语义性质或语用功能来解释不同的义项。本文认为，语言点的不同用法不仅要条分类别，而且每个义项的说明应该彼此区别，而不是像大纲

---

① 大纲中列在二年级语法项目中，但注释为"也可根据需要列入一年级语法项目"。[《专业大纲》（附件二）]

中只有一个统一的解释，但给出的例句却反映了不同语境下的不同语义内容。就多义情态构式而言，用不同情态类型表达的不同情态语义来说明不同的义项，并搭配例句，可能更容易说明问题。如"非……不可"大纲中用"强调"来说明该构式的功能，或直接列在"固定格式"中，没有做释义。本文尝试从情态的角度来注解该构式：

第一，表示说话人断定"非……不可"中间的某事件或状况会发生或出现，"非……不可"前面有断定的依据。例如：

（1）你这么不听劝，非倒霉不可。

第二，表示说话人认为某事件的完成必须采取"非……不可"中间的某行动，表达说话人较为肯定的指令和建议。例如：

（2）我们要解决这个难题非齐心合力不可。

第三，表示某人不顾其他，一定要按照自己的意愿做某事。例如：

（3）妈妈不让他吃冰淇淋，他非吃不可。

"非……不可"以上三种情态语义在大纲中的编排顺序还可以再探讨，但分类说明是首先要改进的。

大纲中也有情态语义的分类及释义比较清晰之处，如《专业大纲》中对"X得/不了"的说明，即"动词后的表示有没有能力或可能实现；形容词后的表示对性质或情状的估计"。

三、多义情态构式在教材中的呈现

教材是依据大纲编写的，本文考察了13种多义情态构式在四套影响比较大的综合汉语教材《发展汉语》《博雅汉语》《汉语教程》《汉语初级强化教程》[①]中的收录、编排及解释说明情况，收录及分级情况见表3。

---

① 四种教材前两种是从初级到高级的完整的系统教材，后两种是供初级一年使用的综合汉语教材。这样选取的目的也是考察一下语言点的分级情况，以及是否有语法点的编排过于集中在初级阶段的现象。

表 3　13 种多义情态构式在教材中的呈现

序号	情态构式		《发展汉语》		《博雅汉语》		《汉语教程》		《汉语初级强化教程》	
			阶段	释义	阶段	释义	阶段	释义	阶段	释义
1	非……不可	义项一	中级I	一定会	准中级II	肯定	三册下	必然性	三册	一定是
		义项二	中级I	一定要	初级II	—	三册下	必要性	三册	一定要
		义项三	中级I	一定要	初级II	—	三册下	决心愿望	三册	一定要
2	该……了	义项一	—	—	—	—	二册上	有释义无例句	二册	—
		义项二	—	—	初级II	应该	二册上	有例句无释义①	—	—
3	或者……或者……	义项一	—	—	准中级II	交替出现	—	—	—	—
		义项二	—	—	—	—	—	—	—	—
		义项三	—	—	—	—	—	—	—	—
4	即使……也……	义项一	初级II	假设	准中级I	可能	三册下	假设的让步	四册	假设的让步
		义项二	初级II	假设	—	—	三册下	假设的让步	四册	假设的让步
5	既然……就……	义项一	—	—	准中级II	判断	—	—	—	—
		义项二	初级II	推论	准中级II	推论	—	推论	—	—
6	可X可Y	义项一	—	—	高级II	可以	—	—	—	—
		义项二	—	—	高级II	可以	—	—	—	—

① 这种情况是教材中该构式的释义与例句不一致。

续表

序号	情态构式	义项	《发展汉语》阶段	释义	《博雅汉语》阶段	释义	《汉语教程》阶段	释义	《汉语初级强化教程》阶段	释义
7	如果……就……	义项一	初级I	假设	—	—	—	—	二册	假设
		义项二	初级I	假设	初级I	假设	三册上	假设	二册	假设
8	无论……都……	义项一	中级I	条件	中级I	条件	三册下	—	四册	条件
		义项二	中级I	条件	准中级II	条件	三册下	条件	四册	条件
9	想V就V	义项一	中级I	意愿	—	—	—	—	—	—
		义项二	中级I	意愿	—	—	—	—	—	—
10	要么……要么……	义项一	中级I	可能	—	—	—	—	—	—
		义项二	中级I	选择	—	—	—	—	—	—
11	一……就……	义项一	中级I	—	—	—	二册上	条件	—	—
		义项二	中级I	—	—	—	二册上	因果	—	因果
12	V得/不来	义项一	初级II	可能	准中级I	可能	—	—	—	—
		义项二	初级II	能力	初级II	能力	—	—	—	—
13	X得/不了	义项一	初级II	可能	准中级I	可能	二册下	能否发生	三册	可能
		义项二	初级II	能力	初级II	能力	二册下	能否发生①	三册	估计

① 两个义项的释义虽然相同，但例句说明了两种情态语义。

根据表3，有以下几个方面的问题值得思考：

1. 教材与大纲的联系

大纲对教材的内容和范围有着规范和指导作用，从上述考察来看，四种教材对大纲中要求的语言点基本上都有反映，仅"V得/不来"没有采用，而"V得/不来"构式也并不是所有大纲收录的内容。三个大纲中都没有收录的"想V就V"构式有的教材也进行了收录选用，这说明教材内容依据大纲，又比大纲有所扩展，有对相关本体研究新成果的吸收及对语言使用状况的新认识。

另外，从构式的不同义项来看，大纲有收录及说明的，教材中也有沿用。反之，教材中也考虑不多。如"该……了"的揣测型认识情态义项大纲中没有明确，教材中也没有列出，仅《汉语教程》有所提及，但也没有给出相应例句，没有得到相应的重视。

总的来看，教材的编写内容与大纲的规定是基本一致的，大纲没有从语义角度明确分类，也影响了教材对情态构式不同义项的分类说明。而且教材的释义方式也多沿袭大纲，如对几个复句格式的说明仍使用"假设""条件"等表示复句关系的概念。不过，教材在大纲的基础上还是各有细化和发展，一些笼统的解释如"强调"被摒弃，对语义的分析更清楚到位，如《汉语教程》对"非……不可"的三个义项的解释"必然性""必要性""决心愿望"非常清晰，区别性强。这也说明教材语言点释义改进的方向就在于挖掘不同的语义性质，从而做出准确的归类和说明。

2. 释义和例句

教材对同一个语言点的注释基本上相互袭用，如"无论……都……"，几种教材的表述几乎完全一样，都是"表示在任何条件下结果或结论都不会改变"，这也是大纲中传统的语法释义。这样笼统的说明没有在构式的构成特点及使用条件上做进一步的分析，学习者只能自己"意会"。

教材中释义和例句的呈现还有一个问题就是二者不能一一对应，多数情况是给出的例句体现了几种不同的情态语义，但可惜的是只有一种笼统的释义。如果释义分类条理、区别清楚，无疑能帮助学生全面理解和掌握该语言点。还有的情况是例句与释义有出入，如《汉语教程》（第二册上）对"该……了"的解释是"根据情理或经验推测必然的或可能的结果"，但给出的例句"该睡觉了""该出发了"都不是推测可能发生的事件，而是表示建议、催促等劝谏的道义情态语义。另如仅《博雅汉语·高级飞翔篇Ⅱ》列出"可……可……"，该教材中例句很丰富，包含了两种情态义，如"可坐可卧""可熟吃可生吃"；"可有可无""可买可不买"。但可惜的是表述都仅仅是"可以……，可以……"，两种用法的区别体现不出来。如果一个用"可以这样，也可以那样，表示许可"，一个用"可作……，可作……，表示某物的用途或值得怎样"，该构式的不同语义所指便清晰立现。

3. 分级和编排

根据表3可知，各教材对同一语言点的设置阶段并不完全一致，有的在中级出现，有的在初级出现。二语学习中语言点习得难度不同，一般认为难度低的宜先学习。这样看来，教材中语言点的编排顺序应该依据习得状况决定，但目前的汉语习得研究成果还远远不够，因此大纲及教材对语言点的选取和分级排序主要是专家干预或教师经验的结果，有一定的主观性。教材虽然有一定的滞后性，但仍需要密切关注和吸收不断发展的习得研究成果，对教材内容进行更新。

多义情态构式及汉语中其他多义成分的不同义项应该在同一阶段出现还是分阶段编排，需要进一步的研究和规范。至于重复编排的情况，本文认为较高级阶段编排习得难度较大的义项时，应该复现已在较低阶段出现的习得难度较低的义项，以帮助学习者加深理解，同化及重构该语言点。

另外，从整体上看，大纲和教材中对相关构式的认识情态猜测义普遍收录不多，这与本体方面的相关研究还比较欠缺有关。本文建议多义情态构式的教学应该关注情态义的不同类型，在释义时增加使用条件的说明，补充非现实情态语义的用法。

四、多义情态构式的习得状况调查

本小节调查外国学生对 13 种多义情态构式各自不同义项的使用和理解情况，目的在于考察情态构式不同义项的使用率及与教学输入的关系。调查对象分为三组：一组是南京师范大学一年级进修生 39 人，学习汉语一年左右，记为初级组；一组是二年级学生 27 人，学习汉语近两年，记为中级组；另一组是三、四年级学生共 27 人，学习汉语三年左右，记为高级组。调查采用产出测试、理解选择两种方式，产出型试题是给出某构式义项适用的语境及提示词语，让学生完成句子，观察其是否能自动产出并使用该构式。如"你不回家应该告诉家里一声，否则妈妈＿＿＿＿（担心）"，画线处可以填写多种形式的同义表达，如"会担心的""肯定担心""该担心了"等。根据学生的产出形式，来考察多义情态构式的使用率。理解选择型题目是设定某构式义项出现的情境，并给出两种或三种同义表达由学生选择，观察学生在被明确提示存在某构式的情况下选择何种表达，从而了解某构式某义项的用频。如"这种工作我没经验，＿＿＿＿"，给出的选项分别是"不会做""不能做""做不来"，根据学生选择"做不来"的比例，考察"V 得/不来"表"能力"情态义的使用率。①

调查分试测和实测两次进行，试测向初、中、高级组各分发 10 份问卷，收回后根据学生的答题情况调整了题目难度，修改了题目内容。一周后用经过修改完善的问卷对 39 名初级组学生、27 名中级组学生和 27 名高级组学生进行正式测试。调查测试结果见表 4。

---

① 语言中的同义表达是普遍现象，具体使用中选择哪一种受到多种因素的制约。既包括语言系统本身的制约，也包括使用者个人习惯和特点的制约。笔者用同一份问卷调查了汉语母语者的选用情况，结果也存在一定的差异性。其中的原因与解释，以及母语者与二语者的对比研究还需要进一步展开。本文使用的调查方法在这个角度上讲，仍存在较大的不足，学生选择某一项并不代表不理解另一项。但根据经验及访谈，就学习顺序和掌握情况来看，比如说，外国学生不选择"做不来"而选择"不会做"，大概是因为不了解"做不来"，与母语者不选择"做不来"而选择"不会做"的个人原因可能有所不同。

表4　13种多义情态构式的习得状况

情态构式	不同义项	初级组 产出型试题	初级组 选择型试题	中级组 产出型试题	中级组 选择型试题	高级组 产出型试题	高级组 选择型试题
非……不可	义项一	0/39①	10/39	0/27	4/27	0/27	5/27
	义项二	0/39	2/39	0/27	5/27	0/27	11/27
	义项三	0/39	29/39	0/27	16/27	2/27	20/27
该……了	义项一	0/39	10/39	0/27	5/27	0/27	5/27
	义项二	4/39	29/39	3/27	18/27	9/27	18/27
或者……或者……	义项一	4/39	14/39	4/27	15/27	5/27	16/27
	义项二	6/39	3/39	5/27	9/27	9/27	13/27
	义项三	2/39	22/39	7/27	20/27	12/27	27/27
即使……也……	义项一	2/39	16/39	9/27	9/27	15/27	17/27
	义项二	6/39	22/39	14/27	19/27	17/27	22/27
既然……就……	义项一	2/39	10/39	5/27	10/27	9/27	17/27
	义项二	0/39	36/39	14/27	26/27	17/27	27/27
可X可Y	义项一	4/39	22/39	9/27	18/27	9/27	20/27
	义项二	2/39	20/39	6/27	20/27	6/27	18/27
如果……就……	义项一	9/39	12/39	6/27	17/27	18/27	20/27
	义项二	16/39	36/39	20/27	27/27	20/27	27/27
无论……都……	义项一	6/39	22/39	7/27	18/27	15/27	21/27
	义项二	6/39	18/39	19/27	21/27	18/27	21/27
	义项三	20/39	6/39	20/27	9/27	22/27	12/27
想V就V	义项一	2/39	20/39	12/27	22/27	6/27	15/27
	义项二	4/39	32/39	18/27	18/27	15/27	20/27
要么……要么……	义项一	2/39	14/39	6/27	22/27	6/27	15/27
	义项二	4/39	22/39	13/27	22/27	9/27	18/27
一……就……	义项一	2/39	22/39	13/27	21/27	4/27	18/27
	义项二	2/39	16/39	13/27	24/27	3/27	16/27
V得/不来	义项一	0/39	0/39	1/27	12/27	3/27	9/27
	义项二	0/39	2/39	1/27	7/27	2/27	13/27
X得/不了	义项一	2/39	18/39	12/27	13/27	15/27	18/27
	义项二	2/39	12/39	6/27	13/27	15/27	21/27

① 符号"/"右边的数字为调查组人数，左边的数字为正确答出此题的人数。表中其余数字同。

从表4可以看出，选择型试题整体上比产出型试题的正确率高，这说明学生对多义情态构式基本上是了解的，在给出提示的情况下能够选用较为恰当的构式。但产出型试题普遍正确率较低，说明多义情态构式的用频较低，学生在交际中往往选用其他同义的情态成分。

表4中还有一个明显的问题是各情态构式的认识情态义项的习得状况普遍不如其他义项，如"非……不可"的"义项一"认识情态断定义的产出和选用都极少，学生多用其他同义情态成分"一定会""肯定会"等来代替，而该构式的"义项三"强意愿型动力情态选用率较高。其他构式如"该……了""既然……就"等也是类似情况。

从学习者角度看，多义情态构式的理解和掌握情况并不是从初级到中级再到高级逐级发展提高的，有的构式初、中、高水平差别不大，有的构式甚至高级水平学生的选用率还不如初级学生。如"该……了"的认识情态推测义与"想 V 就 V"构式的道义情态许可义，初中级水平学生的使用正确率比高级水平学生还要高一些，一个可能的解释是学习者在初学一个语言点时，形式上的标记可感易记，因此认知上就得到强化。而到了一定阶段后，学习者对此语言点已非常熟悉，形式标记的"拐杖"作用就愈加弱化，在语言交际中会选择无标记的同义表达，更符合经济原则。Tarone（1983）也曾提及学习者对语言形式的注意程度，认为在习得过程中，新的目标语形式通常最初出现在学习者的细心语体一端，之后逐渐向随意语体转移。这也说明二语学习者由项目学习（item learning）到系统学习（system learning）的转变中，语法形式规则的约束力渐低，而愈加追求言语交际中表达的准确性和得体性。

二语学习者中介语的发展变化非常复杂，研究者们认同中介语的可变性特征，但对其变化性模式过程、原因解释等存在较多的争议。[①] 中介语的变化有系统的、规则的、可预测的变化，也有非系统的、语言输出过程中的变异。不同的情景环境、二语者的心理特点和母语特征等都对中介语的变化有所影响。总的来说，二语习得是一个复杂的非线性的过程，并非新旧知识的简单叠加，也不是学

---

① 可参考戴曼纯（1999）。

习内容的逐步推进。语言水平的进步和退步，语言知识的磨蚀和遗忘、此消彼长都是客观存在的正常现象。

五、多义情态构式的习得与教学输入的关系

语言的输入与输出无疑是紧密相关的，适度足量的"可理解的语言输入"是语言习得的必要条件（Krashen，1982），输入的内容和方法及输入量的多少对输出有直接影响。根据上文的调查，外国学生对多义情态构式多个义项的了解和掌握情况在很大程度上受到教材的说明等教学输入的影响。最明显的是很多情态构式的各个义项习得程度不同，甚至差别极大，如"非……不可"的动力情态意愿义掌握最好，该义项的选用率比其他两个义项认识情态断定及道义情态劝谏义要高三四倍；再如"该……了"的道义情态劝谏义的理解情况也比另一义项认识情态揣测义要好。反观教材中，这两个构式的用法说明都没有明确地对各义项进行分条解释，另外在释义时使用的"必然性"和"必要性"等专业性较强的学术性词语也并不利于学生理解。[①]

另外，教材中对情态构式的某义项是否记录与说明以及解释的侧重程度也对学生的学习造成影响。比如几个复句类构式"如果……就……""无论……都……""即使……也……""既然……就……"，在教材中的解释大都只有一类，分别是假设、条件、假设的让步及推论，教师在据此教授时也只是给出尽量多的例句来说明。例句的特定语境可能反映了不同的情态义项，但学生很难自己归类明确，这就不利于理解巩固，不能内化成自己的语言能力，在有其他因素的干扰时就不能正确地输出。实际上，复句类构式的前后项之间存在不同类型的逻辑语义关系，从而表达不同的情态语义。如"如果……就……"，在前项假设的前提下，后项可以据此继续推测相应的结果，也可以据此观照某现实行为，并对未来

---

① 在我们对教师的访谈中了解到，有的教师会根据教材中概括性的释义，在实际教学中采用分类讲授及例释的方法，从而使学生对某语言点的学习更全面。这种做法与我们对教材释义进行改进的想法是一致的。

行动提出建议。前者表达的是认识情态语义，后者属于道义情态语义。在初级阶段的教与学中，因为教材的说明不充分，加上副词"就"现实性顺接义的已有语言知识，学生对"如果……就……"的理解就偏于道义情态，这在调查中也有所反映。到了高级阶段，该构式的道义情态与认识情态两种理解才被注意到，两者的习得状况也更为接近。

再如"无论……都……"的惯常情态义的辨识度和使用正确率也比较高，虽然教材中并没有明确说明这一语义，但实际教学中恐怕一线教师都举过"无论刮风还是下雨，他都坚持锻炼身体"之类的例子，这种输入强化了学生对无条件惯常义的接受，所以学生在其他语境中也容易产出此义项的句子，如"无论走到哪儿，我都忘记带钥匙"，而不是预测性的认识情态句——"无论走到哪儿，我都不会忘记你"。

我们知道，输入并不完全等于输出，而教学输入也只是语言输入的一部分，学习者还可以从课堂学习之外的其他场合通过其他途径接触语言素材，获得语言输入。因此，我们所做的调查实际上并不能准确说明教学输入与学生习得之间的一一对应关系，学生对某构式某义项的习得情况也有很多个体因素的作用。但教材和课堂学习仍是二语学习者主要的语言输入来源，因此，我们需要不断地对大纲、教材、课堂教学进行反思、改进，尽量保证更有效的输入，以帮助学生更好地吸收和输出。

格斯曾提出过一个第二语言学习模型（转引自刘颂浩，2007），即"环境言语（输入）→已感输入→已懂输入→吸入→整合→输出"。在这个学习模型或者说二语习得过程中，输入并不是"可供输入的内容"，而是被学习者理解和接受的输入。这种输入与施密德（Schmidt，1990）的有意识学习观点接近，这种观点认为学习者只有对语言形式有意识地感知和察觉，才能主动地理解和吸收并最终将其转化为学习者的语言能力。对于多义情态构式的教学，应该抓住情态构式的形式标记，通过对其不同义项的充分解释，使学生有意识地构建情态构式形式与不同意义用法的一一对应，进而向吸入、整合及准确输出发展。赵金铭（1994）也曾指出过要充分发掘和尽力利用汉语中各种各样的形式标志，使外国学习者通过对语言形式的识别达到对语言内容的理解和掌握。

另外，鉴于习得过程的复杂性及反复性，为了不致语言项目的磨蚀，也为了不断地输入刺激，我们要在教材中对多义情态构式的不同义项进行不同程度的复现。在上文第三节的考察中，教材对情态构式的收录基本上是出现即可，不重复收录。实际上，可以在高级阶段的课文及练习中不断复现强化，促使学生不断调整自己的新旧语言知识，意识到自己的语言与目的语之间的差别，进一步向目的语靠拢。

六、结语

语言中的情态语义及表达多是二语学习者比较难把握和习得的部分。现代汉语中的多义情态构式"一形多义"，也应是对外汉语教学的重点和难点。本文通过对代表性教学大纲及教材的调查统计，发现大纲及教材对多义情态构式的收录及说明不尽完全，特别是没有对情态构式的不同义项进行有意识的分类，释义也较为笼统，例句稍显随意。大纲及教材是教学的依据，而教学输入对学习者的习得状况有直接影响。外国学生对多义情态构式不同义项的掌握情况有较大的差别，得到输入强化的义项输出时正确率高，反之则较低。鉴于此，大纲及教材应根据汉语本体研究及习得研究的成果不断更新和细化收录内容，对释义方式进行改进，以帮助教学者提供足量的、有效的输入，从而使学习者达到正确得体的输出。

参考文献

陈若凡（2002）留学生使用"能"、"会"的偏误及教学对策，《语言教学与研究》第 1 期。
戴曼纯（1999）中介语可变性之争及其意义，《外语与外语教学》第 1 期。
范伟（2017）《现代汉语情态系统与表达研究》，北京：中国社会科学出版社。
国家对外汉语教学领导小组办公室编（2002a）《高等学校外国留学生汉语教学大纲（长期进修）》，北京：北京语言文化大学出版社。
国家对外汉语教学领导小组办公室编（2002b）《高等学校外国留学生汉语言专业教学大纲》，

北京：北京语言文化大学出版社。

国家对外汉语教学领导小组办公室汉语水平考试部编（1996）《汉语水平等级标准与语法等级大纲》，北京：高等教育出版社。

黄立、钱旭菁（2012）《博雅汉语·准中级加速篇Ⅰ》（第二版），北京：北京大学出版社。

金舒年、陈莉（2016）《博雅汉语·高级飞翔篇Ⅱ》（第二版），北京：北京大学出版社。

赖鹏（2006）汉语能愿动词语际迁移偏误生成原因初探，《语言教学与研究》第5期。

赖鹏（2012）根情态与认识情态历时习得过程探析：基于英语母语者汉语情态习得个案考察，《云南师范大学学报》（对外汉语教学与研究版）第3期。

刘颂浩（2007）《第二语言习得导论：对外汉语教学视角》，北京：世界图书出版公司北京公司。

吕文华（2015）修改对外汉语教学语法体系二题，《国际汉语教学研究》第1期。

钱旭菁、黄立（2013）《博雅汉语·准中级加速篇Ⅱ》（第二版），北京：北京大学出版社。

任雪梅、徐晶凝（2013）《博雅汉语·初级起步篇Ⅰ》（第二版），北京：北京大学出版社。

荣继华（2011）《发展汉语·初级综合Ⅰ》（第二版），北京：北京语言大学出版社。

孙德金（2006）语法不教什么：对外汉语语法教学的两个原则问题，《语言教学与研究》第1期。

田朝霞（2007）形义匹配种种：四种构架语法模式的比较研究，《外语教学》第1期。

武惠华（2012）《发展汉语·中级综合Ⅱ》（第二版），北京：北京语言大学出版社。

肖奚强、朱敏主编（2008）《汉语初级强化教程·综合课本Ⅱ》，北京：北京大学出版社。

肖奚强、朱敏主编（2009）《汉语初级强化教程·综合课本Ⅲ》，北京：北京大学出版社。

肖奚强、朱敏主编（2010）《汉语初级强化教程·综合课本Ⅳ》，北京：北京大学出版社。

徐桂梅（2011）《发展汉语·初级综合Ⅱ》（第二版），北京：北京语言大学出版社。

徐桂梅、崔娜、牟云峰（2011）《发展汉语·中级综合Ⅰ》（第二版），北京：北京语言大学出版社。

徐晶凝、任雪梅（2013）《博雅汉语·初级起步篇Ⅱ》（第二版），北京：北京大学出版社。

杨寄洲（2016）《汉语教程》（第三版）（第二册上、第二册下、第三册上、第三册下），北京：北京语言大学出版社。

张旺熹（2005）《对外汉语研究与评论》，北京：教育科学出版社。

赵金铭（1994）教外国人汉语语法的一些原则问题，《语言教学与研究》第2期。

赵金铭（2002）对外汉语教学语法与语法教学，《语言文字应用》第1期。

Krashen, S.D. (1982) *Principles and Practice in Second Language Acquisition*. Oxford, New York: Pergamon Press.

Schmidt, R. W. (1990) The role of consciousness in second language learning. *Applied Linguistics*, *11*(2): 129-158.

Tarone, E. (1983) On the variability of interlanguage systems. *Applied Linguistics*, *4*(2): 142-164.